兩岸真相密碼

——中共對台宣傳的政策、作為與途徑

· 全面解析中共對台輿論戰 ·

杜聖聰·著

目錄

圖目錄

表目錄

第一章 緒論

　　一般人大概很難想像，在台灣引來 165 萬人次參觀熱潮的秦朝兵馬俑展，竟是陝西對台宣傳部門的對台工作成果（孟西安，2001）；也難以想像一些電視台的駐北京記者為了「收視率」等因素，刻意忽略兩岸因主權而衍生的政治問題，刻意檢選輕鬆民生話題，以致呈現與現實諸多不符的「新聞框架」。[1]中共這種「細雨潤無聲」的對台宣傳手法，似乎已逐漸滲透至台灣民眾的認知圖像裡。

　　中共政權歷來重視宣傳工作，宣傳已經成為中共戰略運用的重要組成部分。在中共的三大法寶——黨的建設、統一戰線、武裝鬥爭裡，如果沒有宣傳鼓動，其他的策略都將淪為空談。為了重視宣傳的具體運用，中共各級黨組織除了組織部、統戰部之外，一定設有宣傳部（郭瑞華，2004：89），足見宣傳的份量非同小可。

　　在中共對台工作裡，除了過去軍事衝突或外交競逐外，兩岸主要的戰場就是在宣傳戰上。中共將對台事務當成是全黨的重要任務，而對台宣傳是這個任務的重要組成部分。因此，中共強調，「從整個對台工作來看，無論公開宣傳，還是秘密爭取，大量的、經常的工作還是宣傳工作（共黨問題研究叢書編輯委員會，1994：139）。

　　自從 2005 年 3 月，中共公布《反分裂國家法》後，國、親兩黨主席連戰、宋楚瑜等人接連出訪中國；中共則於稍後釋出致贈熊貓與金絲猴來台、台灣農產品登陸零關稅、撥出 5 年 300 億人民幣資金作為台商

---

[1]　根據東森電視台新聞部大陸中心副主任楊釗接受筆者專訪指出，過去前往大陸採訪的記者，其報導聚焦重點重點多為「一個中國」問題、兩岸政治互動等議題，但近年來台灣駐京記者則多以「超級女聲」、模特兒、奢華消費等新聞為主，在有意無意間型塑出大陸正面報導的「新聞框架」。

申請融資貸款、台灣學生收費比照大陸學生標準等多項議題，並取得一定的宣傳成效（馬振坤等，2006：103-139）。顯示在胡錦濤執政的對台宣傳軟硬兼施，「硬」的一手在於塑造外部氛圍，全力圍剿台獨勢力；「軟」的一手則在於透過分眾宣傳手法，爭取台灣民眾支持（陳毓鈞，2006：65-66）。

綜上所述，宣傳乃中共對台政策的重中之重，吾人當不可不察。

第一節　研究動機與目的

一、研究動機

中共自 1949 年建立政權以來，對台灣的「三不政策」聞風不動，即「不」承認中華民國的法統延續；「不」允許台灣當局發展外交關係；「不」承諾放棄以武力犯台（蕭行易，1995：版 4）。尤其自胡錦濤出任中共總書記兼任中共中央台灣工作小組領導組長後，業已將台灣問題的重要性提高到前所未有的高度，即台灣問題、維護國家主權和領土完整是「國家的核心利益」（李家泉，2005：4；郭震遠，2005：23-24）。顯見台灣一旦逸出既有台海框架，後果堪虞。

此外，胡錦濤在對台宣傳上，確立「台灣不是問題，台獨才是問題」以及「台灣是中國的，台獨是外來的」思維認知；同時也認為台灣政府企圖在政治上「掏空中華民國」，並在歷史文化上推行「去中國化」，因此確立「拋棄幻覺，全面抗獨」的宣傳重點（杜筱越，2004：55-56）。按照過去經驗，中共對外發動戰爭之前，凝聚向心力的宣傳戰是必備條件之一，是以中共對台宣傳本應是蠡測中共對台動向的重要指標。可惜，國人對這個問題缺乏認識。為求補遺缺漏，本研究擬致力耙梳中共對台宣傳策略底蘊，此乃研究動機之一。

　　中共以長於宣傳與統戰策略起家，早年以喊話、標語及傳單為主，甚至在國共內戰時也能別出心裁地設計出「用別人的話講給別人聽」的宣傳策略，即透過外國記者宣傳共產黨的動人篇章，像是斯諾（Edgar Snow）的《西行漫記》（又名《紅星照耀中國》）（《Red Star Over China》）一書，就為中共取得不少西方世界的支持。時至今日，中共對台宣傳用力未減，但成效卻正反互見。

　　根據國家政策院於 2006 年 3 月 5 日公佈一份民調資料顯示，《反分裂國家法》公佈一年之後，台灣民眾認為大陸政府對台灣政府態度友善的比例，由該法公佈時的 8.9%，一年內上升為 24.3%；台灣民眾認為大陸政府對台灣人民態度友善的比例，也由該法公佈時的 25.0%，一年內上升為 39.7%。中共在一年之內竟能將《反分裂國家法》造成的負面印象，透過統戰宣傳操作扭轉劣局。無怪乎前陸委會副主委陳明通提出警告稱，「北京統戰宣傳相當成功，政府部門嚴重被邊緣化，兩岸現狀已經明顯向大陸傾斜」（林則宏，2006：版 A6）。

　　另一方面，長年以來中共對台政策乃以「和平統一、一國兩制」為宗，並且在「一個中國」原則下處理兩岸互動事宜。但證諸台灣長期以來的所有民調，舉凡對於「一國兩制」、「和平統一」者的認同比例之低，均在一成以下。這似乎又顯示中共對台宣傳的效果乏善可陳。究竟中共對台宣傳效果如何，成為一個難解謎團。為求釐清此節，此乃本研究動機之二。

　　至於研究中共對台宣傳者，過去研究作法有二，即視中共宣傳為中共宣傳組織的介紹，羅列各相關組織並介紹其功能，卻未能深入介紹其決策與運作；再者，研究中共對台宣傳者多使用內容分析法等工具，分析中共對台言論動向。但以目前兩岸新聞交流與資訊公開論之，取得中共對台宣傳實際運作並非難事，且中共對台新聞媒體運作方式在相關公開書籍、專文亦不難取得。筆者因從事兩岸新聞十餘年，對此節有一定程度接觸，希望嘗試填補相關研究不足之處，此乃本研究動機之三。

二、研究目的

　　中共是「以黨領政」的集權國家，以一條鞭方式掌握所有的媒體作為宣傳工具。不過，卻也因為長期浸沈於政治宣傳，形成了一套獨特的話語系統。這套共產黨的話語系統，旨在影響、改造、操縱民眾的思維、語言，控制民眾對某一個問題怎麼想、怎麼說，並要求媒體從業人員應該說什麼、不說什麼；應該如何說，或用怎樣的語彙說。質言之，在共產黨的意識型態框架下，新聞媒體傳遞訊息時，必須在共產黨的「語言框架」裡說話（曹長青，1992：46；何川，1994：135）。

　　這種中共媒體慣用的特殊語言，舉其大者有所謂的「暴力語言」、「氣體語言」與「密碼語言」[2]（曹長青，1992：46-48；何川，1994：137-151），但外界卻難以解讀這套語言系統。以中共總書記胡錦濤於 2006 年 4 月 16 日接見國民黨主席連戰等參加「兩岸經貿論壇」的台灣人士為例，雖說寥寥數語，卻隨處可見機鋒（陳斌華、李凱、陳鍵興，2006）：

> 深化互利雙贏的交流合作，是實現兩岸關係和平發展的有效途徑。二十多年來，兩岸民間交流合作蓬勃發展，基本形成了互補互利的格局，兩岸同胞的利益已更加緊密地聯繫在一起。在經濟全球化和區域經濟一體化趨勢加快發展的形勢下，兩岸有識之士對深化兩岸經貿合作都有著強烈的緊迫感。深化兩岸經貿合作，

---

[2]　大陸學者曹長青與何川指出，中國大陸傳媒使用的語言是以官方說法的「官話」作為代表的語言系統，其表現形式主要有「暴力語言」、「氣體語言」與「密碼語言」三種。其中「暴力語言」是一種體現中共意識型態的權力霸氣，充滿仇恨情緒和火藥味，以其攻擊性、醜化性、侵略性居高臨下審判一切的語言；「氣體語言」則是一種共產黨意識型態所推崇並經常使用的一些抽象名詞和政治術語的結合，說穿了就是一種「政治套話」或積木，「什麼都講了，卻什麼都沒講」；至於「密碼語言」，則是基於中共傳媒與中共政治權鬥的密切關連性，識者往必須透過「破譯」方式，才能掌握箇中真相的語言（何川，1994：138-144），往往必須透過「破譯」方式，才能掌握箇中真相的語言（何川，1994：138-144）

是關係兩岸發展前途和兩岸同胞利益的大事。我們將採取積極舉措，促進早日實現兩岸直接「三通」，加強兩岸農業合作，推動兩岸教育交流，促進早日實現大陸居民赴台旅遊，擴大台灣同胞在大陸就業的範圍等等，以利於促進兩岸交流、擴大兩岸互利合作，為兩岸關係和平發展創造更有利的條件。

　　例如所謂兩岸關係「和平發展」一語，與中共先前慣用形容兩岸關係的「統一大業」便有不同。前者意味著中共當局目前要務是「穩定現狀，遏止台獨」，以建構兩岸和平發展條件；後者則是台灣必須被置入「一個中國」原則裡，以創造「兩岸一家親」的統一大局。至於「有識之士」都對於兩岸經貿合作懷有強烈的緊迫感，顯然語中的「有識之士」指的是對在野黨領袖及認同兩岸加速經貿交流的台灣民眾，並不包括陳水扁政府及支持「積極管理兩岸經貿交流」的台灣民眾在內。

　　再者，中共問題專家何新曾經為文指出，中共前總書記江澤民於1995年發表「江八點」後，相關新聞發佈時曾經過繁複的程序，包括記者、編輯、業務主管的三級加工，報請中央主管部門審閱和講話人（或被採訪人）親自校驗。在這幾層編審過程中，初級加工只能是文字的修飾和潤色，或糾正涉及常識性問題的偏差，以保證領導人的講話可以給外界一個出口成章的感覺。至於中央主管部門審閱及講話人親自過目，主要的目的是要確保講話人（或被採訪人）的發言字句或內涵，經轉述、援引或切割片段時，仍能維持政策邏輯的一貫性，這叫做「政策性把關」（何新，1995：版2）

　　從新聞的產製過程可以看出，中共企圖對台灣宣傳掌握得滴水不漏，問題是在中共內有的「語言系統」制約下，許多「講了等於沒講」，的「氣體語言」以及「意在言外」的「密碼語言」充斥其間，究竟中共對台宣傳成效如何，人言殊異難有定論，讓中共對台宣傳策略的相關研究更形困難。誠如前述，吾人如欲釐清此節，應先回到原點，透過公開

資料與深度訪談，盡可能取得第一手資料，徹底還原中共對台宣傳「傳播過程」的全貌，重現其「臨場感」方能克盡其功。因此，本研究希望解答的問題群組如下所示：

（一）傳播者（Who）

究竟誰是中共對台宣傳的決策者或主要負責單位？他們面臨哪些決策環境？宣傳的組織部門是如何分工運作？攸關宣傳決策的情報訊息從何而來？

（二）宣傳內容（Says What）

中共在不同時期自有不同的對台宣傳內容。在胡錦濤主導對台事務前後的宣傳政策出現何種變化？在宣傳作為方面，胡錦濤主導對台事務前後又呈現何種差異？，至於中共在這段期間內出現若干「講了等於沒講」的「氣體語言」以及「不講而講，意在言外」的「密碼語言」該如何解讀？自然也在研究範圍之列。

（三）媒介與受眾（in Which Channel to Whom）

中共對台宣傳究竟是透過何種途徑遂行其意志？欲說明此節必須回答其對台宣傳直接途徑與間接途徑各屬為何？在直接途徑方面，中共與港澳媒體接受到中共高層指示或相關規範後，在哪些宣傳範圍統一口徑？又在哪些範圍自行詮釋上意？在間接途徑方面，而中共透過何種方式企圖影響台灣及國際媒體？

（四）反宣傳（Counterpropaganda）

此部分旨在說明，台灣政府面對中共對台宣傳時，如何破解或干擾其相關訊息的傳遞。在中共積極對台宣傳之際，台灣官方、半官方與民間進行「反宣傳」時各自採取哪些作為？哪些單位是台灣政府「反宣傳」的決策或執行單位？他們選擇何種管道進行「反宣傳」？其具體成效為何？這些問題都在探討範圍之內。

（五）效果（with What Effect）

中共對台宣傳在台灣、大陸內部及國際間，各造成哪些影響？此部分將集中探討台灣民眾對於各項內容評價。此部分將採取質化與量化結果分別解讀之。在質化研究部分，本研究將採取台灣、大陸及國際媒體的「新聞守門人」以及台灣地區的學者專家意見為宗，分別論述其針對中共對台宣傳作為的效果作為評量的準據？在量化效果部分，則採取次級資料研究法，分別將歷來較具信度的民意調查資料作為佐證，據以評估中共對台宣傳效果。

很明顯地，本研究目的在於解答這五個群組的問題，並期待對此五組問題提出一套具有統一性價值，而且能相互證成的分析和答辯，藉以從傳播過程中逐一解析「中共對台宣傳策略」的本質，並歸整出中共對台宣傳作為持續與變遷的趨勢。

第二節　研究途徑

研究途徑（Approach）指的是選擇問題和相關資料的標準，對於論文研究的價值極大。途徑乃研究政治現象的策略，可以提供研究者建立一套模式或概念架構（framework），進而建立理論，並啟發新的概念或

假設命題。而學術研究的主要目的，就是要探討概念間的關係，因此，研究途徑可以視為「將概念組織的工具，使學術研究更有系統性、普遍化的解釋能力。（Issak, 1985：191-193）」研究途徑對於論文的價值影響甚大，本研究將採用的途徑為決策研究途徑、線性傳播研究途徑、新聞守門人研究途徑、議題設定研究途徑、輿論控制研究途徑等，針對中共對台宣傳進行相關探討，並期望透過理論對話，順利耙梳中共對台宣傳的相關環節。

一、決策研究途徑

決策管理可以說是一種研究政策目標、政策選擇，以及政策決定的方法。從古典的決策行為論之，決策行為是一種理性的行為，決策過程是一種理性思維的過程，而決策者則是能以合理方式思考、解決問題的人，這種決策模式稱為「理性決策模式」。決策主體不僅要考慮本身的條件，也要考慮對方有形、無形的因素，因此整個決策過程都是理性的，每個環節都是合理的，所有的行為都是理智的，所有的決策都是清醒的。（Onuf，1989：77，249）。

不過，這只是一種理想的情境與假設，現實環境中存在太多不確定的因素。因此，學者賽蒙（Herbert Simon）提出有限合理決策（bounded-rationality），認為決策者不可能追求到絕對理想、理性的決策，於是用滿意行為原則來取代古典決策模式。也就是說，決策者、或決策分析者，不再以追求最大限度的效益為唯一重要的考慮，相對理性可能是一個較恰當、合理的選項。（Dougherty ＆ Pfaltzgraff，1981：478）

不過，古典決策與有限合理決策都有其偏限，原因在於兩者都以事物發展的必然性和合理性來判定國際關係與外交政策的變化，忽略國際關係中許多不確定、非理性的因素。於是，在決策實務上又發展出另外一種控制型決策模式，即不要求對所有影響決策的複雜因素一一加以

分析，也不指望透過這種分析對本國或他國的政策加以確定。此一理論接受一定的變量和信號，並對之做出反應，然後再透過信號的反餽過程，對目標加以修正，從而使決策逐步接近實際，經過這種反覆的過程，可以使得決策建立在一個相對合乎客觀現實的基礎上。（蔡瑋，2000：126）

對於中共決策而言，其強調的抓住機遇、掌握勢頭、摸著石頭過河，反映的正是這種控制型決策的特色。用鄧小平的話來說，就是「膽子要大，但步子要穩，走一步，看一步，看到不妥的地方就趕快改。」（沈承剛，1996：272）意即中共高層在確定戰略目標之後，經常採取「小步走，不停步，注意探索，穩定前進，在戰略上輕視敵人，在戰術上重視敵人」的傳統觀點。（蔡瑋，2000：127）

本研究旨在觀察中共對台宣傳策略的特質，尤其注重其發展的持續與變遷。對於中共而言，宣傳一事既是對台攻堅利器，同時也是鞏固黨內地位的重要工具。中共對台決策單位是在怎樣的環境下，透過何種模式進行運作，厥為對台宣傳的重要環節。本研究將以「控制型決策模式」為主軸進行相關探討。

二、線性傳播研究途徑

要探索中共對台宣傳之前，首先必須先對於大眾傳播過程的線性模式有所瞭解。據此方能洞悉整個中共對台宣傳的傳播過程，以及其相關重要理念的轉換過程。1948 年，美國傳播學者拉斯威爾（H.D. Lasswell）在一篇名為「傳播在社會的結構與功能（The Structure and Function of Communication in Society）」的論文中，提出了大眾傳播研究的幾個重要觀念，其中最重要的貢獻就是明確指出「傳播過程」研究中幾個重要元素，亦即所謂的「線性傳播過程模式」（linear communication process model）。在此模式中，拉斯威爾揭櫫傳播過程「Who Says What in Which

Channel to Whom with What Effect？」質言之，傳播過程或是宣傳過程的研究焦點應該擺在以下幾個問題上面，包括誰（Who）、說什麼（Says What）、經由什麼通路或傳播媒體（in Which Channel）、對什麼人（to Whom）、產生什麼效果（with What Effect）（林東泰，2002：79-80）。

　　就宣傳的傳播過程而言，在這個模式中的「誰」，就是主導宣傳的傳播者研究；「說什麼」就是宣傳政策與作為的研究；「經由什麼通路對誰宣傳」則是宣傳的途徑研究；至於產生的影響則為宣傳的效果研究。平心而論，這種宣傳的傳播模式仍嫌粗糙，並廣為傳播學者所詬病。原因在於這種模式主要圍繞在傳播是線性的、單方面的、必然有效的思考邏輯上（林東泰，2002：81）。事實上，在任何宣傳環境下，正如同作用力與反作用力必然同時存在，強加宣傳者必遭致「反宣傳」的干擾，且忽略此節亦難蠡測傳播過程的「反饋」，從而無法呈現宣傳的原貌。是以，本研究在處理中共對台宣傳過程的相關探討時，亦不能偏廢「反宣傳」（Counterpropaganda）的「噪音」所產生的影響。

三、新聞守門人研究途徑

　　在新聞的產製流程中，傳播者（Who）多被認為決定傳播內容的關鍵人物。最早提出「守門人」概念，是 1947 年由傳播學者李溫（Lewin，K)。他在一篇名為「團體動力學：團體生活的管道（Frontiers in group dynamics：II Channels of Group life；Social planning and action research）」文中以「食物」為例指出，對於決定或改變社會要吃什麼，並非每個人具有相同的決定權，而是在真正握有決策權的「守門人」（gatekeeper）身上（Lewin，1947：143-153）。

　　而第一個把「守門人」概念運用到新聞實證研究上的，則是他的助理懷特（White，D. M.）。懷特指出，新聞組織在產製過程中不會全部採納消息來源，其採用或篇幅長短與否，都繫決在「守門人」的動刀取捨

（White，1950：383-390），其研究的焦點在於媒體中，「誰」才是真正的「守門人」。但是，後續的研究則指出，研究守門人並不能以「純粹的個人」作為單一的研究對象，最重要的是「組織化的個人」，亦即個人如何受到組織的影響。尤其是在截稿時間壓力下、編輯政策前提下、還有科層的組織工作分配等等（Bass，1969：46，67-69）。學者蓋伯（Gieber，W）則進一步指出，在新聞產製的過程中，最具有決定的關鍵性因素並非個人的價值判斷或新聞價值，而是新聞組織內的種種壓力。守門人的定義因此從最早先的電訊室編輯，發展到記者、改寫人、新聞工作室內的各層級負責人，甚至於包括讀者和消息來源等（Gieber，1994；林維國，2003：30）。質言之，「組織才是真正的守門人」。

一般而言，守門人大致上可分為新聞收集者（記者）與新聞處理者（編輯）；郭俊良更進一步的提出菁英與非菁英守門人，認為只有「菁英守門人」才是「守門人中的守門人」。學者蘇麥克（P. J. Shoemaker）則歸納出五個分析守門人的層次，包括個人層次（個人特質、角色期待等）、傳播常規（寫作模式等）、組織常規（組織社會化等）、跨媒介與社會制度層次（消息來源、媒體競爭等），以及社會系統層次（文化、意識形態等）（郭俊良，1980；Shoemaker，1991；林維國，2003：30）。

過去研究中共對台宣傳相關研究，在言及「宣傳者（或傳播者）」時，如王章陵、魯競多以組織介紹代之，從而斷言中共記者受限於共黨「喉舌論」制約，僅能奉命行事。但實際上，近年來隨著大陸市場經濟成長，報業競爭力加速，對台宣傳除政令宣導外，仍應存有新聞記者的專業判斷空間[3]。本研究希望在此基礎上，進一步分析「新聞守門人」

---

[3] 筆者於 2006 年 9 月 2 日採訪北京某資深媒體人士「辛」時曾談及此節。這位人士表示，「一般政治新聞當然要與中央合拍，不能碰觸條條框框；不過，其內部作業仍有專業的判斷空間，上頭也會加以尊重。這就像是體操一樣，有所謂的指定動作，也有所謂的自選動作，不是台灣想像的那樣！在服從政

於中共對台宣傳時的作為及功能。至於，相關理論亦將援用於台灣接觸大陸訊息的平面及電子的「新聞守門人」，並據以分析其採訪新聞、調派記者、選用大陸對台新聞的相關作為。

四、議題設定研究途徑

1972年，米康姆和蕭氏（McComb & Shaw）提出「議題設定理論」（the media agenda-setting theory）。其要義為，媒體所強調的議題報導數量、頻率及刊登時間等因素，會與閱聽人腦海裡認為重要的議題之間有正向的關係。這是因為一般人無法親身接觸所有政治社會事務，必須依賴媒體提供相關資訊，以做為個人對政治社會事務認知與知識的來源。因此，媒體就有如放大鏡和過濾器，當它特別強調某些議題時，這些議題在大眾心目中的顯著性就會增加，形成「議題設定效果」。（林東泰，2002：267-268）這也證實柯亨（B. Cohen）的猜想，即媒體「並非告訴我們應該如何思考，而是告訴我們應該想到哪些問題（tell us what to think about rather than what to think）。」（Cohen，1963）

媒體設定議題效果不容小覷，但媒體究竟是「如何」被設定，在新聞產製過程中，較被傳播學界注意者當屬「框架效果」研究。框架（framing）概念最早由葛夫曼（E . Goffman）提出，「所謂框架，指的是人們用來闡釋外在客觀世界的心理模式；所有我們對於現實生活經驗的歸納、結構與闡釋都依賴於一定的框架；框架能使我們確定、理解、歸納、指稱事件和信息。」（Goffman，1974，10-11）而所謂的新聞框架，就是指媒體在報導某事件時，基於某種特定的看法，通過反覆使用特定的關鍵詞、比喻、圖片或論調地從某個角度來說明問題。新聞框架的存在，使事實的全體與其生成的背景簡單化，容易使閱聽眾僅關心問

策與顧及市場之間，專業判斷就在這裡頭。」

題的某特定部份，卻因此「掛一漏萬」，忽略其他可能更值得關心的部分。（林東泰，2002：289）。

框架（framing）的觀念引入議題設定研究之後，傳播學者開始重視媒介如何將議題、論題的特質「框架」出來，並且影響民意或民眾的行為。例如 1988 年荷曼與杭士基（Herman ＆ Chomsky）提出「宣傳模式」（propaganda model），一反過去把媒體視為中立、公正的觀點，注意到美國的新聞媒介在處理外國新聞事件時，傾向於集中在某些地區的某些論題上，因此新聞中的宣傳或意識型態面向是不可忽略的。荷曼與杭士基以美國對尼加拉瓜的報導為例，說明美國挾其傳播優勢，透過宏觀的新聞框架與微觀敘說故事的堆疊（story by story）所建構的「宣傳模式」，確實影響美國閱聽眾甚鉅（Herman＆Chomsky，1988；蔡美瑛，1995，107）。

隨著議題設定理論的發展，證明了媒介可以影響閱聽人對議題「重要性」的認知；大多數關於「議題設定」的概念都是強調媒介的報導重點與受眾腦海中認為重要的題材間呈現正相關；而在 1995 年麥康和依凡特（McCombs & Evatt）又提出「議題設定第二層次」的理論，說明媒介對議題屬性的強調，也會影響閱聽人對議題屬性的認知。（McCombs & Evatt，1995：14-18）

麥康認為，議題設定理論的中心思想是「大眾傳播媒介中的世界圖像的顯著性轉換為我們腦中圖像顯著性，隨著時間的進展，媒介強調的要素會成為公眾議題的重要項目」；但議題設定第二層次理論的概念，就是「媒介議題屬性（新聞報導框架）」對於影響「閱聽人對議題認知屬性（閱聽人框架）」的效果。麥康和依凡特在回顧整理議題設定理論的研究結果時發現，每一個「議題」或「事件」本身都具有某些特定的「屬性」（attributes），媒介對這些議題的報導屬性，往往也形塑了閱聽人對這些議題或事件屬性的認知，使得人們看見這個議題或事件時，便會想到這些特定的屬性。由於每一個新聞框架所強調的觀點不同，使得

每一則新聞報導產生屬性上的差異，因而對閱聽人也產生的媒介效果上的差異。這些新聞框架如何影響公眾議題，就是所謂「議題設定第二面向」（second-dimension of agenda-setting）或稱「議題設定第二層次」（second-level of agenda-setting）（McCombs & Evatt，1995：21-27；陳芸芸，1999：4-6）。

　　媒體的議題設定第二層次效果的發現，不僅是告訴人們什麼是現在社會最重要的議題，同時它還能告訴人們該從哪些屬性的角度去看待這些議題的意義。學者麥康指出，議題設定第二層次理論不僅研究媒介能告訴人們想些什麼（what the public think about），還探索了媒介能告訴人們如何想（how the public think about it），甚至還能進一步教導人們如何做（what to do about it）。因為除了「對象顯著性」與「公眾議題屬性」的框架效果外，框架也會影響公眾的思維基模，而更進一步地去影響公眾的態度和行為（林維國，2003：22-24）。

　　從議題設定理論的發展，吾人可以得知其延伸出來的「框架理論」與「議題設定第二層次」理論，具有「聚焦」與「評價」新聞報導的功能，也就是新聞媒體有如放大鏡，將焦點凝聚在某些事件的角度與面向上，並對於報導採取某種評述立場，進而使閱聽人的認知引導在這些層面上（Noelle-Neumann，1987：391-414）。

　　在中共對台宣傳的內容中，經過中共媒體、台灣媒體及國際媒體的「議題設定」及「新聞框架」，其呈現的社會真實不一定能完全反映社會真相。但民眾瞭解中共對台的相關訊息，多透過媒體報導，在相關的「媒體真實」未必就是「社會真實」的前提下，相關媒體的報導有時反而誤導了民眾對事實的認知（許志嘉，2007：48）。本研究將致力還原媒體相關報導時的歷史脈絡及背景，並使用上述理論穿透各種迷思，以求清楚耙梳中共對台宣傳的內容。

五、輿論調控研究途徑

「輿論」一詞廣泛運用在新聞學、社會學門，其要義乃指「社會成員間傳播某個事物較為共同的看法。」（廖永亮，2003：1）或指「在一定的範圍內，相當多數的人對某一事物的大體相似的意見。」（傅昌波，2004：38）中國社會科學院學者陳力丹長期研究馬列及共黨新聞理論，其對「輿論」所下的定義，一般認為較具權威性，即「輿論是公眾關於現實社會以及社會的各種現象、問題所表達的信念、態度、意見和情緒表現的總和，具有相對的一致性、強烈程度和持續性，對社會發展及有關事態的進程產生影響。其中混雜著理智和非理智的成份。」（陳力丹，1999：11）至於「輿論調控」則是「國家對於輿論的總體結構、運行方向、速度、狀態、範圍等，進行引導與調節。」（廖永亮，2003：1）

根據中共中宣部幹部局組織編寫的《新時期宣傳思想工作》一書指出，輿論調控是在中共中央的領導下，由中共中央宣傳部對內負責宏觀指導、中共中央對外宣傳辦公室對外負責管理與協調事宜（中宣部幹部局，2001：80-81）。其工作任務在於「逐步建立健全中央和省、自治區、直轄市黨委統一領導，中央宣傳部和省、自治區、直轄市黨委宣傳部協調指導，各級新聞出版行政管理部門分工負責的管理體制。逐步完善信息、引導、協調、保障、約束等運行機制。」（中宣部幹部局，2001：79）

曾經實地參與中宣部輿論調控工作的廖永亮指出，中共的輿論調控的型態是一種執政者對媒體的傳播控制與媒體對受眾的傳播控制（廖永亮，2003：73-76）。這是一種成本最小，且可以重視反饋結果的控制模式。至於輿論調控必須掌握的原則有四，分別為國家利益至上、黨性原則，以及遵行新聞輿論的內在規律和服膺市場經濟規律；而輿論調控的關鍵首重「引導」，而且是共產黨認定下的「正確的引導」，才能趨福避禍，平穩社會的「輿論秩序」。（廖永亮，2003：113-154）。

至於輿論調控的方法，廖永亮認為要從三個面向進行，分別為媒體控制、方針引導與內容督察。在媒體控制方面，要做到媒體管理體制確立，並分別從法規、經濟、社會、人事等方面加以控制；在方針引導方面，首重宣導方針的制訂，要求輿論集中實現對社會的讚揚、輿論調整要實現對社會的監督、輿論匡正要實現對社會的疏導、輿論調節要實現對社會的穩定；在內容督察方面，要進行對新聞傳播內容的真假評議、要調節新聞傳播內容結構、要協調新聞傳播效果、要有機把握新聞傳播過程等（廖永亮，2003：259-282）。

本研究之所以採用「輿論調控」進行研究，旨在說明中共透過國家機器進行對台宣傳的思維脈絡。基本上，中共對台宣傳的重大論述與新聞都必須透過這套輿論調控系統審定後，才能出爐。包括宣傳系統決策、協調及訊息發佈、效果評估等相關考慮，都能在輿論調控理論中得窺全豹。尤其，輿論調控系統乃源自「具有中國特色」的宣傳理論，相較於其他理論，更能準確反映中共對台宣傳流程的相關環節。

第三節　研究方法

所謂的「研究方法」指的是研究者在解決議題時蒐集、處理與分析資料的手段（朱浤源，1999：145）。在《方法大辭典》裡，對方法的定亦是「『方法』一詞來源於希臘文，意思是沿著正確的道路或方法運動。在主觀認識客觀的活動中，是指獲得、收集、整理關於對象的經驗材料以及對所獲得的信息進行加工的方法。（劉蔚華、陳遠，1991：9；楊開煌，2006：3）」任何一種研究方法只是一種工具而已，主要的作用在於幫助我們組織和分析資料，而不是放諸四海皆準的框框。研究者不能迷信理論的框框，也不能否定組織與分析資料。準此以降，本研究計畫主要方法有下列諸端：

一、歷史研究法

　　歷史研究法是利用歷史資料或事例來掌握歷史事實，依照所研究事件的時序關係，讓事件的背景、經過、影響清楚呈現，以作為解釋的有力根據。歷史研究法是本論文主要的研究方法之一。筆者認為任何理論的建構，都必須先從事實出發，經過層層抽繹、化約與整合的過程，逐漸形成統一理論甚至符號形式；而依相反的順序，任何理論的舉證，也必須逐級落實在事實的基礎上，如此方能兼具邏輯推演性與經驗印證性。因此，只有盡可能將歷史真相還原，研究基礎才能堅實。此外，筆者將力求避免將歷史研究法化約為時間為軸的史料（或資訊）排序法，於是整個事件的因果關係就可能簡化為時間關係。事實上，以時間為軸的資料排序法只是歷史研究法的入門功課，之後尚有歷史事實、歷史因果、歷史解釋、史料考證等一連串必須討論的方法，絕非時間排序所能涵蓋。

二、深度訪談法

　　所謂的「深度訪談法」，是一種無結構式的訪問，其特點在於彈性大、能發揮訪問者與被訪問者的積極性。雙方可就給定的主題，舉凡相關問題、現象、事件、從歷史到今天，原因到結果、從個人到他人及重大社會環境進行廣泛地交談、討論。被訪問者所提供的想法、事件，往往是調查者不曾料到的，從而給予很大的啟發，使之找到研究新思路或提出新問題。（袁方、王漢生，1997：270-272）

　　在訪談過程中，訪者必須竭盡所能站在受訪者的位置。事實上，語言關係乃是一種權力關係，訪者必須在啟口之前預見其語言為聽者接受的程度，意即「要說什麼話，以怎麼樣的方式來說。」這次行動者主觀上對情境所可能產生的結果之期待，有了這種期待，受訪者才會事先調整其將說出的話之內容與方式。（洪鎌德，1997：48）

　　由於本研究涉及中共對台宣傳的相關環節，在中國大陸社會裡敏感異常，外界亦對此節諱莫如深。因此，本研究希望透過深度訪談法，藉由筆者過去工作結識的人脈之便，訪問大陸對台重要媒體的新聞守門人及學者專家，瞭解中共對台宣傳的媒體運作及政策制訂流程，以及新聞守門人身處在上級命令與新聞專業的拿捏；也訪問國際媒體駐京特派員、香港媒體資深記者多人，藉以掌握中共是如何借用港澳及國際媒體進行對台宣傳的相關作為；至於在台灣媒體部分，本研究則專訪電子與平面媒體處理大陸新聞的重要新聞守門人，掌握中共透過間接途徑影響台灣輿論的各種作為與企圖。

三、次級資料分析法

　　次級資料分析（secondary data analysis）是使用研究者蒐集資料而得的研究發現為基礎；經由這種方法，吾人可以對歷史的相關情況有較佳的了解；而藉由不同時期蒐集到類似議題的資料分析，也可以深入進行描述與說明變化的趨勢。此外，次級資料法也有比較的用途，發揮擴大通則性的效力，並提供更大的洞察力（Nachmais & Nachmais，潘明宏譯，1999：381）。

　　如果次級資料是正確而可靠的，則將提供複驗（replication）的機會，是以研究者不必親自進行數個研究，而是運用前人所蒐集的資料，再加上自己所蒐集到的資料進行研究。其次，擁有各時期資料的便利性，使研究者能夠採取時間縱向的研究設計。再者，次級分析可以改進和運用可操作性概念，來擴展自變項的範圍；此外經由次級資料的運用，吾人得以提高樣本的規模、代表性以及導致涵蓋範圍更廣的通則化所需觀察的數目。最後，次級資料能運用在交叉驗證法，以提高經由原始資料所獲得研究發現的準確度（Nachmais & Nachmais，潘明宏譯，1999：382-383）。

　　本研究將借用次級資料作為評估中共對台宣傳的量化準據。這些資料包括行政院大陸委員會、政治大學選舉研究中心、財團法人台灣智庫以及各媒體的民調資料，內容涵蓋歷來對於「一國兩制」、統獨問題、兩岸議題的民意調查，希望有助於觀察中共對台宣傳效果及其策略作為的變化軌跡。

第四節　研究範圍與架構

一、研究範圍

　　為求本研究分析更為精確，在研究範圍的界定上，係依照對象、時間、內容等要素作區分。茲分述如下：

（一）內容範圍

　　中共對台宣傳乃兩岸競逐的重中之要，有其「持續性」與「可變性」。本研究的主要重點，旨在全面檢視中共對台宣傳隨著時空環境的變遷，究竟是如何發展？一般說來，中共對台宣傳內容，主要分為例行性作業與重大特殊事件二者。其中，重大特殊事件乃中共對台「定性」的重要轉折點，是以本研究擬以重大特殊事件為宗，按時間先後順序，以「兩國論」、「一邊一國論」、「公投入憲論」、「反分裂國家法」、「終統論」五大個案作為觀察主體。詳述從江澤民到胡錦濤主政時期，中共對台宣傳的傳播過程中重要變項，包括傳播者、宣傳內容、宣傳媒介、反宣傳、宣傳效果等，究竟是如何發展的？從而歸整出中共對台宣傳的模式，預測其可能動向，以為因應。

（二）時間範圍

　　自從李登輝發表兩岸為「特殊的國與國關係（下稱「兩國論」）」後，中共片面定性台灣有意撕毀「一個中國原則」，致使兩岸關係急轉直下，雙方政府互動迄今仍未平復。因此，本研究選定兩國論作為起點，觀察從 1999 年至 2007 年間中共對台宣傳策略發展的走向。由於這段時間正好是中共第三代與第四代權力核心銜接之際，同時也是民進黨政府逐步裂解「一個中國」框架的關鍵過程。於此之際，兩岸政治角力不斷，而中共宣傳力度較前亦大有變化，深具觀察意義。是以本研究選定此段時間作為研究範圍。

二、研究限制

　　本研究在資料蒐集部分，除了大量利用台灣地區圖書資料外，將使用大陸地區學術單位的資料庫，儘可能求其周延。惟各國對台宣傳機制的運作，多採不公開的方式，而且過去的工作檔案也可能列入機密而不利取得；即便可以取得，也有不能公開的顧忌，讓相關訊息資料的蒐集增添許多困難。

　　另外，為求本研究能深入到位，必須克服困難訪問兩岸三地熟知此道者。惟相關人員多為大陸學者專家，或是長期駐守大陸的境外媒體工作者，在取得訊息過程中，如果稍有不慎將會造成受訪者誤觸禁忌。因此，如何在取得訊息原貌與避免受訪者因言賈禍，也成為本研究最大的考驗。因此，本研究將致力取得「安全無虞」的訊息，同時將受訪者訪談所得，與已公開的文件檔案、報告、論述、日記、相關報導進行比對，盡量兼顧訊息來源的信度與效度。

三、研究架構

　　研究架構或稱分析架構，是研究者針對擬研究主題進行整個思考、研究、分析的架構，期使研究問題能有一個努力的焦點（呂亞力，1991：50；邱榮舉，2002：95-96）。以下是本研究必須處理的重要變項：

（一）宣傳環境（Environment）

　　宣傳不能自外於環境，必須審時度勢，才能營造有利於己的宣傳氛圍，為創造宣傳效果製造條件。從總體環境觀之，影響中共對台宣傳者可略分為四，分別為政治環境、經濟環境、文化環境與技術環境。從政治環境言之，在不同的政治環境裡對於宣傳產生程度不同的「制約」，甚至創造出不同的宣傳「風格」；至於一個國家的經濟發展影響宣傳媒體甚鉅，因為宣傳媒體的規模、技術、產製多靠其經濟實力支撐；而「文化」則在其正式或非正式的影響下，規範宣傳工作該「怎麼做」；至於技術方面，若從麥克魯漢（McLuhan M.）的科技決定論觀察，媒體技術的改變不僅能造成社會變遷，甚至會對政治環境造成衝擊，意即宣傳形式的改變，可能會進一步衝擊宣傳的內涵（彭懷恩，2002：10-11；Carey，1988：11）。另外，若從個體環境觀之，人格因素乃為政治分析的重要變項，歷來中共領導人在「政治社會化」過程中所培養的「權威性性格[4]」，是否灌注對台宣傳風格之中，亦為本研究觀察重點（顏志榮，2004：101-102）。

---

[4]　中國人生長於強調權威、服從權威的傳統社會環境中，經過長期的政治社會化過程，自然而然培養出「權威型性格」。其特徵包括（一）無條件服從天、皇帝、長者或擁有政治、社會地位的人；（二）尊重過去的知識與經驗；（三）順從既有的社會規範；（四）看重集團的名譽和利益而忽視個人。（詳見文崇一，1972:47-75）

（二）宣傳者（Who）

中共對台宣傳是一個龐大的輿論調控體系，宣傳者（或傳播者）應該視為調控輿論的主體，包括宣傳決策者、宣傳組織者等。所謂宣傳決策者是指決定宣傳方針和宣傳戰略的高層領導者和領導部門，包括胡錦濤同志辦公室、中共中央對台工作領導小組等。至於宣傳組織者則是指，從事具體宣傳活動部門的直接領導者和機關，諸如中共中央宣傳部、國務院新聞辦公室、國務院對台辦公室等單位。對於宣傳者而言，為使決策能順應環境變遷，必須建立起準確的輿情反饋系統，負責反饋信息的收集和分析，為宣傳者提供新聞決策依據或決策建議。這部分則包括中共黨政軍等對台情報部門[5]（廖永亮，2003：190-191）。

（三）宣傳內容（Say What）

宣傳內容包括符號與語言所構成的陳述，來傳達思想、觀念、價值與意圖，其形式包括報導、評論、廣告、公關事件等。媒體並非單純的、客觀的、中立的報導政治周遭所發生的種種，透過媒體披露的訊息內容充斥價值判斷的主觀與偏見，加以宣傳者刻意地傳遞特定訊息，更使得許多宣傳內容真偽難辨（彭懷恩，2002：13）。一般說來，宣傳內容大多是建構的真實，是新聞框架下的產物，且多服膺「以我為主，為我所用」的原則，為宣傳者所欲之目的服務。意即宣傳者可以利用保證、婉轉、誇張、暗喻等方式來激發群眾的情緒、動員群眾，以爭取政治利益並鞏固其政治地位，建立其社會權威（彭芸，1986：24-26）。

---

[5] 所謂中共對台宣傳者在本文定義為對台輿論的調控主體，外界對此節眾說紛紜。筆者綜合大陸及香港資深媒體人士及個人十餘年採訪大陸新聞經驗所得，初步界定為宣傳決策者、宣傳組織者及輿情反饋系統三者，其詳細運作將於第三章以專章討論之。

　　中共對台工作宣傳工作講究「政策」與「戰術作為」兼具。在政策上確認對台宣傳目標有二，分別為對內教育群眾及爭取台灣民心。在對內教育群眾方面，旨在促進大陸上的各級幹部和群眾對中共的對台方針政策的認識，瞭解台灣情況，以便做好對台宣傳工作。其次在爭取台灣民心部分，則致力於廣泛爭取台灣民眾對中共的認同，擴大愛國統一力量，遏止台獨勢力的發展（郭瑞華，2004：91）；在中共對台宣傳的戰術作為上則呈現靈活多變的風貌，務求宣傳工作必須根據不同的時對、地點、條件和政治形勢，認真區分不同性質的矛盾，注意適應不同社會心理的要求，為宣傳工作選擇最佳環境、最佳時機、最佳方式、方法，利用最有利的社會條件，實現宣傳的目的（景杉，1991：319）。準此以降，本研究將針對中共對台宣傳內容的政策與戰術部分加以闡述，並還原宣傳內容產製過程中的時空背景與環境因素，以利後續的探討。

（四）媒介途徑（Which Channel to Whom）

　　中共視宣傳為維繫政權的重要工具，在其宣傳任務的實際操作上，係運用少數主要媒體發揮主幹作用。曾任中共中央宣傳部長的丁關根於1993年6月在《關於宣傳思想工作的基本思路》提到，「各大新聞單位和有代表性、影響大的地區要發揮主導作用」（丁關根，1993）。從中共中央一級單位來看，主要是指《人民日報》、《新華社》、《中央電視台》、《中央人民廣播電台》等單位在宣傳輿論上，足以發揮權威性和主導地位（中共中央宣傳部，1994）。在這些主要媒體帶動下，形成了中國大陸的主流輿論，也控制了輿論全局。在對台宣傳的重要媒體上，這些主要媒體也扮演舉足輕重的角色。

　　另外，中共中央宣傳部根據對台宣傳特點，指示「三線」配備的多層次部署，第一線是中共在港澳的報刊，以及其他海外接受中共補助、立場親中共的報刊；第二線是沿海對台廣播宣傳和大陸負責對台統戰部

門團體所辦的宣傳刊物;第三線是新華社和中央級別的報刊、廣播。原則上,第一、二線報導的尺度較寬,第三線因代表中共官方立場,言論較謹慎。三線配合,靈活運用。換言之,中共開始充分利用海內外有關通訊社、報刊、雜誌、出版社、廣播電台、電視台的不同特性,以各種體裁形式,對台進行統戰宣傳。(共黨問題研究叢書編輯委員會,1994:134;郭瑞華,2004:93)

從中共對台宣傳的發展來看,隨著改革開放後的解放思路,中共涉台媒體越來越有「分眾市場」概念,採取因時因地制宜的方式,針對不同閱聽眾採用不同媒體進行宣傳。值得注意的是,近年來中共在其「和平發展[6]」的思維下,漸以全球化的新聞框架的規範此節,尤其在國際重要媒體上的對台宣傳,亦有相當程度的運作。至於透過台灣媒體傳送相關宣傳訊息的手法也日趨細膩。是以,本研究將針對台灣媒體、中共媒體、國際及港澳媒體入手,探討中共是如何運用不同媒體,針對不同的閱聽眾進行對台宣傳。

---

[6] 2004 年 3 月 14 日,中共總理溫家寶在十屆國人大二次會議舉行的中外記者會回答新加坡記者提問時指出,中國「和平崛起(和平發展)」的要義有五。第一,中國和平崛起就是要充分利用世界和平的大好機會,努力發展和壯大自己。同時又用自己的發展,維護世界和平;第二,中國的崛起,基點主要放在自己的力量上,獨立自主、自立更生、艱苦奮鬥。依靠廣闊的國內市場、充足的勞動資源和雄厚的資金儲備,以及改革帶來的機制創新;第三,中國的崛起離不開世界。中國必須堅持開放的政策,在平等互利的原則下,同世界一切友好國家發展經貿往來;第四,中國的崛起需要很長的時間,恐怕要多少代人的努力奮鬥;第五,中國的崛起不會妨礙任何人,也不會威脅任何人,也不會犧牲任何人。中國現在不稱霸,將來強大了也永遠不會稱霸。(溫家寶,2004)事實上,溫家寶所言的「和平崛起」,經過黨內反覆討論後逐漸形成「和平發展」的基調,其中固然有理論的強化與落實,但多少有避免「中國威脅論」再起,改採韜光養晦的「和平發展」,以免美國等國際社會有所物議。

（五）反宣傳（Counterpropaganda）

在台灣與大陸面對中共對台宣傳日盛，且台灣與大陸在綜合國力的對比上，顯然已成「不對稱結構」。中共對台宣傳企圖瓦解台灣民眾心防，我政府部門亟思破解自為情理之常。由於台灣朝野對立、統獨情結扞格甚深，我政府重新定位「國家安全」作為主軸，以因應族群關係、國家認同及社會信賴部分，企圖在「反宣傳」戰略部分，鞏固台灣民眾心防（國家安全會議，2006：63-67）；至於在戰術上面，則總括有官方、半官方與民間團體進行相關的反制作為。本研究將兼顧台灣進行反制中共的戰略與戰術作為，並針對台灣官方與非官方反制中共對台宣傳的「反宣傳」進行討論，另亦將檢視相關作為是否真能達到預期功能。

（六）效果（with What Effect）

宣傳的目的在於取得宣傳效果，真實地評估宣傳效果，才能為下一次宣傳提供經驗教訓。傳播學者對於此節多有涉獵，包括早期的注射論、兩級傳播、議題設定理論、沈默螺旋理論等，都與宣傳有著密切關係。中共對台宣傳的效果評價，主要在於完成中共政治體系所交付的使命，欲探究其宣傳效果，就應該觀察宣傳過程是否完整地呈現中共的「國家形象」、傳播中共的立場與主張、有效駁斥台灣的「反宣傳」作為；營造有利於中共的國際輿論條件；以及影響相關國家的政府決策（張昆，2005：13-16）。因此，本研究將採用質化與量化方法進行相關效果檢證。

本研究主要在於處理中共對台宣傳策略的相關問題，從決策研究途徑與線性傳播等研究途徑出發，在考慮宣傳環境與傳播過程中可能出現的反饋外，亦應探討中共對台宣傳策略時亦應顧及宣傳者、宣傳內容、宣傳媒介與受眾、反宣傳及其宣傳效果。至於本研究之所以著眼於新聞守門人理論、議題設定理論、輿論調控理論者，旨在釐清中共對台宣傳工作的內涵。下圖為本研究的研究架構。

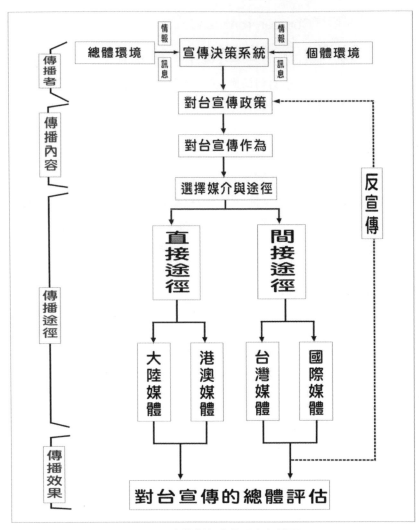

圖 1-1：中共對台宣傳研究架構圖

資料來源：
1. 筆者整理所得。

第二章　宣傳的文獻回顧

　　對中共而言，宣傳是一種宣揚民族意志，展現國家形象，延伸政府外交、爭取國際認同，維護國家利益的重要手段（張昆，2005：1-2）。尤其，「解決台灣問題、完成祖國統一」成為中共於廿一世紀中的三大歷史任務後，宣傳更成為中共對台工作重點。本章重點在於回顧「宣傳」、「中共對台宣傳」等相關文獻，並嘗試釐清分析中共對台宣傳過程中可能遭遇的相關環節。

第一節　宣傳的意涵

　　「宣傳」一詞早已有之。英、德語中同為 Propaganda，在法語則稱為 Propagande，指的是「繁殖、擴展」或「散佈、播種」之意。（Jowett & O'Donnell，1999：2），但「宣傳」在西方卻是一種骯髒、污穢、卑鄙、惡毒的字眼（林東泰，2002：97），尤其自國民黨退守台灣後，多將江山易主的原因歸咎於中共宣傳凌厲，並發動國家機器大肆宣揚其「包藏禍心」，更強化一般民眾對「宣傳」的負面印象。但是對中國大陸來說，一般人多視宣傳是一個中性的名詞。畢竟每個社團或政治組織，都設有專門的宣傳部門。至於平時的新聞宣傳、廣告宣傳也使用得十分普遍，大陸民眾對此並沒有異樣的感覺（張昆，2005：3-4）。以下將針對「宣傳」一詞加以說明。

一、宣傳的緣起

　　在漢語裡，「宣傳」是代表公開發表之意。《左傳》有云：「民未知信，未宣其用」；《魏略・李孚傳》云：「孚言：『今城中強弱相凌，心皆

不定，以為宣令新降為內所識信者宣傳明數。」陳壽在《三國志‧蜀‧彭傳》中寫道：「先生（劉備）亦以為奇，數令宣傳軍事，指授諸將，奉使稱意，識遇日加。」從這些歷史典籍中觀察「宣傳」語意，旨在陳述「為了一定的目的，告訴傳播一些內容，使人們的思想有所趨從、增益，有所改變。」（王玉東，2002：17）

在西方世界裡，宣傳（Propaganda）這個字源於《Congregatio de Propaganda Fide》（英文譯名是 Congregaion of the Propaganda of Faith）。十七世紀以前，「宣傳」與天主教的「傳播」是同義字，因為天主教曾經在 1622 年創立過宣傳學院（College of Propaganda），專門訓練教士對教義的宣傳技巧（Whithey，1977：343），以應付方興未艾的宗教改革（Reformation）勢力挑戰。所以法國社會學家和哲學家厄尤（Ellul J.）對「宣傳」所下的定義是：「宣傳是一種由一個有組織的團體控制傳播，企圖由影響群眾的心理，使群眾積極或消極地參與行動，並且在心理上與群眾結合在一起」（祝基瀅，1995：31）。

社會學家厄尤是從控制的觀點解釋宣傳，其看法與傳播學者拉斯威爾在其經典名著《世界大戰的宣傳技術（Propaganda Technique in World War Ⅰ）》中所下的「宣傳」定義相仿，即「宣傳就是使用重要的符號來控制意見，換言之就是使用故事、謠言、報導、圖片和其它形式的社會傳播來控制意見」（Lasswell，1927：9）；數年後拉斯威爾又修正「宣傳」的意義為：「廣義地說，宣傳就是透過對象徵符號的操控，以達到影響人類行動的目的，而這些象徵的符號可以語言的、書寫的、圖畫的或音樂的形式出現」（Lasswell，1934：521-522）。

第一次世界大戰顯然是是宣傳研究的分水嶺。Propaganda 一詞的流行和戰時宣傳的種種實踐引起歐美不同領域學者的強烈關注。1918 年初，英國成立隸屬於政府新聞部門的戰時機構「對敵宣傳司」（Department of Enemy Propaganda），由報業巨頭北岩勳爵主管，這是 Propaganda 一詞首次出現在政府機構名稱中。至於在東方，列寧以報刊

為「社會主義革命的宣傳員、鼓動員和組織者」，成功奪取國家政權。戰爭結束以後，英國和美國的記者、作家、歷史學家、哲學家、政治和社會評論家等開始從各個角度回顧和反思這場史無前例的宣傳運動。一些參與戰時宣傳的新聞記者著文揭露戰時宣傳中歪曲事實、誇大敵方暴行等內幕，並對自己喪失新聞道德的行為表示懺悔。從此，西方公眾對「宣傳」一詞開始出現惡劣的評價（展江、田青，2003）。

　　近年來傳播學界對於「宣傳」較為通俗的解讀則是「扭轉情勢（spin）」，即指運用協同策略（coordinated strategy），使負面資訊量降到最低，因此類似新聞秘書或公關人員通常被稱為「扭轉情勢師（spin doctor）」，透過這些扭轉情勢師的組織運作，藉以達到組織性說服（organized persuasion）（DeVito，1986：239）的目的。

二、宣傳的定義

　　由於「宣傳」一詞的定義人言殊異，因此中外學者站在不同角度，對於「宣傳」有著不同的定義。在中共方面，其《新聞學簡明辭典》即稱，「宣傳乃闡述某種主義、主張、思想、觀點以爭取特定對象達到既定目的的活動方式。」（余家宏、寧樹藩、徐培汀、譚啟泰，1984：95）學者李一鳴在《宣傳工作手冊》一書中則定義，「宣傳是宣布、傳播一定的思想和政治主張，以影響群眾的政治活動，它是一定階級和政黨進行政治鬥爭、經濟鬥爭和其他鬥爭的重要手段。」（李一鳴，1997：195）至於學者張昆則稱，「宣傳乃是指個人、團體或國家透過傳播各種事實或理念以影響特定對象的思想和行為的社會活動。」（張昆，2004）對中共而言，所謂的「宣傳」乃傳播者運用各種符號傳播一定的概念以影響其設定的閱聽眾，為遂行其目的，則不惜使用包括政治、經濟等鬥爭手段。

表 2-1：中共對於宣傳的定義

定義者	內容	資料來源
中國大百科全書‧新聞出版	運用各種符號傳播一定的觀念以影響人們的思想和行動的行為。	中國大百科全書‧新聞出版（1990），《中國大百科全書‧新聞出版》。北京：中國廣播出版社，頁427。
廣播電視簡明辭典	宣傳是傳播一定的觀念和論據以同化特定對象的認知與態度，進而影響、控制其行為的一種努力。	廣播電視簡明辭典編輯委員會編（1989），《廣播電視簡明辭典》。北京：中國廣播電視出版社，頁46-47。
周振林	宣傳就是一部份人運用一定的傳播手段，通過一定的方式和途徑，向另一部份人灌輸、傳達某種理論、觀點、信念、主張的一種社會現象。	周振林主編（1988），《實用宣傳學》。黑龍江：黑龍江人民出版社，頁3。
曹福田	宣傳是人們傳播信息、觀念和思想以影響受眾並控制其行動的一種行為。	曹福田（1994），《宣傳學集論》。成都：成都出版社，頁10。
邵培仁	所謂宣傳，是指宣傳者通過傳播媒介傳播信息，以左右和影響公眾思想行為以及社會輿論的一種對策。	邵培仁等（1995），《新聞傳播學》。江蘇：江蘇人民出版社，頁62。
王紀平、王朋進、潘忠勇	宣傳是傳播者為了實現某個目的，通過傳播媒介公開地傳播信息符號對廣大人群進行態度影響和意見控制的過程。	王紀平、王朋進、潘忠勇（2006），《如何贏得媒體宣傳》。廣州：南方日報出版社，頁7-8。

資料來源：筆者整理所得。

在外國方面，傳播學者拉斯威爾（Lasswell H.D.）認為宣傳從廣義來看，「是一種運用敘述以影響人類行為的技巧」。（Lasswell，1934：521-522）蘇聯傳播學者肖‧阿‧納索拉什維里指出，宣傳這種技巧的目的，「在於影響人們的意識和行為」。（肖‧阿‧納索拉什維里，1984：1）事實上，宣傳是一種含有隱藏意圖，以貧乏或不存在的論據來說服大眾的組織性手段（Sproul，1994：8），在各種社會裡，宣傳普遍存在公共領域中，儘管其間因狡詐與權力的運用，讓宣傳成為一種哄騙社會大眾的手段（Combs & Nimmo，1993：45）。

表 2-2：外國學者對於宣傳的定義

定義者	內容	資料來源
拉斯威爾 Lasswell, H.D. 1927	宣傳是唯一以有意義的符號對意見的控制，或是更具體一點，但是卻不太準確說是以故事、謠言、報導、圖片及其他社會傳播型態所做的意見控制。	Lasswell，H.D.(1927)，p9.
杜伯 Doob, Leonard W.	欲在某一特定時刻，影響社會成員的個性與控制其行為。	Doob，L.W.(1994)，p390.
坎斯和尼莫 Combs & Nimmo	宣傳是「傳播中不可或缺的一環」及「公眾論域的主要型態」，然而有人將宣傳表達為「所有現代哄騙手段的支配形式」，這是因為其間「狡詐與權力的運用」。	Combs, & Nimmo (1993)，p45.
皮克尼思和透納 Pratkanis & Turner	宣傳是企圖使用簡單的概念與口號標語，透過對偏見與情緒的操弄敉平意見，並將受眾轉移至一預先設定的立場。	Pratkanis, A., & Turner, M. E.(1996)，p191.
喬維特和歐唐納 Jowett, G.S. & O'Donnell, V.	宣傳是為了「達成」一個由閱聽人而得的特殊反應或行動的「目的」，以促進宣傳者欲求達到的結果。	Jowett & O'Donnell (1999)，pp.9-10.
韋氏大學詞典	為了幫助或損害某個機構、事業或個人而散佈觀念、信息或謠言的行動。	《韋氏大學詞典》（1996）第 10 版。北京：世界圖書出版公司，頁 467。
朗文詞典	宣傳是由某個方面，特別是政府，就某件事採取的散佈真實或不真實的信仰、觀念、新聞等以影響輿論的行動。	《朗文英漢雙解活用詞典》（1993）。台北：朗文出版社，頁 244。
簡明大不列顛百科全書	宣傳是一種借助符號（文字、標語、紀念碑、音樂、服飾、徽章、髮式、郵票及硬幣等）以求左右他人的信仰、態度或行動的有系統活動。	《簡明大不列顛百科全書》中文版第 8 卷（1987）。台北：丹清出版社，頁 302。

資料來源：筆者整理所得。

　　中共心戰宣傳學者王玉東在比較各家說法後，歸納其要點不外乎有四項要素，即是：（王玉東，2002：20-21）

　　1. 宣傳應當是主體有意識的發出行為。

　　2. 宣傳應當是一種直接作用於人類客體心理的行為。

3. 宣傳應當是一種運用信息符號的傳輸行為。

4. 宣傳應當是一種手段行為。

是以，王玉東根據上述原則提出「宣傳是主體借助符號對客體進行的心理引導行為」。（王玉東，2002：21）此說雖能切中要點，惜乎失之過簡。原因在於忽略宣傳環境及範圍狹窄，難以概括宣傳置於社會之內的互動行為。至於中共方面則多認定，「宣傳」是屬於意識型態領域的活動，具有顯明的階級性和政治傾向。但此說面對中共內部在改革開放後的社會環境，以「階級鬥爭」為綱的宣傳定義能有多少適用性，令人不能無疑。

事實上，一個理想的「宣傳」定義，除了能精準詮釋其內涵、表現其特性外，宜採取較為客觀中性的字眼處理，才能掌握「宣傳」工作的全貌。此外，中共近年加強宣傳研究力度，希望建構對外宣傳及提升國家形象，並將其列為「國家社科基金『十五』規劃項目」及「國家『211工程』建設重點項目」（張昆，2005：封面裡）其中，對台宣傳亦在該研究之列。本研究既以政府傳播為研究途徑，涉及中共對台宣傳策略部分，自當參酌中共官方定義，以免引喻失義。因此，筆者在本研究中將採取該研究項目的說法，將宣傳界定為：（張昆，2004；郭瑞華，2004：89）

宣傳乃是指個人、團體或國家透過傳播各種事實或理念以影響特定對象的思想和行為的社會活動。

第二節　美蘇運用宣傳的作法

自第一次世界大戰之後，各國開始大規模使用宣傳作為國家政策工具，並廣泛運用於平時與戰時。由於宣傳受到各國執政當局重視，各國

研究宣傳乃蔚然成風。傳播學者厄尤（Jacques Ellul）曾經說過（Ellul，1965：1）：

> 無論我們怎樣稱呼它，宣傳已經成了現代世界中的一個非常普遍的現象。政權的不同對此幾乎沒有任何影響。社會發展水平的差別更佳重要，而最重要的是國家的自我意識。在今天的世界上，有三大宣傳集團：蘇聯、中國、美國。就其廣度、深度及一致性而言，它們都是最重要的宣傳體系。此外，它們也代表宣傳的三種完全不同的方法和類型。

> 中共取得政權，宣傳扮演不可或缺的角色，其宣傳技巧也廣為各界重視，厥與蘇聯、美國成鼎足而三之勢。細究其宣傳脈絡，早年除受惠於蘇聯共黨宣傳理論外，近年二次波斯灣戰爭，美國開闢實體的陸海空軍戰場，以及虛擬的「宣傳」戰場，最終取得勝利，也讓中共重新審視原有宣傳的理論，從而豐富其對台宣傳作為。以下將針對影響中共最深的美、蘇宣傳特色進行說明。

一、蘇聯的宣傳特色

中國大陸的宣傳策略，不論在理論、政策、制度與觀念，多被各界認為仿效自前蘇聯。而前蘇聯宣傳策略，則源自馬克思、恩格斯與列寧的思想。馬恩二人關注的「宣傳」焦點，旨在糾正宣傳中非科學的東西，從而建構一套屬於「科學社會主義理論的宣傳」。馬克思要求科學社會主義者從事宣傳前必須辨清敵、我、友關係，並掌握宣傳理論的色調，從而成為有經驗處理問題的老手。（陳力丹，2003：99）對於宣傳的主體—宣傳者而言，要擁有「更多的智慧、思想要更加明確、風格要更好一些、知識也要更豐富些」（馬克思恩格斯，1972a：57），更要訴諸宣傳的長遠效應。同時也應該認清正確的宣傳策略在於影響沒有捲入運動

的群眾，還應該凸顯「標榜的力量」。（馬克思恩格斯，1958：304；1972b：230；1971：283；陳力丹，2003：101-105）

宣傳必須透過傳播媒介才能將內容告知閱聽眾，馬克思於 1849 年12 月 15 日，在〈「新萊茵報・政治評論」出版啟事〉一文指出，報紙屬於意識型態工具，其最大好處「就是它每日都能干預運動，能夠成為運動的喉舌，能夠反映出當前的整個局勢，能夠使人民和人民的日刊發生不斷的、生動活潑的聯繫。（馬克思，1985：259）」列寧則於 1901 年 5月於《從何著手》一文中，針對此節加以補充。列寧指出，「報紙不僅是集體的宣傳員和集體的鼓動員，而且是集體的組織者。」（列寧，1959：1-10）1920 年，蘇聯共產黨掌握政權之後，為適應當時情勢，列寧明訂新聞媒介必須為共產黨所專用[1]（列寧，1986：202）：

> 「日常的宣傳和鼓動必須具有真正的共產主義性質。黨掌握的各
> 種機關報刊，都必須由已經證明是忠於無產階級革命事業的可靠
> 的共產黨人士來主持編輯工作。」……「不管整個黨目前是合法
> 的或是不合法的，一切定期和不定期的報刊、一切出版機構都應
> 該完全服從黨中央委員會；出版機構不得濫用自主權，實行不完
> 全符合黨的要求的政策。

馬克思、恩格斯、列寧等人的思想，對於後來蘇聯的宣傳理論起了重大影響。他們的宣傳觀源於對共產社會的憧憬，希望藉由宣傳達到一個沒有階級、沒有衝突和沒有不同意見的共產社會。他們基本上認為，宣傳所用的傳播媒體乃為黨和政府的武器，具有集體宣傳員、鼓動員和組織者的角色功能。為不使此一有利工具落入敵人之手，傳播媒介的所有權，不允許私人擁有，只能由社會主義掌權者的黨和政府加以掌控（王

---

[1] 從列寧最後留下的幾篇文章和黨的十二大決議來看，列寧有意提升黨與蘇
維埃報刊在黨和國家的監督作用，並且開始考慮市場經濟條件下報刊的競
爭問題。但因為列寧去世過早，情勢並未按照他的思路發展下去（陳力丹，
2003：163）

毓莉，1999：35）。中共的共產主義乃移植於共產國際，整個宣傳理念承襲自前蘇聯前述之「工具論」，自不待言。

二、美國的宣傳特色

一般人對於德國納粹宣傳印象深刻，殊不知其手法源自美國[2]。美國在二次世界大戰期間曾型塑日軍廣播「東京玫瑰」神話是嚴重打擊美軍士氣的宣傳武器；美國杜撰凱利上尉以自殺飛機擊沈日本旗艦的英勇故事等；在戰後被證實此乃美軍所虛構情事[3]（史先振，2006；彭懷恩，2002：219-220）。美國慣用新聞報導摻雜特定訊息的手法進行宣傳，諸如二戰後與台灣合作推動「天馬計畫[4]」，援引美軍人才協助台灣強化《中

---

[2]　根據美國公關名家貝奈斯（Edward Bernays）回憶，他在 1933 年的一次家庭晚宴上，與剛剛從德國回到美國的《赫斯特報》駐外記者魏網曾向他提到，德國宣傳部長戈培爾以宣傳鞏固納粹統治的計畫，甚至還使用貝奈斯所著的《晶化輿論（Crystallizing Public Opinion）》一書，作為反猶宣傳的理論基礎。至於戈培爾則認為宣傳在現代世界超越其他一切統治手段，在他看來，宣傳只有目標而無定法；宣傳不能靠意識型態，而要靠製造神話。比如，他製造了希特勒的「元首」神話，並設計「嗨！希特勒」、「希特勒就是德國，德國就是希特勒」等口號；甚至連希特勒最慣用的「勝利萬歲（Sieg Heil）」的口號，可能也源自美國。根據英國衛報（The Guardian）指出，1923 年時，希特勒曾喜歡美國的橄欖球隊的啦啦隊，後來他將美國校歌的風格用於渲染枯燥的政治演說，直至後來演變為在各種宏大場面高呼的「勝利萬歲（Sieg Heil）」。（張巨岩，2004：115-117）

[3]　美國原認定在二戰期間蠱惑盟軍士氣甚鉅的日本廣播女播音員「東京玫瑰」是一個八到二十人不等的組織，其中最著名的是戶栗鬱子。戶栗所主持的「零點時刻」風靡美國士兵，尤其她的開場白「你親愛的敵人孤兒安」，更是對美國士兵形成難以言喻的吸引力，但戰後戶栗卻被美國司法以叛國罪逮捕與審判，直至 1977 年才獲美國總統卡特的特赦恢復美國國籍。不過，1961 年至 1966 年曾任美國駐日本大使、哈佛大學日本研究所所長的艾德溫（Edwin Oldfather Reischauer），卻認為此節為美軍虛構。他在替當世‧杜溫所著的《東京玫瑰：太平洋孤兒》所寫的序文則證實，「東京玫瑰純屬戰時虛構，它是美國司法史上的一大污點。」。（史先振，2006）

[4]　「天馬計畫」為 1966 年美軍協助中央廣播電台強化播放的廣播電波發射系統，據前央廣董事長周天瑞稱，當時這項計畫耗資新台幣超過一億元，也成

央廣播電台》，並設置發射功率為亞洲第一、全球第三的廣播宣傳網，以新聞節目相間的方式爭取聽眾，成為台灣反制中共宣傳的重要單位[5]，即為明證。而中共學界對美國宣傳評價為，多使用報導方式吸引人們認識宣傳的內容是「什麼」；至於理解宣傳內容是「為什麼」，則稍有未逮（王玉東，2002：79）。

一般認為美國從事宣傳研究始於學者霍夫曼（Hovland C.）及其耶魯學派所進行的「說服研究」。霍夫曼與美國軍方的情報及教育處的研究組（Research Branch of U.S. Army's Information and Education Division）研究美國部隊官兵對於說服的認知與態度，並於戰後重返耶魯大學，透過實驗法研究個人特質（personality traits）、個人被勸服的敏感度（susceptibility to persuasion）、論點的順序（the ordering of arguments）以及清楚與模糊（explict versus implicit conclusions）等變項，找到類似像在「恐怖訴求」中，輕微恐怖要比中級或強力恐怖訴求更有影響力的論據，讓宣傳研究方興未艾（彭懷恩，2002：224-225；Jowett & O'Donnell，1999：174）。

在宣傳方法部分，大抵不脫美國宣傳分析學會（The Institute for Propaganda Analysis, IPA）所列舉的七項宣傳技術為宗，即咒罵法（Name Calling）、粉飾法（Gilttering Generality）、轉移法（Transfer）、證言法（Testimonial）、平民法（Plain Folks）、堆牌法（Card stacking）與樂隊花車法（Band Wagon）等[6]進行分析（Lee &Lee，1939：256-267）。

為台灣反制中共宣傳的「怪放送」。

[5] 筆者曾於 2001 年至 2004 年間，擔任中央廣播電台新聞部編採中心主任，負責台灣對大陸反宣傳的新聞守門人達三年。

[6] 咒罵法（Name calling）：給予一個概念或是替某人貼上一個壞標籤，並且毫無根據地給予否決和責難；粉飾法（Glittering Generality）：將某些事物冠上冠冕堂皇的字詞，並且毫無根據地予以接受或贊同；轉移法（Transfer）：讓某些可敬的人說一些宣傳者要閱聽人相信的話，讓一些討厭或不具公信力的人說一些不需相信的話；證言法（Testimonial）：去找某些人們尊敬或討厭的人來陳述某種概念、節目、產品或人的好壞；平民法（Plain Forks）：透過「和

此外，美國多將宣傳分為白色、黑色或灰色（White，Gray，or Black）三種性質，這種「三色理論」深受中共軍方重視。中共軍方認為，所謂的「白色」宣傳，是以美國政府或者美軍指揮機關的名義，通過官方宣傳組織系統進行的對敵國軍民實施的破壞宣傳，例如《美聯社》、《美國之音》電台等；「灰色」宣傳則是指以私人「組織或以私人的名義實施的對外宣傳」，例如透過友好記者為政府報導，或接受政府補助的智庫就重要議題，巧妙地為政府辯護等等。就其內容和目的而言，這種宣傳與官方的白色宣傳實為一致，僅僅形式不同而已。

而「黑色」宣傳則是一種間接的、暗中滲透而又實現美國目的之破壞性宣傳。它通過國家通訊社或宣傳部門以匿名形式，散布流言蜚語，制造各種傳聞和謠言（王玉東，2002：84；Jowett & O'Donnell，1999：12-16。2001 年九一一事件發生後，美國國防部成立戰略影響辦公室（The Office of Strategic Influence），企圖影響國際輿論。雖說因《紐約時報》披露腰斬計畫（Dao & Schmitt，2002），但仍可得見「黑宣傳」在美國宣傳的份量。

儘管中共認為美國的宣傳，其實是一種「媒體與權力共生的最高型態（張石岩，2004：1）」，但對於美國學界動態仍相當注意，並強化研究美國宣傳理論的發展。例如將美國化宣傳戰爭於無形的「柔性國力（Soft Power[7]）」，就被中共國務院新聞辦公室當作媒體素養高級教程的教材。中共認為，宣傳就是一種「整體戰」，面對美國動輒以中共為假

人們一樣」的平民作法，接近一般閱聽眾以獲得認同；堆牌法（Card Sstcking）：選擇性地利用某些事實、謊言、實例、讓人分心的事物，以及一些邏輯或不具邏輯的陳述，給予某些概念、節目、人或是產品是最好的或最差的例子；樂隊花車法（Band Wagon）：激起人們的「從眾心態」，別人都這麼做，所以你也應該這麼做。

[7] 柔性權力（Soft Power）為美國前國防部長奈伊（Joseph S. Nye,Jr）提出，其要義為「柔性國力是一種懷柔招安、近悅遠服的能力，而不是強壓人低頭或用錢收買以達成自身所欲的目的。」（Joseph S. Nye,Jr，吳家恆、方祖芳譯，2006：20）

想敵，且「中國對外傳播能力與中國的國際政治、經濟地位並不相稱」，自當參酌美國宣傳概念，以求宣傳之「與時俱進」（李希光、周慶安編，2004：Ⅱ）。

第三節　中共運用宣傳的回顧

一、中共領導人的宣傳觀

　　毛澤東繼承馬列思想，強調「思想決定行動」，認為一個人若是「沒有正確的政治理念，就等於沒有靈魂」（中華人民共和國法規彙編，1957：2）。共產黨如果「不給予無產階級思想領導，其趨向必會錯誤（毛澤東，1991：36）。」因此，宣傳工作所擔負的任務，就是為中共「教育群眾，讓群眾知道自己的利益，自己的任務和黨的方針（毛澤東，1983：150）。中共自我認定是「中國各族人民利益的忠實代表」，在「個人利益服從集體利益」的原則下，最終利益乃屬於中國共產黨的（中共遼寧省委宣傳部，1980：版4）。正如同學者霍金斯（John Howkins）研究中共宣傳後指出，「不論過去或現在，中國共產黨都是整個傳播的代理者（The agent of communication was and is CCP）。（Howkins，1982：5）」也就是說，在中共整個宣傳過程中最重要的媒介，不僅是廣播、報刊、電視、電影，而是「黨」；而其主要傳遞訊息的管道，也不是長短波或印刷品，而是「黨員」（朱丹妮，1986：34）。

　　中共宣傳理論主要由毛澤東所構建，毛除對宣傳權柄的大權獨攬外，更曾親力親為許多宣傳文稿，其才氣與霸氣乃旁人所難及[8]。毛澤

---

[8]　例如著名的〈敦促杜聿明等投降書〉、〈別了，司徒雷登〉、〈關於胡風反革命集團的材料和按語〉、〈再批判〉、〈告台灣同胞書〉、〈再告台灣同胞書〉等都是毛澤東親撰的宣傳文章。單就宣傳的文筆言之，文字力透紙背，在中國共產黨內，幾乎無一人可以寫出這類文字，因為他人既無毛澤東的才氣，更無

東深知，宣傳是重大權利，誰就能指揮輿論，就能成為「是非標準」與「真理化身」，就能代表「正確路線」，並樹立其「政治權威」。毛澤東對宣傳的領導是絕對內行的領導，其宣傳理論主要有四，分別為黨性原則、黨的喉舌、輿論一律及新聞無法（朱丹妮，1986：26-35；周白雲，1981：15-23；沙葉新，2003b：89）。

　　毛澤東對於宣傳的核心概念在於「黨性原則」，意即中國共產黨乃代表廣大人民利益，所有媒體及宣傳口徑都必須服膺共產黨領導。至於在實際運作上，只要是黨所能控制的媒體，都必須充當黨的喉舌[9]，宣揚共產黨的政策方針。一旦面對不同意見，就變成「不許一切反革命份子有言論自由」，成為千篇一律的「輿論一律」（毛澤東，1977：157-159）。至於中共面對新聞自由的壓力，則避免法律規範，純以共黨意志遂行輿論控制[10]。長期以來，毛澤東這套宣傳觀仍成為中共依循的主要原則，迄今仍未更易。

　　鄧小平的宣傳觀則是一種追求「穩定」結構下的產物，強調務實並注重效果。1978 年 3 月，鄧小平在全國科學大會要求，要改進形式主義的東西，肅清四人幫遺毒時曾指出，「追求表面文章、不講實際效果、實際速度、實際成本的形式主義必須制止。說空話、說大話、說假話的惡習必須杜絕。（鄧小平，1994：98-100）」另在補充毛澤東思想時，鄧小平也明白地說，「形式主義的高舉，是假的高舉。（鄧小平，1994：128）」

毛澤東的霸氣（沙葉新，2003a：85-86）。

[9]　喉舌論是中共承襲蘇共宣傳體制的重要理念，但其原意是新聞媒體乃人民的「耳目喉舌」，並非單指「喉舌」二字。「耳目」二字原是指新聞媒體應該充當人民及黨的耳目，積極探詢民瘼、反應輿情，但此節被中共「省略」，僅強調「喉舌」二字，新聞媒體乃逐步成為專屬共黨的宣傳工具。

[10]　曾任中共中宣部新聞局長的鍾沛璋曾為文指出，中共元老陳雲曾說，「在國民黨統治時期，制訂了一個新聞法，我們共產黨人仔細研究它的字句，抓它的辮子，鑽它的空子。現在我們當權，我看還是不要新聞法好，免得人家鑽我們空子。沒有法，我們主動，想怎麼控制就怎麼控制（鍾沛璋，2003：22）

鄧小平認為，必須拿事實而非空話，才能去除民眾對共產黨的疑慮，其具體表現就是「拿事實說話」（陳力丹，2003：323）。

不過，鄧小平這種「實事求是」的宣傳觀仍有其侷限，對於民眾需求、反應民瘼的民生事務可以用之，但在涉及政治事務時，則不容旁人置喙。由於鄧小平視「穩定」為要務，一旦出現質疑共產黨專政權威時，鄧小平排除「非穩定因素」的手段也顯得格外激烈。鄧小平曾說，「中國不能亂哄哄的，只有在安定團結的局面下搞建設才有出路。一切反對、妨礙我們走社會主義道路的東西都要排除，一切導致中國混亂甚至動亂的因素都要排除。」「如果有人搞得我們總是不安寧，也不能排除某種專政手段。」（鄧小平，1993：212，286，211）見諸中共於六四事件前後宣傳的強硬手法[11]，當可做如是觀。

至於江澤民在宣傳方面，仍不出毛澤東、鄧小平二人範疇，以堅持黨性原則為主，同時江也在共黨「喉舌論」的基礎上，進一步結合宣傳與新聞、輿論的關係，強調新聞媒體在宣傳中的輿論引導功能。江澤民指出，「堅持黨性原則，就要求新聞宣傳在政治上必須同黨中央保持一致。各級黨報要這樣，部門的和專業性的報紙也要這樣。雖然有許多新聞本身不帶政治性質，但是，就任何一個報紙、電台、電視台的總的新聞宣傳來說，都不可能脫離政治。（江澤民，1990：Ⅲ）」

江澤民在 1994 年 1 月全國宣傳思想工作會議上表示，加強宣傳思想的意義，在於發揮它的思想保證和輿論支持的作用，江從而提出了宣傳的「四以」方針，即「以科學的理論武裝人，以正確的輿論引導人，以高尚的精神塑造人，以優秀的作品鼓舞人。」（江澤民，1995：Ⅰ）。1996 年，江澤民在視察《人民日報》時更進一步表示，「輿論導向正確，

---

[11] 1989 年「六四事件」發生前，中共中央曾於《人民日報》發表「四二六社論」，將天安門前學生聚眾視為「動亂」，並有「幕後黑手」暗中操縱。甚至六四之後，中共堅稱天安門前「沒死過任何一個人」。足見鄧氏為求捍衛中共政權，其宣傳不惜背離客觀真實。

是黨和人民之福；輿論導向錯誤，是黨和人民之禍。黨的新聞事業與黨休戚相關，是黨的生命的一部分。可以說，輿論工作就是思想政治工作，是黨和國家的前途和命運所繫的工作。」（江澤民，1997：I-II）江澤民提出新聞宣傳的「禍福論」是在一個「黨和國家的前途和命運所繫」的高度，來認識新聞宣傳和輿論。在此基礎上，為因應全球化與網路事業發達，江澤民更進一步深化「輿論引導」的概念。2001 年，江澤民在全國宣傳部長工作會議中提出，「必須牢牢掌握輿論工作的領導權和主動權。輿論反映著國家的形象和社會的精神面貌。輿論引導是加強黨的領導的一個十分重要的方面。現代社會，各種媒體特別是信息網絡化迅速發展，輿論的作用和影響越來越大，越來越需要加強引導。」（江澤民，2002：I-II）

　　整體而論，毛澤東的宣傳觀是一種強力灌輸的政治動員，強調的是「注射論」，視宣傳為共產黨所專用的「工具」；鄧小平則是採取兩手策略，在民生問題上容或稍許開放口徑，但在政治問題上則緊抓不放；至於江澤民則視宣傳為「輿論引導」，希望引導輿論到共產黨所認定的「正確方向」。雖說三人在宣傳認知上頗有差異，但宣傳必須堅持「黨性原則」，新聞媒體為黨的「喉舌」，且形成「輿論一律」的本質，從中共建政迄今仍未有絲毫鬆動。

二、中共對宣傳的重要研究

　　外界認為中共的宣傳卓有成效，相關學術研究應該不少，實際上卻不然。中共傳播學者邵培仁、何揚鳴、張健康等人認為，中共建政以後，由於「左」的指導思想干擾下，宣傳理論建構十分薄弱。同時，宣傳工作與政治鬥爭結合得太過緊密，很難把宣傳學作為一門科學來研究，探索其中利害得失的規律（邵培仁、何揚鳴、張健康編，2002：15-16）。從 50 年到 70 年代末期，中國大陸除了彙編過大量的宣傳資料外，其他

有關宣傳學的論著僅有：陳浚（1954）的《工會報紙的經濟宣傳》、一知（1955）編著的《宣傳部怎樣工作》、《農業宣傳工作經驗彙編》（1958）、《農村宣傳工作經驗》（1958）、北京廣播學院新聞系寫作教研組編（1978）的《廣播宣傳與語言運用》等（參考邵培仁、何揚鳴、張健康編，2002：16）。大體說來，這些著作還稱不上是真正的宣傳學著作，因為內容旨在仰體上意，缺乏相關傳播理論的分析。

不過，自從改革開放以後，相關學術專文及書籍漸多，近年來發展更為迅猛。在改革前期，中共對宣傳學的研究開始步入正軌。尤其在經歷過文化大革命的「左傾宣傳」，讓不少學者藉此反思宣傳的惡果，開始出現一些試探性的理論探討，並正式提出「宣傳學」的概念。因此，包括中共學者在這段時期企圖重新建構「宣傳學」的內涵，並針對如何提高宣傳效應，提出各種意見與討論。進入九〇年代後，中共對於宣傳開始有了較為顯著的進步。由於改革開放的持續，在宣傳理論架構上，開始有了分眾概念的思考，並在此基礎上，中共的宣傳學研究的理論逐漸充實，特別是反映在對外宣傳與國家形象建構方面，更是如此。值得注意的是，這些專論觸及中共宣傳底蘊十分薄弱，因此行文頗多溢美之詞。但即便如此，相關文獻仍援引許多西方傳播學的概念，並試圖建構相關指標，希望重新豐富宣傳學的理論意涵。詳見表二-2：

表 2-3：改革開放後中共宣傳的學術研究文獻回顧

發表人出處	題目	主要內容
改革開放前期的中共宣傳學術研究及重要宣傳文件		
王中 新聞大學 1982 年第 3 期	論宣傳	宣傳是一種客觀現象，宣傳也是政黨活動的主要內容之一；該文內容包括：宣傳的性質、政黨宣傳的方法、政黨宣傳成敗的幾個關鍵，新聞工作者要懂得宣傳學。該文為中共改革開放後第一篇最早有關新聞學的學術性研究。
宋振庭 光明日報 1984.6.13	要重視宣傳學、宣傳史的研究	宣傳學可以說是進行宣傳鼓動的技巧技能學問，這除了要在宣傳實踐中不斷總結外，還應當從歷史上豐富多彩的宣傳鼓動家事例中提煉思想養料，給人以生動、有趣、具體、切實的啟示。該

		文引起中共理論學界相當熱烈的討論，也引起何謂「宣傳學」的討論。
韓喜凱編 山東人民出版社 1986.4	宣傳工作手冊	這是一本為宣傳戰線的廣大幹部編寫的工具書，系統性闡明中共宣傳工作的地位作用、目的任務、性質特點、原則方法、範圍內容、方法方式等。
林之達 四川社會科學院出版社 1988.10	宣傳科學研究綱要	這是四川社會科學院《宣傳科學論叢》的第一項工作結果。也是中共第一本將提出宣傳科學框架的專書。內容主要在於建立宣傳的科學根據、及其科學的體系架構。此外，本書認為中國宣傳並需植基唯物主義的基礎上，並對宣傳如何科學化進行一連串的設計和論證。
九〇年代迄今的中共宣傳學術研究及重要宣傳文件		
曹福田 成都出版社 1994.10	宣傳學集論	這是工作於四川省委宣傳部的曹福田所著的專書。此人具有實務工作經驗，亦是中共內部較早倡導學傳學研究的重點人物。該書內容主要為系統闡述馬克思主義的宣傳觀，探討新時代的課題，並為中共宣傳提出建言。
蔡幗芬 北京廣播學院出版社 2000.8	國際傳播與對外宣傳	本書為北京廣播學院設立「國際傳播學院」的師生相關論文集。文中探討國際傳播的動態與中共對策、中共對外宣傳的理論思考、中共對外宣傳的實踐探索、境外傳播動態及借鑒、國際傳播綜論、對外宣傳人才培養專論。這本書不僅是中共內部在廿一世紀中對於宣傳的專書，也是少數能以學術體例剖析在全球化體系下，中共對外宣傳應該如何建構的重要著作。
王玉東 國防大學出版社 2002.3	現代戰爭心戰宣傳	本書是中共在廿一世紀中較具學術份量的「軍事宣傳」專論。文中針對宣傳的定義、理論基礎、宣傳規律、基本方法、媒體運用進行層次分明的分析。另外，亦針對美軍於波斯灣戰爭、科索沃戰爭中的宣傳手法進行個案研究。
劉繼南、周積華、段鵬 北京廣播學院出版社 2002.3	國際傳播與國家形象—國際關係的新視角	本書提出一個新的概念，即評價國際形象之前，該國必須在綜合國力的基礎上，具有所謂的「國際傳播力」。該書並建構出一套量化的指標，藉以評估國際宣傳的效益。另外，本書也探討到美國媒體的宣傳與中國發展網路宣傳的策略方向，從而建構出一個理想的中國國際形象。
郭可 復旦大學出版社 2003.5	當代對外傳播	本書首先分析中國對外傳播的發展趨勢，並說明在英語體系的掌握下，中共媒體身處國際間的可能窘境，並直言中共媒體為何在此國際輿論格局中處於被動狀態。因此，作者提出應該正確理解國際輿論「妖魔化」中國的情結，並且在此現實基礎上，發展出一套中共對外傳播的生存策略。
張巨岩 三聯書店	權力的聲音：美國的媒體和戰爭	文中揭露美國政府在戰時與平時是如何建立形象。作者直言媒體與政府權力共生乃是美國總體

2004.9			宣傳戰的一環。至於美國政府則是善用公共關係，最大限度地將媒體議題導入政府希望控制的範圍之內。在此過程中，主流媒體成了政府的「諍臣」，而非慣稱的「新聞守門人」。而中國形象則在美國權力與媒體的設定框架下，因國家利益與地緣政治與美國衝突，從而有過多的負面報導。
何英 南方日報出版社 2005.8		美國媒體與中國形象	本書以建構主義和結構互動的觀點，審視美國媒體名記者、專欄作家級中美關係大架構的互動。文中直指美國媒體的「中國威脅論」體現了美國媒體的意識型態與價值觀，而美國媒體對中國的負面報導的實質，並非文化帝國主義，而是一種文化建構主義。
劉繼南、何輝等中國傳媒大學出版社 2006.3		鏡像中國：世界主流媒體中的中國形象	本書透過深度訪談與內容分析法，針對世界各主流媒體對中國的國家形象，進行大規模的調查，建構一個以量化為基礎的中國國家形象指標。這是中共宣傳研究在方法論上的突破，該指標預料也將成為中共國務院新聞辦公室未來評估其國際形象良好與否的重要工具。

資料來源：
1.筆者依照下列文獻整理而得。
2.邵培仁、何揚鳴、張健康編，2002；韓喜凱編，1986；林之達，1988；曹福田，1994；
　蔡幗芬，2000；王玉東，2002；劉繼南、周績華、段鵬，2002；郭可，2003；張巨岩，
　2004；何英，2005；劉繼南、何輝等，2006。

　　上述的文獻回顧中，不難發現在改革年代初期，中共自衿於過去熟穩宣傳，卻又深受文革毒害，致使宣傳效果不彰。傳播學者王中採取定義入手，試探性地企圖切割「新聞」與「宣傳」，並導入宣傳效果評估作法等。在此之後，宋振庭提出「宣傳學」名稱，呼籲中共有關部門可以從過去鮮活案例找資料，重鑄宣傳新生命。也因為有了這些基礎，中共四川科學院在學者林之達等人的努力下，嘗試性地建構宣傳的科學體系及架構。到了 90 年代，中共新聞界思路大開，對於宣傳的討論發展迅速。其重點主要表現在融入西方傳播學的理論及方法，並結合中國國情及現實條件，在對外宣傳與建構國家形象量化指標方面，逐漸可以與世界主流傳播方法接軌。其中，以劉繼南、郭可、蔡幗芬等人的研究，較被外界重視，中共「宣傳學」研究至此，才逐漸有可觀之處。

　　值得注意的是，中共學界對於「宣傳」的研究，主要著重在應該如何（How）提高宣傳效果，或者是分析為什麼（Why）宣傳效果不彰或遭人「污名化」；但在涉及具體操作層面，學界建議政府該做些什麼（What）時，卻語多空泛或無法具體到位，其擔心「為文賈禍」的心態頗為明顯。

第四節　中共對台宣傳研究回顧

　　在宣傳於第一次世界大戰後，從被視為傳教的工具轉變為國家政策的工具，成為世界各國政府普遍應用的工具和手段。然後，隨著無線電廣播、電影、電視、衛星、網際網路的發明與應用，以及印刷術的精進，宣傳更是被有系統的拓展至全球，滲透到每一個家庭，每一個體。中共歷來重視宣傳工作，在兩岸交流互動頻繁之際，不少中共對台宣傳工作確實已做到島內來，但大多數國人卻毫無警覺，甚至不以為意（郭瑞華，2004：87）。雖說如此，但台灣學界對於此節研究仍有一定成績。至於大陸研究對台宣傳部份，除了政策宣示綱領外，只有寥寥數篇期刊論文，實非中共涉台學界顯學。在海外部分，由於中國問題專家注意的興趣焦點多不在此，或有討論中共宣傳與新聞體制，但以專文討論中共對台宣傳者並不常見，僅視台灣問題為中美關係的干擾因素，遇見重大新聞事件時偶有討論。以下將探討台灣、大陸及海外針對「中國對台宣傳研究」的相關文獻回顧。

一、台灣方面的研究回顧

　　由於國共鬥爭失利下，國民黨政府於 1949 年播遷來台。經過重大挫敗後，台灣政府將失敗主因歸結於宣傳不力，於是開始進行宣傳學的研究。從專著和論文方面，主要有以下幾個重要著作，包括：專著方面

有魏紹徵的《宣傳技術之研究》（國民黨中央委員會第四組編印，1957年)、張志和的《宣傳學》（台北三民書局，1963年）、易蘇民的《宣傳戰原理與運用》（蘇民出版社，1966年）、《宣傳工作手冊》（國民黨中央委員會第四組編印，1969年6月)、辛繼霖譯《輿論與宣傳》（台北黎明文化事業公司，1973年7月）、周恃天譯《說服伎倆──從宣傳到洗腦》（台北黎明書局，1975年）、周莉音的《國際關係中國際傳播之角色》（台灣黎明文化事業公司，1985年）等等。

期刊方面有陳諤的《宣傳定義之研究及過程分析》（《報學》，1961年7月第2卷第8期）、李茂政摘譯《宣傳的長成》（《新聞學研究》，1969年12月第4集）、張玉法的《同盟會時期的革命宣傳》（《國立台灣師範大學歷史學報》（1974年2月第2期）、呂芳上的《中國國民黨改組前後的宣傳刊物》（《國立台灣師範大學歷史學報》（1974年2月第2期）、程之行的《輿論與宣傳》（《報學》，1978年6月，第3卷第10期）、呂芳上的《中華革命黨的討袁宣傳》（《中華學報》，1979年1月第1期）等等。

台灣地區這段期間的宣傳學研究，主要在於回答「什麼是宣傳？」這個問題。諸如魏紹徵、張志和、辛繼霖、周恃天、陳諤、程之行、李茂政等文，多在拉斯威爾（H.D. Lasswell）的單一線性傳播架構下，進行對「宣傳」理論的探討與整理，希望在界定宣傳本質清楚後，能對反制中共對台宣傳有所裨益。至於易蘇民、國民黨中央委員會四組與周莉音等文，則是分別從兩岸及國際角度析論中共對台宣傳的策略及相關作為。而張玉法、呂方上等歷史學者則回到孫中山革命宣傳的原點，從中找尋歷史材料，企圖「重新找回」國民黨原本就有的宣傳策略及方法，以因應中共對台宣傳攻勢。中共對台宣傳就在這些基礎上，結合傳播學界與歷史研究逐步開展，其主要的研究如表2-4所示：

表 2-4：中共對台宣傳研究文獻回顧：台灣部分

發表人出處	題目	主要內容
張錦華 政治大學新聞所碩士論文 1980 年	中共心戰傳單之研究	中共慣於運用大量的認同符號（次多的為要求符號），使用定型的正負向形容詞，企圖塑造人們對政權或領導者的固定形象。在中美斷交之後，中共對台策略轉趨積極，在內容上「認同符號」減少，「事實符號」與「要求符號」增加。本文結論為，中共宣傳技巧並不突出，效果有限。
蔡濟華 政治作戰學校政治所碩士論文 1980 年	中（共）美建交後中共對我廣播心戰研究	中共廣播宣傳機構仍為「黨」與「官方」所掌控，如廣播即受「新華社」之統制。在中共與美建交後，對台灣宣傳轉趨積極，宣傳技巧增加「宣揚」部分，但運用「抨擊」方式製造台灣負面形象手法仍未變，故其策略採正負兩面手法從事宣傳。其訴求方式以「訴之於理，動之以情」之「理性」與「感性」交互為用，但「感性」訴求為多，惟多屬「統戰」策略運用。
龔麗英 文化大學政治研究所碩士論文 1983 年	中共對台統戰宣傳之研究	中共新聞特色為：孤立政府、拉攏民間；抓住一點，否定全面；製造矛盾、分化離間；強調故土風物、利用民族情感、宣傳策略與情勢密切配合；在海外，孤立大於顛覆作用。至於中共在對台訴求上則相當單純，採取肯定且旗幟鮮明語法，並針對心理需求，積極運用「和平統戰」策略。
陳鷹宇 政治大學東亞研究所碩士論文 1984 年	中共對台「間接路線」鬥爭	在宣傳內容上，從過去誇示的「經濟科技」、「生活情形」與「社會主義」，轉變為重視「歷史文物」、「祖國家鄉」等類目。在宣傳技巧上，中共著重「理性訴求」，希望閱聽眾認同「中共政權」、「經濟科技」不成，則改重視「情感訴求」、「安全生理訴求」。
王旭 政治大學新聞所碩士論文 1985 年	中共傳播媒介塑造的台灣形象	本文選擇《人民日報》的「今日台灣」專欄觀察，發現該專欄塑造的台灣形象負面多於正面，負面類目誇大、渲染台灣問題。在民族情感類目中，內容以鼓吹「統一」報導較多，並以感情與理性訴求方式為主。而人民日報將台灣塑造為中國的一部份，文化上是中國的一支，卻大量報導台灣內部的問題與危機，與過去的報導手法一致。
易治民 政戰學校新聞研究所碩士論文 1985 年	人民日報有關「台灣報導」的比較	中美斷交後，人民日報對台灣消息重視的程度大於斷交前，唯數量雖增加，但皆以小而不醒目的位置處理；無論斷交前、後，人民日報對台灣形象的報導均為負面；斷交後人民日報對台灣報導的「恐怖訴求」降低，「情感訴求」大增；1980年後之統戰宣傳策略，從以「祖國統一」轉為三通四流。

朱丹妮 政戰學校新聞研究所碩士論文 1986 年	中共國際宣傳組織及策略	對自身光明面做建設性報導,對欲打擊的對象則做攻擊、破壞性之報導。對中立及欲聯合之同盟者,則表示友好。另,中共對「親身傳播」途徑極為重視,此為其國際宣傳的特點。舉凡正式的外交官或從事政治、經濟、文化等外事人員,均負有宣傳統戰使命。
榮麗芳 政治大學新聞研究所碩士論文 1987 年	「人民日報」有關港、台消息報導之比較	大陸陸版宣傳技巧以「製造恐懼心理」最多,「公然辱罵」最頻繁;海外版則以「肯定成就」和「製造恐懼心理」最多。在訴求方式部分,國內版以「恐懼訴求」最多,海外版以「獎賞訴求」為最。至於在報導取向上,大陸版以「負面取向」烏主,海外版亦相同。至於在「統一議題」上,大陸版重點在於三通四流,海外版則強調「一國兩制」之優點。
林有清 政戰學校新聞研究所碩士論文 1989 年	台灣報紙對大陸報導之內容分析	本研究以聯合報、情年日報、自立早報為樣本,進行系統抽樣後發現,三報在大陸新聞報導主題有顯著差異,在國內對大陸交流後,各報自主性雖增加,但大致均能支持政府反共的基本國策,對中共多所抨擊。而各報所刊登的大陸新聞,基本上仍以二手資料為主,「一般報導」佔絕大多數。各報新聞標題與內容陳述常有出入,即內容可能只是一則事實陳述或正反並陳的新聞,但標題卻是聳動的負面報導。
戴秀玲 文化大學新聞研究所碩士論文 1989 年	台灣報紙所塑造的大陸形象	新聞取捨標準完全是以新聞性、重要性為主,但亦需配合政府政策。台灣報紙因為政治立場不同,對於大陸新聞所塑造的形象傾向亦有差異。開放後新聞類別趨於多元化,與以往偏重於政治性議題有很大步同。換言之,台灣在政治開放後,對大陸新聞報導已由「窄化」走向「多元」。
金士秀 政治大學新聞所碩士論文 1989 年	台灣新聞媒介對中共形象塑造	對中共形象塑造方面,中央日報「負面」的類目最多,但隨著兩岸緊張情勢的緩和,中央日報對中共問題處理上,反而自我控制的程度最高,受干涉的程度低。在消息來源方面,均以香港、大陸的報紙、外電、廣播為主,開放探親後,版面更呈現多元化的報導。另外,過去對大陸新聞的報導,均配合政府政策刻意醜化中共,現已逐漸轉變成為接近平衡的報導。因此,台灣媒體對中共形象塑造上已有很大的轉變,漸趨於中立態度。
王章陵 共黨問題研究 第17 卷第 3、4 期 1991 年	中共宣傳鼓動策略與形式的分析	說明宣傳對中共的重要性,並指出中共宣傳策略是破與立相結合,對於不同對象採取不同態度。從宣傳形式上來看,則包括報紙論、傳單論、口號論、行動宣傳論、發行論等各種方法。這也是台灣少數能闡明中共宣傳的理論性著作。

張厚基 政治作戰學校新聞 所碩士論文 1991 年	探親前後「人民日報」對台灣報導	政府開放探親後，人民日報海外版報導量增多，但標題及面積未明顯增加。在類型方面，以新聞報導為主，消息來源以新聞報導為多，陳述主要以有利於「三通四流」主題為主。報導方向為「政治上貶低、經濟上拉攏」之心態，訴求則以「情感訴求」較多，開放後「和平統戰」類主題增加，正面報導雖增多，但有關統戰類仍以負面報導為多。
沈湘燕 政治作戰學校新聞 所碩士論文 1992 年	開放探親前後「人民日報」有關台灣報導的比較分析	開放探親後，人民日報有關台灣事務之報導有明顯增加。開放探親前為則數少面積高，開放探親後則數多面積小，符合中共「新聞改革」所倡議之處理方式。在開放探親後，人民日報報導地區轉為兩岸關係為主。探親後，報導主題趨於多樣化，且有務實及政策導向，刻意塑造兩岸三通四流形象。在報導方面，則從負面轉為正面，以情感作訴求，已預為兩岸交流作準備，緩和內部對台灣的敵意。在傳播策略上，中共希望拉近兩岸人民間的距離，以促進統一，但卻視「國民黨政府」為競爭、鬥爭對象。
丘宗誠 政治作戰學校新聞 所碩士論文 1993 年	中共對台廣播內容趨勢之研究	廣播內容趨於平緩、合理，但對於台灣政府形象報導仍呈現負面，和平統戰類主題增加，顯示「一國兩制」的政治目標。在新聞宣傳政策方面，旨在為黨「找證據」，且在成就「新聞事實政治價值」，即需配合政治上立場的一致性。在宣傳訴求上，以「建議」及「抨擊」為主，顯示中共宣傳手法之靈活。在宣傳技巧上以「重複」為多。
魯競 中共研究第 28 卷 第 11 期 1994 年 1 月	中共黨的宣傳工作系統（宣傳部系統）狀況分析	本文說明中共宣工系統組織的分佈狀況，並說明其職能和機構設置本文同時指出中共宣工系統有五大問題，包括理論權威性下降；新聞喉舌論導致輿論引導力衰減；思想多元導致意識型態控制力減弱；宣工系統具濃厚的官僚作風；宣工系統形象不好，比較利益偏低，因而「廉潔」反成「無能」的象徵。
馬西屏 淡江大學大陸研究 所碩十論文 1995 年	台灣媒體在兩岸會談中角色之研究	以台北會談為例，部分台灣媒體處理新聞有預設立場。媒體從客觀的監督者角色，逐漸傾向為主觀的參與者角色。媒體在台北會談中並未扮演主導角色。顯示台灣共識不足，有意識型態之爭，此為台灣內部最大隱憂。

歐美華 政治作戰學校政治 所碩士論文 1996 年	國內主要媒體對 「江八點」、「李 六條」之反應	媒體對「江八點」新聞熱更甚於「李六條」，消息來源方面，「行政機關及官員」最受青睞，依次為學者專家、新聞工作者、國外消息來源、團體、中共新聞界。中央日報對台獨議題否定報導比率最高，且與政府政策重疊性較高，明顯地彰顯其為國民黨喉舌的角色地位。其他包括中時、聯合、自由、自立等報，對於政治性議題處理均透過所有權、意識型態與守門人關卡產出新聞的結果。解嚴之後，新聞媒體呈現較中立、多元的立場，官方勢力逐漸衰退，過去正、反意見對話已減少，新聞媒體亦不再偏袒黨國機構。
許禎元 華泰書局 1999 年 1 月	兩岸政治傳播與議題報導取向分析	本書為國科會的專案研究，採用內容分析法分析 1988～1997 十年間中央日報與人民日報的「議題報導」，發現「兩岸交流」議題最多，中央日報為人民日報的 16.34 倍；其次為「涉外事務」議題的 9.54 倍；「社群整合」的 7.48 倍；「意識型態」的 6.7 倍。至於「台灣前途」議題，人民日報於此十年間僅報導 33 次，顯示中共並不關心「台灣前途」。
曹開明 共黨問題研究第 26 卷第 1 期 2000 年 1 月	江澤民對台政策與兩岸關係發表言論之語藝分析—1989 年～1999 年為分析範圍	本文企圖整理江澤民「對台講話」與「兩岸關係」言論，並透過柏克的戲劇五因理論，針對行動者、背景、行動、方法、目的進行相關的論述分析。這種透過語藝學方式研究運用在兩岸關係中的領導人「言說」，是一種較為嶄新的嘗試。
石敬梅 文化大學新聞研究 所碩士論文 2002 年	中國大陸駐點記者報導台灣新聞內容呈現之研究—以新華社、人民日報與中央人民廣播電台為例	對於新聞報導文宣策略的運用，以傳達訊息為主要策略；而在新聞報導訴求方式上，中國大陸駐點記者是以一般訴求為主，但另一方面來看，記者易將負面攻擊或正面情感與利益訴求，隱藏在其貌似中立報導內容裡。
王泓堅 政戰學校新聞研究 所碩士論文 2002 年	中共「一個中國問題」與國際宣傳策略研究—以《人民日報》海外版在「特殊國與國關係」談話前後內容為例	人民日報的訴求方式由前期的「情感訴求」轉為「恐懼訴求」，顯現人民日報海外版報導意圖加深讀者的疑慮與不安，消毒「特殊國與國關係」所引發的負面效應。在宣傳策略上，以「公然辱罵」及「製造事件」增加的幅度最大，希望塑造我政府為「麻煩製造者」的負面形象。

范世平 共黨問題研究第 28 卷第 8 期 2002 年 8 月	中國大陸文宣口號在政治傳播上的效益分析	本文以語藝學分析中共的文宣口號，說明中共政治口號的目的、特質與運用方式、並指出從毛澤東、鄧小平、江澤民時期口號各有不同。毛澤東強調的是激發人民革命熱情，是一種封閉、專制與集體主義的鎖國；鄧小平強調的是一種改革開放的轉型，說明中共從改革到開放的場景變遷；江澤民則是重在保持穩定與邁向國際，強調的是技術官僚的理性穩健，並試圖邁向市民社會。值得注意的是，中共的政治口號多由上至下，由統治菁英決定群眾意志。
梁正清 東亞季刊第 34 卷第 3 期 2003 年夏季	中國大陸國際宣傳策略研究：網際網路之發展與運用	中國大陸一直是一個重視宣傳的國家，而網際網路這項新興媒體相對也提供對內與對外宣傳的一項更新、更便捷的工具與管道。因此，中共以政治的觀點加強資訊傳播手段的應用之外，希望利用網際網路的快捷時效引導輿論方向，站在掌握主動、先入為主、注意時效、表達立場的宣傳角度上，透過其負載量大的功能以強化新聞深度報導與國際傳播走向。
杜輝源 政戰學校新聞研究所碩士論文 2003 年	《人民日報》對「一個中國」議題分析報導	人民日報在「策略技巧」部分，於台灣政府輪替之後，增加的有「製造事件」、「提出建議」、「典型表揚」、「自誇」，均有著重於「經濟」、「兩岸交流」之共同點。另外，關於「兩岸統一」、「政治」部分，主要為教條式的宣傳，刻意「製造事件」、「訴諸權威」、「抨擊」，然後「提出建議」。關於「經濟」、「兩岸交流」部分，則從生活化的實際互動，轉而以「典型表揚」、「提出建議」、「重複」，並且「分化」台商與政府。
曹宇帆 台灣藝術大學應用媒體藝術研究所碩士論文 2005 年	中共對台宣傳與台灣媒體報導—《反分裂國家法》之傳播研究	本文將中共對台宣傳的《反分裂國家法》分為兩個主軸，先檢視中共官方對台宣傳反分裂法的文告內容，之後再探討台灣媒體如何報導。本文採取新聞言說和語意學分析，以建構巨觀結構與微觀結構意義，並把中共官方文告拆解為微命題、巨命題、巨巨命題。研究結果發現，台灣新聞言說分析與中共所欲傳達的巨觀意義相似，顯示台灣媒體解讀中共訊息時，已不自覺為中共「新聞框架」服務。

余成浩 政戰學校新聞研究 所碩士論文 2005 年	「國台辦」兩岸關係言說之語藝分析—以圖門辯論理論為研究途徑	國台辦在與媒體互動時，主要針對政治、經濟發展、涉外交及兩岸交流四項議題進行論述。此外，關於國台辦進行兩岸關係言說中的論辯時，以動機保證為最多，實質保證居次，符合中共「寄希望於台灣人民」的軟性訴求政策方針。至於評估「國台辦」兩岸關係言說使用語氣方面，發現言者在發言時，反面語氣略多正面語氣的運用，這正反映出來的是中共當前對台政策—「硬的更硬、軟的更軟」的主軸方針。
喬福駿 政戰學校新聞研究 所碩士論文 2005 年	國軍危機傳播策略研究—面對中共輿論戰之作為	本研究採取德菲法（Deiphi），找尋深知中共對台輿論家的軍事專家與媒體記者，針對中共對台的輿論戰手法、國軍的反制行為、國軍新聞人才的培育及民營媒體之協調合作四項，進行三次的問卷調查。本研究指出，輿論戰的核心是「議題」，而「人才」就是掌握議題的重要因素，建議國軍應積極培養新聞人才，以預知中共可能運用的媒體及論點，同時應強化相關硬體設備。此外，國軍應注意提高軍事新聞的權威性、公正性、價值性及時效性。另應建立與民營媒體的良好互動關係，方能因應平時與戰時之中共對台輿論戰的作為。
張裕亮 晶典文化出版公司 2006 年 1 月	變遷中的大陸報業圖像： 大陸報業報導內容變革—以中共對台報導為例	本書採取新聞文本框架、消息來源交叉分析中共記者來台駐點前後其新聞框架所發生的變化，設定一個中國、大國外交、反獨促統、吸引台資、力促三通、呼籲交流、文化同源、島內亂象、傳達輿情等九個類目，結果發現開放駐點後，前後新聞框架變化不大，僅在「一個中國」報導從 17.0%降至 4.4%；「傳達輿情」從 1.5%升至 12.1%；至於在「島內亂象」部分，則從 13.9%升至 23.0%，顯示開放大陸記者來台後，集中報導焦點在於台灣亂象的呈現。

資料來源：
1. 筆者依照下列文獻整理而得。
2. 許禎元，1999；王泓堅，2002；杜輝源，2003；王章陵，1991：1-10；王章陵，1991：19-27；魯競，1994：17-28；余成浩，2005；喬福駿，2005；曹宇帆，2005；張裕亮，2006。

　　從上述研究觀察，台灣學界研究中共對台宣傳的焦點，大部分集中在大陸對台形象建構、單一議題探討，或是針對兩岸特定問題前後的報導模式的比較研究。至於中共對台宣傳方式則相當僵化，使用的策略也沒有與時俱進。在正向策略方面，不外乎以「自吹自擂」、「報喜不報憂」、「溫情召喚」為主，以爭取閱聽眾認同。在負面策略部分，則多以「攻

擊」、「謾罵」、「恫嚇」與「標籤化」等方式塑造台灣意見與其相左者的形象（余成浩，2005：69）。

在西方傳播學動輒強調實證典範之際，不少學者專家透過內容分析法對於中共媒體內容進行分析，希望從中歸納出中共對台宣傳的方法。近三十餘年來，台灣對中共宣傳學的研究多著重在內容分析，雖有一定成果，但其範圍多限於對《人民日報》等媒體進行抽樣研究，從報導內容、篇幅大小觀察中共宣傳的原則、方式，但受到方法所限，觀察範圍多囿於一隅，儘管上述研究有一定成果，但對於中共宣傳的決策及產製過程，卻鮮有提及；此外，中共自胡錦濤得掌對台工作大權後，對台宣傳理論、方法及訴求對象為之丕變，似未見專文深入討論。在實證典範之餘，另有范世平、曹開明、曹宇帆、余成浩等人選擇用詮釋典範的方法論研究中共對台宣傳，雖然仍處於嘗試階段，但對於新聞「言說」背後的社會環境與權力結構的耙梳，仍有一定助益。

在這些相關著作裡，值得一提的主要有王章陵、魯競、許禎元、張裕亮、范世平等學者的專論。王章陵與魯競由於熟稔共黨理論與中共宣工系統內部情況，頗能直指中共宣傳理論與行動組織者的底蘊；至於許禎元的國科會研究報告則羅列中外相關研究，是少數具有宏觀視野的量化研究；而張裕亮運用新聞框架理論，採取新聞文本框架與消息來源交叉比對方式，解析中共記者駐台前後的新聞報導變化。上述成果皆對本研究有一定助益。

二、中共方面的研究回顧

近年來中共積極展開對台宣傳，但其多為重要領導人或中共中央的重要會議的論述，相關的學術研究著作似乎並不多見。主要原因在於中共涉台學者多將焦點集中在政治、外交、經濟、軍事等範疇，鮮少有學

者注意此節[12]。中共認為，對台宣傳必須服膺黨的意志行事，稍有不慎則誤觸「國家機密」，使得外界對此節諱莫如深。儘管如此，仍可得見中共對台宣傳確有其進展。以下為近年來中共對台宣傳研究的相關文獻，詳見表 2-5：

表 2-5：近年中共對台宣傳研究文獻回顧：大陸部分

發表人出處	題目	主要內容
李卓鈞 新聞大學 1998 年夏季號	對台報導與對內報導	對內報導已成為影響對台宣傳的重要因素，且台灣受眾十分關注中共對內的報導。但仍須做到加大對台報導量、全面客觀地反應台灣社會，同時在新聞報導中應該多一些理性的分析，少一些情感化的簡單批判。此外，本文建議應該多強化對內經濟報導，以免給台灣民眾錯誤印象，在新聞框架上也應注意港台的「社會真實」建構方法，顯然與中共內部有所不同。
孫維惠 南京政治學院學報 1998 年第 3 期	略論對台宣傳工作中的幾個問題	文中建議中共應當堅定地抓牢「一國兩制」實現祖國統一大業的原則，在對台宣傳上面則重在消除台灣民眾對「一國兩制」的憂慮和擔心。在策略上應該依靠台灣人民、利用矛盾孤立台獨；而且要軟硬結合，在外國勢力干涉中國內政上要「硬」，強調中國人不怕鬼、不信邪；但對於台灣同胞的宣傳要「軟」，講究低調務實。此外，本文還提出對台宣傳要講究「義利結合」。
武軍倉 西安政治學院學報 第 12 卷第 3 期 1999.6	試論我軍對台宣傳的效果評價	本文建議應該對台宣傳的評價標準，透過多指標綜合評價原則、全方位測放原則、系統的動態評價原則，結合宏觀觀察、微觀分析法、內容分析法、定性定量考察法、比較法、抽樣與追蹤法，才能為中共軍方建立對台工作的客觀性標準。

---

[12] 筆者於 2005 年 9 月間造訪中共某智庫時，曾向某資深學者詢及「為何並不多見中共學者研究對台宣傳？」該學者指出，其原因有二。其一是大陸涉台學者因歷史或所學背景緣故，多與新聞專業無涉。同時，中共內部亦有一定程度的學術評鑑壓力，所學一旦與主流的台灣政治、經濟背離太遠，不僅影響升等，在相關學術期刊的曝光量也會受限；其次則是資料取得不易，且相關傳播學的方法論運用並不熟悉，這也讓一些有志於此的涉台學者為之卻步。該學者認為，除了一些具軍方背景或對台宣傳機構的調研人員無生活壓力，或可從事於對台宣傳的相關研究外，就剩下一些傳播學者在述及中美衝突時，會偶而提及台灣因素。

武軍倉、梁宏山 西安政治學院學報 第 13 卷第 6 期 2000.12	新形勢下增強軍隊對台宣傳效果的幾點思考	增強軍隊對台宣傳效果，應當從兩岸形勢和宣傳對象的實際出發，堅定對台宣傳的原則性，體現對台宣傳的戰鬥性，加強對台宣傳的針對性注意對台宣傳自身的特殊性要求，重視對台宣傳的科學性研究，不斷探索新方法，以期提高宣傳效果。文中特別提及，中共廣播經費僅為台灣的中央廣播電台的 5%，大陸應該借鑒台灣的央廣、華視、中廣宣傳手段，提高對台宣傳的有效性。
汪聰 電視專論 2002.4	順應變化因勢利導——關於台灣社會變化及對台宣傳策略的思考	檢討過去對台宣傳工作多擺在外省籍人士上，並對於台灣籍人士了解較少。面對目前台灣狀況，應該將重點擺在主張「維持現狀」、人數超過 50%的台灣民眾身上。本文並建議修正過去對台宣傳猛打「親情牌」失效的狀況，提出以「利害」關係為主軸的宣傳模式，告知台灣民眾「一國兩制乃是大勢所趨不可阻擋的歷史潮流，這個潮流與台灣民眾每個人都有著「利害」關係。
任金州等編 中國廣播電視出版社 2003.2	電視外宣策略與案例分析	本書為中共廣電總局的社會科學研究課題，針對台灣「千島湖事件」的新聞發佈進行個案研究。作者認為，由於中共在此新聞事件的反應速度過慢，喪失對外宣傳先機，以致相關新聞議題框架由台灣媒體設定。在此之後，中共在涉台重大突發事件的新聞反應速度頗有改善，一般認為是在「千島湖事件」中總結了學習經驗所致。
海峽 中國廣播電視學刊 2003 年第 1 期	運用現代廣播的創新成果——提升對台宣傳的整體效應	本文為海峽之聲廣播電台對台宣傳的個案研究。文中提及為爭取對台宣傳時效，該電台新聞採取全面直播，同時採取雙向交流方式，訪問時多以「台灣人」為目標，營造出「自己人」的傳播效應。至於在通路上，為避免對台宣傳廣播受到干擾，積極發展線上收聽，即在網路上即可同步收聽對台宣傳的相關新聞。
中央電視台對台節目編輯主編 中國廣播電視出版社 2003.4	海峽熱點	文中收錄中央電視台《海峽兩岸》的精彩節目，內容包括台灣知名人士談三通、一國兩制、看中國的希望、另針對一邊一國、十六大對台工作部分，透過文字還原當時播出現場。值得注意的是，本文披露央視製作該節目的細節，包括製作團隊均為北大、清華、人民大學等知名學府碩士，並採取集體策劃、集體審片制，以製作過濾節目品質。為了加強團隊對台宣傳素養，央視還設計「末位淘汰制」，凡是收視率不佳、對台原則及專用術語不熟悉，即行淘汰。
童兵 童兵自選集：新聞科學觀察與思考 復旦大學出版社 2004.5	台灣媒體的大陸新聞及其報導隊伍	童兵為中共第一個新聞學博士，且曾在國台辦舉辦的對台輿論宣傳工作研討會中發表專文，咸信為國台辦專家組的諮詢成員之一。本文以相當平實的筆法，完整介紹台灣各媒體在大陸新聞處理時，是分別由哪些部門負責，其編制及人員素質亦在其探討之列。

楊波主編 中國廣播電視出版社 2005.12	中央人民廣播電台簡史	本書介紹中央人民廣播電台的歷史，在其軍事宣傳部分，特別說明該電台如何在《反分裂國家法》公布時，配合政策進行對台廣播；其他亦仔細介紹該電台的《中華之聲》、《神州之聲》等對台宣傳廣播頻道，包括其節目內容、重大新聞處理等。
劉繼南、何輝編 中國傳媒大學出版社 2006.3	中國形象：中國國家形象的國際傳播現狀與對策	本書為中國傳媒大學 211 工程項目資助項目，30 名作者針對建構中國國家形象撰寫一百餘萬字，並針對世界主流的平面與電子媒體，如 CNN、BBC、紐約時報等，進行大規模的調查分析。其中在政治形象方面發現，台灣問題是建構中國對外形象的主要障礙，且各國媒體在台灣問題的報導上，多與該國的國家利益一致，未必與中國的期望相符。
王武錄等編 中國傳媒大學出版社 2006.4	十四大以來《人民日報》版面研究	本書為中國傳媒大學 211 工程項目資助項目，從版面研究角度切入研究對台宣傳，這是中共近年來的思維突破。文中提及在《人民日報》台港澳版的版面安排部分，圖面數量使用較一般為多，且政績性報導與領導人談話極為少見。此外，本書特別以在野黨主席連戰與宋楚瑜訪問大陸版面為例，說明《人民日報》在處理涉台新聞的相關考慮。
朱南燕 南京師範大學新聞與傳播學院碩士論文 2006.4	論反「台獨」鬥爭中的輿論戰	作者為南京軍區負責對台輿論戰鬥爭的專業人員，本文在一定程度上反映中共對台輿論戰的相關作為及未來方向，包括設定新聞議題，掌握兩岸關係的主動權；透過第三人效果，擴大其輿論宣傳效果；型塑「沈默螺旋」以控制對台輿論等。

資料來源：
1. 筆者依照下列文獻整理而得。
2. 李卓鈞，1998：66-68, 48；孫維惠，1998：97-99；武軍倉，1999：25-29；武軍倉、梁宏山，2000：27-30；汪聰，2002：22-24；任金州等編，2003；海峽，2003：55-57；中央電視台對台節目編輯主編，2003；童兵，2004：434-440；楊波編，2005；劉繼南、何輝編，2006；王武錄等編，2006；朱南燕，2006。

　　中國大陸近年來在中共對台宣傳的研究，基本上不脫歷年的《對台宣傳工作會議》上的原則，但在方法技術上卻出現多元變化。過去中共對台宣傳時，多以情感訴求，但孫維惠、汪聰等人等人則提出「義利關係」，強化對台「誘之以利」的訴求；此外，包括李卓鈞、武軍倉、梁宏山等人則注意到兩岸客觀現實有所不同，必須建構一套量化方法加以評量對台宣傳效果；在宣傳訴求上，海峽與汪聰都建議，應該以「台灣人民為宣傳對象，並且宜建立「分眾訴求」、特別是針對台灣南部民眾訴求的概念；近年來，中共對台宣傳的工作團隊素質明顯提高，從中央

電視台的對台編輯均是大陸名校出身，以及中央人民廣播電台所匯集的論文來看，顯然年輕化、專業化人才掛帥，漸成對台宣傳主流；值得注意的是，中共對台宣傳的研究方法上也頗有更新，透過大規模的調研，企圖從全球主流媒體的角度以及建構中國國家形象的高度來審視對台宣傳，或以版面研究的內容分析對台宣傳，顯與台灣學界的認知的「僵化」出入甚鉅。為求補缺遺漏，本研究將力求準確掌握中共對台宣傳研究進程，以免囿於台灣一隅之偏。

三、海外方面的研究回顧

海外學界研究中共宣傳起源甚早，1954 年由金達凱所著的《中共宣傳政策與運用》、1960 年侯服五的《改變一個國家（To Change a Nation）》、1964 年喻德基（Frederick T.C.Yu）的《共產中國的群眾說服（Mass Communication in Communist China）》都是開山之作（轉引自朱立，1988：45-46）在七十年代初期，由於中共在國際上漸受重視，美國學界興起一股中國熱，包括劉平鄰的（Alan P.D.Liu）《傳播與中共的國家整合（Communication ang National Integration in Communist China）》、朱謙（Godwin C.Chu）的《中共傳播引起的激變（Radical Change Through Communication in Mao's China）》等，對於中共宣傳體系、功能都有獨到的見解。尤其在 1979 年許烺光（Francis L.K. Hsu）、朱謙（Godwin C.Chu）編著的《愚公移山（Moving a Mountain：Culture Change in China）》中，多位傳播學者為文認為傳播媒介在中國文化變遷扮演重要角色，更奠定中共宣傳研究的基礎（朱立，1988：45-46；朱丹妮，1986：28-29）。

近年來，一些自大陸出身的學者也紛紛為文處理此節。像是何舟、何新、何清漣、吳國光等人因為熟稔大陸內部生態，對於相關新聞的產製流程及決策背景頗為瞭解，彌補了外國學者難窺中共宣傳內部底蘊的

缺憾，相關著作皆有可觀之處。可惜的是，對於中共對台宣傳環節仍未觸及。儘管如此，吾人仍能由這些難得的第一手資料蠡測中共對台宣傳的運作情形。

　　像是大陸旅外學者何川就指出，中共新聞傳播體制呈現結構的單元性、運作的封閉性、傳播導向的灌輸性以及經濟的依賴性。由中共現行新聞政策觀察，可以發現如下特質，包括新聞傳播媒介是中共的喉舌、新聞傳播活動必須堅持黨性原則、堅持中共自行定義的「新聞自由」階級觀、新聞的真實性必須服從黨性和階級性、以正面宣傳為主的新聞報導方針、新聞的時效服從於政治需要。同時，中共傳媒所使用的語言有四，分別是官方的「官話」、代表黨的霸氣的「暴力語言」、空洞無物的「氣體語言」以及深藏玄機的「密碼語言」（何川，1994）。其他學者何舟、陳懷林則從量化方式入手，並指出從 1980 年至 1993 年，大陸傳媒對台灣政治新聞報導觀察，出現報導量增加、報導量上下波動、報導集中在「統一」問題及台灣黨政活動上、報導基調多為否定性，但有漸中性溫和的趨勢；台灣政治形象甚差；從壟斷到多種傳媒報導。至於影響對台政治新聞報導因素則為：意識型態、對台政策和對台宣政策、對內政策、傳媒組織形式與記者素質、消息來源（何舟、陳懷林，1998）。

　　曾為《人民日報》評論員的吳國光，對中國宣傳產製過程相當熟悉。他在〈中國政府宣傳的精緻化〉文中指出，中共政府宣傳日益精緻化，其特點在於市場與新聞專業用來服務權威的政治團體；中共目前仍致力於黨性原則，並強調「管理」與黨的「領導」並重；而大陸媒體在產業化、集團化影響下，讓政府能在市場化下取得最大利益；此外，軟性媒體的出現在於分散大眾對政治的注意力，也減輕中共的統治成本；而中共近年來亦致力於改善技巧，將黨性、意識型態與知識性、政治性、可讀性結合在一起，不過，在中共眼裡，新聞專業化的真意在於不挑戰中共的政治底線。在實際運作方面，中共宣傳部門會確定某一時期重點報導內容，對重大事件會先定「調子」、統一報導；同時，媒體的人事權

握在政府手中，媒體從業人員也會定期接受政治教育和思想控制；此外，中共政府非常嚴密地控制網路媒體，並且用龐大科技建構出一個監控系統（吳國光，2004：44-47）。

　　曾經實地從事新聞工作的學者何清漣因「為文賈禍」，在大陸發表尖銳言論而流亡美國。2006 年何清漣完成《中國政府如何控制媒體》報告，後出版為《霧鎖中國》一書，是海外迄今較為完整披露中國進行輿論控制的專書。何清漣指出，中共政府對媒體「觀其行」，而非「聽其言」，並羅列控制新聞媒體的手段。何清漣在書中介紹中共在重大事件實行「統一報導」的操作手法，並痛陳「內部文件」的產製過程，記者稍有不慎就可能觸及「國家機密」。此外，何清漣也陳述外國媒體是如何成為「中國政府的好朋友」，以及中共無所不包的監控制度「金盾工程」等（何清漣，2006）。

　　綜上所述，海外的大陸學者雖不乏研究中共宣傳者，卻少見對於中共對台宣傳的相關研究。根據他們的研究成果，或能多少推論出中共對台宣傳的實際運作，但仍有強化研究的空間。至於大陸方面研究此節者，雖說公開資料增多，其內部運作的能見度亦公開許多，但畢竟政策宣導多於研究，學術含金量仍嫌不足；至於台灣研究此節者雖眾，相關研究方法亦多齊備，可惜難見第一手資料還原其「臨場感」，加上相關援引資料亦難深入，讓學術與實務落差出入甚鉅，此乃本研究致力填補缺漏的原始初衷。

第三章　中共對台宣傳的機制

　　中共將新聞事業視為「黨」的宣傳工具，並在其《新聞理論課程》
教學裡明言，「我國的新聞事業必須在黨的領導下，要宣傳黨的理論基
礎和思想體系，以黨的指導思想為新聞工作的準繩；要宣傳黨的綱領路
線、方針、政策，使這成為億萬人民的實際行動；要遵守黨的組織原則
和新聞宣傳工作紀律。」（成美、童兵，1988：148）在這樣的傳播制度
規範下，中國大陸的媒體理所當然地成為共產黨的喉舌。

　　根據中共中國現行新聞體制規定，「在所有制形式上實行生產資料
公有制；在領導體制上實行中國共產黨的統一領導；在工作基本方針
上，堅持為人民服務、為社會服務、為全黨全國工作大局服務的三服務
方向；在結構體系上實行以黨的機關報為主體的多種類、多層次、多功
能的新聞傳播體制；在工作路線上，實行全黨辦報、群眾辦報。」（彭
偉步，2005：148）這種新聞體制嚴格規定媒體隸屬於共產黨的組織，
並接受共產黨的領導。台灣問題被中共界定為「重大歷史任務」，攸關
其國家利益甚鉅，中共對此節自然緊抓不放。

　　從控制論的角度來看，中共宣傳必須服膺在輿論調控體系之下，也
就是「在共產黨的領導下，中央宣傳部負責新聞輿論的宏觀指導，中央
對外宣傳辦公室負責對外宣傳工作的管理和協調。國家新聞出版管理部
門按照一手抓管理、一手抓繁榮的方針，負責新聞出版事業的行政管
理。中央各部門、國務院各部委黨組織，根據誰主管、誰主辦、誰負責
的原則，負責對本部門的報紙、廣播、電視進行指導和管理。各省、自
治區、直轄市黨委宣傳部在黨委領導下，負責指導本地區新聞輿論工
作。報社、通訊、電台、電視台實行社長（台長）或總編輯負責制，單
位內部建立健全嚴格的崗位責任制。」（中宣部幹部局，2001：79）上

述中宣部的「理順一個機制、完善五個機制」不僅適用於中共新聞事業，也適用於對台宣傳工作上。

根據曾實際於中宣部從事輿論調控的廖永亮指出，輿論調控的主體是組織、實施宣傳活動的人和機構，包括宣傳決策者、宣傳組織者至於要讓相關宣傳決策能順應環境變遷，必須建立起準確的輿情採集分析系統，負責反饋信息的蒐集和分析（廖永亮，2003：190-191）。從訊息傳播流程觀之，輿論調控的主體與「傳播者」相仿。所謂「傳播者」乃傳播行為的引發者，即以發出訊息的方式主動作用於他人的人、群體或組織，並試圖將「一個團體的語言、價值、利益、觀念及目的轉換成不同群體可接受的內容。」（Nimmo，1976:443）若將前項宣傳決策者、宣傳組織者及輿情採集分析系統類比於「傳播者」，不難發現中共對台宣傳過程裡，所謂「傳播者」是指決定大政方針的核心人物及單位、執行宣傳運作的對台黨政部門以及提供訊息的對台情報系統。

本章重點旨在探討中共對台宣傳機制（mechanism）的運作，將略述兩岸對於「台灣問題」認知的歧異，耙梳中共之所以對台宣傳的歷史脈絡與不同階段的相關作為。另從本研究範圍論，將致力探討「特殊國與國關係」提出後，實際影響對台宣傳的中共涉台重要組織，及其可能的運作模式。

第一節　前胡錦濤時期的中共對台宣傳

一、台灣問題的兩岸歧異

中國歷朝一向對於台灣不感興趣，甚至還禁止或限制人民移往台灣。所謂「台灣」無異於「埋冤」，到台灣墾殖的先民多半是政治或經濟難民。中國在 1863 年基於國家內外的安全考量，將台灣併入版圖設為一省，以禦外國勢力（Roy，何振盛、杜嘉芬譯，2004，326-327）。

1895 年清朝李鴻章與日本伊藤博文簽訂馬關條約前，伊藤明言，「如果
談判一旦破裂，必將再戰，一旦兵臨北京城下，貴國又將奈何。北京況
且不保，何況區區孤島台灣？」（林昭武、狄英，2000：36）這句話說
明當時台灣在整體中國命運的角色，即「以台灣人民的犧牲來成全中國
的國祚」，讓台灣飽嚐「養女命[1]」的辛酸（張讚合，1996：23-24）。

　　在台灣重回祖國懷抱時，他們期待自己相對較高水準的政治發展能
受到中國的重視及肯定。然而中國卻對台人存有疑慮，恐怕台灣同胞深
受日本洗腦，因此將之視為日本人的共犯，或是以戰敗的敵人對待之。
這些「祖國同胞」的興趣只在於，徹底根除對祖國不忠誠者、榨取台灣
資源支援國共內戰或者甚至滿足私利。這些暴力整肅與鎮壓，不斷在台
灣人中間形塑傷痛的感覺。於是，台灣人培養出一種不認同、也不情願
接受中國統治的情緒（Roy，何振盛、杜嘉芬譯，2004，326-327）。

　　台灣光復初期，社會上流行著「五天五地[2]」的說法；國民黨指派
陳儀為行政長官[3]，進行接收與治台事宜。在陳儀主政下，在人事任用
上多由外省籍人士擔任；在社會經濟上，陳儀在接收日人留下的資產
後，由政府統一控管；同時沿襲專賣制度，限制私人企業發展；加上部
分官警的風紀敗壞，以及當時的通貨膨脹和失業問題嚴重；這些問題讓

---

[1]　中日兩國簽訂馬關條約，決定割讓台灣給日本後，不甘日本統治的台民組織
　　「台灣民主國」，並推唐景崧為大總統。由於無法得到外援，台灣民主國僅
　　存活 148 天。當時率領台民浴血抗戰的名將劉永福兵敗離台前所做的「離台
　　詩」，具體形容當時台胞心境，「流落天涯四月天，樽前相對淚涓涓。師亡黃
　　海中原亂，約到馬關國土捐。四百萬人供僕妾，六千里地屬腥羶。今朝絕域
　　還同哭，共弔沈淪甲午年。」台灣民眾認為自己命運坎坷，只是他人僕妾的
　　「養女之命」，這種「集體記憶」仍餘留至今，並非政治人物片面挑動所致。

[2]　所謂的「五天五地」的說法，流傳於當時台籍菁英之間。即「盟軍轟炸驚天
　　動地、台灣光復歡天喜地、官員接收花天酒地、政治混亂黑天暗地、民生痛
　　苦呼天叫地。」

[3]　其實，國民黨當時指派陳儀為台灣行政長官係基於他留日，可能有助於掌握
　　台灣，詎料事與願違。而國民黨派來接收台灣的軍隊又因大戰過後而疲態畢
　　現，使得台灣當時菁英見狀頗為失望。

二二八事件一發不可收拾。1949 年國民黨播遷來台，為求鞏固統治基礎實施戒嚴，限制人民言論、出版、集會、結社與行動自由。國民黨政府為強化控制，透過「戒嚴法」打壓台灣菁英，造成人人聞之色變的「白色恐怖[4]」，數以萬計的知識份子被羅織罪名入獄。（Tien，1989：111-113；李筱峰：未出版；杜聖聰，2005：33）

　　在這種歷史脈絡下，台灣民眾強化了國民黨是外來政權的「集體記憶」，並認知到只有自己當家作主，才能擺脫「養女」的宿命。但國民黨政府堅持在台灣的中華民國才是「中國」的正統，儘管內戰失利，其對於中國大陸仍具有主權行使的正當性與合法性，同時國民黨政府也據此形塑台灣民眾認同的基礎（陳明通等，2005：11）隨著台灣走向民主化、自由化，國民黨威權統治體系與相關意識型態漸次崩解，形成「大中國意識」與「台灣意識」對抗，讓民眾對台灣這塊土地的「認同」莫衷一是。所謂的「台灣問題」，對於台灣民眾而言，只是統獨情結激烈衝撞下的一堆謎團。

　　至於中共官方則認為「台灣問題」的由來，是 1949 年以來國共內戰的延續；究其實質，「台灣問題」是中國的內政問題；而「台灣問題」之所以延宕未決，主要就是在於美國等國際勢力的干涉。此節涉及中國主權與領土的完整，不容他人置喙（中共中央對台辦公室、國務院台灣事務辦公室，1998：41-43）。

> 二次世界大戰結束之後，台灣不僅在法律上而且在事實上已經歸還中國。「台灣問題」的出現，是國民黨發動反人民內戰的結果，其本質是中國的內政問題。台灣問題之所以長期存在且迄今尚未

---

[4] 台灣戒嚴時期最黑暗的時刻是 1950 年代進行眾所周知的大規模「白色恐怖」活動，以政治動機逮捕知識份子與其他人。兼職或業餘的政治活動份子經常被逮捕，且以類似像意圖反叛政府等重罪起訴，並判處死刑或終身監禁。估計白色恐怖期間受害者達九萬人被捕，且有半數被處決（Tien，1989:111）從 1960 年代到 1980 年代中期，被捕人數可能較少，但處理模式依然不變。

解決的一個重要因素，是美國等西方反華勢力插手台灣問題，干涉中國內政，阻礙中國統一。台灣問題是中美關係中最重要、最敏感的核心問題。雖然台灣問題尚未最終解決，海峽兩岸尚未統一，但世界上只有一個中國，台灣是中國的一部分，中國的領土和主權完整不容分割。

中國共產黨的建立是五四運動後，中國知識份子在帝國主義侵略、瓜分中國的形勢之下，為救國救民而採取的救亡圖存之手段。因此，中共自始就帶有「民族主義」的性格，此一性格隨著建立中華人民共和國政權、冷戰形成、美國圍堵、中蘇分裂、國際競爭而更加強化。易言之，中國的國家主權和領土是不容分裂的，因為其事關國家發展與民族利益（陳毓鈞，2006：11）。解決「台灣問題」，基本上就是貫徹「一個中國原則」的問題。可以說「一個中國原則」是北京對台政策的核心本質，也是中共解決「台灣問題」的大政方針。它是由歷史事實與經驗所結晶而成的，中共每一代領導人都牢牢記住「分裂被欺凌、落後就挨打」之教訓，因此解決「台灣問題」、促成中國統一，不僅是中華民族的價值信仰，也是中華人民共和國的國家戰略（陳毓鈞，2006：11-12）。

兩岸對於「台灣問題」的認知歧異，造成雙方關係時而緊繃，形成台海及亞太區域和平的變數。而兩岸自從 1949 年之後，主要戰場都集中在「宣傳」。正因為如此，研究中共對台宣傳自不能忽視對台決策、運作與情蒐的相關組織、團體及個人，才能整理出中共對台宣傳機制的底蘊。

二、毛澤東時期的對台宣傳運作（1949-1978）

中共對台宣傳政策有其演變發展的過程，學者看法不盡相同[5]，本研究採取中共政權各個時期的領導人作為探討，意即第一代以毛澤東、

---

[5] 關於中共對台政策演變，有學者從中共對台統戰宣傳及軍事行動作為主要分期標準，分為解放台灣時期、和平統一中國時期；有的從中共對台基本策略

周恩來為代表;第二代以鄧小平、葉劍英為代表;第三代以江澤民、朱鎔基為代表。這是因為台灣問題攸關中華民族價值信仰與中共國家戰略安全,重要性不言可喻。歷來中共領導人都緊抓對台宣傳決策權力,及至江澤民主政時期,雖採取「中央政治局」七常委集體領導方式,但重大決策仍須最高領導人定綱,才能付諸實施(許勝泰,2001:31)

中共對台組織在 1949 年建國之前,是由中共中央上海局台灣工作委員會的劉曉、劉長勝、錢瑛、劉少文負責。當時中共重點在於取得中國大陸統治權,對台灣投注心力甚少(唐曼珍、王宇,1991:179-180)1949 年中共建政之後,在國內外形勢尚未穩定之際,欲挾內戰勝利餘威,實行武力解放台灣,消滅中華民國政府完成統一。台灣解放軍司令員陳毅當時喊出「血洗台灣」、「挖掘國民黨的根」,以及「堅決打金門、渡海攻台灣」等口號(胡漣,1977),詎料古寧頭戰役失利,「血洗台灣」遂成為幻想。

在武力攻堅未遂下,中共在對台宣傳上,發表多篇重要文件,如《人民日報》社論〈一定要解放台灣〉、〈解放台灣是中國內政,不容許美國干涉〉;朱德在〈中國人民解放軍八一建軍二十七週年紀念會的講話〉、各民主黨派各人民團體的〈解放台灣聯合宣言〉、周恩來的〈致聯合國安理會主席及秘書長電,要求制裁美國武裝侵略台灣〉、〈在「中央人民政府委員會」第三十三次會議上的外交報告〉、〈為控訴美國武裝侵略中國領土台灣致聯合國大會第九屆會議電〉、伍修權的〈在聯合國第五屆大會安理會控訴美國武裝侵略台灣的演說〉等(郭立民編,1992:3-100)。從上述文件可以發現,從 1949 年至 1954 年,中共對台宣傳主

運用來看,共分為武力解放台灣時期、和平解放台灣時期、和平統戰時期、一國兩制時期、新摸索時期;也有從主要政策宣示與武力使用急迫情況作為標的,分為軍事對峙階段(1949-1978)、和平對峙階段(1979-1986)、和平共存階段(1987 迄今)(參見許志嘉,1993:16;曹開明,2000:83;吳安家,1996:1;高素蘭,2004:191-192)。

軸旨在落實以「武力解放台灣」。其形式有二，在「對內宣傳」方面，集合黨、政、軍之力，透過媒體宣示對台立場；在「對外宣傳」方面，則以聯合國大會等國際場合為戰場，指控台灣問題延宕未決，關鍵在於美國協同蔣介石政權意圖分裂中國所致。

1954 年 9 月 3 日，中共砲轟金門，引發第一次台海危機。該年 12 月 2 日，台灣與美國簽訂「中美共同防禦條約」，該約將台灣納入美國西太平洋防線一環，美國承諾台灣遭中共攻擊時，願意協防臺、澎（高素蘭，2004：195-196；共黨問題研究中心，1989：6）由於美國勢力介入，中共對台宣傳主軸也改弦易轍。根據曾任周恩來秘書、中共中央對台工作領導小組成員的童小鵬[6]回憶，在美國因素介入後，中共對台宣傳政策遂由「武力解放台灣」調整為「和平解放台灣」（李立，2005：133）。

> 毛主席提出「和平解決台灣問題」主要是基於以下原因：一是美台「共同防禦條約」的簽訂使台灣政局趨於穩定，解放台灣面臨客觀上的困難；二是黨的重心轉移到經濟建設上來，需要有一個穩定的和平環境；三是美蔣在金門、馬祖等島嶼問題上的矛盾突出，使和平解放台灣存在可能性。

1955 年 4 月，周恩來率中國代表團赴印尼參加萬隆會議。行前毛澤東和黨中央確定「可相機提出在美國撤退台灣和台灣海峽的武裝力量的前提下和平解決台灣的可能」。會後，中美兩國於 1955 年 8 月 1 日在日內瓦舉行大使級會談，為中共提出「和平解放台灣」創造外部條件。1956 年 1 月 25 日，毛澤東在第六次最高國務會議上提出準備進行「第三次國共合作」。1 月 30 日，周恩來隨即宣布「為爭取和平解放台灣，實現祖國的統一而奮鬥」（李立，2005：133-134）。為了落實對台工作，

6　童小鵬，1915 年生，曾任中共中央南方局秘書長、中共統戰部秘書長、國務院秘書長兼總理辦公室主任、中共中央辦公廳副主任等職，長期跟隨周恩來處理對台工作，是中共建政後第一批處理對台工作的核心幕僚。

該年中共中央決定成立對台工作領導小組，並由周恩來直接領導對台工作。小組的工作由李克農、羅瑞卿負責，羅青長、凌雲和童小鵬執行具體工作，並建立對台工作辦公室，辦公地點設在中南海（李立，2005：134；邵宗海，2005：12）。

另根據中共中央對台工作領導小組成員楊斯德回憶，周恩來總理經常召集小組成員討論如何解決台灣問題，並做出指示。當時中央對台領導小組副組長李克農同志要求，必須將「和平方式解決台灣問題」的方針政策發表在《人民日報》上，並通過各種渠道（廣播[7]、心戰傳單等方式）散發到台灣。為了加強向台灣島內宣傳的力度，中共中央指示，以福州軍區司令部的名義，於 1958 年建立福建前線電台（即今之《海峽之聲》），直接向島內廣播中共的對台方針（李立，2005：137）。

至於毛澤東則從戰略高度考慮如何解決台灣問題，並經常召開會議，研究對台形勢及島內狀況。毛澤東認為，雖然美國積極推動「劃峽而治」，但蔣介石在「一個中國」立場並未動搖，因而在金馬問題上，中共遂採取「攻而不取」的絞索策略，藉由金馬聯繫台灣無法脫離「一個中國」的框架（張讚合，1996：139-141）。不僅要求周恩來等人歸納出對台政策為「一綱四目[8]」，甚至連當時人民日報社論、以國防部長彭德懷名義發出的《告台灣同胞書》、《再告台灣同胞書》等文章，都是由毛澤東親撰（沙葉新，2003：85-86），足見其掌握台灣問題之深。

---

[7] 中共於 1954 年成立中央人民廣播電台對台灣廣播，其宣傳的主軸係依中共中央所制訂的「一定要解放台灣」進行（韓長江，2002：1-2）。

[8] 所謂的「一綱四目」，其內容為：（一）一綱：台灣寧可放在蔣氏父子手裡，不能落到美國人手中，台灣必須統一於祖國。（二）四目：1.台灣回歸祖國後，除外交必須統一於中央外，所有軍政大權、人事安排悉委於蔣。2.所有軍政及建設不足之數，悉由中央撥付。3.台灣的社會改革可以從緩，必俟條件成熟並徵得蔣之同意後進行。4.互約不派特務、不作破壞對方團結之事。（見中央文獻室編，1997：321）

　　在「和平解放台灣」時期，中共對台宣傳操作的方式有了重大改變。從宣傳決策者的角色看，毛澤東、周恩來等人採取「抓大不放小」原則，在萬隆會議上預作佈局，形塑中美處理「台灣問題」默契；在宣傳機制上，成立「中共中央對台工作領導小組」，處理具體工作。並由主管情報事務的李克農擔綱，綜合研判情資後，交由《人民日報》、《中央人民廣播電台》、《海峽之聲》等單位宣傳；由於對台情勢不變，毛澤東在重大事件上親為對台宣傳定性定調，並透過《人民日報》社論，直接示範對台宣傳的分寸掌握。

　　1960 年代中共因工農業生產大躍進、人民公社、社會主義建設總路線的「三面紅旗」失敗，引發毛澤東與劉少奇路線鬥爭，導致「文化大革命」十年動亂，造成內部政經危機嚴重，對外又與蘇聯日益交惡，此階段的「台灣問題」暫被擱置。1970 年代，冷戰和解氣氛濃厚，中共開始尋求與美國改善關係。在取得聯合國席位後，中共與美國陸續簽訂「上海公報」、「建交公報」，積極在海外展開「笑臉外交」，籠絡認同中華民國的各國僑民及海外知識份子（張榮恭，1975：77-84；高素蘭，2004：200-203）。

　　1970 年代的中共對台宣傳，除了維持既有對台廣播與心戰傳單外，中共將宣傳戰場延伸到海外，特別將重點工作置放於美國，在宣傳上鼓吹「中國人自己解決台灣問題」，要求美軍撤離台灣並廢除「美台互防條約」；同時，透過「釣魚台事件[9]」，爭取台灣的海外留學生及華裔學者認同。至於對內宣傳部份，較值得一提的是，中共在 1973 年 2 月 28 日於北京舉辦「紀念二二八事件音樂會」，透過「台灣民主自治聯

9　1971 年，美國決定將釣魚台交給日本，彼時我在聯合國席位正值多事之秋，需美、日助力甚殷，故對此一發展保持緘默。此舉引發海外留學生不滿，甚至對中共產生幻想。周恩來趁機邀五位保釣事件領袖赴大陸訪問，在中共刻意安排下，他們對大陸印象很好，回留學地之後，對當時留學生造成相當大的影響（趙建民，1988：6）

盟」對台灣進行「認同祖國」的宣傳（張榮恭，1975：77-84；趙建民，
1988：6）。從宣傳效益言之，中共透過「釣魚台事件」操作民族認同，
確實取得不錯成績；但在對內宣傳部份，則因為偶一為之且受制國內政
經狀況，效果並不明顯。

三、鄧小平時期的對台宣傳運作（1979-1992）

中共十一屆三中全會以後，對外採取開放的經濟政策，改變對資本
主義的態度；對內清算文革以來「左傾」政治錯誤路線，而確立以鄧小
平為核心的領導人將黨與國家的工作轉移至經濟建設，強調和平與發展
是世界未來趨勢（柳金財，2001：183）對台宣傳工作是在不放棄武力
解決台灣的前提下，採取較和緩且有利於經濟發展的政策，如利用三通
四流[10]、國共談判、一國兩制等具體政策，希望逐步實現中國的和平統
一（高素蘭，2004：203）

1978 年 12 月 16 日中共發表《中華人民共和國政府聲明》，宣稱自
隔年元月 1 日起正式與美國建交，文中首度沒有使用「解放台灣」字眼
（人民日報，1978a），22 日中共舉行第十一屆三中全會，鄧小平取得
黨內領導權，會中也初步提出對台基調為「和平統一」（人民日報，
1978b）。十一屆三中全會後，中共人大常委會隨即發表〈告台灣同胞書〉
（人民日報，1979a），同時中共國防部長徐向前也發表〈關於停止炮擊
大、小金門等島嶼的聲明〉（人民日報，1979b），塑造兩岸和平的宣傳
氛圍。

對中共而言，從「解放台灣」到「和平統一」的對台政策頗有轉折。
為免驟然行事，中共明言對台宣傳對象包括蔣經國在內，並多次透過國

---

[10] 所謂「三通」是指兩岸間通郵、通商、通航；而「四流」則指兩岸在經濟文
化、體育、科技的交流。

際宣傳場合[11]及公開信[12]方式招安，惟蔣經國不為所動，並以「不接觸、不談判、不妥協」的三不政策[13]因應之。至於在「和平統一」的內涵部分，鄧小平首先於 1979 年 1 月初會見美國參議員談話時，提出「台灣自治區」的試探性構想，表示「統一後，台灣可維持原有的社經制度與美、日及其他國家維持『人民—人民』的經貿關係體制下維持自主」（蔡政文、林嘉誠，1989：14-15）；該年 4 月，時任中共全國人大副委員長、中共中央對台工作領導小組長的周恩來遺孀鄧穎超，也在日本東京記者會表示，「北京完全希望通過和平方式解決台灣問題，為增進相互瞭解，建議通商、通郵、通航，這些政策符合中華民族利益，符合台灣人民利益。」（人民日報，1979c）中共在試探過美日兩國後反應不惡，至此中共對台「和平統一」的宣傳內涵大致定調（高素蘭，2004：203-205）。

　　為了實現「和平統一」的政策方針，1981 年 9 月 30 日中共人大常務委員會委員長葉劍英提出「關於台灣回歸祖國實施和平統一的方針政策[14]（簡稱「葉九條」）」（人民日報，1981），除了再度重申三通、四流

---

[11] 在 1979 年初期，中共領導人在對台部分鎖定蔣經國為宣傳統戰對象，前後發表了：鄧小平的〈鄧副總理會見買國記者表明將採取多種方法同台灣當局特別是向蔣經國先生商討祖國統一〉、鄧穎超的〈我們願意同台灣有關各方面包括蔣經國先生在內進行商談〉等公開信（郭立民，1992：13-14）

[12] 廖承志於 1982 年 7 月 24 日於《人民日報》發表〈致蔣經國先生信〉，文中提及兩岸間宜「度盡劫波兄弟在，相逢一笑泯恩仇」，此名句傳頌海外甚廣，咸認為是中共對台宣傳力作。

[13] 三不政策是中華民國政府早期的大陸政策。鑑於 1979 年中共與美國建交，影響台灣民心士氣甚鉅。對此，主政的蔣經國認為，「中華民國不論在任何情況下絕對不與中共政權交涉，並且絕對不放棄光復大陸解救同胞的神聖任務。」中國國民黨並在 1979 年 4 月 4 日的中常會裡，確認中華民國與中共間實行「三不政策」，即與中共政權「不接觸、不談判、不妥協」。

[14] 「葉九條」的內容為：(1)建議國共第三次合作。(2)海峽兩岸通郵、通商、通航、探親、旅遊及學術、文化、體育交流。(3)台灣成立特別行政區，高度自治，保留軍隊。(4)台灣現行社會、經濟制度、生活方式，同外國經濟、文化關係皆不變。(5)台灣當局及各界代表，可參與國家管理與擔任領導職務。(6)台灣地方財政困難，可由中央酌情補助。(7)台灣人民可自由回祖國定居，不受歧視。(8)歡迎台灣工商界回大陸投資，興辦事業。(9)統一

為和平統一步驟,並強調以「國共兩黨對等談判」作為和平統一方式。
至於兩岸統一後的政治體制,則以「一國兩制」為準。鄧小平於 1983
年 6 月 26 日面見美國西東大學教授楊力宇時指出,兩岸統一「不是我
吃掉你,你吃掉我」,台灣可以在不危及中共國家利益的前提下,作為
「中國的一個特別行政區」。在這項談話中,鄧小平首度提及「一國兩
制」的具體內涵(外界多以「鄧六條」稱之):(楊力宇,1983:17-19)

> 祖國統一後,台灣特別行政區可以有自己的獨立性,可以實行同
> 大陸不同的制度;司法獨立,終審權不須到北京;台灣還可以有
> 自己的軍隊,祇是不能構成對大陸的威脅;大陸不派人駐台,不
> 僅軍隊不去,行政人員也不去;台灣的黨、政、軍等系統,都由
> 台灣自己來管;中央政府還要給台灣留出名額。

在鄧小平、葉劍英針對「和平統一、一國兩制」的政體及內涵做出
定調之後,包括後續 1988 年 7 月 1 趙紫陽發表〈哀悼蔣經國的談話〉、
1988 年 7 月趙紫陽發表〈對國民黨十三全會的看法之談話〉、1990 年 9
月楊尚昆接受《中國時報》專訪談話、1991 年 6 月中共中央台灣辦公
室負責人就海峽兩岸關係與和平統一問題的談話等,可以發現在鄧小平
時期的對台宣傳戰略有三,分別為堅持一中,反對台獨、兩個中國及一
中一台;進行對等談判、實現和平統一;台灣問題不容外力干涉(陳毓
鈞,2006:14-15)

中共對台政策改為「和平統一」之後,對台宣傳媒體也作了相應的
「戰略轉移」。以廣播為例,《中央人民廣播電台》即進行六項改革(張
振華等編,2003:35):

祖國,人人有責。歡迎台灣各界共商國事。(郭立民編,1992:413;人民日
報,1981)

首先是實現對台灣廣播方針的戰略轉移，即從宣傳「解放台灣，
實現祖國和平統一」，轉移到「和平統一祖國」乃至「和平統一，
一國兩制」；二是大力加強台灣情況及聽眾的調查研究，從實際
出發，適應台灣聽眾的需要和收聽興趣辦節目；三是進一步樹立
熱情為台灣聽眾服務的態度，做聽眾的知心朋友；四是改變報紙
化的廣播樣式，發揮廣播的聽覺特點，用主持人形式的節目代替
文字稿件的代讀代播；五是改革採訪、編輯、播音、製作分離的
工作體制，逐步實現以節目為單位的採訪、編輯、播音、製作的
合一；六是改大庭廣眾宣講式的播音為促膝談心的交談式播音。

　　值得注意的是，1981 年元旦，《中央人民廣播電台》的《空中之友》
節目開播，主持人徐曼首度以主持人方式出現，與聽眾促膝長談，效果
不惡，也開創日後中國大陸廣播節目主持人化的先河[15]（張振華等編，
2003：35）；此外，《人民日報》為面向台灣讀者，於 1980 年開闢「今
日台灣」欄位介紹台灣現狀；1985 年《人民日報》海外版創刊，雖說
內容仍不脫政令宣導，但在「返鄉探親」等議題上則致力於「海味[16]」，
對四十年未曾返鄉的台灣老兵而言，仍具吸引力（劉國昌，2005：240）。
另包括《中央電視台》也訓令福建分台的工程人員定期前往廈門鼓浪嶼
等地，側錄台灣《中華電視台》等單位節目進行研究，希望從中吸取台
灣較為發達的電視節目製作手法，以為對台宣傳之用，後亦援用至中國
大陸內部[17]。

---

[15] 筆者認為，中央人民廣播電台從生硬照搬的「政令宣導」調整為主持人化，
　　受到當時台灣的「中央廣播電台」影響頗深。據該台前新聞部前總編導葉清
　　憲、資深編導夏長樸等稱，當時央廣製作的「三家村夜話」等節目深獲大陸
　　聽眾好評，且央廣多播放歌星鄧麗君等軟調歌曲，相較於中央人民廣播電台
　　主持人的冰冷，有如天淵之別。
[16] 所謂的「海味」，指的是面向海外讀者，要有「海外的味道」。
[17] 筆者於 2005 年 4 月 30 日接待江西電視新聞工作從業人員訪問團時，於席間
　　閒聊所得。

　　由於兩岸交流日久，其衍生問題亦逐漸增多。以突發重大新聞事件為例，1986 年華航機長王錫爵劫機事件[18]，開啟兩岸首次事務性協商的先例。而兩岸當時漁事糾紛諸如「閩獅漁[19]」事件者層出不窮，為求解決兩岸因交流衍生問題，雙方進行多次協商，也提供中共對台宣傳處理「新聞議題」的著力點（杜聖聰，1996：40-56）若就常態性節目而言，1989 年由沈春池文教基金會贊助於台視播出的《八千里路雲和月》當為中共對台宣傳力作，頗符合中共「用別人的話講給別人聽」的宣傳手法。該節目主持人凌峰透過深入淺出的對白及美不勝收的畫面，介紹中國大陸的風土民情，顛覆台灣民眾對大陸印象。在其製作過程，受到中共有關宣傳部門特殊的「禮遇規格」和招待[20]，無怪乎拍攝畫面與用字遣詞格外用心。

四、前江澤民時期的對台宣傳運作（1992-1999）

　　1992 年 10 月中共召開十四大，及 1993 年「八屆人大」後，逐步確立以江澤民為核心的中共領導人，全面接掌黨、政、軍領導班子。身兼中共中央台灣工作領導小組組長的江澤民成為中共對台政策的決策核心。基本上，此一時期的對台政策仍承襲鄧小平時期的「和平統一、

[18] 1986 年 5 月 3 日，一架由機長王錫爵駕駛的華航貨機突然轉飛廣州白雲機場。中共民航局發表聲明稱，該華航貨機機長王錫爵要求在大陸定居，又指歡迎華航派人到北京談判，並解決另外二名機員和貨機去留問題。台灣方面起初堅決拒絕與北京談判，但後來終於同意由華航和大陸中航以「航空公司」名義，在香港接觸解決問題。

[19] 以 1989 年發生的「閩獅漁」事件為例，1991 年 7 月 21 日，大陸閩獅漁 2994、2995 號兩艘漁船跨越海峽中線，與台灣「三鑫財號」漁船發生絞網，遂強押「三鑫財號」船長蕭青山至船上商談賠償問題。我海軍及保七總隊聞訊而至，才將閩獅漁兩漁船制服。我台中地方法院經六度開庭審理，以海上行劫罪起訴閩獅漁船船長吳勇等七人，但大陸方面卻認為台灣方面「逼良為盜」，並認為此事乃單純的民事糾紛，兩岸對此事件認知差距頗大。

[20] 筆者曾與當時「八千里路雲和月」的某資深攝影共事多年，乃知悉該節目製作流程。

一國兩制」。其中以 1993 年發表的對台白皮書，與 1995 年以江澤民名義發表的「江八點」，是這一既定方針的總體表現，其主要體現的內容在於「堅持一個中國原則」與「不放棄武力犯台」（高素蘭，2000：212-213；徐淑敏，2005：50-53）

　　1992 年兩岸舉行香港會談，針對「一個中國」的意義，最後達成各自表述的協議。台灣認為，海峽兩岸均堅持「一個中國」之原則，但雙方所賦予之涵義有所不同。中共當局認為「一個中國」即為「中華人民共和國」，將來統一以後，台灣將成為其轄下的一個「特別行政區」。我方則認為「一個中國」應指 1912 年成立迄今的中華民國，其主權及於整個中國，但目前之治權則僅及於台澎金馬。台灣固為中國之一部分，但大陸亦為中國之一部分（國家統一委員會，1992）。基於「一個中國，各自表述」原則[21]，兩岸正式於次年進行「辜汪會談」，並簽訂四項協議（杜聖聰，1996：44-50）。

　　由於「辜汪會談」簽訂後，台灣積極推動「務實外交」，且台灣朝野共同推動重返聯合國運動，引發中共質疑台灣政府是否仍堅守「一個中國原則」。1993 年 8 月，中共國務院台灣事務辦公室發布新聞稿指出：「中國政府解決台灣問題的基本方針是『和平統一、一國兩制』」。這個基本方針主要包括四點：「一個中國、兩制並存、高度自治、和平談判」。同時也指出，為結束敵對狀態，實現和平統一，兩岸應儘早接觸談判。

---

[21]　「一個中國」的主權問題是兩岸官方無法建立制度化協商的關鍵。儘管兩岸間曾有「一個中國」的「九二共識」，台灣則在本土化日盛之後，則解釋 1992年兩岸在香港會談後所達成的默契為「九二精神」。筆者曾採訪海基會當時參與談判的資深人士證實，92 年兩岸在香港針對「一個中國」涵義進行協商，台灣代表許惠祐先後拿出 13 套版本，中共代表並未接受。俟雙方代表各自回國後，中共基於舉辦「辜汪會談」的國際宣傳效益甚大，同意追認「一個中國，各自表述」原則，並以電話告知海基會代表，兩岸就在這種模糊狀況下進行「辜汪會談」。事後，李登輝證實「辜汪會談」乃其派遣密使蘇志誠、鄭淑敏前往香港與中共密使楊斯德等人秘密議定。由於眾說紛紜，讓當年兩岸是否存在「一個中國」的九二共識真相成謎。

在一個中國的前提下，什麼問題都可以談」；「台灣問題純屬中國的內政，不同於第二次世界大戰後經國際協議而形成的德國問題和朝鮮問題」。文中並述及中共對台灣參與國際活動、美台軍售的態度與立場等問題（中華人民共和國國務院台灣事務辦公室、國務院新聞辦公室，1993）。

　　1994 年底，台灣完成台灣省長與北高市長直選，中共鑒於台灣政治日益民主化與本土化，破壞統一進程，於 1995 年 1 月 31 日由中共總書記江澤民發表〈為促進祖國統一大業的完成而繼續奮鬥〉，提出現階段發展兩岸關係、推進祖國和平統一進程的八項主張（下稱「江八點[22]」）（江澤民，1995）該年 4 月，李登輝總統於國家統一委員會第十一次全體委員會議時，亦發表「李六條[23]」回應之（李登輝，1995）。1995 年 6 月，李登輝總統前往美國訪問，並於母校康乃爾大學發表〈民之所欲，常在我心（Always in my Heart）〉演說，中共認為這是企圖打破「一中原則」，除中斷行之有年的兩岸制度性協商管道外，並進行一連串的「文攻武嚇」，兩岸關係至此降至冰點。

---

[22] 江八點的主要內容為：（1）堅持「一個中國」原則；（2）反對台灣以搞「兩個中國」、「一中一台」為目的的擴大國際生存空間活動；（3）進行海峽兩岸和平統一談判；（4）努力實現和平統一、中國人不打中國人；（5）發展兩岸經濟交流與合作；（6）兩岸同胞要共同繼承和發揚中華文化優秀傳統；（7）充分尊重台灣同胞生活方式和當家作主的願望，保護台灣同胞一切正當權益；（8）歡迎台灣當局領導人以適當身份來訪，也願接受台灣方面邀請前往台灣。（江澤民，1995）

[23] 1995 年 4 月 8 日，李登輝總統主持「國家統一委員會」第十一次全體委員會議，針對當時兩岸情勢發展，以及為建立兩岸正常的關係，提出以下的主張：（1）在兩岸分治的現實上追求中國統一；（2）以中華文化為基礎，加強兩岸交流；（3）增進兩岸經貿往來，發展互利互補關係；（4）兩岸平等參與國際組織，雙方領導人藉此自然見面；（5）兩岸均應堅持以和平方式解決一切爭端；（6）兩岸共同維護港澳繁榮，促進港澳民主。李登輝同時以此「李六條」回應江澤民於除夕所提出的「江八點」。

1998 年 10 月，海基會董事長辜振甫率團前往大陸進行「融冰之旅」，並與江澤民、錢其琛、汪道涵等人會面，是為「辜汪會晤」。當時中共外交部長錢其琛指出，「世界上只有一個中國，台灣是中國的一部份，中國的主權與領土完整不能分割。」略微調動原第三句「中華人民共和國是代表中國的唯一合法政府」，在「內外有別」下，對於台灣的論述較前略有鬆動（海峽交流基金會，2001：76-86）；1999 年 1 月海協會長汪道涵也釋出 86 字「一中新意」（王綽中，1999，版 14），即：

> 世界上只有一個中國，臺灣是中國的一部分，目前尚未統一，雙方應共同努力，在一個中國的原則下，平等協商，共議統一；一個國家的主權和領土是不可分割的，臺灣的政治地位應該在一個中國的前提下進行討論。

雖然中共接連鬆綁「一個中國」定義的解釋，但台灣走向當家作主的意願未嘗稍減。1999 年 7 月 9 日，李登輝總統接受「德國之聲」電台訪問時指出，中共視台灣為「叛離的一省」，認為兩岸定位至少應是「特殊的國與國關係[24]（下稱「兩國論」）」（行政院大陸委員會，1999：37-39）。中共對此解讀為台灣政府打破兩岸對「一個中國」的長期共同原則，且這是台灣政府直接向中共提出統獨的主張，在本質上徹底顛覆中共長期堅持的政策立場（徐淑敏，2005：45）。自此之後，兩岸官方漸行漸遠。

在這段期間內，中共對台宣傳原則雖早已明訂，惟其運作雖多管齊下，效果卻未如想見，可用「積小勝而大敗」形容之。以兩岸制度性協

---

[24] 李登輝總統鑑於 1997 年中共收回香港，且美國學界提出兩岸中程協議等論調，深恐台灣本土化走向自此向中國大陸傾斜，乃委託「強化中華民國強化主權地位專案小組」研究對策。該小組研議以兩岸為「特殊的國與國關係」。李登輝總統釋出消息後，引起中共劇烈反彈，美國遂派遣在台協會主席卜睿哲來訪，並詢問相關細節。雖說李登輝聲稱，大陸政策並無改變，相關談話只是反應大多數人心聲，但美方不以為意，並在稍後台灣申請重返聯合國時，首度表態「反對」。

商論之，中共力求在細節「設計」我方，以利宣傳。諸如 1993 年 4 月 27 日辜汪會議第一天，海協會會長汪道涵致詞時第一句話即稱，「我首先轉達江澤民先生、李鵬先生向辜先生的問候，並請辜先生轉達他們個人對李登輝先生、連戰先生的問候。他們也向曾支持這次會談的郝柏村先生問好。」（尹乃馨，1993）由於李連與郝當時分屬國民黨主流與非主流陣營，此話一出撩撥台灣政情意味甚濃（杜聖聰，1996：70-71）。當日晚間，中共海協會於新加坡董宮酒家宴請我方代表時，所上的九道菜名分別為「情同手足」、「龍脈一族」、「琵琶琴瑟」、「喜慶團圓」、「萬壽無疆」、「三元及第」、「兄弟之誼」、「燕語華皇」、「前程似錦」。雙方酒酣耳熱之際，我方代表邱進益甚至一一唸出菜名（王銘義，1993：303），遭逢統戰而不自覺。

此外，包括辜汪會談前雙方原議定會後第二天共同發稿，但中共海協會於第一天即公布汪道涵談話內容，致使我方喪失宣傳先機。此外，據當時華視記者齊怡指出，海協會常利用台灣記者截稿前夕發佈新聞，使得相關宣傳內容呈現一面倒情況（劉幼琍，1994：65）。尤有甚者，包括 1994 年 8 月 3 日，海基海協兩會在台北舉辦「辜汪會談」後續事務第五次會談，當時筆者於現場實地採訪，整場記者會係由海協會秘書長唐樹備反客為主，不僅親點發問記者並搶先作答，身為東道主的焦仁和只能在旁靜候。

中共在對台新聞宣傳上步步為營，另亦指派新華社、人民日報、中央人民廣播電台內的資深記者「蹲點」於香港、澳門，處理港澳兩地回歸事宜。這些記者在台灣開放大陸記者來台駐點時，陸續來台採訪，在積累港澳經驗後，這些駐台記者成為對台新聞宣傳的功力十分到位，由此可知中共對台宣傳早做佈局，甚至長達數年之久[25]。

---

[25] 筆者十餘年來採訪大陸新聞所得。

　　儘管如此，中共對台宣傳仍有許多未盡之處。由於受限內部輿論控制，反而形塑中共負面形象。在政治議題部分，中共鎖定李登輝為攻擊對象，並於 1995 年 7 月 23 至 26 日，以《人民日報》名義對台接連發出「四評」文章，抨擊李登輝在康乃爾大學演講，其標題分別為〈一篇鼓吹分裂主義的告白〉、〈國際上絕無台獨生存的空間〉、〈推行台獨的政治迷藥〉、〈李登輝是破壞兩岸關係的罪人〉等，將李登輝總統所提的「中華民國在台灣」等同於「一中一台」、「兩個中國」，並進行文革式的批判，同時針對台灣民選總統一事進行文攻武嚇，讓台灣各界反應甚差（張讚合，1996：370-372）此外，中共在國際上對台進行「三光」策略，要將台灣的邦交國挖光、國際政治生路堵光、對等談判籌碼擠光，相關新聞多見諸於報端，讓台灣各界對中共殊無好感。

　　在突發重大新聞事件上，中共在台形象更是難以為繼。以 1994 年 3 月 31 日的千島湖事件[26]、1998 年 7 月 29 日民進黨籍高雄市議員林滴娟於大陸遼寧海城遇害[27]等，這些突發社會事件讓中共在台形象受傷甚鉅（參見任金州編，2003：178-195）。儘管中共在相關對台宣傳細節積極經營，台灣民眾於此期間對中共觀感並未見顯著提升。以行政院陸委會所做的民調顯示，從 1991 年起 1999 年，台灣民眾贊成「一國兩制」

---

[26]　1994 年 3 月 31 日，24 名台灣遊客在浙江千島湖遇害，由於事發後中共不願海基會派員協助罹難者家屬前往出事現場，且遲遲不公布案情，引起罹難者家屬與台灣各界強烈質疑抗議。4 月 9 日，李登輝總統甚至痛責中共是「一大堆惡勢力造成的一個黨，像土匪一樣。」當天大陸方面才改口說不排除人為作案的可能，並於 17 日宣佈破案。根據前監察院長王作榮回憶，李登輝曾就此節表示，根據他的情報管道，千島湖事件是解放軍方面為攪亂兩岸關係，並希望拉江澤民下台，才下手犯案。據悉李的這項大陸情報來自喬石及日本右翼份子，但此節後來證實是國安部門的余姓主管胡謅，讓李登輝研判失準。（張讚合，1996：364-365；王作榮、戴國輝口述，2001：114；方燦，1999：26）

[27]　1998 年 7 月 29 日，民進黨籍高雄市議員林滴娟偕同男友韋殿剛前往大陸遼寧海城，詎料因韋殿剛與當地民眾債務糾紛，竟被當作人質不慎殺害。消息一出，台灣民眾反應激烈，民進黨部份人士甚至提出「全面中止兩岸交流」。

解決台灣問題者，不到一成（見圖三-1）；從 1992 年起至 1999 年，台灣民眾認同自己是「中國人」的比例逐年降低，從剛開始最高的四成八，跌到谷底約一成二、三（見圖三-2）；至於贊成統一者，從 1995 年到 1999 年，始終不超過 5%（見圖三-3）；而中共對台聲稱血脈同源，但自 1995 年至 1999 年以來，超過八成的台灣民眾認定中共對台灣政府具有敵意，甚至還出現三分之二民眾認為中共對台灣民眾具有敵意。從這些長期調查[28]可以發現，中共對台宣傳所設定的「堅持一個中國原則」，只是中共片面的主觀認定，並不符合台灣民眾的普遍認知。

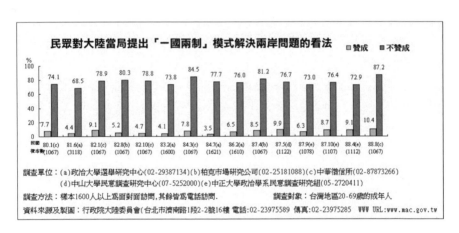

圖 3-1：民眾對大陸提出「一國兩制」解決兩岸問題的看法

資料來源：行政院大陸委員會。http://www.mac.gov.tw/big5/mlpolicy/pos/8808/8808_8.gif

---

[28] 台灣內部並無類似陸委會對兩岸長期進行民意調查，儘管學界曾對此節信度有所質疑，但筆者認為陸委會所委託的單位在台灣民調業界頗有知名度，其調查的信度與效度也廣為各界採用，當不致淪為宣傳的工具。

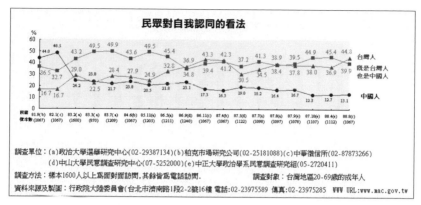

圖 3-2：台灣民眾對自我認同的看法

資料來源：行政院大陸委員會。http://www.mac.gov.tw/big5/mlpolicy/pos/8808/8808_3.gif

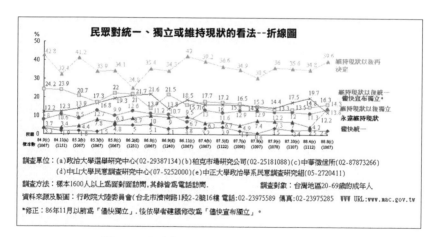

圖 3-3：民眾對統一、獨立或維持現狀的看法

資料來源：行政院大陸委員會。http://www.mac.gov.tw/big5/mlpolicy/pos/8808/8808_1.gif

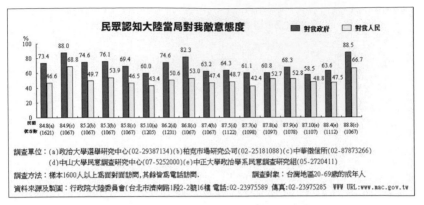

圖 3-4：民眾認知大陸當局對我敵意態度

資料來源：行政院大陸委員會。http://www.mac.gov.tw/big5/mlpolicy/pos/8808/8808_7.gif

第二節　胡錦濤時期的對台宣傳決策者

　　一個國家宣傳策略的形成，一般而言是經由資訊、情報、資料之蒐集、分析與研判，再參酌相關與總體之因素，進而形成「宣傳策略」。中共對台宣傳策略也不例外，乃是基於對台灣資訊與情報蒐集、分析、研究、判斷，再參酌當時大陸國內外之政治、經濟、文化、社會心理等因素，考慮利與不利的影響，形成決定（楊渡，1992：17）。就中共內部運作而言，對台宣傳其實是一個「輿論調控」的過程，由於本研究時間範圍界定在「特殊國與國關係」發佈後迄今的中共對台宣傳策略，因此本節將集中探討 1999 年後中共對台「宣傳決策者」的機制（mechanism）運作。

一、中共中央對台領導小組

　　在回答「中共如何進行對台宣傳運作」這個問題時，首先應該回答的，是誰在「調控」這個樞紐，也就是誰是「宣傳決策者」。按照中共

的理論，「來自政府的上層輿論，不是以議論的形式出現，不像一般公眾輿論那樣分散、雜杳、多變。它反映國家意識形態：表現為整個社會經濟觀、政治觀與思想體系。」（劉建明，1990：1）「一個稍有級別的行政官員發表的談話，在群眾看來是代表上層輿論的被國家所控制的新聞媒介發表的各項政府公告、某些新聞、國家重大決策和領導人在正式場合的講話，更是政府輿論的集中體現。」（劉建明，1990：1-2）從前述觀點可知，在追究中共對台宣傳「誰在說話」的問題上，吾人無法將之視為是個別的人在發言，而是一個總體，一個集團，或一個決策核心的「集中體現。」（楊渡，1992：20）

按照現行中國共產黨章程規定，「全國代表大會」是黨的最高領導機關，但由於五年才召開一次會議，在其閉會期間「由中央委員會執行全國代表大會的決議，領導黨的全部工作，對外代表中國共產黨」但就職權論之，中央委員會每年開會次數不多，議期也不長，相關討論以大陸內部經濟為主，台灣議題恐怕討論有限。依據中共現行黨章第 22 條規定，中共中央政治局及其常委會在中央委員會全體會議閉幕期間，行使中央委員會職權。按黨章來看，政治局及其常委會應該是中共實際掌握實權的機關。（新華社，2002；許志嘉，2000：128-131）。

但是在實際運作上，由於要讓政治局常委在重大決策上拍板定案前必須事先具備一些政策細節的評估與分析，加上要交付國務院相關單位執行之前也要有具權威的決策本質，因此一個類似具有「黨政協調」或是「黨政運作」的機制就因應產生。它不僅具有決策機能，而且常常要先行在內部讓相關黨政部門的首長就問題內容與本質求得共識，以便在呈報政治局常委之前既可先有具體計畫提供參考，而在交付執行之後，也因先前已有內部共議可順利推動，而這就是中共「中央領導工作小組」的運作實例（邵宗海，2005：2）。根據學者邵宗海實地訪問大陸所得，中共中央領導工作小組是一種「任務編組」的機構，其特色在於可因為

環境需要予以成立，而且當這個環境因素沒有變動，因任務需要，領導
小組可以繼續存在運作（邵宗海，2005：11）

（一）前胡錦濤時期的對台工作領導小組

　　從中共對台宣傳角度觀之，對台宣傳決策者係決定宣傳方針與宣傳
戰略的高層領導者與領導部門，因此「中共對台工作領導小組」為對台
的「宣傳決策者」自不待言。相較於鄧小平時期，中共中央對台工作領
導小組在江澤民時期已經逐漸走向專業化與功能化。1997 年 9 月中共
十五大、1998 年 3 月第九屆全國人大第一次會議後，中共中央高層人
事大幅變動。中共中央對台工作領導小組亦於 1998 年 4 月相應改組，
名單如下所示：

表 3-1：前胡錦濤時期中共中央對台工作領導小組人事一覽表

姓名	生日	籍貫	學歷	中共職務	小組職務
江澤民	1926.08.17	江蘇揚州	交通大學電機系	國家主席、中央總書記、國家軍委主席	組長
錢其琛	1928.01	江蘇嘉定	上海聖約翰大學蘇聯團校結業	國務院副總理、外交部長	副組長
曾慶紅	1937.8.29	江西吉安	北京工業學院自動控制學系	中共中央組織部長	組員
陳雲林	1941.12.08	遼寧黑山	北京農業大學土壤化學系	國台辦主任	組員
王兆國	1941.07	河北豐潤	哈爾濱工業大學動力機械渦輪專業	中共中央辦公廳主任	組員
許永躍	1938.5	河南鎮平	北京市人民公安學校（中專）	國家安全部長	組員
汪道涵	1915.03	安徽嘉山	交通大學機械系	海協會長	組員
熊光楷	1939.03	江西南昌	解放軍外語學院德文系	副總參謀長	組員

資料來源：
1.本名單係依法務部調查局公布資料為準。
2.郭瑞華，2004：87-88；沈建中，1988：44-45；新華網，2004。

從名單觀察，江澤民在楊尚昆、楊白冰的兵權被拔；北京市書記陳希同涉案下獄；喬石因年齡線不能與聞政治局常委會後，權力地位鞏固，在對台政策上顯有最後拍板定案的權力。江澤民對台主要依靠黨政軍系統及上海幫勢力，可以說「江澤民不輕信既有的國家體制訊息管道，自己也透過舊有上海勢力布建對台關係，透過這兩條路線的交互運用，不至於會出現『偏聽』，更別想說有哪些單位可以企圖左右他的決策。」（甲：A1）在小組內，錢其琛的角色相當吃重，也是個「實際抓台灣問題的人」。過去錢其琛歷經中蘇談判、落實香港與澳門平穩回歸。在論及台灣問題時，錢其琛認為，「『和平統一、一國兩制』，香港是第一站，澳門是第二站，最後到台灣。」在對台領導小組的主要角色，在於將「一國兩制」的經驗落實到台灣（蕭政勤，1998：228-229）。

曾慶紅是江澤民的大內總管，歷任中共中央辦公廳主任、中共中央組織部部長。父母曾山與鄧六金都是革命元老，包括汪道涵、余秋里等人都曾受其提攜，雖然曾山早逝，但曾慶紅因父蔭在仕途上多有貴人提攜。在江澤民初任總書記時，曾慶紅在旁代為出謀劃策，在台灣問題上亦復如此。曾慶紅曾經擔任與台灣李登輝的密使接觸的樞紐，從 1990 年初至 1999 年兩國論事件發生為止，建立長達雙方秘密管道長達十年之久[29]，足見其在對台事務決策份量（魏承思，2005：164-170；王銘義，2005：59-86）。

在統戰系統則由時任中共統戰部長的王兆國負責。王兆國出身共青團，早年受到鄧小平不次拔擢，並曾歷任福建省長、國台辦主任，相當熟悉對台事務。1996 年後專任全國政協副主席、統戰部長，在對台方

[29] 曾慶紅於 1994 年 4 月 3 日、11 月 17 日，及 1995 年 3 月間，曾與李登輝密使蘇志誠、鄭淑敏密會，雙方商討內容包括以「三通」換取「互不侵犯協定」與「和平協議」，另亦曾討論「江八點」。在兩岸秘密溝通管道部分，曾慶紅和蘇志誠分別為兩岸樞紐，但實際執行秘密溝通任務者，中共方面是解放軍總政聯絡部長葉選寧、大校常燕生；台灣方面則是曾永賢、張榮豐與張榮恭。雙方曾在香港、澳門、珠海、北京等地會面達 27 次之多（魏承思，2005：166-169）

面的決策能力、政策水平上頗獲政協主席李瑞環賞識（宗海仁，2002：
486-488）。一些台灣學界及軍情界人士多視統戰部門不具實權，因而低
估其對台宣傳決策的角色，但事實上一些對台事務的疑難雜症，多在統
戰部門裡解決[30]

在國台辦系統方面，主要由陳雲林代表。陳雲林擔任黑龍江副省長
時處理邊境貿易頗有所成，在原有國台辦內部因軍方、外事系統、上海
幫系統內部矛盾嚴重之際，空降國台辦主任後，逐步平息內部爭端，也
取得對台事務的真正主導地位。陳雲林喜歡與台灣學界接觸，對於兩岸
經貿合作部分觀點務實，但在對台政治態度上較王兆國立場強硬（郭瑞
華，2004：322-323）。海協會長汪道涵則是上海幫大老，雖早已退居二
線，但因為與江澤民關係，在對台事務上具有一言九鼎的發言份量。汪
道涵喜提攜後進，且手不釋卷，對於台灣事務多能以國際視野與理論框
架觀之，又能廣聽台灣朝野建言，加上海協會是以「民間角色」直接可
與台灣官方會談的單位，是江澤民極為倚重的對台諮詢管道[31]

---

[30] 台灣學界不少人認為「統戰部門」只是花瓶單位，但這是因為不瞭解中共內
部運作才有的誤會。根據中共全國台灣研究會理事李延於 2006 年 9 月 5 日
接受筆者訪問時指出，中共認為對台宣傳是一種無形的力量，包括人員往
來、經貿往來、觀光等都可以達到宣傳的效果。對中共而言，統戰就是這種
潛移默化的工作，要調動一切積極因素、團結一切可以團結的人，求取兩岸
共同利益的最大化。事實上，統戰部門在上述定義下的對台宣傳，做了不少
正面的工作，也確實達到良好的溝通效果。據李延表示，早期中共對台宣傳
仍不到位，經常需要藉助統戰部門人士參贊要聞，並且會同其他如中宣部、
外宣部的朋友，一起確立對台宣傳基調，這主要是因為處理統戰的人士思想
開明、手段靈活，較能夠從對方的角度思考問題所致。李延指出，早年一些
台灣民主人士如前民進黨主席林義雄的妻子方素敏會見鄧小平等，或是一些
與中共基調不合的黨外、民進黨人士到訪大陸，就是由統戰部門安排接待。
可以說一些比較屬於疑難雜症的問題，在國台辦成立之前，主要都由統戰部
門擔綱。至於統戰部門下轄的外圍團體或學者，也經常與台灣各界進行交
流，對於掌握台灣輿情有一定程度的認識。

[31] 根據筆者早年採訪大陸得悉，汪道涵對於台灣事務掌握之深，甚至連美國學
界提出中程協議等理論，汪道涵都可在第一時間掌握原文。此外，汪道涵治
學甚勤，經常諮詢幕僚智庫有關台灣輿情，讓這些幕僚在「欽服」之餘，也

安全部門首長由於掌握對台情報樞紐，在歷屆的對台小組裡均扮演重要角色。國家安全部長許永躍，於 1983 年擔任中共中央紀委第一書記陳雲的秘書，處理機要情報。其父許鳴真曾任哈爾濱軍工學校校長、國防科工委副主任，與楊尚昆相交甚深，早年亦因南懷瑾簽線，曾擔任兩岸密使，並與蘇志誠、鄭淑敏有所接觸（魏承思，2005：52-58；王銘義，2005：59-86）。許永躍幼承父訓，又在陳雲身旁歷練多年，其人文采甚佳且處事低調。由於國家安全部一向扮演中共對臺工作組織體系中的重要組成角色，特別在於對臺灣情報的掌握、情勢研究分析以及諜報活動上，有其重要功能。（郭瑞華，2004：319-321）。

中共軍事情報部門負責人向來都是中共對台工作的核心領導核心成員。熊光楷在中共駐西德武官處工作長達二十年，在西柏林這個國際間諜菁英群聚的都市裡，讓其獲得極佳的學習機會，並得到歷屆共軍總參謀長鄧小平、楊得志、遲浩田、張萬年等人器重，據我法務部調查局評估，在共軍情報系統中，已無出其右者。熊光楷對台立場強硬，曾謂「台灣問題是中共與美國關係的關鍵問題，如果處理不好，會有『爆炸性』的後果」。又 2004 年 3 月，熊光楷於中共外交學院演講時表示，中共反對台灣任何形式的公投，並表示「解放軍將隨時聽候差遣」，足見其軍方的鷹派強硬立場。由於他歷任鄧穎超、楊尚昆、江澤民、胡錦濤四任中共對台工作領導小組核心，頗具影響力。（章曉明，2004：35-53；郭瑞華，2004：319-321）

（二）胡錦濤時期的對台工作領導小組

2002 年 11 月中共「十六大」、2003 年 3 月第十屆全國人大第一次會議，中共高層人士大幅變動，中共中央對台工作領導小組亦相應改

倍感壓力。正因為如此，江澤民主政北京期間，每逢回到上海，多會前往汪道涵家中請益。

組。根據我法務部調查局掌握資料顯示，人數增為九人，除了汪道涵（已歿）、陳雲林、許永躍、熊光楷連任外，其餘五人分別為胡錦濤、賈慶林、王剛、唐家璇、劉延東五人，其相關背景如下所示：

表 3-2：胡錦濤時期中共中央對台工作領導小組人事一覽表

姓名	生日	籍貫	學歷	中共職務	小組職務
胡錦濤	1942.12	安徽績溪	清華大學水利工程系河川樞紐電站專業畢業	中共中央總書記 中共中央軍委主席 中共國家主席	組長
賈慶林	1940.03	河北泊頭	河北工學院電機系	中共中央政治局常委 第十屆全國政協主席	副組長
王剛	1942.10	吉林扶餘	吉林大學哲學系	中共中央政治局候補委員 中央書記處書記 中央辦公廳主任	組員
唐家璇	1938.01	江蘇鎮江	復旦大學外文系 北京大學東語系	中央委員 國務委員	
汪道涵	1915.03	安徽嘉山	交通大學機械系	海協會長	組員
劉延東	1945.11	江蘇南通	吉林大學行政學院政治學博士	全國政協副主席 統戰部長	
許永躍	1938.5	河南鎮平	北京市人民公安學校（中專）	國家安全部長	組員
陳雲林	1941.12.08	遼寧黑山	北京農業大學土壤化學系	國台辦主任	組員
熊光楷	1939.03	江西南昌	解放軍外語學院德文系	副總參謀長	組員

資料來源：
1.本名單係依法務部調查局公布資料為準。
2.郭瑞華，2004：87-88；新華網，2004。

　　擔任中共對台工作領導小組組長胡錦濤，其角色主要在於整合其下黨務系統、國務院系統、外事系統、軍方系統、國安系統等單位意見，並針對重大事件做出裁示。賈慶林曾任福建省委書記、北京省委書記，早年與江澤民有共事經驗，兩人私交甚篤。賈慶林工作能力不惡，且富對台經驗多年，在小組內扮演吃重角色。至於本次改組，中共政協逐漸轉為對台專責機構，也意味對台事務是由黨政部門的專責擴大為「中國人民的普遍關

心」。因此，未來政協的重要成員言行、對台統戰言論，以及接待來客規格等，都將成為觀察兩岸形勢的量測指標（邵宗海，2005：12-13）。

　　王剛為中共中央辦公廳主任，1981 年任中共對台辦公室正處級秘書，由於長年追隨辦公室主任楊斯德，對於涉台事務極為熟稔。楊斯德是早期中共對台領導小組成員，曾任中共中央對台工作小組辦公室主任、中央軍委聯絡部長，早在周恩來主持對台工作時，便已涉入策反國民黨軍政要員等事務（李立，2005：135；魏承思，2005：21）。王剛任職中共對台辦公室時，實際上就是與聞如何指導黨、政、軍三方的對台統戰及對台情報工作，以便隨時掌握台灣動向，對於瞭解台灣頗有助益，同時這也證明王剛的政治可靠度極佳。正因為如此，我法務部調查局研判，王剛成為對台小組成員主要是因為他的對台工作背景和情報業務的專長，可以輔佐胡錦濤處理對台事務（郭瑞華，2004：307）。2005年 4 月間，國民黨主席連戰訪問大陸，並建立國共兩黨溝通平台，中共指定該平台的「窗口」正是王剛，足見其在涉台事務的份量[32]。

　　國務委員唐家璇出身外事系統，熟諳美日情勢的他曾任外交部長，對於台灣問題立場頗為強硬[33]。基本上，這意味著外事系統對於涉台系統的配合，讓對台工作的內外口徑轉趨一致。此外，唐家璇的美日工作經驗符合胡錦濤上任後的「大國外交」策略，透過形塑「以外圍內」的

---

[32] 雖說國共合作平台在台灣內部被重視的程度有限，但對大陸而言，這是化解國共內戰心結後的重要橋樑，運作不能有失。因此，當時國共兩黨議定，國民黨部分的窗口由張榮恭出任，中共則由王剛負責。不過，在連戰辭卸黨主席之後，台灣窗口的功能驟降，但中共方面則運作正常。

[33] 2001 年亞太經合會部長級會議召開，我媒體記者詢問有關總統府資政李元簇是否能與會問題時提及「中共」字眼，遭到唐家璇斥責，「妳口口聲聲說『中共』、『中共』，這個名詞我以前聽過，現在已經是歷史名詞，但卻出自妳這個台灣記者口中。」後來，在我經濟部長林信義對李元簇資政與會問題做出回應之後，唐家璇隨即表示，中共是依有關諒解備忘錄的規定對台灣出席非正式領袖會議的人選進行處理。林信義要求發言，卻被唐家璇制止，並稱「沒有必要」，這是 APEC 記者會，不應該讓台灣的人選問題，耽誤大家寶貴的時間。」由此事證頗可觀諸唐家璇對台作風之強悍（郭瑞華，2004：313-314）

策略，讓台灣無法跨越紅線。至於統戰部長劉延東出身共青團，是典型的胡系人馬。劉延東認為，統戰工作最關鍵的環節就在於「溝通」，並曾透露胡錦濤對她的工作要求在於「廣交朋友，兼聽則明」。見諸日後中共對台統戰轉趨柔性與多樣化，可見其務實、開明的靈活手段（郭瑞華，2004：317-318）

此外，值得一提的是，中共中央對台工作領導小組甫交接時，為免胡錦濤等人不能掌握台灣形勢，以胡錦濤為首的中共中央政治局成員，對於港澳台的重要問題，仍為徵詢並「聽從」錢其琛的指導；而曾慶紅則仿照當年毛遠新擔任毛澤東的「聯絡員[34]」角色，扮演江澤民與中共中央政治局的傳話管道；一旦江澤民對涉台問題有特殊看法或意見時，曾慶紅便銜命與對台小組、中共中央政治局等單位溝通，是以曾慶紅雖不是領導小組成員，但其涉台份量不容小覷。據悉，在溝通過程中，江澤民多以「書信」方式，表達涉台事務意見供政治局參考。儘管目前這個聯絡員角色目前已逐步淡出，但在江胡權力交接過程中，仍在涉台決策上有其作用（乙：A2；仲文，2005：23）。

在十七大中共人事底定後，中共中央對台工作領導小組仍由總書記胡錦濤擔任小組組長，全國政協主席賈慶林擔任副組長，新任國務委員戴秉國任秘書長，顯示中共強調從大國外交與國家安全的格局審視台灣問題的迫切性。胡錦濤核心幕僚、新任中共中央辦公廳主任令計畫，長年浸沉對台調研與幕僚作業，在前任中共中央辦公廳主任王剛打下的國共協調平台的基礎下，新膺小組成員；至於新任中共統戰部長杜青林、國安部長耿惠昌、解放軍副參謀長馬曉天接替劉延東、許永躍、熊光楷職務，顯示統戰、國安、軍方等部門仍沿襲舊制，得以在對台決策中與聞參贊。由於國台辦主任陳雲林退休接任海協會會長，接替汪道涵的小

34　所謂聯絡員角色，是指中共黨內大老與中共政治局溝通管道。毛澤東晚年因身體欠佳，希望有親人在旁，且對於當時任國務院副總理、中共中央副主席鄧小平主持政治局有若干意見，因此，就委任當時遼寧省委書記毛遠新擔任此職務。

組位置；接替國台辦主任的王毅，因熟稔外交、特別是日本事務，對於台日問題有深刻認識，也順勢成為小組成員（王玉燕，2008：版 13；李春、汪莉娟，2008：版 13；郭瑞華，2004：87-88；杜聖聰，2007：76-77）。詳見表 3-3 所示：

表 3-3：十七大後中共中央對台工作領導小組人事一覽表

姓名	生日	籍貫	學歷	中共職務	小組職務
胡錦濤	1942.12	安徽績溪	清華大學水利工程系 河川樞紐電站專業畢業	中共中央總書記 中共中央軍委主席 中共國家主席	組長
賈慶林	1940.03	河北泊頭	河北工學院電機系	中共中央政治局常委 第十一屆全國政協主席	副組長
戴秉國	1941.03	貴州印江	復旦大學外文系 北京大學東語系	國務委員 中央外事領導小組辦公室主任 國家安全領導小組辦公室主任	秘書長
馬曉天	1949.08	河南鞏義	空軍第五航校 空軍第二預備學校	解放軍副總參謀長 空軍司令員	組員
杜青林	1946.11	吉林磐石	吉林大學經濟管理學院 經濟學碩士	第十一屆全國政協副主席 中共統戰部長	組員
耿惠昌	1951.11	河北	大學學歷	國家安全部長	組員
陳德銘	1948.03	上海市	南京大學國際商學院 管理學博士	商務部長	組員
王毅	1953.10	北京市	北京第二外國語學院	國台辦主任	組員
令計畫	1956.10	山西平陸	湖南大學工商管理系碩士	中共中央辦公廳主任	組員
陳雲林	1941.12	遼寧黑山	北京農業大學土壤化學系	海協會會長	組員

資料來源：
1. 筆者自行整理。
2. 參見王玉燕，2008：版 13；李春、汪莉娟，2008：版 13；杜聖聰，2007：76-77；郭瑞華，2004：87-88。

二、胡錦濤及其涉台幕僚圈

對中共而言，台灣問題是攸關國家統一、民族團結、兩岸和平的高度戰略議題，更是檢視國家領導人治國能力的重要指標。因此，吾人欲

理解中共對台宣傳策略前，應該先行瞭解中共第四代領導人胡錦濤對台決策思維及其核心幕僚單位，以利綜覽全貌。

（一）胡錦濤的行事手段

胡錦濤出身共青團，歷經貴州、西藏等地磨練，在 1992 年被拔擢為中共第四代接班人，但處於權鬥傾軋的中南海，歷經十年沈潛才得膺大位，擔任中共國家主席、中共中央總書記及中共軍委副主席[35]。胡錦濤執政初期權力並未穩固，其首要之務在於穩定江澤民及其勢力。如同趙紫陽、江澤民在執政初期均曾表示，在做重大決定前需向普通黨員鄧小平請示一樣，胡錦濤也仿效歷代接班人的作法，向江澤民表示效忠。2002 年 11 月，胡錦濤在中共十六屆一中全會秘密會議上致詞表示，在遇到重要工作時，仍會向江澤民報告，並聆聽他的意見。同年同月，胡錦濤召集政治局第一次全體會議表示，「一定要牢記江澤民同志的囑託，切實擔負起黨與人民賦予的歷史使命，高舉旗幟、與時俱進、發揚民主、團結統一、求真務實、清正廉潔、一心為民。」（吳安家[36]，未出版）

不過，2003 年 3 月，胡錦濤在面對嚴重呼吸道症候群 SARS 的災難時，起初因無法獲得手握軍權的江澤民全力配合，頗有左支右絀的窘

---

[35] 筆者於 2005 年元月底赴大陸，當時中央電視台晚間時段播出「漢武大帝」劇集，一些北京外交圈的朋友即稱，這齣劇集是在影射「胡錦濤時代」。首先，劇集中敘述未成年登基的漢武帝如何在竇太后的陰影下，隱忍、學習、磨練以逐步鞏固權力，養氣十年終於有成。而劇集中的「他的國號成為一個民族永遠的名字，他給了一個族群挺立千秋的自信」，不僅拮抗外來「中國威脅論」的陰影，似乎也暗喻胡錦濤個人的寫照（陳毓鈞，2005：315-316；杜筱越，2005：50-53）。有趣的是，包括涉台系統智庫及一些美日外交官員在當時安排飯局，多提早至下午五點半左右，為的就是能即時趕回家觀賞「漢武大帝」，嗅覺其政治意涵。此節雖說是私下戲謔之詞，但筆者採訪大陸十餘年，並未見類似情事發生。
[36] 此為前陸委會副主委吳安家贈與筆者的親筆手稿。

態。不過，在掌握全局後，胡錦濤與溫家寶透過政治局會議，斷然要求北京市長孟學農、衛生部長張文康下台，並讓國務院副總理吳儀兼任衛生部長，同時也透過集體決策的背書力量，順利調度 1200 名軍醫趕赴北京小湯山醫院抗災。隨後，胡錦濤將團部舊部、北京市長孟學農以及江澤民御醫、衛生部長張文康拿來祭旗，隨後又懲處隱匿疫情不報的地方幹部達 142 人（顏建發，2003：26-27）。這種作風讓外界耳目一新，也讓地方官員為之側目。2003 年 5 月 2 日，中共罕見地公布在內長山以東領海演習的中國海軍 361 號潛艇因機械故障，造成艇上 70 名官兵全數罹難。在此之後，中共軍方高層人事又進行異動（陳增芝，2003），包括海軍司令、政委、北海艦隊司令、政委都為此下台。胡錦濤在這兩次危機事件處理時，解決手段明快，迅速在地方與軍中植入胡系人馬。由於江澤民辭卸黨政職後，自難對人事安排多所置喙，一來一往之間，加快了胡錦濤人事佈局的更新，也讓胡錦濤迅速搶佔軍委主席的實權。

　　由上述事實觀察，胡錦濤的領導風格大致可歸納如下，即對於競爭或敵對派系勢力上，胡錦濤在人事上力求穩定，務求讓老同志安心；對於老同志或競爭對手的思想、功績、政策，胡錦濤也能透過精鍊的政治語意，給足當事人面子；不過，當對手出現嚴重失誤的事績，而此失誤又被認定為黨內主要矛盾時，胡錦濤或以鐵腕手段處理，或以黨內集體決策箝制，該出手時就出手，絲毫不見手軟。從外表看來，胡錦濤時刻以「黨心民意」為念；究其底蘊，則是一個既現實又務實的對台領導人（陳毓鈞，2005：333）。

（二）胡錦濤對台的決策風格

　　胡錦濤第一次對台灣問題發表看法是在 1999 年。當時，他以中共中央軍委會副主席身份指出，「民進黨不等同於台獨」，但因當時台灣內部剛遭逢九二一地震巨變，總統選舉又熱戰方酣，發言並未引起注意（杜

筱越,2004b:66)。2000 年 3 月 18 日,陳水扁當選總統,中共中央政治局常委連夜召開會議,做出兩點決議:一是政治上掛起來,「聽其言,觀其行」,做好軟硬兩手準備;二是經濟上轉起來,促三通、促經濟、破其戒急用忍政策,以商圍政,會議決定,由胡錦濤協助江澤民分管對台工作(楊中美,2002:251-252)。在正式參與中央決策後,胡錦濤對兩岸關係瞭解日深,也在掌權後逐步發展出自己的決策風格。

在台灣問題部分,外界認為胡錦濤的決策風格是軟硬兩手兼具,而且「軟的更軟,硬的更硬」,不願意被動因應台灣變局(楊開煌,2005:156-157)。在軟的一手方面,胡錦濤可以給足台商面子,在 2003 年 12 月 23 日,上任總書記後所接見的第一批台灣客人,就是在人民大會堂接見大陸各地台商協會會長,肯定台商在兩岸經貿交流和大陸經濟上的貢獻(新華網,2003),這是中共領導人從來未有之事。

在硬的一手方面,胡錦濤於接任中共中央軍委主席第八天,即批准解放軍三十餘架次各式戰鬥機執行大編隊飛越台海中線的演習任務,對當天搭乘空軍一號前往澎湖巡視防務的陳水扁總統進行極具「針對性」的演訓科目,受到國際社會的高度矚目。前國防部副部長、前陸委會副主委林中斌事後形容,解放軍這種特殊型態的演習,既動員戰鬥機、先期預警機、戰轟機,並針對澎湖群島的領空進行大編隊跨海操演,已無異「點穴取首」的軍事行動(王銘義,2005a:136)。而胡錦濤的強硬不僅說給台灣聽,也說給美日聽。2005 年 2 月,美日發表以台灣安全為目標的聯合宣言,並對「反分裂國家法」有所意見,胡錦濤即與俄羅斯普丁政權加強合作,並於八月在海參崴和黃海舉行特大規模的軍事演習(陳毓鈞,2005:332-333)。

綜上所述,胡錦濤在對台作為方面,採取「不是敵人,就是朋友」的作法,較之先前的江澤民,胡錦濤對台手段在於落實「說話算話、禮數周到」,且勇於衝撞各方容忍的界線,並善於利用中共綜合國力,不隨台灣變局起舞,在相關涉台事務走出新局。

（三）胡錦濤辦公室與其涉台幕僚

　　中共內部自有各項建制單位提供對台情資，但是胡錦濤仍透過其辦公室建構專屬於己的「耳目」，並不時參酌相關涉台幕僚的建言。據筆者走訪香港、大陸訪問得悉（乙：A2）：

> 儘管中共中央對台工作領導小組具有涉台決策的最高決定權，但這其實是個空架子。小組成員裡每個人都身兼要職，開會的時間也不能固定，所以是個好看的空架子。在涉台問題上，真正具決定性作用的，應該是「胡錦濤同志辦公室」才對。除了前主任令計畫、現任主任陳世炬之外，辦公室裡頭據說有二十多位秘書，分別彙整國家大政的重要文件給胡錦濤定奪，其中有兩位秘書專責負責涉台事務。這並不是說這些人可以在對台事務上可以拍板定案，否則不就成了「太監干政」嗎？而是說這些人彙總各部門意見後，提供胡錦濤進行對台決策。如果胡錦濤對某些問題不清楚的話，除了指示相關單位進行研究外，也會找一些幕僚進行面談，把問題弄清楚。像是胡錦濤在國共論壇進行前，恰好先前在萬隆開會，回國後隨即透過胡辦找陳雲林徵詢相關意見。此外，胡辦也會按胡錦濤意見，分別安排學者專家供胡錦濤諮詢、討論。當然，在對台事務上，大陸高層具有高度共識，因此熟悉高層風向的胡辦幕僚在一些特殊重大問題上所綜合彙集的資料，提上去後當然會有些「幕僚代決策」的味道在裡頭。

　　胡錦濤處理 SARS 事件與中共潛艦沈沒事件後，隨即面臨 2003 年陳水扁總統提出「公民投票」挑戰。這讓胡錦濤及其身旁的人認識到「台灣問題國際化」的危險，因為台獨問題不僅是兩岸的問題，更有其深刻的國際背景。因此，他將兩岸關係、中美關係、國際關係、國際經濟等方面的學者整合起來，透過胡辦建立一套建制外的學者專家諮詢名單，

以研究兩岸問題。這裡頭要角包括中國社科院美國所的所長王緝思、外交學院副院長秦亞青、中國社科院世界經濟與政治研究所副所長王逸舟、北京國際關係學院副院長賈慶國、中國人民大學美國研究中心主任時殷弘、清華大學國際問題研究所所長閻學通等人。像是王逸舟談的是朝鮮六方會談對於亞太趨勢的影響；閻學通除精通中美關係外，還曾經用量化模式推估兩岸動武可能。（陳毓鈞，2005：328；杜筱越，2004a：48-51）

　　這並不是說，胡錦濤較重視建制外學者的意見。相反地，胡錦濤極為重視建制內部的意見，只是說過去涉台單位或幕僚，多從台灣問題或兩岸問題出發，重視的是「台灣當局」，較少著墨在「推進台灣人民的工作」及國際視野格局。因此，透過胡辦所安排的這些建制外學者，能與建制內的意見相互為用，作為胡錦濤涉台決策的補充。此外，相較於江澤民善於透過體制與非體制的力量，關於此節，胡錦濤由於缺乏像汪道涵這種上海幕僚團隊，一些對台決策的火侯，在涉台幕僚眼裡，仍有強化的空間（甲：A2）：

> 胡錦濤跟江澤民比起來，可以說是不太善用體制外的力量。雖然他透過身邊的人，經常廣泛地找一些專家學者諮詢，但大體上來講，還是多用體制內的系統，以作為對台宣傳的準據。當然，對台決策的諮詢過程非常複雜，不能以外界慣用的線性思維就交待過去。江澤民在涉台部分，基本上是比較屬於乾綱獨斷型的，因為他極為善用像汪道涵這種體制外的情報，可惜到了晚年，江澤民不太聽得進去別人的話。

（四）中共中央辦公廳與書記處

　　中共中央辦公廳是聯繫中共高層黨政軍、中央與地方政權工作的樞紐，也聯絡、考察各路人馬。質言之，誰掌管中共中央辦公廳，誰就能

對中共黨政軍方面的情況有最深入和全面的瞭解（曉沖主編，2002：252）。根據 1993 年 12 月中共中央簽核的《中共中央辦公廳職能配置、內設機構和人員編制方案》，中辦的職能可歸納為幾類（鄒錫明，1998：83-84）：

第一類，保密、保安的組織功能。它負責中共中央文件、黨政軍領導機關及其負責人機密文電、信件的傳遞和保管，代管中央保密委員會辦公室和國務院的國家保密局；負責黨和國家領導人的安全警衛、醫療保健、重要活動的安全工作。

第二類，秘書、財務一類的事務功能。它負責中央日常文書處理，協調有關部門催辦、督辦中央領導人批示；負責管理中央直屬磯關的經費、物資分配。

第三類，偏重信息的調查研究功能。它負責調查中央政策的群眾反應，蒐集相關的信息，調查社會動態、政策得失，並提出綜合報告，承擔部分中央文件、文稿的草擬和修改、校核；它也協調處理黨員的來信、來訪。

第四類，對高層人士生活照料的服務功能。它負責高層領導生活服務，管理服務人員和後勤工作。

第五類，史料收藏的檔案管理功能。它負責關於中共的歷史檔案資料接受、整理、保管、利用、研究，管理各地的檔案事業。

至於中共中央書記處則是政治局「辦事機構」，是中共中央辦公廳的上級單位。在涉台問題上，中共中央辦公廳依照上述職能，負責將所有來自黨、政、軍單位重要涉台意見或上呈報告，由其評估、摘要、分發，向中央書記處彙總，然後再由其往上彙報，建議召開會議、制定決策等。按照過去西方研究資料顯示，這些上呈報告內容多半經過修飾，所表達的意見大致和官方立場類似（蔡瑋，2000：51-54）。

學者蔡瑋前往大陸從事訪問研究時，據國台辦官員告知，「國台辦才是涉台業務主要主觀單位，其相關意見未必一定會經由中共中央辦公

廳和書記處彙總[37]。」（蔡瑋，2000：52）誠如上述，江澤民在涉台事
務方面屬於乾綱獨斷，透過國台辦、中台辦管道直接送往中共中央對台
工作領導小組，在該小組各組員另有要公、不常開會的前提下，實際上
涉台事務訊息多為江澤民一手掌握。不過，胡錦濤在涉台決策上，多按
照黨章「依法行政」，相關決策必須向政治局負責。因此，胡錦濤在開
會時，多次要求總理溫家寶與會，並擴大參與層面，一些軍事將領與重
要涉台地方首長均列席參與，讓黨政軍決策權力（杜筱越，2004b：
67-68）。事實上，這種透過「黨內集體決議」的「依法行政」，其結果
大幅稀釋政治局常委會江系人馬的涉台意見，擴大參與的結果，反而讓
胡錦濤涉台權威得以集中。

另外，中共中央辦公廳下的調查研究室與中央政策研究室也與涉台
業務有關。中辦的調研室類似國務院研究室，中央政策研究室則與國務
院發展研究中心相似。前者偏重「當前」的動態、短期的政策研究；後
者偏重宏觀、遠程的政策研究。調查研究室按照總書記、書記處的指示
和中辦主任的安排，從事民意、民疾、社會動態的調查研究，常有臨時
編組的動態專題研究（丁望，2005：319-324）。

令計畫曾任中共中央辦公廳副主任兼調研室主任現任中共中央辦
公室主任，王滬寧任中共中央政策研究室主任，儘管台灣問題並非這兩
單位主要業務，但王、令二人在胡錦濤指示下，也會分別調動政策研究
室與調研室，分別就台灣長短期情勢、問題進行研究，並參與若干涉台
問題討論（P1：A2）。王滬寧在重大政治議題、思想理論建構，扮演胡
錦濤重要角色。2005 年中共與國親兩黨進行「黨對黨」會談時，王滬
寧即為參與草擬兩岸政黨會談公報文件的「核心智囊」（王銘義，2005b：
版 A6）；至於團系出身的令計畫長期擔任胡錦濤秘書，經常為胡錦濤撰

寫演講稿、起草部分重要文件（丁望，2005：321-319）。針對台灣問題調查訪問兼研究對策，向中辦和書記處提出調研報告，近來升任中共中央對台工作領導小組成員，自是有跡可循。

第三節 胡錦濤時期的對台宣傳組織者

所謂「宣傳組織者」主要是指從事具體宣傳活動部門的直接領導者和機關，其主要職責是根據宣傳決策者制訂的宣傳戰略和方針，安排宣傳計畫，確立宣傳內容和方法（廖永亮，2003：190）。在中共對台工作體系裡，負責對台的「宣傳組織者」主要是指中共中央對台辦公室、中共中央對外宣傳辦公室及中共中央宣傳部。過去，中共對台宣傳頗有「你中有我，我中有你」現象，但這種複式動員方式卻容易造成權責劃分不明，隨著對台工作日益複雜化，對內部分，中共現階段主要是以中台辦為主；至於對外部分，則由外宣辦負責。而中宣部並不直接負責對台宣傳，而是在思想理論與戰略思維上進行指導（乙：A3）。

一、中共中央對台辦公室

中共對台宣傳的決策本應為中共中央對台工作領導小組，該小組並非常設的辦事機構，僅能在重大事件開會討論，日常工作多在其辦事機構中共中央對台辦公室進行。1991 年 3 月 27 日，中共中央、國務院發出《關於成立中共中央臺灣工作辦公室的通知》，指出「原中央對臺工作領導小組辦公室和國務院臺灣事務辦公室合併，成立中共中央臺灣工作辦公室，該辦公室同時也是國務院臺灣事務辦公室。在「兩辦合一」下，中共整合黨政部門，將國台辦與中台辦整合為一處（郭瑞華，2004：89）。

　　國臺辦主要職能是組織、管理、協調、指導四個方面，亦即負責指導、協調中共國務院有關部門和地方政府的涉臺事務，督促國務院有關單位和地方有關部門執行對臺工作。因此，中共規定各類涉臺事務，凡涉及對臺方針政策與重大事項，均須由國臺辦歸口管理。根據工作職責，國台辦下設十個職能局和機關黨委，分別是秘書局、綜合局、研究局、新聞局、經濟局、港澳涉台事務局、交流局、聯絡局、法規局、投訴協調局、機關黨委（國務院台灣辦公室，2007a）

　　在「兩辦合一」後，國台辦在涉及對台宣傳方面的的主要職能為：負責研究、擬訂對台工作的重大方針政策，報請中央對臺工作領導小組審批；貫徹執行黨中央、國務院確定的對台工作方針政策；組織、指導、管理、協調黨中央、國務院各部門和各省、自治區、直轄市的對臺工作；檢查瞭解各地區、各部門貫徹執行黨中央、國務院對台方針政策的情況；調查研究台灣形勢和兩岸關係發展動向，提出對策建議；負責對臺宣傳、教育工作和有關台灣工作的新聞發布；負責中央對台工作領導小組的事務工作（國務院台灣辦公室，2007b；郭瑞華，2004：104-105）。

　　國台辦成員來源主要包括外事系統、軍方系統及上海系統，從江澤民時期迄今，或有決策運作協調不順之處，在對台宣傳上似乎也形成一定程度的干擾（甲：A3）。

　　　由於各單位在台灣情勢判斷各有不同，在平常問題時或能委由國台辦全權協調處理，遇到重大突發事件時，時有協調不動軍方與外事系統的窘狀。以1996年台海危機為例，當時對台宣傳主導權就整個被軍方系統掌握，國台辦角色極為尷尬。又例如2002年大陸和查德建交，陳水扁在大膽島請江澤民喝茶，馬上就變回「走自己的路」；這些恐怕都是協調上出了問題[38]。過去台灣記

---

[38] 據筆者瞭解，中共外交部與查德建交時，國台辦當時並未充分掌握情況，以致對台宣傳呈現步調不太一致的混亂情況。

者在北京跑新聞時，還得跑到外交部記者會才跑得到新聞。一直到 2000 年 9 月國台辦有了自己的記者會之後，幾年運作下來，對台宣傳新聞的步調才比較一致。從宣傳口徑的單一，可以觀察得出涉台決策事權相較之前趨於一致。當然，這並不是說所有問題都解決了。不只是軍方、外事系統，這些年包括兩岸農業交流時，一些問題得由農業部門、外貿部門出面處理時，有時候也配合不太上來。因此，遇到重大事件意見相左時，最後還是得送到胡錦濤決定後才能拍板定案。

　　中共在總結涉台經驗後，逐步建立一套「發言人制度[39]」，希望落實對台宣傳的「歸口管理」，成效正反互見。特別是在需要跨部門協調的議題時，國台辦雖宣稱自己是涉台業務的主管機關，卻經常受到其他組織部門的壓力。所謂「協調」固然有之，但「協調不動」者亦所在多有。目前，國台辦分管對台宣傳業務者為副主任葉克冬[40]。葉於 1982 年畢業於廣州中山大學哲學系，曾任新華社香港分社台灣事務部副部

---

[39] 1988 年，中共中央辦公廳轉發《新聞改革座談會紀要》，建議中共中央政治局和國務院會議消息發佈工作要形成制度，中共中央和國家機關各部委要設立新聞發言人，定期舉行新聞發佈會和記者招待會。從 1991 年到 1995 年，中國記協組織各部門新聞發佈會共 256 次，平均每年為 51 次。1993 年初，國務院新聞辦公室開始負責國務院的新聞發佈會和協調各部門的新聞發言人工作。對台灣記者而言，早期沒有國台辦記者會，採訪環境問道無門時，多透過外交部記者會詢問之。1995 年 6 月，外交部新聞司記者會定於每週二、四進行，提供不少諮詢台灣問題的訊息。隨著中共意識到發言人制度的重要性，並完善相關體制，中共國台辦在 2000 年 9 月 5 日舉辦第一次新聞發佈會，平均約二週舉行一次記者會，供台灣記者與海外媒體詢問有關台灣事項（劉建明，2006：9-10）。國台辦記者會進行時，一般會在《新華網》上進行實況轉播，將記者與發言人問答過程，逐字寫在網上以昭公信，但是遇到記者問話較為尖銳時，這些話就會自動在網上消失。另外，遇到重要事件、特別是中共認為該新聞發佈會對其具正面效應時，例如國民黨主席連戰首次訪問大陸，國台辦記者會也會以電視實況轉播方式進行之。

[40] 據《新新聞週報》兩岸主編蔡文立告知筆者，葉克冬此人聰明靈活，與台灣駐大陸記者關係不錯，曾於餐敘時閒聊稱，自己沒事就陪著小孩玩「電子雞」，讓許多台灣記者聞之莞爾。

長、國台辦港澳涉台事務局長。由於葉克冬曾任胡錦濤任共青團書記秘書，與胡淵源頗受外界注目（丁望，2005：322）。

國台辦第四局為新聞局，是處理對台宣傳的主要單位，其職能為負責協調對臺新聞宣傳工作，承辦涉台新聞發布的具體工作；協同有關部門對幹部、群眾進行中央對台方針政策的宣傳教育；有關臺灣記者赴大陸採訪的審批。新聞局在對中共內部則稱為中台辦宣傳局。設有宣傳、新聞、綜合三個處。現任局長為李維一，副局長是楊毅、范麗青[41]（國務院台灣辦公室，2007a）。值得注意的是，新聞局側重對外新聞發布和臺灣記者採訪工作的聯繫審批；宣傳局則負責中共各機關和幹部的涉臺教育事宜，以及主導對臺宣傳工作。兩機構在對台宣傳業務上互為補充。

至於國台辦第三局則是研究局，該局負責協調有關研究機構開展對台工作的調查，舉凡台情的信息蒐集、對台政策研擬與台灣情勢研究，皆由研究局負責提供中共對台工作必要的資訊和方案（國務院台灣辦公室，2007a）。據法務部調查局資料顯示，台灣出版的報刊，出刊第二天即可送達國台辦，分發各相關主管參閱。且國台辦內辦公室內也可以直接觀看到台灣各電視台的新聞訊息，使其能同步掌握台灣輿情。該局下設政策、研究等四處。該局人員曾以全國台灣研究會成員身份至海外參加兩岸關係研討會，或是以《兩岸關係》雜誌編輯的媒體身份來台參訪（郭瑞華，2004：105）。值得一提的是，研究局內經常舉辦定期或不定期的座談會，對台灣情勢或重大問題進行討論，甚至組織寫作班子在港澳等地區發表兩岸關係文章，同時設有非建制單位的「媒體專家組」，

---

[41] 楊毅為北京大學中文系畢業，早年是台灣記者前往大陸採訪時的重要窗口，行事作風明快果決，是台灣記者公認的國台辦才子；至於范麗青是第一位來台採訪的大陸記者。據稱其父曾任福建省晉江縣書記，早年因故擔任八年紡織廠女工，後苦讀向學進入廈門大學中文系，相對於國台辦其他官員，對於台灣擁有「第一手」的認知經驗。

成員包括李希光、余克禮、黃嘉樹、郭震遠及新華社港澳部等單位的資深媒體從業人員[42]。

二、中共中央對外宣傳辦公室

透過對外宣傳，做好外國記者的工作，把外國記者作為對外傳播中共聲音的中介，一直是中共宣傳慣用的手法。中共建政之前，例如1936年由毛澤東親自與美聯社記者斯諾（Edgar Snow）進行長達四個月在西北解放區的採訪，完成《西行漫記》（又名「紅星照耀中國（Red Star Over China）」）；女記者史沫萊特（Agenes Smedley）、斯特朗（Anna Louise Strong）等，這些外國記者在周恩來「宣傳出去，爭取進來」方針下，讓國際輿論獲悉「原來還有另外一個中國」，對於中共取得政權助益頗大（甘險峰，2004：103-112；張桂珍，2006：39-40）。雖然中共對外宣傳事業在文革時期[43]為之中挫，但改革開放後中共積極建構對外宣傳體系，其中一環乃針對台灣問題而來。

1980年1月16日，鄧小平在中共中央幹部會議上發表《目前的形勢與任務》講話中提出「在國際事務中反對霸權主義，維護世界和平；台灣歸回祖國，實現祖國統一；加緊經濟建設，就是加緊四個現代化建設」是中共80年代的三大任務。充分表明中共參與國際事務、加強對台工作、實施大陸陸經濟改革的積極性與迫切性，因而衍生出中共強化相關組織的一連串作為（郭瑞華，2004：137）。

---

[42] 此部分資料出處為李希光簡歷及筆者採訪大陸多年所得（李希光，2002：封面裡）。這種媒體專家組不存在上對下的組織關係，而是請益涉台專家意見性質。據稱專家組開會地點多在北京著名飯店或北京近郊的別墅裡開會，與會者有時多達一、二十人。

[43] 中共在文革時期對外宣傳定調為「輸出政治、輸出革命、從思想上武裝外國人民」（張桂珍等，2006：58），這種一廂情願的說法，使其宣傳效果不彰。

　　為加強對外宣傳工作的領導，1980 年 4 月，中共中央決定成立中央對外宣傳小組，負責組織領導和管理協調整個的對外宣傳工作，自然也包括對外新聞傳播機構。對外宣傳小組由中宣部、中聯部、外交部、文化部、國務院僑辦、港澳辦、人民日報社、新華社、廣播事業局（後改為廣播電影電視總局）、外文局等 14 個單位組成，由中宣部常務副部長朱穆之擔任組長。中宣部同時成立對外宣傳局，兼做中央對外宣傳小組辦公室的工作（甘險峰，2004：214-215）。

　　中共對外宣傳向來採取「內外有別」原則，由於台灣民眾對大陸內部情況瞭解有限，且生活習慣、世俗觀念與外國人接近，因此，採取適用於台灣的「對外宣傳」辦法（郭瑞華，2004：136）。1990 年中共召開《全國對外宣傳工作會議》，探討外宣工作的性質、作用、原則。會後，中共成立國務院新聞辦公室（State Council Information Office），將國新辦與外宣辦「兩辦合一」，主管對外傳播工作（張桂珍等，2006：59）。在職能上，國新辦在對台宣傳角色主要在於研究台灣地區輿情信息，為台灣記者前往大陸採訪服務（劉建明，2006：280）。至於台灣問題一旦影響國際事務，特別是中美台與中日台三角互動時，外交部新聞司也是外國記者取得中共態度一個重要的管道（劉建明，2006：281）。從外國記者的角度，或能瞭解國新辦與外交部新聞司是如何對外國記者處理台灣問題。根據日本共同社記者松岡誠接受筆者採訪[44]時表示：

> 外國記者到北京採訪時，最容易和國新辦、中央聯絡部溝通問題。這裡頭除了中日問題外，另外還會涉及到台灣問題。一般說來，國新辦或外交部的記者會，只要談到台灣問題，多是提供完整的新聞背景說明。說真的，在記者會通常跑不出什麼新聞，中方國新辦或是外交部新聞司的人，大多會在北京市二環內朝陽門外大街附近的 KOSMO 咖啡廳跟我們聊天，有時候侃大山、

---

[44] 日本共同社駐北京記者松岡誠於 2006 年 9 月 5 日於北京接受筆者訪問。

閒嗑牙，聊聊有趣的事，有的時候也多少會提供一些安全範圍內的背景資料。所以，一般外國記者對他們不是那麼排斥。

我印象最深的，就是 2000 年發表對台白皮書和 2005 年的《反分裂國家法》。中聯部的人倒還好，大多會跟我們噓寒問暖。國新辦和外交部有時候會親切地說明中國的立場，像是《反分裂國家法》時，他們委婉說明中國原則，就令我印象蠻深刻的。但是，遇到像 2005 年 2 月，美日安保條約視台灣為「周邊事務」時，中方的人就扳起面孔，溝通內容幾乎和新華社一模一樣，連一個字都不差呢！

在涉及台灣問題上，我感覺到在日本跟中方的外事人員溝通時，大家聊得比較深入，有時甚至還會吵得面紅耳赤。大家都是朋友嘛！各有各的立場，也沒什麼太意外的。只不過這些朋友回到大陸後，不是找不到人，就是閉口不願多談。套他們的話來說，這就叫做「內外有別」，不是嗎？

一般說來，國新辦雖被授權負責國務院的新聞發佈工作，但它舉行的新聞發佈會多限於大陸內部問題，有關於外交和國際新聞發佈工作，則由外交部新聞司負責。從對外宣傳的角度來看，國新辦旨在訂定一種「放諸四海而皆準」的對台宣傳規範，於 1993 年發出《台灣問題與中國的統一》、2000 年發出《一個中國的原則與台灣問題》政府白皮書（國務院新聞辦公室，2007），將「一個中國」問題提高到「政府白皮書」的高度發出。對於外國記者則以新聞發佈會及私下渠道進行溝通。不過，隨著中共對於問題的定位性質不同，溝通態度也會出現變化。例如《反分裂國家法》在中共眼裡，是屬於內部事務，是內部矛盾，其溝通態度較為和緩，旨在說明該法原委以利外人瞭解中共「團結內部」的用心；但涉及美日安保條約者，屬於外部事務，是「敵我鬥爭」，其溝通

態度則顯得嚴峻而較無彈性。松岡誠的說法，顯與中共慣用矛盾辯證方式相符。

　　在對內規範部分，國台辦則以 1992 年提出《關於新聞工作人員赴台採訪的規定》、以及 1995 年、1996 年接連發出涉台宣傳政策要報請中央方得實施，同時涉台用語也必須與中央口徑一致（郭瑞華，2004：140）。可以觀察出，中共要求己方新聞從業人員處理台灣問題時，各項細節均必須配合中央步調。另外，由於近年來中共報業集團化與市場競爭壓力，對台激烈的民粹言論往往是報刊追求「市場賣點」的利器，因此，國新辦對於涉台問題的輿論調控，也成為中共報紙內部的「新聞框架」，並逐漸與市場化結合[45]。

三、中共中央宣傳部

　　中共中央宣傳部為中共主管意識形態宣傳和理論研究工作的專責機構，乃國務院的文化部、國家廣播電視電影總局、新聞出版總署、社會科學院和黨中央的機關報「人民日報」、機關刊物「求是」組成的宣傳系統。中宣部透過各級黨委的宣傳部，對於大陸全國的報紙、雜誌、書刊、廣播、電影、電視、文學、藝術、出版等大眾傳播媒體進行壟斷性控制。中宣部定期下達「宣傳要點」，大陸所有媒體要按此「宣傳要點」統一口徑進行宣傳，各傳媒若因所刊的新聞出了問題，事後會層層追查（陳愛華，2000：413-414）

---

[45] 以目前在大陸銷售甚佳的《環球日報》為例，從 2004 年 1 月至 6 月，頭條出現台灣問題及涉及中美台三角關係的問題者，即佔 70%。其內容主要在於透過不同新聞頭條，呈現台灣島內的紊亂及前途的黯淡。按照學者李希光等人的說法，《環球日報》是巧妙結合了政府宣傳、媒體報導、大眾關注三者，為中共政府的調控輿論做了「媒體議題、政府議題、公眾議題」三合一的成功示範（李希光、陸婭楠，2004）。

　　中央宣傳部的主要任務為：「組織和檢查關於馬克思列寧主義、毛澤東思想的宣傳和群眾性的理論學習；組織新聞、廣播、電視、文化、藝術、出版等單位，正確地、及時地宣傳黨的路線、方針、政策，並對宣傳情況進行檢查，協助黨中央審查受審經中央審批的重要社論、文章、消息（包括照片、紀錄片）和文化、藝術作品等；瞭解和研究各階級、各階層的思想動向，制定一個時期或某一個重大事件的宣傳意見、題綱和計畫；組織和檢查對黨員的日常教育工作；組織和檢查黨的對外宣傳工作；研究和提出中央各宣傳、文化、出版單位的具體方針、政策和各項事業的發展規劃，並檢查執行情況（郭瑞華，2004：141；陳愛華，2004：14）。

　　在對台宣傳部份，中共在各級台辦系統陸續組建宣傳部門，例如在中共中央對台辦公室裡成立宣傳局（即國台辦的新聞局）、在省、自治區、直轄市成立宣傳處，在地、市台辦成立宣傳處或科。以國台辦新聞局而言，雖然對台宣傳工作由其負責、組織、協調，但仍須中宣部的業務指導和檢查（郭瑞華，2004：145）。

　　根據 1995 年以來，中共「對台宣傳工作會議」及歷次對台宣傳工作研討會內容顯示，中共認為對台宣傳工作是對台工作的重要組成部分，必須以江八點為綱領。在軟的方面，應將中國綜合國力提升、海峽兩岸交流等議題做正面宣導；在硬的方面，則是以台灣問題為中國內政為由，絕不容外人干涉，且致力粉碎台獨勢力與插手台灣的外國勢力。在照顧台灣人民當家作主意願下，強調「和平統一、一國兩制」，這種「穩中求進」的作法，既能最大限度照顧台灣利益，也能促進亞太區域和平（人民日報，1995：版 1；聯合報，1998：版 13；人民日報，2001：版 1）。

根據曾經長期參與對台宣傳工作的北京台灣經濟研究會副理事長李延表示[46]：

> 中宣部在對台宣傳的角色，基本上是一種處於指導地位的角色，目的在於審視相關出台的政策是否符合中共的原則與戰略構想，也就是符合「和平統一，一國兩制」與「江八點」的方針，同時也必須與國內實際環節及馬列主義的理論相符，才能一體適用。在對台宣傳小組會議時，中宣部通常會派人與會，並進行理論方面的指導，務求出台的文件、字句能符合上述精神。

隨著胡錦濤上台後，強化對台宣傳的執行力度。為因應新形勢的變化，中共於 2005 年成立「中共中央對台宣傳小組」，並由中宣部部長劉雲山出任組長，負責規劃、制訂對台宣傳事宜。在該小組拍板後，交由國台辦等單位執行（王玉燕，2005：版 13）。儘管上述訊息未見中共官方加以證實，但按照中共黨章精神言之，黨的各級組織必須宣傳黨的路線、方針、政策和決議，宣傳必須從實務出發，並應經常討論和檢查黨的宣傳工作，及注意黨內外思想政治狀況。據此，中宣部強化本身在國台辦新聞局的業務指導和檢查角色，以遏止台灣內部日漸成長的台獨勢力，自在情理之常[47]。

---

[46] 筆者在 2006 年 9 月 5 日上午於北京訪問北京台灣經濟研究會副理事長李延。

[47] 關於此節，筆者曾親向撰稿的聯合報大陸中心主任王玉燕、及熟悉中宣部動態新聞工作者詢問後得知，中共已經成立「對台宣傳工作小組」，但負責人是否為劉雲山，則需要進一步求證。至於對台宣傳小組是否與中台辦權責有所抵觸一節，若從中共目前強調「依法行政」及「按黨章辦事」而言，儘管筆者並不完全同意中宣部可以拍板決定對台宣傳的一切事務，但本為共產黨內負責輿論調控的最高單位，由其綜覽對台「重大事件」的宣傳工作，應有一定的可信度。

第四節　胡錦濤時期的對台輿情蒐集者

　　所謂的「輿情蒐集者」旨在建立靈敏、準確的輿情反餽系統，負責反餽信息的收集和分析，負責為決策機構提供新聞決策依據或決策建議，並根據反餽信息的分析，檢驗決策的科學性（廖永亮，2003：191）。中共對台宣傳是一個輿論調控的過程，必須建立在輿情採集和分析的前提下，才能摸清楚狀況。質言之，這就是一種「情報[48]」的蒐集過程。事實上，中共情報單位早以其黨政軍對台專責機構廣泛運用行政力量與社會群眾力量，成立各種外圍組織，對台從事情報活動，以遂行其「和平統一、一國兩制」方針。

　　根據前國安局發言人劉筱明於 1998 年接受香港明報訪問時指出，中共積極準備對台攻堅工作的主要目標，指向台灣政府決策機構和核心部門，包括台灣總統府、國安局、外交部、陸委會和財經單位等部門之高層官員、參與決策人員、內部揭密人員均為中共攻堅對象（莊慧良，1998：版 A16）。另根據日本《SAPIO》雙週刊指出，中共情報機關進入新世紀之後展現兩個最重要的動作，其一為表明與美國攜手「反恐」；其二則為擴展亞洲各國的情報網，特別是北韓與台灣。中共情報機關之所以重視「台灣」，主要是因為台灣是中共「唾手可得、又不敢隨意動手的『頑童』」，同時為其「武力保台」預作準備（陌上桑，2004：版 5）。

　　至於中共對於涉台輿情的蒐集重點，主要著眼於軍事戰略、綜合國力、軍隊士氣及社會信息部分（杜聖聰，2007：3-4）在軍事戰略方面，

---

[48] 根據大陸 1989 年出版的《辭海》指出，「情報」即「獲得他方有關情況與其分析研究的成果，按其內容分為政治情報、經濟情報、軍事情報和科技情報等。對中共而言，對台宣傳所進行的輿情蒐集旨在「為我所用」，為了達成其「和平統一，一國兩制」方針，其蒐集相關訊息極廣，為的是強化其信度與效度（參見辭海，1989；王崇德，1996：65）。

中共主要著眼於掌控可能涉及台海情勢安全主要國家的戰略，其重點在於不斷地偵察、監視美、日等國與台灣政府的言論、行動、實力以及各種關係中，找出這些強國對台真實的戰略意圖；並評估這些強國和台灣與中共之間的軍事實力，以及與中共內部相互之間的實力對比；在綜合國力方面，旨在蒐集與台灣及美、日等相關強國的綜合國力，也就是美、日、台等可能影響台海情勢國家的政治、經濟、軍事、精神、科技水平以及各種力量的凝聚；至於在軍隊士氣上，中共著眼於軍隊總體的精神狀態、各軍兵種之間的關係、各級軍官之間的關係、官兵關係、官兵對作戰目標的認識、對戰爭的態度、作戰意志等。至於在社會信息部分，則側重在台灣的社會政治狀況、民眾政治傾向、大眾心理、居民的民族成分、語言、風俗習慣、宗教信仰、對大陸的觀感態度等節進行蒐集（杜聖聰，2007：3-4；閻晉中，2003：383）。

依現階段台海兩岸的緊張互動而言，中共自有形的文攻武嚇，以至無形的思想、言論、經濟、治安等的分化及滲透活動，均是依循中國共產黨黨中央對台工作領導小組所擬定的工作計劃實施，而整個參與單位包括了中共中央軍委會、人大常委會之一部份高層人士、總參謀部之第二部及第三部、總政治部所屬之聯絡部、國家安全部、統戰部之第106辦公室、調查部、國防部、外交部、新華社、國台辦及其他學術性研究機構或第三國駐台之商業、工業機構等。共計12大類，約320餘個大小單位（博訊網，2000）。在對台情報方面，主要是由軍事機關主導，蒐集政治、經濟、軍事、民生、交通或內政等計劃作為後，並由中共的總參謀部、統戰部及國台辦負責匯整，每日定時印製《台灣情勢報告》、《台灣軍情概況》，以及由官方媒體新華社所印製的內部參考報告「外文報參」等，全力進行對台的黨政軍情勢加以監視（博訊網，2000）。以下，將針對蒐集中共對台輿情的主要情報機構機制進行探討。

一、軍事部門蒐集對台輿情部分

中共軍方蒐集對台輿情任務，主要是由中共中央軍委總參謀部（下稱總參）的第二部、第三部、第四部負責，以及中央軍委總政治部（下稱總政）的聯絡部負責。但近年來，中共強化信息戰，亦積極布建網軍，咸信負責對台的華東電戰網，亦是中共對台輿情的來源之一。

（一）總參謀部

共軍總參第二部或稱為總參情報部，負責軍事情報，主要任務是透過情報活動，蒐集國外軍事情報、戰略情報。在對台情報部分，主要是由總參情報部的第一局負責。該局長期側重具體的諜報行動，對台情報蒐集行之多年。近年來由於業務擴大，該局下設五個分區[49]，並以廣州分區負責對台灣的諜報蒐集。另該部第六局則是負責台灣情報的分析；至於該部第七局是科學技術局，成立宗旨在於推動共軍情報工作現代化、強化共軍電腦領域的反間諜鬥爭，該局目前正逐步建立共軍的電腦情報聯絡系統，與對台情報亦有掌握。整體而論，總參情報部的情報執行在於蒐集台灣軍隊戰略戰術思想、軍事原則、軍隊規模、武器裝備、重要設施及軍事工業狀況、科技水準、台軍人物特徵的蒐報以及執行軍事反間諜工作（郭瑞華編，2004：129-131；看中國，2006：21）總參二部的分析機構位於總參第 11 號樓，於每日上午 7 時將過去 24 小時所得到的各類戰術情報、戰略情報，同時匯集成《情勢報告》送交軍委、政治局、各軍兵種總部（平可夫，1996：7）。

總參第三部主要是負責無線電通訊的監聽、各種密碼的破解、衛星偵察照片的判讀，並定期出版《三部通訊》、專題分析報告等。此外，總參第四部（電子對抗雷達部）則掌管電子戰研究，主要負責電子情報

---

[49] 總參情報局第一局下設五個分區（聯絡局），分別為北京、瀋陽、上海、南京、廣州五區。

蒐集、分析，反雷達干擾、反紅外線干擾，以及各式欺敵作戰的模式設計（郭瑞華，2004：129），台灣相關情報也是其業務範圍之一。

（二）總政治部

中共中央軍委會轄下的總政治部是共軍另一大情報系統，原名對敵工作部，是從中共「紅軍」時期的「白軍工作部」演變而來，當時主要任務為對國民黨軍隊的滲透和策反。在對台部分，主要是由總政下屬聯絡部從事秘密情報活動，將官員以商人身份安置在海外蒐集有關台灣的信息、策反台灣軍人、審問俘虜，估計人數約在 300 人左右。總政聯絡部下設四個工作局，包括聯絡局、調查研究局、邊防局、對外宣傳局。同時設有上海、廣州兩個分局。至於隸屬聯絡部下的和平與發展研究中心，則是負責對外公開的學術交流工作的研究單位（郭瑞華，2004：131）該中心的主要對象可能就是台灣軍事人員。關於這部分，據信是由有經驗、有教養的中級官員擔綱（郭瑞華，2004：131；看中國，2006：26-27；平可夫，1996：16）。值得注意的是設置在上海的聯絡部分局，該局是專門研究台灣軍隊事務的專業單位。它對台灣上校級以上軍官均列有極詳細的電腦資料，其中除了最基本的出生日期、籍貫、學經歷之外，對於個人的一般生活狀況、居住現址，甚至是私生活狀況，均是該分局要處理的工作，而且每隔 15 天便進行一次系統校正（明報，2005：版 2）。

（三）中共網軍

中共在 1999 年底提出「網軍」概念，著重侵入敵方指揮網絡系統，隨意瀏覽、竊取、刪改或輸入假命令、假情報，使其做出錯誤決策（方旭，2006）。在網軍對台部分，主要由「華東電戰網」負責。根據前國安會副秘書長張旭成指出，2001 年 2 月間，中共駭客（Hacker）對台發動至少八萬次攻擊，連國安局內部都遭入侵達七千餘次，進行直接施

放電腦病毒的「發散式攻擊」（張旭成，2001，版 13）。另據《行政院國家資訊安全會報》於 2004 年發佈消息指出，該年 9、10 月疑似受到中共「網軍」攻擊達 5088 次。此外，中共目前正在研發一套「島計畫」，希望以節省費用為理由，向大陸的台商推介這套網路電話系統，透過電話系統[50]、監控系統[51]、個人網站與視訊會議等用途，向台商進行情報監控的滲透（杜聖聰，2007：6-7；劉台平，2004：141-142）

二、黨務部門蒐集對台輿情部分

　　中共對台政策屬於「對敵鬥爭」的政策範疇，因為「對敵鬥爭」，致勝的基礎在於統一性及時效性，中共中央不得不對許多變化做出快速的反應和一致的步驟，因此其決策方式多由上至下（楊開煌，1997：73）。在對台情報方面，此事攸關中共國家安全及亞太戰略佈局，相關文件多經由「掌握黨的機密」的中共中央辦公廳彙總後分送各單位。至於在中國共產黨內部負責對台情報者，主要是統戰部門。其職責在於調查國內外敵對勢力分裂「祖國」的活動並與之進行鬥爭；負責聯繫台灣工商社團和代表人士；蒐集處理對台統戰的相關資訊；代管全國台聯、黃埔同學會等有關統戰的社會團體；並透過各級政協系統，以及各民主黨派、人民團體執行對台統戰，包括台灣民主自治聯盟、中國國民黨革命委員會、中華全國台灣同胞聯誼會、中國和平統一促進會等單位，採取各種形式，與台灣各階層群眾進行聯繫。在進行對台聯繫時，統戰部成為對台社團、人物的信息庫，除了掌握基本資料外，更注重隨時掌握動態資

---

[50] 中共透過 IPV9 所建立的網路電話系統，是希望把台灣和大陸各地彼此間變成一個「室內電話互打」的環境；目前中共已經在北京、上海、蘇州、昆山、東莞、深圳、香港等七個地區投放了主機設備（劉台平，2004：142）。

[51] 這套監控系統是透過數字網絡來監控遠程的各種環境，如家庭、公司、工廠、倉庫、酒店、銀行等需要做遠程監控的地方。它與現有監控設備最大的不同處，就是無須拉專線，就可以在互聯網上面進行遙控，並可做長期的操作和寄存，並可和電話系統、個人網站、視訊會議共用共存（劉台平，2004：142）

料，包括各統戰部門究竟與台灣哪些單位聯繫，這些台灣單位的基本運作情況，以及中上層人物的基本資料。此外，統戰部門在檔案管理方面，大都建有台胞名冊、去台人員家屬名冊、台胞回鄉探親紀錄簿等資料（郭瑞華，2004：93-98）。目前，中共統戰部對台部分主要由副部長樓志豪分管，該部轄屬的三局負責對台業務，三局並設有對台聯絡處進行相關聯繫及情資蒐集工作（郭瑞華，2004：95-97）

　　根據立委蔡同榮、莊和子曾經提出的資料顯示，台灣政權轉移後，中共對台灣黨、政、軍、情、國會系統內部進行多層次、多渠道的滲透方式，其滲透手法包括：利用人脈發展在單位內的關係，套取單位動態，拉攏單位高層，藉赴第三國旅遊機會與中共高層人員見面等。此外，中共統戰部所屬的對台工作小組，以代號「106 辦公室」為基地，作為全國 23 個對台統戰單位的代號，專責進行收買與吸收台灣產官學軍情人士擔任「台灣政情研究智庫」成員，採取「以台制台」的模式，針對台灣「三高」族群，即收入高、知名度高、利用價值高的三大族群進行運作，並列出有「科（技）、學（者）、農（會）、文（教）、會（計師）、稅（務）、宗（教）」等所謂「新七條統戰路線」，進行人才與資料運作與吸收（李書璇，2005，版 2）。

三、政府部門蒐集對台輿情部分

　　中共國務院對台辦公室是負責指導、協調國務院有關部門和地方政府的涉台事務，督促國務院和地方有關部門執行對台工作。因此，中共規定各類涉台事務，凡涉及對台方針與重大事項，均須由國台辦歸口管理。為求落實涉台事務，國台辦相關部門對於對台情報的蒐集、分析與彙整，佔有重要地位，此部分主要係由研究局負責（郭瑞華，2004：102）。除此之外，包括國家安全部與公安部也是蒐集對台輿情的重要單位，茲分述如下：

（一）國家安全部

中共的國家安全部於 1983 年 7 月成立，旨在「領導、管理國家安全和反間諜工作，保衛、促進社會主義現代化和統一祖國大業（看中國，2006：25；郭瑞華，2004：132）。」其關於涉台情報的工作任務，旨在反制台灣特務活動。許多台商經營企業裡，都有國安部人員以不同職級滲透潛伏其中，藉以「防範和打擊境外間諜情報機關在中國大陸從事情報、策反、竊密等違法犯罪行為；並防止境外對大陸滲透、顛覆、破壞、分裂（看中國，2006：26；郭瑞華，2004：132-135）。」

在國安部之下，以第四局和第十五局處理涉台事務最多。第四局是台港澳情報局，主管台港澳地區的情報蒐集；第十五局是台港澳研究局，主管台灣、香港、澳門地區的研究工作（郭瑞華，2004：134-135）。一般相信，中共社會科學研究院的台灣研究所即是十五局的支局之一。值得注意的是，國家安全部是中共派駐外國情報員的重鎮。根據《亞太郵報》（The Asian Pacific Post）於 2003 年 8 月 8 日以〈美加有中共間諜公司 3500 家〉為題報導，美國聯邦調查局局長穆勒（Robert Mueller）在國會作證說，中共在美設有三千家空殼公司，其真正目的是收集美國情報。每年成千上萬進入美國的中共訪客，很多帶有為中共收集情報的任務。在加拿大，這種中共空殼公司約三到五百家，受北京的直接或間接控制。（The Asian Pacific Post，2003：3）以國家安全部派遣情報人員密度如此之廣，咸信對於攸關美中關係甚鉅的台灣情資，也在其調查蒐集之列（杜聖聰，2007：7-8）。

（二）公安部

中共公安部是國務院主管全大陸公安工作的部門，是「人民警察」的最高領導和指揮機關。自從 1949 年中共建政開始，解放軍在接收各地政權時所設立的軍管會，就是各地公安機關的前身。當時，軍管會最

主要的任務是肅清潛伏的國民黨特務，以及各種反抗中共政權勢力。這部分工作是由軍管會的敵偵處負責，後來又改為公安部的敵偵局負責，旨在肅清內部敵人，偵聽、監測、追蹤、搜捕任何被派到大陸的間諜特務（看中國，2006：26）。時至今日，公安局這項功能仍然保留，對台情報工作自有其歷史淵源和基礎。公安部轄屬的國內安全保衛局是公安部對台工作的歸口單位。其他如該部之下的刑事偵查局與出入境管理局，都與對台情報工作相關。

大體說來，公安部對台情報工作主要集中在入出境、政治滲透及摸清台商底細三方面。按照中共《中國公民往來台灣地區管理方法》，公安部出入境管理局的工作在於全盤掌握台胞情況，如出入境人數及其居留、分佈情況、投資辦廠情況、違法犯罪情況及遣返情況等，並對台胞出入境情況加以分析、研究，找出規律性和傾向性的問題，供上級機關參考。至於該部轄屬的政治保衛部門，則是在中國各地普遍進行調查摸底工作，嚴密防範敵特組織、台獨勢力或帶有社團組織的政治滲透活動，摸清其滲透活動的方法、管道與特點，部署相應的措施，以爭取反滲透鬥爭的主動權。至於台商投資企業部分，中共指示公安部必須摸清台商投資企業的基本情況、敵情、治安狀況，並提出相應的工作意見（郭瑞華，2004：152-155；看中國，2006：26）。

四、媒體蒐集對台輿情部分

中國大陸的新聞機構，作為中共對社會控制的工具，它不僅肩負有宣傳灌輸中共意識型態和方針政策的職能，對廣大人民而言，它是黨的喉舌。而且它還具有另一個主要作用，就是充當中共的耳目。它利用遍佈國內外各地的通訊網和憑藉現代化的通訊手段，和安全部門、公安部門以及其他情治機構部門相配合，形成一個對社會進行全方位監視的系統（何川，1994：178）。由中共中央主管的媒體，經常都會撰寫《內

參報導》供決策單位參考。以新華社為例，在來台訪問時除了正常發稿程序之外，多肩負有內參的任務，報導台灣重大議題或取得兩岸決策人物的想法觀念，除提供參考外，另亦有「避免誤判」的作用在內。對這些撰寫內參的資深記者而言，多對台灣情況有較深瞭解，除少數想要晉身官場的「紅牌記者」外，其立場較能站在台灣觀點思考問題，在涉台部門內部頗能提供「另類思考」（杜聖聰，2007：9）。

其他如中央電視台所製作的「海峽兩岸」節目，多由北京大學、人民大學、山東大學等名校的碩士畢業生擔綱。這些節目在製作時，由晚班同仁透過衛星錄製台灣當晚的電視叩應（Call-in）節目，隔日召開製播會議時，據此找出台灣熱門議題製作節目。此外，像是香港鳳凰衛星電視台節目，遇到兩岸特殊敏感話題如「一邊一國論」、「終統論」時，多會邀請台灣重量級政治人物與談。這些節目也是中共涉台高層獲取對台情資的渠道之一（杜聖聰，2007：9-10）。

第五節　小結

台灣與中國大陸一衣帶水，兩者關係錯綜複雜。台灣認為自己是被中國動輒拋棄的「養女」，希望當家作主；但中國大陸卻將台灣問題視為民族自尊與國家戰略的一環，勢將台灣納歸於版圖。但中共在內外環境制約下，無法採取武力或其他有效作為，僅能對台採取宣傳以遂行其意志。從中共對台宣傳機制言之，毛澤東時期是一種隨興宣傳，在毛澤東的親力親為與周恩來靈活手腕下，逐步建立對台決策單位與宣傳機制，雖然在文革時期無法延續，畢竟建立該有的對台架構。至於鄧小平時期，則延續毛的架構，透過宣傳機器置入「和平統一、一國兩制」及「葉九條」等內涵；直至江澤民時期，對台宣傳則以「江八點」為主，

但宣傳績效似乎每況愈下，台灣民眾在「國家認同」上與中共漸行漸遠，甚至連認同「自己是中國人」的概念都急遽下降。

中共對台宣傳是一種輿論調控行為。這種輿論調控的主體有三，係為宣傳決策者、宣傳組織者及輿情蒐集者。若從拉斯威爾傳播公式言之，所謂中共對台的「傳播者」，即為輿論調控主體。其中，宣傳局決策者為中共中央對台工作領導小組。在江澤民時期，該小組運作多以江澤民個人「乾綱獨斷」為主，將透過該小組辦事機構中台辦與上海系統，建立其決策網絡。至於胡錦濤時期則奉黨章為尊，透過集體決策、分享權力的模式，逐漸將中共的「綜合國力」資源，集中於對台工作上，型塑出「硬的更硬、軟的更軟」的決策風格。由於中共中央對台工作小組並非固定開會決議事項，因此真正拍板者仍為胡錦濤，而胡錦濤辦公室與中央書記處、中共中央辦公廳在涉台問題具高度共識的前提下，頗具「幕僚代決策」的樞紐地位。

在宣傳組織者方面，目前看來是以國務院台灣辦公室、國務院新聞辦公室與中共中央宣傳部為主。其中，對內事項為國台辦統籌協調、執行；對外事宜則由國新辦統籌；但在理論建構與督導審查、意見諮詢上，中宣部一直參與其內，近年來甚至成立「對台宣傳小組」參與運作。惟中共內部組織並非「線性領導」，且國台辦雖強調本身涉台權威地位，但實際上未必「協調」得動所有涉台單位。在對台宣傳業務以國台辦為主，但國新辦、中宣部各有職司，並無絕對的從屬關係。不過可以確定的是，類似像九六年台海危機，對台宣傳主導權落入軍方的情況，應不復再見。

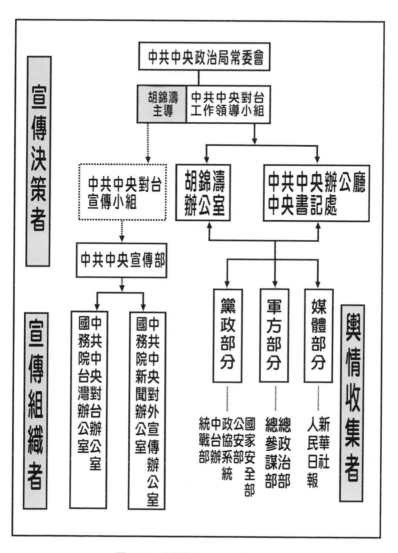

圖 3-5：中共對台宣傳主要機制

資料來源：
1. 筆者自繪。
2. 中共中央對台宣傳小組可能由中宣部部長劉雲山主導，惟其職能及組織位階仍待進一步查證。

　　在輿情收集者部分，也就是中共對台「情報」系統部分，主要是以黨政軍媒四部分進行之。在共黨的部分，以統戰部門為主；在軍方部分，以總政、總參為主；在政府的部分，以國台辦、國家安全部、公安部為主；在媒體部分，則以新華社等單位為主，另香港衛視鳳凰台的新聞評論，也是涉台決策獲取信息的管道。中共對台宣傳決策者及組織者每日收到由軍方總參、統戰部、國台辦等單位彙整的《台灣情勢報告》、《台灣軍情概況》及新華社的《外文報參》資料，以利其掌握台灣動態。中共對台宣傳機制的運作，詳見上圖所示。

第四章　胡錦濤時期的對台宣傳政策與作為

　　一般而言，傳播理論將宣傳內容視為是「一個連續性畫面中的一格」，即某一宣傳內容若非放在事件的連續發展過程中，或將之視為社會需要、社會心理需求的一部份反映，將無從理解某一宣傳內容究何所指。此即為宣傳的針對性，故而比喻為電影而非一幅畫（楊渡，1992：24）。如前所述，既然傳播者是作為國家意識形態之反映，其內容必得經過宣傳決策部門審核與修訂。而對台政策既屬中共中央台辦與國務院台辦統籌，則對台宣傳內容發佈悉數需經由宣傳組織者審核與修改，再交其媒體發佈。因此，中共對台宣傳內容的發佈，應該視為整個中共對台政策的「連續性畫面」，而非孤立存在。

　　宣傳就像是落在沃土的一包種子，要瞭解這些種子會如何成長和繁衍，必須分析這些土壤，也就是分析時代（Times）和大事件（Events）的發展。此外，也必須瞭解什麼樣的陳述是整個社會體系所期待？主流的優勢公眾情緒為何？有哪些可以確認的特殊議題？這些議題的影響程度有多廣等？質言之，也就是在認知宣傳環境的脈絡下，方能對宣傳戰略與宣傳戰術刻畫入微（Jowett & O'Donnell，1999：287）。本章將從 1999 年李登輝總統提出兩岸為「特殊的國與國關係」開始迄今，略述中共對台宣傳所面臨的國內、國際與台灣環境上的變遷；並在此環境下審視，中共對台宣傳的戰略與戰術的演變。

第一節　中共對台宣傳環境的變遷

　　過去研究中共對台宣傳或新聞者，提及相關環境因素時，多採用宏觀（mocro level）與微觀（micro level）進行，即從「中共國內」與「國

際系統」與「中共國內」二大層級來歸因，但實際上卻因只偏重一方而顧此失彼。很多研究只探討國際系統而不切入國內層級，雖然解釋力強，但預測力卻弱；反之，如果只看中共國內因素，在短期固能「搔到癢處」，解釋力佳；一旦國際因素變動，其分析的基準又會喪失，成為零碎無法積累的政策分析（Zhao，1996：7-35；謝麗娟，2005：69）。是以，探討現階段中共對台宣傳環境時，應該同時著眼於中共國內、國際系統、台灣內部三個因素。

國際戰略學者約翰史東（Johnston A. I.）指出，大國的國內狀況會決定國際系統的變化，小國的國內狀況則決定於國內系統（Johnston，1996：216-270）因為大國的國內因素是政權維繫之要，與其決策最為息息相關，大國會因國內壓力而改變其對外態度，小國則因為權力受限，其內政反而受制於國際系統（謝麗娟，2005：69）。所以，大國如中共者，其內政當然會影響到對外政策，自然包括對台政策及其宣傳環境。

其次是國際因素的影響，特別是中共與現今世界上的單一超強霸權美國的關係，因為國際系統如軍力平衡、大國關係會決定中共戰略選項的迴旋空間，畢竟中共的對台政策一向是被擺在對美政策之下做考量，相關宣傳考量應做如是觀。最後，才是考慮到台灣問題，也就是中共對於主權的認知問題。此節則因中共所認知的台獨緊迫感等因素的強弱，在宣傳的步調與作為上會產生變化（謝麗娟，2005：69）以下將從中共國內、國際系統與台灣問題三大面向，分析自 1999 年以來的中共對台決策環境的變遷。

一、中共國內的變遷

影響對台宣傳的中共國內因素，主要包含政治、經濟、社會三大面向。從政治部分觀察，1999 年 4 月 25 日，數以萬計的法輪功信徒無預

警地包圍中南海，舉世為之震驚[1]，並認為中共向來嚴密的政治控制已然鬆動。儘管中共日後定義法輪功為邪教，並透過各種強制性手段及宣傳處理之，但法輪功並未因此絕跡，反而分散至全球[2]。在外部有對抗中共政權的法輪功力量外，中共內部權力接班的派系鬥爭也持續進行。

　　2002 年，江澤民在十六大的權力移轉模式抄襲鄧小平的「關鍵地位[3]」佈局，但卻沒有對第四代做「政治交代」。中共十六大中央委員會大幅改選，連帶使新的政治局委員會、中央軍委會實行大換血，而政治局常委會名額增至 9 人，新進人員達 8 人。這種政治洗牌固然具有幹部年輕化的新意，但其後果卻更有效地保障江澤民的關鍵地位。在新的領

---

[1]　1999 年 4 月，中國科學院院士何祚庥為文攻擊法輪功，認為修練法輪功將導致精神病，並暗喻法輪功會像義和團一樣亡國。此文發表後，引起法輪功信徒群起抗議，並於該年 23 日、24 日遭到天津警方毆打、逮捕。4 月 25 日，法輪功信徒透過網路聯絡方式，聚集萬餘人包圍中南海。中共官方媒體宣稱這是無預警的包圍事件，並指稱幕後有人操控企圖顛覆中共政權。事後，法輪功信徒則認為，中共事先早知道前往北京抗議事件，且於抗議過程中共公安導引信眾「上訪」路線，詎料最後竟成包圍中南海，明顯是構陷法輪功信徒入罪。此節並成為中共鎮壓法輪功信眾最主要罪證。（李一鳴，2003）

[2]　關於法輪功的人數，中共政府聲稱鎮壓之前約為 210 萬人，截至 2003 年為止，信徒可能超過 100 萬（Bureau of Human Rights,Democracy and Labor，2003）。惟法輪功組織嚴密，且主其事者多為中高階知識份子，在世界各地透過網路、報刊方式廣招會員，並聲討中共政權。據筆者瞭解，法輪功信眾在台灣至少超過 10 萬人，且其出版的《大紀元時報》閱讀率之高，並不亞於坊間知名報紙。而中共官方及《國際宗教自由報告》等單位對於法輪功人數顯然低估甚多。

[3]　從人事來說，十六大是鄧小平路線的最後完成。鄧小平在中共權力繼承上扮演一種獨特的「關鍵地位」角色。可以說鄧小平是所謂的「擠進第一代，自稱第二代，安排第三代，指定第四代」，在 1989 年中共八大老指定江澤民擔任總書記之後，鄧小平用「政治交代」與「留後路」的方式，一方面保障權力移轉平穩進行；另一方面也把自己擺在權力結構中的「關鍵地位」以制約新的領導核心。簡單的說，所謂的政治交代指三件事，即「樹立江澤民核心地位、告誡別人不要不服氣、要求全黨支持江澤民服從新的黨中央」，等於向江澤民交了底。所謂的「留後路」，即在交班前夕，進行軍隊領導的全面換屆，鄧提拔的人大舉進駐中央軍委會、各大兵種、各大軍區與武警部隊，使鄧保留一條能發號施令的後路（董立文，2004：151）。

導班子內，江系人馬可以掌握黨的組織、宣傳、黨校、紀律部門，及擔任全國人大委員長、政協主席與國務院副總理等職位。做出這樣的安排之後，「十六大的政治報告」與江澤民的各種發言，沒有對第四代領導做出任何權力交接或是世代交替的政治交代，沒有幫忙樹立新的領導核心，沒有宣示全黨支持與服從新的黨中央（董立文，2004：151-152）。

在經濟方面，首先就財政部分觀察，根據長年研究中共經濟的美國學者鮑迪樂（Bottelier P.）的估計，中共政府登記的、隱藏的及經濟改革所產生的國家債務，在 2000 年高達 GDP 的 133-192%（Bottelier，2001：8-9）；另根據世界銀行的估計，中國名目和隱藏的債務在 2000 年超過 GDP 的 173%（World Bank，2001）。由此兩項數據可見中共財政窘狀。其次在中共政府面臨城鎮失業壓力部分，根據中國第一份經濟白皮書的估計，當經濟成長率達到 7%，中國經濟將會增加 700 萬的就業機會。因此，中國必須至少保持 7-8% 的經濟成長率，才能緩解嚴峻的就業形勢。

然而，1998 年中國經濟成長率高達 7.8%，但是新增加的就業機會卻只有 360 萬（童振源，2004：61）。再者，國有企業下崗員工再就業的比率急遽下降，情勢不容樂觀。1998 年與 1999 年，再就業率為 42-50%；2000-2001 年再就業率為 30-36%，2002 年甚至只有 9%（康彰榮，2002：版 4）。隨著中國經濟改革的深化，下崗與流民的數量持續增加，使得勞動力供給繼續擴大，城鎮失業情勢更形惡化。

另外，中國在人均所得差距、城鄉差距與區域發展方面均嚴重失衡，且持續惡化當中。在所得分配面，中國城鎮的吉尼（GINI[4]）係數在 1996 年為 0.424，增加到 2000 年的 0.458，遠超過國際公認的 0.4

---

[4] 所謂的吉尼係數為衡量分配平等程度的指標，吉尼係數為零，表示收入分配為完全平等；如果吉尼係數為一，則收入分配為絕對不平等。該係數介於零和一之間。收入分配越是趨向平等，吉尼係數也越小。反之，收入分配越是趨向不平等，吉尼係數也越大。

警戒線（Liu & Huang & Yang，2001）。在城鄉差距方面，2001年農村居民人均純收入相當於城鎮居民人均可支配收入的35%。在區域發展方面，在1998年，中國東部人均GDP為11,533元，西部為4,159元，東部人均GDP為西部的2.8倍（張國、林善浪，2001：116-117）。中共面臨的經濟情況正如同學者范錦明所言，就像是美國電影「捍衛戰警（Speed）」般，中國經濟就像是裝了炸彈的公車，必須維持一定的高速向前奔馳；如果速度慢下來，公車便會爆炸（范錦明，2002：2）。

最後，從社會差距發展到社會不滿，再從社會不滿發展到集體反抗活動，使得中國社會抗議事件不斷。光是在1999年一年為例，全國報告給中央的示威事件達到十萬起，平均每日約270起；2000年，中國遭受到117次武裝暴力抗議事件的衝擊，這些事件導致4300餘人傷亡，其中一半以上是黨的幹部和政府官員。及至2003年，中國全年主要暴動事件仍有58000件，比2002年高出15%。（Gilboy & Heginbotham，2001：34；American Foreign Policy Council，2004）

不過，中國國內情勢在十六大以後，卻逐漸出現相對穩定的發展局面。從經濟層面觀之，中國經濟情勢從1999年至2002年為止，經濟成長率大體維持保八局面，自2003年起，中國經濟成長率維持9.5%於不墜，逐步攀升至2006年的10.5%（中國國家統計局，2007）。在經濟高速成長下，暫時控制住可能因經濟結構失衡所產生的亂局。反映在社會動亂事件上，也從1999年每日270次事件，降低至2003年每日約160件，儘管數量仍然驚人，卻未見極度惡化至危急政權態勢；此外，胡錦濤執政後，先後透過SARS與中共潛艦事件，樹立執政威信，並逐步安插各路人馬，順利取得軍委主席一職，讓黨內權力重新歸於一尊，也提供中共政權處理對台事務的空間。

根據白魯恂（Lucian Pye）的說法，派系鬥爭的起伏會造成中共統治者對社會的集權或分權，以及政策的寬或鬆。一般而言，當狀況對統治者有利之時，中共的政策產出會轉趨彈性，反之會轉趨強硬（Pye，

1990：3）。早先在江澤民進行十六大權力部署時，因面臨國內經濟、社會狀況多起，為求避免因台灣問題予其他派系有可趁之機，選擇「寧左勿右」的安全路線，顯然是較為穩妥的作法。十六大之後，在中共國內經濟、社會狀況較前緩解，且胡錦濤在權力收歸己用之後，更熟悉國家機器的運用遂行其意志，從而型塑出對台宣傳較具彈性的環境。

二、國際環境的變遷

後冷戰時期進入「一超多強」的國際體系，美國在兩岸關係扮演重要角色，遠超過其他各國影響。是以，探討中共對台宣傳環境的國際因素時，應以美中關係為最。經過 1996 年的台海危機後，美國與中共的「戰略伙伴關係」越見明朗，雙方關係並在 1998 年逐步達到高峰。先是該年 1 月，海協會長汪道涵邀集美國學者在上海社會科學院內召開「閉門會議」，由美國學者李侃如（Liberthal, K.）出面，建議兩岸進行簽訂「中程協議（Interim Agreement）」談判；該年 6 月，美國總統柯林頓在上海圖書館回答吳心伯教授談話時提出[5]（杜聖聰，1998）：

> 我曾有一個機會告訴江澤民，美國對台政策保持不變（remained unchanged）。我重申（reiterate）我們不支持台灣獨立，不支持兩個中國或一中一台；我們不相信台灣將是主權國家組織的成員。

李侃如的建議，以及後來奈伊（Nye, Joseph S）的《台灣交易》（Taiwan Deal）、何漢理（Harding , Herry）的《長期大架構》（Big Picture in the Long Term）的核心內容在於以「台灣不獨」交換「中國不武」，

---

[5]　筆者當時於現場採訪所見，當時美國總統柯林頓與中共安排的八位代表在上海圖書館鄉談甚歡，等到上海負大但學美國研究中心教授吳心伯發問時，美國國家安全顧問柏格上前遞紙條，並附耳提醒之後，柯林頓才說出上述對台「三不」言辭。

也就是以台灣交出國家主權，換取中國承諾「結束敵對狀態」（阮銘、張怡菁，2006：433）。奈伊在《台灣交易》一文中指出：

> 只要台北明確表示台灣是中國的一部分，北京將不會反對給台灣更多國際生存空間，讓台灣擁有更多參加亞太經濟論壇、奧林匹克運動會等類似機構的機會。

> 北京還應該強調，對香港適行的「一國兩制」將擴大到「一國三制」，使台灣可以真正維持自己的政治、經濟和社會體制。

1999 年 3 月 24 日，美國國務院亞太事務助理國務卿陸士達（Stanley Roth）在華盛頓威爾遜中心演說提出「兩岸可以簽署中程協議」，將此議題進入「官方施壓」階段，企圖進一步強化美中的「戰略性伙伴關係」（阮銘、張怡菁，2006：434）。顯然此舉是呼應「江八點」中的第三條，為兩岸「和平統一」的第一步預作佈局。不過，美中關係卻也在該年出現轉折。1999 年 5 月 8 日 5 時 45 分，美國用 3 枚導彈襲擊中共駐南斯拉夫大使館，引起中共國內民情震盪，反美情緒高漲。美國原聲稱此為誤炸事件，但事實上可能由於中共使館進行反北約情報活動，美國為求反制採取的報復行動（張惠燕，1999；看中國，2002）。

南斯拉夫誤炸事件之後，該年 5 月 25 日，由美國眾議院公布的《考克斯報告[6]》等，讓美中關係面臨考驗。儘管中國於 2000 年順利取得美

6　1999 年初，根據美國眾議院第 463 號決議案，國會在眾議院成立了「美國在和中國交往時對國家安全以及軍事、商業方面的關注特別委員會」，調查美國向中國轉讓技術問題，同時負責評估中國增強軍事和情報能力對建國國家安全的影響。在對 150 多人進行了近 700 個小時的採訪和聽證，開了 34 次正式會議商談有關問題和證言之後，該調查委員會於 5 月 25 發表了《關於美國國家安全以及對華軍事及商業關系的報告》，簡稱《考克斯報告》。該報告宣稱，中國已經竊取美國最先進的熱核武器設備資料，將很可能繼續根據這些情報研製小型熱核彈頭；中國以「盜竊」或其他方式非法獲得有助於加強其軍事和情報能力的美國導彈和空間技術；中國已經向一些國家擴散核技術和導彈等等。美國有些國會議員還藉此指責柯林頓政府允許美國公司使

國永久正常貿易關係（PNTR）（石容，2000），但因為台灣問題與中國威脅論批評聲浪四起，雙方關係陷入低潮。在這些事件背後，真正影響美中關係的是新上任的布希團隊的政策觀[7]，也就是「單邊主義」（unilateralism）的行為模式。即小布希總統及其團隊認為，美國不但是世界唯一的超強，而且是自羅馬帝國以來，唯一在軍事、政治、經濟、科技、文化等各方面遙遙領先其他國家的超強。因為美國的領先既「全面」又「遙遠」，幾十年內根本不可能有繼起的挑戰者。是以，美國不應像過去自由主義者那樣，對自己的富強擁有莫名的「罪惡感」，導致種種忍讓懷柔的外交政策，應該可以「獨行其是」，不願意再像柯林頓時期事事遷就聯合國或北約盟國；或者堂堂大國竟被蕞爾小國或突發事件牽著鼻子走，永遠疲於奔命（蘇起，2004：211-212）。

在這種「單邊主義」的思維下，2001 年 4 月間的中美軍機擦撞[8]事件，更讓美中關係急遽惡化。美國認為，這是中共戰機的年輕飛行員的惡意挑釁，干擾美國在世界行之有年的慣例，且中共政府在事後顛倒是非，煽動反美情緒，在在坐實了「中國威脅論」者的指控，並認為中共是美國不折不扣的「戰略競爭者」，是以同意出售大量武器系統給台灣，且小布希於該年 4 月 25 日接受美國 ABC 電視網訪問時直稱，「美國將竭盡所能地防衛台灣」（蘇起，2004：216-217）。

用中國火箭發射衛星。稍後，美國銷量很廣的《新聞周刊（Newsweek）》甚至將其列為 1999 年的十大醜聞之一（夏立平，2002：44）。

[7] 可參見 2000 年美國總統競選期間，小布希在 2000 年 11 月 19 日於雷根圖書館的演說中所說明的美國外交、國際戰略觀。小布希當選後，則散見美國國防部的「四年國防檢討」、「國家安全戰略」等軍事戰略報告，以及 2001 年 5 月 1 日小布希在國防大學的演說及 2002 年 9 月的「美國國家安全策略」等。

[8] 美軍太平洋區夏威夷史密斯營區於美東時間 2001 年 3 月 31 日晚間 8 時 15 分發出聲明指出，美國海軍一架 EP-3 偵察機在南海上空執行例行偵察任務，遭兩架中國空軍攔截，並和其中一架戰機發生擦撞，造成美機有「相當程度的損傷」，於是迫降於海南島機場。美軍機上 24 人平安，但中共空軍駕駛王偉卻機毀人亡。事件發生後，大陸國內民憤四起，許多大學生和民眾紛紛走上街頭抗議。

　　不過，美國在「九一一事件」發生後，基於反恐與國家安全的需要，大幅調整國家目標，對中國政策逐漸從「戰略競爭者」調整為「戰略合作者」。與此同時，美國仍願意維持對台灣較為友好的關係。2003年陳水扁總統提出「公投制憲」，美國也意識到中共反應強烈，多次警告台灣卻被置若罔顧。為求減緩台灣公投所造成的衝擊，美國總統布希派遣美國國安會亞太事務主任莫健（Moriarty, James F.）前來台灣，並致上親筆信函，希望陳水扁總統改弦易轍，注意公投可能引發的相關狀況。信中布希重申既定立場，甚至還出現好朋友相互請託的「do me a favor」用語，不過，陳水扁於玉山官邸接見莫健時，反覆解釋「防禦性公投」與制憲主張不涉及統獨，也重申「四不一沒有」的承諾絕對沒有改變，但因莫健錯認「總統特使身份[9]」，對陳水扁總統的說詞並不信任，影響美台關係甚鉅。（孫揚明，2004：版3；王銘義，2005：31-37）

　　莫健隨後前往大陸，除獲得胡錦濤、錢其琛等人接見外，期間更向莫健闡明中共克制行為。為求取信莫健，大陸提供莫健中共中央政治局在該年11月22日的會議記錄，表示「只要有一線希望，中共絕不放棄和平」以及「改變台海現狀，就是破壞亞太和平」[10]。台灣因堅持公

---

[9]　莫健與陳水扁總統見面時的言談，據稱已逾越「總統特使身份」，並發表「訓飭」扁政府舉辦公投的作法。根據陳水扁總統幕僚指出，莫健本來就對於台灣有所成見，他的任務本應是呈送布希總統的口信，但在會談過程中卻發表太多「個人意見」，發言內容超越布希總統在其信函所要傳達的訊息。例如莫健會見陳水扁總統時直言，「如果你們真的認為，只要不變更國旗、國號、領土，就不會有問題，那就錯了。這樣會造成我們美國的士兵死在台灣海峽，我們不要付出那個代價。防禦性公投除了挑釁之外，沒有其他任何目的。公投只是要顯示陳水扁可以挑戰大陸，對於要求大陸撤飛彈，只會有反效果。」由於美台關係因爆發公投而陷入低潮，白宮後來統一事權，將國務院、國防部、國安會，以及涉台發言權，交由國家安全顧問萊斯女士（Rice, Condoleezza）統籌調度，萊斯又因不熟悉美中台細部操作，且該年12月9日布希與中共總理溫家寶的「布溫會談」即將登場，於是在那段時間裡將中美台相關決策委由莫健負責統籌決定，更造成美國對台政策失衡（王銘義，2005：35-37）

[10]　筆者於2006年9月6日，訪問大陸涉台學者P2所得。

投一事與美國發生齟齬，為稍後小布希總統與中共總理溫家寶會面提供了良好的氛圍。可以說台灣「誤判」莫健的主導性[11]在先，加上中共總理溫家寶訪美時，允諾調整人民幣匯率，送給美國大禮[12]在後，讓小布希總統於 2003 年 12 月 9 日和溫家寶舉行高峰會議時，於會後的記者會表示「我們反對中國或台灣片面改變現狀」；「至於台灣領導人任何的言詞或行動，顯示他有意要片面改變現狀，我們反對。」原文如下所示（中央社，2003）：

> We oppose any unilateral decision by either China and Taiwan to change the status quo.
>
> and the comments and actions made by the leader of Taiwan indicate that he may be willing to make decision utilaterally , to change the status quo, which we oppose.

　　布希雖未點名陳水扁總統，但對「領導人」（leader）一詞使用單數而非複數，明顯是指陳水扁。而所謂「改變現狀」，明顯是指通過公投來改變現狀；而現狀是指不統不獨的現狀；改變現狀應是指走向獨立（楊力宇，2003：64）。過去美國官員一直使用「不支持」（do not support）台獨一詞，現在布希卻使用「反對」（oppose），雖說美國的兩岸基本政策並無重大改變，但自此之後，已明顯向中共傾斜。包括 2004 年 10 月，美國國務卿鮑爾（Colin Powell）訪中時指出，美國在台北不獨、

---

[11] 陳水扁總統拒見莫健，大陸涉台學者認為是陳水扁及其幕僚無法判讀布希親筆函的重要性所致。這位大陸涉台學者 P2 舉例表示，如果布希今天派密使將親筆信交給賓拉登、金正日，卻遭到類似像陳水扁這種拒絕，試問美國如何充當世界警察？這也難怪布希會以 scumbag、asshole、son of bitch 等粗鄙的字眼「問候」陳水扁。（另參見王銘義，2005：40）

[12] 美國需要中共合作解決北韓問題；美中貿易逆差成長迅速，需要中共合作減少逆差；至於在反恐、聯合國與穩定亞太形勢，美國都需要中共幫忙。不過，這些協助對中共造成的衝擊，應該不及中共允諾調整人民幣匯率來得大。（楊力宇，2003：63）

北京不武的雙重明確戰略下，又多加上一層清晰化的限制，即「美國不但不支持台獨，而且不支持台灣尋求獨立的動作」。就連攸關台灣民眾利益的「反分裂國家法」出爐後，美國助理國務卿薛瑞福（Randy Schriver）於 2005 年 4 月 11 日在美國眾議院舉辦的《反分裂國家法》聽證會時，並沒有明確指出「一旦台灣遭到武力攻擊時，美國將防禦台灣。」（姜德琪，2005：41）這也顯示出，美國只會選擇自身的核心利益，企圖以「尋求台獨的動作」援引美國力量介入兩岸的作法，往往容易適得其反，甚至可能為中共解套，讓台灣成為化解美中齟齬的黏合劑。

三、台灣環境的變遷

1999 年是台灣的多事之秋。李登輝總統鑑於江澤民「聯美制台」策略逐漸奏效，柯林頓明示「新三不」與「中程協議」已走進官方施壓階段，顯示美國向中共傾斜至為明顯。於是根據國安會「強化中華民國主權國家地位小組」的報告，於 7 月 9 日接受「德國之聲」專訪時提出兩岸為「特殊國與國關係」。李登輝說（行政院大陸委員會，1999）：

> 1991 年修憲以來，已將兩岸關係定位在國家與國家，至少是特殊的國與國的關係，而非一合法政府，一叛亂團體，或一中央政府，一地方政府的「一個中國」的內部關係。所以北京政府將台灣視為叛離的一省，完全昧於歷史與法律的事實。也由於兩岸關係定位在特殊的國與國關係，因此沒有再宣佈台灣獨立的必要。

李登輝說出這一段事實後，受到中共強烈反彈，在國際上也讓台灣出現極為難堪的處境，即美國駐聯合國代表與中、英、法、俄等常任理事國採取同一步調，在總務委員會發言反對將台灣參與聯合國列入大會議程（阮銘、張怡菁，2006：437），打破過去慣例，也讓台灣在國際上

受到空前屈辱[13]。李登輝此舉固然有其國內外因素,但其實質主要是接踵而來的台灣總統選舉。為求防堵前台灣省長宋楚瑜當選總統,形成「盧泰愚效應[14]」,李登輝原本希望透過「兩國論」為其延任案先行暖身,等到指定接班人連戰足以在選戰獲勝後再行交棒。但因為國民黨背負多年黑金貪瀆陳痾,民心思變的結果,此舉反而加速國民黨政權的更替。

　　這種選舉的權力考量不僅在國民黨執政末期盛行,及至民進黨執政猶烈。陳水扁在國民黨分裂為連戰、宋楚瑜兩大陣營後,以39%得票率驚險當選總統。為平息台灣內部爭議,陳水扁任用唐飛為行政院長以安定政局,外部則在總統就職演說提出「四不一沒有[15]」,減緩中共對台打壓力度,小心操作的結果讓陳水扁執政前一百日,民調滿意程度逼近八成。但在改用民進黨張俊雄擔任行政院長後,接連出現「核四停建案[16]」風波、陳水扁支持度便逐步下滑(陳毓鈞,2005:255-256)。

---

[13] 台灣在每年聯合國大會時,多會商請邦交國代為提案,將台灣參與聯合國列入議程。儘管中共反對杯葛,但其強度不過是幾個中共友邦挾其勢力,以表決方式否決我方提案。從來就不曾出現像 1999 年五大常任理事國聯袂發言反對的窘狀。

[14] 自由時報資深記者鄒景雯所著《李登輝執政告白實錄》出版後,文中提及李登輝對宋楚瑜評價為「很厲害的人」,並稱宋野心勃勃積極爭取總統大位。為此,當時甫成立的親民黨召開內部會議,據親民黨發言人謝公秉會後轉述宋楚瑜談話指出,李登輝當時因為擔心宋楚瑜當選總統,造成「盧泰愚效應」,即新選出的總統法辦上屆總統的情事出現,於是佈局 1999 年的總統延任案,希望繼續操控政局,後因延任案失利,仍想透過連戰操控政局,因此極力防堵宋楚瑜出線(蕭衡倩,2001:版 3)。

[15] 陳水扁總統於中華民國第十任總統就職演說中表示,「只要中共無意對台動武,本人保證在任期之內,不會宣佈獨立,不會更改國號,不會推動兩國論入憲,不會推動改變現狀的統獨公投,也沒有廢除國統綱領與國統會的問題」(中華民國總統府,2000a)。

[16] 2000 年 10 月 27 日上午 10 時,經過多方協調聯絡,陳水扁總統與國民黨主席連戰在總統府見面,並對核四問題、兩岸關係、掃除黑金等議題廣泛交換意見,陳水扁當場允諾將會鄭重考慮核四問題,詎料當日中午行政院長驟然宣佈停建核四,在野政黨反彈四起,包括連戰斥責陳水扁「粗魯、無禮、幼稚」,立委丁守中率先提出「罷免」陳水扁總統,並向監察院申請彈劾行政院長張俊雄;親民黨則主張倒閣,新黨也隨全力支援。這次事件意外促成國、

　　原本中共對民進黨政府仍有期待，並希望在 2000 年 7 月中舉行的民進黨全代會，盼望能在「台獨黨綱」有所修正，但民進黨並無回應（陳毓鈞，2005：256）稍後陳水扁總統於該年 10 月 10 日國慶文告中提出以「九二精神」取代「九二共識」，更讓中共疑慮加深。從而影響由中研院長李遠哲領導的跨黨派小組於 11 月底所做的「三認知四建議[17]」結論（中華民國總統府，2000b），甚至被中共批為「不三不四[18]」（杜聖聰，2000：版 4）。此後，陳水扁總統又於 2001 年元旦文告中提出「依憲法一個中國原本不是問題」及「政治統合」概念（中華民國總統府，2001），中共並無積極回應，自此之後，民進黨政府喪失改善兩岸關係的絕佳契機，並順應獨派力量與國內選舉考量，讓兩岸政府漸行漸遠。

　　台灣各界對於民進黨的大陸政策有兩種截然不同的兩種觀察。從 2002 年 8 月的「一邊一國論」，到 2003 年 9 月的台灣新憲法及「防禦性公投」，再到 2006 年初的「積極管理，有效開放」、「終統論」，2007 年 3 月的「四要一沒有」，公然爭取台灣獨立。在野陣營認為，這是陳

親、新三黨合流，彌平舊有裂痕，共同成立「在野聯盟」，形成強勢的制衡執政黨力量，也讓民進黨政府施政多所掣肘。

[17] 跨黨派小組所提的「三個認知」為：（一）兩岸現狀是歷史推展演變的結果；（二）中華民國與中華人民共和國互不隸屬、互不代表。中華民國已經建立民主體制，改變現狀必須經由民主程序取得人民的同意；（三）人民是國家的主體，國家的目的在保障人民的安全與福祉。兩岸地緣近便，語文近同，兩岸人民應可享有長遠的共同的利益。基於以上認知，跨黨派小組建議：（一）依據中華民國憲法增進兩岸關係，處理兩岸爭議及回應對岸「一個中國」的主張；（二）建立新機制或調整現有體制以持續整合國內各政黨及社會各方對國家發展與兩岸關係之意見；（三）呼籲中華人民共和國政府，尊重中華民國國際尊嚴與生存空間，放棄武力威脅，共商和平協議，以爭取台灣人民信心，從而創造兩岸雙贏；（四）昭告世界，中華民國政府與人民堅持和平、民主、繁榮的信念，貢獻國際社會並基於同一信念，以最大誠意與耐心建構兩岸關係（中華民國總統府，2001）

[18] 2000 年 11 月 30 日，中共國台辦新聞局長張銘清在國台辦第二次新聞發佈會稱，「跨黨派小組建議是不三不四、不倫不類，完全是文字遊戲。」

水扁政府透過選舉炒作，意圖擾動兩岸情勢爭取政治利益的動作。見諸一邊一國論的北高兩市長／市議員選舉；為2004總統大選暖身的台灣新憲運動與防禦性公投，確實扮演「公投綁大選」效果，也讓陳水扁總統取得連任。及至民進黨弊案纏身，如高雄捷運弊案、總統府副秘書長陳哲男關說案、總統女婿趙建銘台開炒股內線案、總統夫人及親信涉入國務機要費案遭起訴等，兩岸關係的言論也適時發揮轉移焦點功能。

不過，若從現實主義的角度出發，兩岸所謂「互賴」，無論如何就是一種「依賴」，而這種依賴在危機或關鍵時刻，重要的財貨源頭和資源的輸入及流通將被切斷或中止，這種情形將會造成社會的不安，進而嚴重影響國家的安全（李英明，2002）。以陸委會公布的資料顯示，台灣對大陸貿易佔台灣外貿的比重，從2000年的10.67%，迅速上升至2005年的 20.04%；而大陸對台灣貿易佔大陸外貿的比重，則從 2000 年的6.59%，逐年下滑至 2005 年的 5.37%（行政院陸委會，2007），足見台灣對大陸經貿依賴日深。與此同時，民進黨政府必須與中共折衝外，更大的心力在於應付國內不同的利益團體、官僚體系與相互競爭的政治人物。因此，基於國家安全的考量，透過政治槓桿冷卻大陸熱，避免將所有籌碼集中在大陸，自是情理之常。

台灣自 2004 年總統大選後出現人數極為相近的藍綠板塊，在 319槍擊案真相未獲全民共識前，藍綠陣營各擁其主，甚至出現 2006 年百萬民眾齊聚凱達格蘭大道要求陳水扁總統下台。這股力量原為質疑陳水扁及其妻孥親信涉入弊案，卻在挺扁勢力與「本土力量」合流後，出現兩造更加深化的族群、階級與地域的對立衝突。事實上，這種因選舉而起的衝突，在台灣國家定位不明的前提下，反成為台灣的族群撕裂、南北失和的引爆點。

台灣選舉是一個大型政治秀場，藍綠陣營為求「設定議題」（agenda-setting）成功，多採取激烈手段以博取新聞版面，增加新聞曝

光；新聞媒體亦在收視率或閱報率的考量，對此節欣然接受。另外，媒體各有立場，且記者良莠不齊，甚至期間多與採訪路線上的對象互通款曲，型塑出扭曲的新聞產製過程，也讓政治人物從中取得宣傳效果與政治利益（杜聖聰等，2007：130-131）。政黨輪替以來，每逢大選前夕或政治處境堪虞時，陳水扁總統多會釋放兩岸言論，以利選情或主導該次選舉議題。儘管成敗互見，且當時多會造成政壇動盪及股市衝擊（見表4-1）。不過，這種作法確實形成媒體新聞控制室報導典範的偏移，從而有利於重塑台灣民眾的認同[19]。見諸歷來政治大學選舉研究中心對台灣民眾國家認同的調查，認同自己是台灣人者，從 2000 年 6 月的 36.9%至 2006 年 12 月 44.4%；認同自己是中國人者，從 2000 年 6 月的 13.6%下滑至 2006 年 12 月的 6.2%，可知台灣民眾本土認同日深，與中國漸行漸遠已成不可逆轉之勢[20]。

　　從 1999 年以來，選舉一直是台灣社會的主軸。選舉解構執政 50年的國民黨，在政黨輪替之後，也逐漸將台灣裂解為一個旗鼓相當、人數相差無幾的藍綠陣營。原本兩岸在不對稱結構下，台灣必須凝聚共識才足以妥善處理兩岸關係，卻由於藍綠陣營因階級、地域撕裂情感，視彼此為寇仇遠較對岸為甚。這不僅重創台灣社會內部和諧，也提供中共對台一個絕佳的宣傳環境。不過，台灣民眾的自我認同與國家認同，隨著民進黨執政日久，與大陸認定「兩岸都是中國人」的設想顯有出入。這股「不可逆轉」的台灣主體意識沛之莫能禦，顯然是中共對台宣傳「和平統一」的最大障礙。

---

[19] 筆者於 2007 年 3 月 2 日專訪蘋果日報大陸中心主任連雋偉訪談內容。
[20] 另根據陳水扁總統於 2007 年 3 月 2 日接受「德通社」訪問時指出，台灣是台灣，中國是中國，自認為是台灣人而不是中國人的台灣民眾，從 2000 年的 36%，成長至 2006 年的 60%。陳水扁總統預估在 2007 年，將可成長至70%，亦可正名台灣主體意識的潮流呈現不可逆轉之勢（陳水扁，2007）

表 4-1：陳水扁總統發表的兩岸重要言論

時間	場合	主要內容	發表時機	股市影響
2000/05/20	總統就職典禮	只要中共無益對台動武，任期內不會宣佈獨立、不會推動統獨公投、沒有廢除國統會與國統綱領問題。	政黨輪替過後首度表明兩岸態度	下降 299.42 點
2002/08/03	世台會29 屆年會	台灣與中國是一邊一國，要分清楚	2001 年立委與縣市長選舉前	下降 284.22 點
2003/09/28	民進黨黨慶	2008 年制訂台灣新憲法	預為 2004 年總統大選佈局	──
2003/11/29	醫界「相信台灣，堅持到底」餐會	陳水扁總統宣佈根據公投法第 17 條，啓動「防禦型公投」並與隔年總統大選同日舉行	預為 2004 年總統選舉「公投綁大選」	──
2006/01/01	總統元旦文告	兩岸以「積極管理，有效開放」取代「積極開放，有效管理」。	2005 年縣市長選舉民進黨失利後，緊縮兩岸政策	下降 124 點
2006/2/27	國安高層會議	宣佈終止國統會與國統綱領運作	為轉移黨內施政多起弊案焦點	下降近 300 點
2007/03/05	FAPA 致詞	發表台灣要獨立、正名、新憲、發展，沒有左右路線問題，只有統獨問題。	中共舉行人大政協兩會前夕	下降 287 點

資料來源：
1.筆者自行製表。
2.陳慜蔚、郭及天，2007：版 A2；新華網，2007。

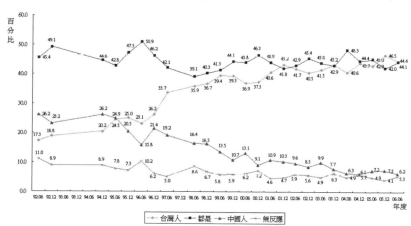

圖4-1：台灣民眾：台灣人／中國人認同趨勢分佈（1992-2006）

資料來源：政治大學選舉研究中心（2007），〈台灣民眾：台灣人／中國人認同趨勢分佈（1992-2006）〉。http://esc.nccu.edu.tw/newchinese/data/TaiwanChineseID.htm

第二節　胡錦濤時期的對台宣傳政策

　　一個事物所要肩負的責任，是由這一事物的性質和地位決定的。性質和地位問題是社會主義新聞事業的基本理論問題（陳富清，2003：37）。江澤民主政時期，將新聞宣傳視為黨的「喉舌」，甚至更提高到黨的「生命」高度[21]。既然中共視宣傳如政權生命，且統一台灣乃為中共歷史三大任務之一，中共對台宣傳厥為重中之重。

---

[21] 1996年9月，江澤民在巡察人民日報社時的講話中指出，「黨的新聞事業與黨休戚與共，是黨的生命的一部份。可以說，輿論工作就是思想政治工作，是黨和國家的前途和命運所繫的工作。」（江澤民，1996：3）

　　在改革開放以後，主管宣傳的胡耀邦於 1979 年 1 月即總結宣傳理論戰線的基本經驗教訓，並研究中共全黨宣傳工作的根本任務，在於把馬列主義和毛澤東思想與實現四個現代化緊密地結合在一起，要儘可能讓思想工作走在實際工作的前面（鄧培仁、何揚鳴、張健康，2002：21-22）。1980 年 8 月，中共中央在《關於三中全會以來的宣傳工作向中央的滙報題綱》指出，宣傳的任務是把中共全黨和全國人民的思想最大限度地引導到實現中共的總路線上來。要把馬列主義和毛澤東思想的宣傳教育的重心，轉移到經濟建設，同時要深入唯物辯證主義的思想路線教育，要牢牢抓住思想工作這個宣傳工作的中心環節。1981 年 1 月，中共中央正式在《中共中央關於當前新聞廣播宣傳方針的決定》決議，報刊、新聞、廣播、電視是中共進行思想政治工作的重要武器。應該在中共領導下，開展有關正確理解和貫徹中共執行中共各項方針、政策的討論，但不應該成為公開辯論基本方針、基本政策是非的討論。同時要加強組織紀律性，需無條件地同中央保持政治上的一致，不允許發表與中央路線、方針、政策相違背的言論（鄧培仁、何揚鳴、張健康，2002：22-23）。

　　在此之後，中共領導人鄧小平在 1983 年 10 月 12 日在中共第十二屆中央委員會第二次全體會議上講話，強調「思想戰線不能搞精神污染。思想戰線的戰士（指宣傳工作者）是人類靈魂的工程師，應當高舉馬克思主義的、社會主義的旗幟，為社會主義現代化事業進行工作。」（鄧小平，1994：82）繼承鄧小平的江澤民 1993 年 1 月的全國宣傳部長座談會上發表《宣傳思想戰線是我們黨的一條極其重要的戰線》，申明要以鄧小平建設有中國特色的社會主義理論武裝全黨；強調這是一件根本任務，是一件大事。要深入理論的學習、研究和宣傳。要不斷地貫徹「抓住機遇、深化改革、擴大開放、促進發展、保持穩定」廿字方針和處理好「改革、發展、穩定」三者關係的成功經驗，深化這方面的宣

傳，樹立全國一盤棋的思想，把全國人民凝聚到建設有中國特色的社會主義的事業上來（江澤民，1993：版1）。

　　順著這種宣傳思路，反映在中共對台宣傳政策上，自然呈現出為中共政權服務面貌。從1994年起，中共中台辦的內部刊物提出「新時期對台宣傳原則」，要求對台幹部認識「新時期對台宣傳工作」，在中共中央提出「寄希望於台灣當局、更寄希望於台灣人民」之際，對台工作幹部應該要把握形勢變化，主導輿論動向，持久地宣傳「和平統一、一國兩制」；將大陸改革的光明面納入宣傳範圍；加強輿論鬥爭，抓住台灣民眾關心的問題；改進宣傳形式與方法，要藉民族大義與骨肉親情，將對台方針宣傳出去（中央日報，1994：版7）。稍後，當江澤民於1995年提出「江八點」之後，中共對台宣傳政策也隨之變化。該年的中共中央宣傳會議裡，負責主導對台宣傳的中共中央對台工作領導小組副組長、中共副總理錢其琛指出，對台宣傳工作是對台工作重要的組成部分，要求貫徹「江八點」使宣傳工作在促進兩岸關係發展及推進祖國統一進程做出貢獻。該文並要求宣傳部門應注意中國的綜合國力提升，海峽兩岸交流進展的正面宣導；至於外國勢力圖謀插手台灣問題、干涉中國內政，台灣的分離勢力傾向有所發展等方面，錢其琛重申「台灣問題是中國內政，絕不容外人干涉」的立場（人民日報，1995：版1）。

　　到了1998年，中共進一步深化對台宣傳到具體項目，提出以「全面發展兩岸關係」、「落實寄希望於台灣人民的工作」、「全力推進兩岸經貿合作與交流」為主調的宣傳政策。其具體作法為簡化台胞入境手續、做好台灣在大陸旅遊經商服務、適時推出「台胞投資保護法實施細則」，加強與台灣各界人士的聯繫與服務（聯合報，1998：版13）。及至2000年台灣政黨輪替後，中共經過觀察評估後，錢其琛隨即於2001年的「中共對台宣傳工作會議」提出，早日解決台灣問題，完成和平統一大業是全中國人民的共同願望神聖使命，是任何力量都無法阻擋的。完成祖國統一是新世紀必須抓好的三大任務之一。基於此節，錢其琛認

為「對台宣傳工作」必須注意以下環節，包括：要積極宣傳「和平統一、一國兩制」及「江八點」，並以此方針解決台灣問題，是最大限度地照顧台灣社會現狀和台灣同胞的利益。錢其琛要求對台宣傳工作要考慮到台灣同胞要求當家做主、管理台灣的願望；要讓台灣同胞大陸改革開放的成就；要說明國家統一的好處和未來前景；要宣傳有關台灣的歷史，說明搞台獨、搞分裂是沒有前途的，是違反歷史潮流的；在國際上，則要宣傳中國的統一有利於世界和平，符合各國的利益（人民日報，2001：版 1）。

胡錦濤是鄧小平指定的中共第四代領導人，1992 年躋身政治局常委會後，歷經十年黨政軍磨練，終於在 2002 年十六大接任中共總書記，並於 2003 年中共第十屆全國人大擔任國家主席。與此同時，胡錦濤儘管接任中共中央對台工作領導小組長，負責總括對台拍板事宜，但因中共軍委主席仍握於江澤民之手，接班初期仍處於權力磨合之際，緊守江澤民時期的對台框架。2003 年 3 月 11 日，中共第十屆人大第一次會議上，胡錦濤提出對台工作的「四點意見、三個凡是」，是為第一次的「胡四點」，基調包括始終堅持「一個中國」原則；大力促進兩岸經濟文化的交流；深入貫徹寄希望於台灣人民的方針；團結兩岸的同胞共同推進中華民族的偉大復興。宣傳內容與與「江八點」有眾多雷同處，包括堅持「一個中國」的原則、強調發展兩岸經濟交流、柔性訴諸於台灣同胞。足見胡錦濤掌政初期仍是江規胡隨，相關對台宣傳作為，仍處於「江規胡隨」階段（葉怡君，2005：362）不過，在接掌大權之後，胡錦濤對台的宣傳政策卻轉趨凌厲。

2005 年 3 月 4 日，中共全國政協十屆三次會議聯組討論會中，胡錦濤會見民革、台盟、台聯政協委員分組座談時提出《新形勢下兩岸關係的四點意見》（下稱「胡四點」）時，正式公布「反分裂法這部對台政策法典基本架構的立法動向」，即堅持「一個中國」原則決不動搖；爭取「和平統一」的努力決不放棄；貫徹「寄希望於台灣人民」的方針決

不改變；反對「台獨」分裂活動決不妥協（曹宇帆[22]，2005：137）。在此之後，中共接連推出《反分裂國家法》，並逐步推動國共合作，掌握對台宣傳的主動權，並讓兩岸氣氛為之一變。

　　從錢其琛、胡錦濤接連談話不難看出，中共對台宣傳的整體框架並未因領導人更迭出現結構性的變化。中共堅持「一個中國」原則；並在大國外交的框架下改採「聯美制台」策略；原本力求統一的目標，則逐漸將宣傳重點放在「反獨促統」；同時也將「寄希望於台灣人民」放在對台宣傳的重中之重。不過，在這些重要指標下，卻因為宣傳作用力度節奏不同，以及時空環境的變化，出現中共對台宣傳戰術作為的轉折。以下將對此進行探討。

第三節　「聽其言，觀其行」階段的對台宣傳作為

　　中共的宣傳是為政策服務的，摸準中共對台政策才能掌握對台宣傳的戰略與作為[23]。北京聯合大學台灣研究院院長徐博東指出，中共十五大到胡錦濤全面掌權主導對台政策之後，確實在胡錦濤時期有了變化，尤其在「五一七聲明」發佈後更為明顯。這並不是說「胡錦濤施政手腕靈活，而江澤民較為僵硬」，而是中共在總結對台工作經驗教訓後，更加瞭解台灣作法而有了政策上的變化。

　　徐博東等多位涉台學者[24]近年來多將「五一七聲明」發表前，視為中共對台宣傳戰略的「聽其言，觀其行」階段；在此之後，則是所謂「聽

---

[22] 曹宇帆時任中央廣播電台記者，並赴北京人民大會堂現場採訪。返台後，曹宇帆將相關資料彙整於碩士論文《中共對台宣傳與台灣媒體報導——《反分裂國家法》的傳播過程》，該文乃以記者親赴第一線採訪後撰寫而成。

[23] 筆者於 2006 年 9 月 5 日於北京專訪北京台灣經濟研究會副理事長李延。

[24] 中共涉台學者李家泉、郭震遠、郭偉峰等人多有此論。參見（郭偉峰編，2006：3-36）

你言，觀我行」階段。究其所以，在於江澤民執政後期，中共對台宣傳
戰略多是「被動因應」，跟隨著李登輝、陳水扁總統作為「出招」；至於
「五一七聲明」發表後，則是不管台灣當局所言，將對台宣傳的「主
動權」牢牢掌握在中共手裡，成為「聽台灣當局之言，要台灣觀大陸
作為」[25]。

　　1999 年迄今，中共對台面對「兩國論」、「一邊一國論」、「公民投
票」、「反分裂法」、「終統論」、「四要一沒有」等重大事件，若以「五一
七聲明」為其轉折點，前後確有明顯差異，以下將根據「聽其言，觀其
行」與「聽你言，觀我行」兩階段分析其對台宣傳內容之異同。

一、「一個中國」方面

（一）一國兩制的窘境

　　1999 年是中國大陸的多事之秋，在國內方面，中共官方聲稱出現
「毫無預警」的法輪功信徒包圍中南海事件，經濟出現劇烈震盪狀況，
且社會暴動事件在該年就有十萬起以上；在國外方面，特別出現美國誤
炸南斯拉夫大使館事件與「考克斯報告」出爐，中美關係陷入低潮。對
中共而言，當內部未靖處理台灣問題時，為免提供敵對派系趁隙攻訐的
空間，採取「寧左勿右」的強硬策略，本來就是較佳的策略。學者林中
斌指出，影響北京對台政策的因素有三，即「中國內部」、「國際系統」
與北京認知的「台灣動向」。當這些決定因素對中共當局有利時，其領
導人的對台政策較具靈活與彈性；反之，則較為強硬。（Lin，2002：3）
詳見表 4-2：

25　筆者於 2006 年 9 月 5 日於北京聯合大學台灣研究院專訪徐博東院長。

表 4-2：中共對台策略的決定因素

決定因素	中共的對台策略	
	彈性的審慎小心的柔性的	無彈性的嚴厲強硬的
一、國內狀況	有利的	不利的
二、國際環境 　中美關係 　北京地緣政治地位	穩固的 需妥協折衷	不穩固的 具自信的
三、北京認知的台灣動向 　台灣政府 　台灣選民	自制與善意 支持政府	挑釁與分離 不支持政府

資料來源：
1.Lin , Chong-Pin (2002) , p.3.

　　光以該年中共官方文章論之，根據學者張五岳調查，「一個中國原則」在「兩國論」出現前後的則數，即從 20 則驟增為 233 則。在「兩國論」後，一個中國的提法出現「舊三段論」的則數高達 19 次，即「世界上只有一個中國，中華人民共和國是代表中國的唯一合法政府，台灣是中國的一部份」，足見中共對於「兩國論」的憤怒（張五岳，2003：22）。中共這種強硬的對台宣傳態度也反映出「一國兩制」面臨的窘境。

　　從鄧小平時期開始，中共對台統一政策核心乃為「一國兩制」，不過，在兩岸宣傳的「議題設定」觀之，中共卻未見上風。過去，中共在談判桌上慣向對手明示底線所在，避免與對手進入瑣碎議題的糾纏，在「一國兩制」的宣傳戰略上，仍可得見前人遺緒。不過，自從兩岸海基海協兩會開啟事務性協商後，1992 年台灣提出「一中各表」，在「一個中國」問題上兩岸各自表述；及至 1999 年李登輝總統提出「兩國論」定位兩岸關係，可以視為是針對「一國兩制」的抗衡。在此過程中，台灣掌握對於「一個中國」問題的「議題設定」主導權，中共則以「一國兩制」一以貫之，未見任何鬆動（徐淑敏，2005：142）。

　　2000 年 2 月，時值台灣 2000 年總統大選前夕，中共國務院新聞辦公室發表《一個中國的原則與台灣問題》白皮書，由於中共對民進黨台

獨走向疑慮甚深，認為是分裂「祖國」的圖謀，美國議會的《加強台灣安全》法案叩關，讓中共認為台海存在著危機。相較於 1993 年所發表的第一份白皮書，其內容特別清楚說明「三個如果[26]」，不啻向台灣傳遞「台獨意味戰爭」的嚴重訊號（國務院新聞辦公室，2000）。

> 如果出現臺灣被以任何名義從中國分割出去的重大事變，如果出現外國侵佔臺灣，如果臺灣當局無限期地拒絕通過談判和平解決兩岸統一問題，中國政府只能被迫採取一切可能的斷然措施、包括使用武力，來維護中國的主權和領土完整，完成中國的統一大業。

2003 年 3 月，中央研究院長李遠哲向台灣民眾提出「向上提升」論，直指選擇民進黨候選人的陳水扁是台灣社會「向上提升」的體現，選擇國民黨的連戰或獨立參選的宋楚瑜則是「向下沈淪」，讓陳水扁競選聲勢上漲。該月 15 日，中共國務院總理朱鎔基在人大閉幕記者會上提醒台灣選民「警惕」，選擇台獨走向的陳水扁會「後悔莫及」。朱鎔基說（聯合報，2000，版 3）：

---

[26] 2000 年 4 月，中共國務院轉發的一份文件中指出，副總理錢其琛曾在內部會議中針對「三個如果」的具體情況做出精確定義。首先是「如果台灣被任何名義從中國分割出去的重大事變」，指的是台灣當局搞所謂的台灣地位的公民自決，以民意藉口搞台獨，修改台灣憲法，把台灣確立為主權獨立國家；在外國勢力支持下，宣布台灣為一個國家；讓台灣加入美、日兩國旨在針對中國的導彈防禦系統（TMD），成了與外國結盟的軍事集團成員國。其次是「如果出現外國侵佔台灣」，意指外國和台灣結成國家間的軍事同盟；外國政軍勢力主在台灣政局、控制、操縱台灣政局；外國在台灣建立軍事基地，部署軍事裝備；外國宣佈把台灣列入該國領土或保護管轄區。最後是「如果台灣當局無限期拒絕通過和平解決兩岸統一問題」指的是，迴避台灣是中國一部份的事實，堅持兩岸對峙局面；頑固地否認世界上只有一個中國、台灣是中國的領土，及堅持台灣已是主權國家；堅持以台灣政治制度、價值觀、生活方式與中國差異為由，拒絕和平談判；以所謂台灣民意不統、不獨維持現狀為由，堅拒兩岸就統一進行談判；北京根據兩岸事態發展提出給台灣當局選擇和平或戰爭、統一或分裂的談判期限屆滿，北京將隨時對台灣進行斷然措施（連雋偉，2000：版 4）。

這幾天台灣選情波譎雲詭，急轉直下，不就是有人要讓台獨勢力
上台嗎？前天台灣股市重挫六百一十七點，集中反映擔心台獨勢
力上台，會挑動兩岸戰爭。現在台灣人民面臨緊張的歷史時刻，
何去何從，切莫一時衝動，以免後悔莫及。離選舉還有三天，世
事難測，台灣同胞，你們要警惕啊。

　　朱鎔基的談話，外界解讀不一。有國際媒體認為像是「黑手黨首領」
的恫嚇，也有人認為是對台灣的善意警告[27]。不過，台灣民眾卻以82.6%
的超高投票率選出陳水扁擔任中華民國總統。顯然，中共第二次對台白
皮書與朱鎔基的談話，沒有發揮預期效果。強逼台灣接受「一國兩制」，
一旦脫離中共認定的「一個中國」框架就擬以武力相向的結果，激起台
灣民眾的反感。當天晚間十時，中共中台辦與國台辦發出聲明（中共中
央台灣辦公室、中共國務院台灣辦公室，2000），正式提出對台「聽其
言，觀其行」的作法：

　　世界上只有一個中國，台灣是中國領土不可分割的一部分。台灣
　　地區領導人的選舉及其結果，改變不了台灣是中國領土一部分的
　　事實。和平統一是以一個中國原則為前提的。任何「台獨」都是
　　絕對不允許的。對台灣新領導人我們將聽其言觀其行。

　　從1999年的「兩國論」到2000年第二次對台白皮書的「三個如果」，
再到朱鎔基的警惕談話，不管是中共被動因應台灣設定議題，或者是中

---

[27] 筆者當時在人大閉幕記者會現場採訪。其實朱鎔基在記者會中的全程談話極
　　為溫和，過程中只有回答二次有關台灣問題的提問，反倒是多所著墨要如何
　　改善中國經濟、貪瀆成風的問題上。朱鎔基甚至在記者會上指出，自己已準
　　備好「棺材」要與貪瀆抗衡，且希望自己為中國所做的「實事」能留與後人
　　說，現場氣氛頗令人為之動容。不過，台灣各大媒體卻選擇朱鎔基對台最激
　　烈的談話選擇性放大，並反覆播送。事後，據北京涉台學者告知筆者，朱鎔
　　基的談話是個「意外」，完全是現場「脫稿」演出，並沒有按照幕僚寫定的
　　「不痛不癢」官方語言處理此節，以致造成另中共「扼腕」的後果。

共主動出擊，可以觀察出中共強勢推動「一國兩制」，已經陷入無以為
繼的窘境。受限於國際壓力與現實國內條件，以及對台政情判準失據，
中共難以對台更進一步的強硬動作，而台灣民眾在選舉動員下產生的高
度自信，不容他人置喙。

（二）九二共識併提一中原則

　　2000 年 3 月，在民進黨首度躍升為「中華民國執政黨」之後幾天，
中共中央對台工作領導小組在北京中南海召開擴大檢討會議。身兼對台
工作領導小組組長的中國國家主席江澤民，痛斥黨政軍各個涉台系統彙
報的台灣最新選情分析、朝野政黨候選人得票預測等資料形同具文，並
指出「十年對台工作一場空」[28]。江澤民的憤怒來自於中共長期以來慣
以主觀意識評估台灣政情，以致預測失真。中共涉台學界長期以來鎖定
國民黨作為研究對象，研究民進黨本非顯學，在民進黨執政前，僅廈門
大學台灣研究所與軍方「和平與發展研究中心」的研究較為深入[29]。

---

[28] 台灣大選前，中共黨政軍的涉台機構，包括國台辦、總參二部情報部、總政
「和平與發展研究中心」、外交部現代國際關係研究所、國安系統的社科院
台研所、汪道涵幕僚群組成的上海台研所，以及廈門大學台研所等智庫單
位，相繼向江澤民彙報對台灣大選的評估報告（王銘義，2005：142）。據筆
者瞭解，當時只有廈門大學台灣研究所（今廈門大學台灣研究院）、總政「和
平與發展研究中心」準確預測陳水扁將當選總統。當時，國台辦主任陳雲林
因與國民黨非主流系大老梁肅戎交好，據稱當時國台辦彙總各方報告給江澤
民時，聲稱國民黨的連戰與蕭萬長將可望以 500 萬票過關，證諸事後連蕭配
僅取得 293 萬票相去甚遠。因此，在該次會議中，江澤民將這些資料抓起來
摔在地上，並表示「十年對台工作一場空」。

[29] 廈門大學台灣研究所自國共內戰後，一直是中共培養涉台人才的重鎮。該所
因地利之便，且研究起步最早，對台灣研究相當深刻。早年包括該所所長陳
孔立、范希周、李強等人奠定不錯的研究基礎，尤其是該所的林勁更是大陸
研究民進黨的權威。至於新任院長劉國深則是中生代研究台灣的佼佼者；至
於「和平與發展研究中心」則以辛旗為準，辛旗自 1985 年進入中共對台諮
詢名單後，1994 年又與前廈門大學台灣研究所政治部主任李強來台，擔任
政治大學客座教授三個月，實地走訪台灣各地，是首批來台蹲點的學者。加

　　處於「聽其言，觀其行」階段的中共當局，痛定思痛地做了大量工作觀察陳水扁政府，並認為從總體形勢來看，大陸綜合國力的不斷增強和國際地位的進一步提高，以及長期以來堅持不懈地反分裂反台獨，尤其是決不承諾放棄對台使用武力，始終對台獨勢力構成強大的震懾；陳水扁當選和民進黨的上台，並不表明多數臺灣民眾支持臺灣獨立，更不等於台灣已經獨立。2000　臺灣大選後，美國、俄羅斯、新加坡、日本等國政府立即表示堅持一個中國原則，這表明國際社會普遍希望台海局勢和亞太地區保持穩定和平，「一個中國」的框架難以動搖；陳水扁和民進黨台獨本質不會變，但由於受到各方制約，至少在他上台後的一定時期內，估計他沒有膽量貿然宣佈台獨或採取其他實現台獨的具體行動；美國雖然不願意看到中國實現統一，但出於其本身的利益，勢必會對陳水扁和民進黨加以約束，以免使美國捲入台海衝突而蒙受損失；當然，中共也不排除在各方面的壓力之下，律師出身的陳水扁會做出與大陸改善關係、尋求和解的姿態（徐博東，2003：144-145）

　　2000 年 4 月 28 日，時任陸委會主委的蘇起在淡江大學研討會中首度提出「九二共識」，作為打破兩岸僵局的包裝。蘇起認為，如果說中共的一中立場是「Yes」，國民黨的一中各表就是「Yes , but」（Yes 可以創造兩岸和平共存的基礎，but 即為台灣自主空間）。至於民進黨對「一個中國」的態度，則可以比喻「No」。「九二共識」所指涉的範圍是九二年到九五年的兩岸緩和經驗，其基調是溫和的、善意的。因此，提出「九二共識」後，中共可以繼續講他那套，台灣可以講我們這套，至於不想講「一個中國」的民進黨可以根本不提。蘇起認為，這個包裝應該可以提供兩岸一個新的妥協基礎（蘇起，2003：131-132）。

　　基於上述形勢的認識，中共觀察了幾個月，於 2000 年 7 月 13 日的新華社藉由兩岸學術研討會學者之口，首度出現「九二共識」這四個字；

上與閩軍中參贊，對於台灣政情瞭解遠比其他學者深入。因此，廈大台研所與辛旗的「和平與發展研究中心」預測精準，並不令人意外。

該年 8 月 29 日，海協會副會長孫亞夫公開同意以「九二共識」為原則，重開兩岸談判；11 月 15 日，國台辦副主任王在希更明確地併談「九二共識」與「一中原則」。換句話說，經過半年的思考，中共同意使用「九二共識」的包裝，但也指出它屬意的內涵是「海峽兩岸均堅持一個中國原則」（蘇起，2003：134）。2002 年 1 月 24 日，中共在紀念「江八點」七週年的談話裡，更將「九二共識」提到解決兩岸定位問題的高度（錢其琛，2002）：

> 世界上只有一個中國，大陸和台灣同屬一個中國，中國的主權和領土完整不容分割。這是海峽兩岸堅持一個中國原則的共同基點。希望台灣當局領導人拿出勇氣，面對現實，為了台灣社會的穩定與發展，在承認「九二共識」問題上採取認真的、積極的實際步驟。雙方在此基礎上重新開啟對話與談判，有利於兩岸關係的穩定。

值得注意的是，錢其琛在通篇談話中對於兩岸三通問題的詮釋，使用了「密碼語言」，也就是透過「不講」某種特定語言對台表示善意。錢其琛在關於實現兩岸直接三通，沒有再提「在一個中國的前提下」或以「中國的內部事務」作為條件，改以「當前，可由兩岸民間行業組織就通航問題進行商談」的新提法；同時，也一改過去以武力恫嚇台灣的「暴力語言」，以「沒有提到」的方式，蓄意忽略了「不承諾放棄對台使用武力」的字眼表達對台善意（錢其琛，2000）。自此至今，從鄧小平時期用以垂範台灣的「一國兩制」，逐漸消失在中共對台的官方語言裡，取而代之的是較為模糊的併提「九二共識」與「一中原則」。

二、「聯美制台」方面

兩岸關係的網絡結構屬於全球治理結構[30]的一個環節，自然會受到擴大的多邊主義情境的制約；不過，中共卻一直希望把兩岸壓縮成上對

---

[30] 所謂「全球治理結構」是通過國家和非政府組織或更廣義的市民社會力量共

下的雙邊關係，儘可能的想要排除擴大的多邊主義情境的制約，或者把這種制約解釋成西方價值影響力的滲透，甚至是西方對中國內政的干預（李英明，2002：175）。中共長年以來，認為兩岸問題乃為國共內戰的遺緒，是一個不折不扣的「內政」問題，因此希望兩岸問題內政化，不希望國際勢力滲入其間。尤其，中共認為在現今「一超多強」的國際戰略格局裡，美國始終是兩岸問題的重要障礙，對於援引美國力量處理台灣問題仍有疑慮（巴忠倓等，2003：150）。

　　誠如上述，90 年代末期江澤民曾經做了「聯美制台」的嘗試，可惜在一連串國內外事件下，「聯美制台」的政策執行推展不力。與此同時，儘管台灣政府面臨政黨輪替，但透過各種體制內外的單位建構台美關係不遺餘力，讓台灣在小布希總統上任初期，坐穩美國的保護傘。

　　從李登輝到陳水扁時期，台灣對美的外交工作透過體制內的外交部系統與體制外的台灣政經研究所等智庫，對美國朝野做了大量工作，舉其要者包括駐美經濟和文化代表處，組織直接游說並協調組織；蔣經國基金會，負責聯繫智庫，捐助研究機構等；台灣人公共事務協會（FAPA），組織協調台灣移民及其團體統一行動；卡西迪公關公司，代理策劃、組織、實施各項游說；駐美商業機構，組織基層動員活動；其他文化機構，組織免費訪台活動等；這些體制內外單位針對美國政府官員、媒體、智庫、社會組織、廣大民眾、基層社區的工作頗具成效，並延續兩蔣時期的在美國國會的龐大游說團隊，形成美國國會的「藍隊」與「國會台灣連線」，厚植美國友台基礎，也讓中共難以突破這種人脈游說網絡（趙可金，2005：273-282）。

同形成的。在這個格局中，不會存在固定的階層，正式（官方）和非正式的管道相互滲透，由上至下的權威行使和由下至上的自發組織和要求交叉進行，力求打破地理、社會經濟、文化或是政治的界線，不會按單一的組織原則或遊戲規則來運作；這個格局的形成並不意味什麼新的世界秩序的形成或出現，而是處在變動不居的過程中，通過這個過程也許可以形成各行動主體間的交互主體性的溝通，甚至解決問題（Rosenau, 1995：13-18）。

　　面對中共對台威脅，民進黨政府對美工作做得極深。在美國政府裡，包括美國在台協會理事主席夏馨（Therese Shaheen）及其夫婿迪瑞塔（Larry DiRita）背後在國防部與國務院的新保守勢力，以及程建人屢次向美國政府官員、國會議員及學術界成功傳達，「台灣的一切變化都是台灣民主深化的結果」，這股力量鞏固住台美關係。2001 年小布希公開承諾「美國將竭盡所能防衛台灣」；2002 年 3 月美國亞太助卿凱利（James A . Kelly）在「美台高峰會」所說，布希政府將履行當年雷根總統對台灣提出的「六大保證[31]」；一個月後，凱利接受日本「每日新聞」專訪時甚至表示，布希政府已經決定不再重提柯林頓政府 1998 年中國大陸時提出的「三不政策」足見台灣對美工作成效（陳一新，2007：152-153；189）。

　　歷任美國政府對於兩岸關係多採取「戰略模糊」政策，讓兩岸政府摸不清美國兩岸政策底線何在？但布希政府則選擇「戰略清晰」作為兩岸的主流政策，即清楚刻畫「台灣不獨，大陸不武」的底線。（陳一新，2007：154-155）九一一事件之後，美國基於反恐及國家安全需要，重新修補與中共自中美軍機擦撞事件以來的裂痕。儘管 2002 年 5 月中共國家副主席胡錦濤訪美時，布希總統告訴胡錦濤說他「不支持台灣獨立」（董更生，2003：A3；林寶慶，2003：A13）；隨後，美國國防部副部長伍夫維茲（Paul Wolfowitz）甚至表明美國堅決「反對」台灣獨立（張聖岱，2003：A2），但這仍無損於美國對台灣的支持態度，而是具體標誌出美國「戰略清晰」的路線。同時，這不啻告訴兩岸，美國基於國家利益，可以清楚地打出「北京牌」，遏止台獨聲浪；同時，也可以適時打出「台獨牌」，節制中國勢力。

---

[31] 這六大保證包括：美國不設定對台終止軍售的期限；美國不就對台軍售事宜事先與中國磋商；美國不在台灣與北京之間扮演調人角色；美國未同意修訂台灣關係法；美國未更改有關台灣主權的立場；美國不施壓台灣與中國談判。

在這段期間內，台灣內部因選舉及內部情勢使然，接連於 2002 年 8 月 3 提出「一邊一國論」，表明兩岸一邊一國，要分清楚，且公民投票立法需求迫切；2003 年因為 SARS 疫情，台灣政府趁機提議「一邊一國 WHO 公投」；2003 年底，陳水扁選擇「巧門」，執意舉辦「防禦性公投」等。從中共角度言之，「聯美制台」或「以美壓台」方式確實持續進行，美國政府官員從阿米塔吉、莫健、薛瑞福以及國務院發言人包潤石等，都清楚表明「布希總統反對台海兩岸任何一方改變現狀的立場」，副國務卿阿米塔吉更直接指出，「美國不僅要研究台灣公投的文字，更有必要研究推動公投者的動機與公投的整體脈絡。」（CNN，2004），甚至連美國國會醞釀支持公投的提案都胎死腹中，足見中共施壓美國力度甚鉅。

不過，見諸 2003 年美國政府在陳水扁「欣榮之旅」過境美國時的高規格接待；美國國務卿鮑爾於巴拿馬兩度與陳水扁握手致意，稍後鮑爾更於 2004 年 2 月 11 日在眾議院國際關係委員會的一場聽證會中直言，「美國不支持公投，但是台灣是民主國家，有權利舉行公投。我們已明白告訴他們（中國），我們不希望看到這些行動導致情勢出現任何變化。」（陳靜、蕭燕，2004）這種說法，對於希望美國拿出魄力阻止台灣進行公投的中共[32]而言，無疑是一項打擊，這也意味著美國處理台灣公民投票一連串作為「虎頭蛇尾」、「為德不卒」，讓民進黨「公投綁大選」得以順利完成。中共的「聯美制台」框架至此難以為繼，反而讓陳水扁在「公投」這個設定議題上接連得分。據台灣內部民調顯示，自

---

[32] 2004 年 2 月 3 日，國台辦主任陳雲林與美國國家顧問萊斯女士、美國國家安全會議亞太資深主任葛林會面，聲稱中國絕不干預台灣總統選舉；但卻竭盡所能地阻擾台灣進行任何公投，認為不管什麼內容公投，只要此例一開，禍患無窮。中國國台辦發言人張銘清指出，不管陳水扁如何包裝或辯護他的公投，他都無法掩飾其心中為未來台獨公投鋪路的企圖。因此，北京一再向美國表達嚴重關切，希望美國能更有魄力地干預台灣舉行公投，以免此一危險的挑釁可能引發兩岸的衝突（陳一新，2007：231-232；Pan，2004：A13）。

此之後陳水扁選舉民調出現轉折點[33]，開始微幅領先原本聲勢看好的「連宋配」。不僅順利舉辦公投，更以戲劇性的方式贏得 2004 年的總統大選。

從宣傳角度言之，中共「聯美制台」策略有其成效，迫使美國政府接二連三出招，讓原本意味台灣民主深化的公民投票，被國際社會普遍解讀為影響台海和平與亞太區域安全的不利變數。不過，這種宣傳操作卻也凸顯美國實力有時而窮，台灣並非事事都能盡如美國之意。而民進黨對美傳送「一旦泛藍陣營的「連宋配」當選後，台灣將往中國傾斜」的反宣傳訊息頗能奏效，削減了美國對台施壓的力度；而這種「聯美制台」策略片面相信「力強者可恣意為之」，忽略民主國家賦予「公民投票」一事的人權價值，因此出現中共「積小勝而大敗」的宣傳結果，讓中共最不樂見的陳水扁順利連任總統，其實並不令人意外。

三、「反獨促統」方面

兩岸自 1949 年以來隔海而治迄今，已逾半個世紀。在國民黨政府執政時期，雙方最大的爭執焦點在於「一個中國」問題，也就是一個中國主權究屬何方，雙方為求「一個中國」的正朔各逞機鋒。按照前任海基會副秘書長石齊平的說法，這是一種在「一個中國」框架內的「爭天下」，而「爭天下」目的在於「分天下」，見諸 90 年代起，台灣面對中共「和平統一，一國兩制」攻勢，接連提出兩岸定位為「一國兩府」、「一個分裂分治的中國」、「一個分治的中國」、「以一個中國為指向的階段性的兩個中國」等，都是這種「分天下」的產物[34]。

---

33 筆者於 2007 年 3 月 5 日專訪輔仁大學影像傳播學系主任林維國所言。林維國長期從事民調工作，於 2004 年與三立電視台合作主持民調時，率先發佈陳水扁民調出現「轉折點」，之後各媒體及學術機構也陸續得到相似結果。

34 筆者曾於 1996 年訪問前海基會副秘書長石齊平所得。

　　不過，從 1999 年李登輝總統提出「兩國論」，乃至 2000 年政黨輪替後，陳水扁總統接連提出「一邊一國論」、「公民制憲」等議題，情況則有改觀。可以說從國民黨執政後期以降，儘管兩岸各項經貿文教交流熱絡，但在政治上卻漸行漸遠，李陳兩位領導人面對中共打壓，並呼應台灣本土意識崛起，不願意再陷入這種「爭天下」的中國遊戲規則，希望另起爐灶，以正常國家互動方式處理兩岸關係。在這種歷史發展脈絡下，中共對台統一的策略也有所調整，從過去毛周鄧時期的「直接促統」，演變至「防獨促統」，再至 2000 年以後的「反獨促統」。

　　從「直接促統」的對台工作轉為「反獨促統」，意味著中共現階段以反獨為先，為反獨盡全力，包括不排除武力的原則，換言之，反獨的工作的成敗對中共政權的威脅已經更大於促統的成效。因此同時是外交的鬥爭，在毛周時代是為正統而戰，鄧小平時代是為統一而孤立台灣，江澤民時代更多是反獨而打壓台灣。（楊開煌，2005：63）在胡錦濤時期亦可做如是觀，只是手段更加靈活細膩。

　　中共進行「反獨促統」的步驟，是在全球格局上分別就政治、經濟、文化等面向逐步推展其相關宣傳作為。中共對台工作領導小組副組長、國務院副總理錢其琛於 2001 年 6 月底在「全國僑務對臺工作會議」上稱，「我們沒說過一個中國就是中華人民共和國」；今後對臺工作要把「反臺獨」放在突出位置，並下達五點指示，包括要利用各種手段迫使陳水扁讓步，對他形成強大壓力；在臺灣島內形成「反臺獨」的統一聯盟，牽制陳水扁；儘量接觸除民進黨以外的政黨，與他們打交道、交流；要毫不動搖地堅持「一個中國」原則；要大力做好臺灣人民的工作（行政院大陸委員會，2000a）。與此同時，中共在綜合國力提升之後，運用全球各地僑務力量，透過「拉式策略」、「推式策略」及「打式策略」[35]，

---

[35] 所謂拉、推、打策略，就是拉攏台灣閱聽眾注意其宣傳內容；推動中共對台主要宣傳策略；打擊台獨等對象。如果從傳播的角度觀之，所謂「推」是一種主動出擊行銷政策的「直接」途徑；「拉」則是透過大眾傳媒等「間接」

在亞洲、歐洲、澳洲、美洲、非洲等地舉辦密集的「反獨促統」研討會等活動，希望在「量變造成質變」，塑造出「反獨促統」的迫切性與重要性（鄭國智，2002：143-188）。

（一）政治方面

在政治方面，中共深知兩岸限於主客觀形勢，難以立即改變現狀。從中共的國家發展策略言之，「加速現代化」是中國當前最重要的戰略目標，其次才是「建構多極化秩序」、「擴展周邊勢力範圍」和維護「固有領土的統一」；換言之，如重大的意外事件，中共的領導者不會因為追求「反霸」或「統一」而犧牲了「現代化」的最高目標（林佳龍，2002：242）。基本上，這是一種相信兩岸將呈現「我強台弱、和平統一」態勢發展，長期下來對大陸有利[36]。因此，在等待的過程裡，中共對台灣任何可能有影響力的團體及個人，乃至一些明知已無代表性的人士，都積極把握。而差別在於對前者低調，但講求實際效果；對後者，則不吝給予高規格接待，重視對台灣廣泛的宣傳意義，兩者同步進行，以促使統派樂於為北京宣傳（虞義輝，1999：13）。

途徑爭取對中共對台作為的認同；「打」則是集中直接與間接途徑，針對台獨勢力予以打擊（鄭國智，2002）。

[36] 中共在政黨輪替後對兩岸關係的發展，可分為大陸戰場、台灣戰場、國際戰場和兩岸戰場四個場域。在大陸內部方面，只要中國繼續和平發展、提升綜合國力，則中共對外和對台的談判籌碼就會相對增加；但是中共也要警覺和防範國際力量搞和平演變，或暗中支持台獨。在台灣內部方面，因為社會分歧嚴重、政治鬥爭激烈、經濟成長衰退，已大大牽制了民進黨政府走向台獨的可能性；但是中共也要因應民進黨搞「漸進式台獨」，以民主抗統一。在國際戰場方面，因為中美關係因聯合反恐已有改善，「一個中國」的框架仍然穩固，台灣的活動空間逐漸受到壓縮；但中共也要防止「一個中國」的內涵遭受扭曲，或被空洞化。在兩岸戰場方面，隨著台灣經濟更加依賴大陸，尤其是未來三通直航之後，支持台獨的政治勢力和社會基礎將進一步萎縮；但中共也要注意台獨份子將內部矛盾轉化為兩岸矛盾，製造兩岸緊張（林佳龍，2004：243-244）。

　　2000 年 11 月 23 日，國民黨副主席吳伯雄與錢其琛見面時，錢其琛即強調中共堅持一個中國原則，絕不會動搖，但中共在堅持一個中國原則的問題上是務實的，是有包容性的。話鋒一轉，錢其琛又明確地指出，「如果要台獨，將是歷史性災難，也是不可挽救的災難」（行政院大陸委員會，2000c）。稍早，親民黨於該年 8 月 28 日與錢其琛會面時，錢其琛表示，「臺灣國統綱領明文規定走統一方向，如今新政府企圖修改，背後玄機使得本來沒有問題的變成有問題。」與會的國台辦副主任孫亞夫則指出，「這是臺灣自己發出危險的信號。」（行政院大陸委員會，2000b）政黨輪替後，在野政黨在台灣的政治影響力大不如前，但中共仍以「副總理級」高規格接待，且事後台灣在野政黨人士亦樂於「代銷」其中共「反獨」意見，型塑媒體報導時側重「反獨」的框架。至於民進黨部分，包括曾任民進黨中國事務部主任顏建發、中央政策委員會副執行長梁文傑等人、國安會諮詢委員林佳龍等人都曾經前往大陸參加「單純」的學術會議（楊舒媚，2001），並曾經與大陸智囊交換意見，但這類綠色接觸由於當事者都相當低調，外界難窺底蘊。而中共這種差別對待的運作，在藍營獲取「反獨」新聞框架；在綠營則取得實質的溝通效果，顯見台灣藍綠陣營的朝野惡鬥，提供中共操作「反獨促統」宣傳的運作空間。

（二）經濟方面

　　在經濟方面，中共目前綜合國力舉世側目，一旦兩岸直接三通，勢必擴大兩岸經貿交流速度，也會加速台灣產業向大陸過度傾斜的可能，屆時「促統」自然水到渠成。為達成「促統」目標，中共主要以「兩岸直接三通」為主要宣傳操作議題，這與政治方面對「一中原則」寸土不讓大相逕庭，「一中原則」可以適時模糊化。所謂「政左經右」的路線反映在「一中原則」上，則是攸關政治性質的兩岸定位，必先以「一中

原則」為宗，違逆此說者逕行以「反獨」方式處理；在經濟性質的兩岸定位，則可以透過模糊處理，求取兩岸較大的公約數，以迂迴方式爭取「促統」實現的可能。

在 2000 年 8 月以前，中國要求台灣必須可到「一個中國」的原則，兩岸才有可能談「三通」；在 2000 年 8 月以後，錢其琛開始強調，實現「三通」不一定要解決兩岸政治問題，只要把兩岸「三通」看作是一個國家內部的事務，即可以用民間對民間、行業對行業、公司對公司協商的辦法，不談一國或是兩國，雙方的船隻往來不掛旗，即可簡單解決；到了 2002 年 7 月，錢其琛更進一步明確地表示，只要把三通「看做是一個國家的內部事務」，盡早可以實施，不需涉及「一個中國」的政治含義；只要台灣有關民間行業組織得到委託，三通協商就可以進行。他認為，政治問題有分歧不能迴避，「但那是兩岸上談判桌的事；兩岸談判與兩岸三通，不是一個範疇的事。」這也就是說，「一個中國」原則不再是「三通」談判的前提。（羅嘉薇、周德惠、仇佩芬，2002，版 1）

然而，錢其琛的建議馬上被台灣拒絕，認為「國家內部的事務」仍不脫「一個中國」的定位，會使台灣地方化、邊緣化。為此，錢其琛在 2002 年 10 月再提出，將兩岸通航明確定位為「兩岸航線」，同時願意與台灣總統大選脫勾，不考慮「三通」是否有助於陳水扁連任總統（聯合報系採訪團，2002，版 4）。從錢其琛上述談話，可以觀察出中共在「三通」議題時，為求得到對台經濟「促統」效果，在兩岸關係定位上，可以從「一個中國」移轉至「一個國家的內部事務」，再至「兩岸航線」的高度靈活性。

（三）文化方面

在文化方面，中共透過文化交流爭取學術界、宗教界認同，建立所謂「以學圍政，以神逼官」對台部署，從而提升其「促統」可能，一直

是中共對台工作的重點。兩岸學術交流自 90 年代以降絡繹不絕，尤其是以社會科學界居多，台辦及統戰單位也藉此與台灣學界建立關係。政黨輪替之後，中共對學者統戰服務的熱度未減，但卻逐步擴展觸角至大專青年學生身上。類似像新黨人專青年訪問團、中國統一聯盟每年暑假籌組的大陸訪問團等、由大陸全國青聯邀請的「台灣大學生訪問團」等，提供台灣青年學子與大陸接觸的第一手經驗。除了例行的學術交流外，並前往人民大會堂台灣廳等地接受國台辦官員盛情款待，對於瞭解大陸現狀及「重新認知」大陸，頗有一定助益（曾嘉，2002）。此外，近年來有為數不少的台灣學生進入如北京大學、人民大學、復旦大學等知名學府就讀，對於大陸認識更是全面。一般說來，兩岸青年交流本是美事一樁，且台灣大學生不至於會因為相關宣傳行為忘其根本，但據筆者多年採訪所得，這些青年學子的大陸經驗強化其執政黨及其領導團隊的負面觀感，卻是不爭事實[37]。

在宗教界部分，兩岸乃一衣帶水，宗教信仰源出同脈，中共運作「宗教直航」議題作為突破口，衝撞政府既定政策。由於船舶、航空器乃為國土的延伸，背後存有兩岸對主權認定的問題。按照陸委會規定，宗教只能間接直航，且需符合「外籍輪」、「彎靠第三地」、及「專案個別審查」等要項方能進行（鄭國智，2002：138）。不過，對廣大信眾而言，陸委會的「宗教間接直航」是「擾民又多花錢」行為，相較於中共的親切宣傳，「宗教直航」確實凸顯台灣主權「有理說不清」的處境。

政黨輪替之後，包括道教與佛教信眾都曾經以單純的宗教問題衝撞政府直航政策，包括 2000 年 7 月，台中縣大甲鎮瀾宮媽祖進香團前往福建廈門、莆田、泉州等地進行為期六天五夜的繞境之旅，以及 2002 年 2 月，台灣佛教界恭迎佛指舍利蒞台委員會，迎請大陸西安法門寺佛指真身舍利來台等，前者希望信眾能以「宗教直航」方式包船直行大陸，

---

[37] 筆者任《中央廣播電台》新聞部採訪主任時採訪北京大學、復旦大學、人民大學就學的台灣學生，及相關「台灣大學生訪問團」所得。

後者則希望以「包機」方式恭迎佛指舍利來台。儘管後來仍以迂迴間接方式規避主權問題，但外界多視台灣政府「政治化動作」干擾單純的宗教信仰，間接提供中共對台宣傳利基。

四、「寄希望於台灣人民」方面

中共在解決兩岸統一問題上，其對象曾經有過四次微調。在毛周時代，主要是「寄全部希望於國民黨當局」，試圖實現第三次國共合作；及至鄧小平時代，逐漸感覺到統一問題的複雜性，因此提出「寄希望於台灣當局和台灣人民」；到了江澤民時代，特別在 96 年台海危機之後，中共提出「寄希望於台灣當局，更寄希望於台灣人民」。這是中共與李登輝交手過程中，逐步將其定性為「台獨」，無法太過寄望於「台灣當局」，只好兩面壓注，也寄望於「台灣人民」。2000 年民進黨執政後，中共索性將「寄希望於台灣當局」字眼拿掉，只強調「寄希望於台灣人民」。顯見中共對台宣傳的對象，隨著台灣從威權解體，逐步走向當家作主的台灣人民（蕭史，2004：40；楊開煌，2005：64）。

2000 年 3 月中旬總統大選前夕，中共解放軍總政治部文宣部長辛旗接受筆者獨家專訪時曾經指出[38]：

> 陳水扁當選將帶給台灣民眾「災難性的後果」，而且兩岸過去因國共內戰所延伸的「對等談判模式」籌碼將不復存在；未來台灣面對中共時，僅有「單一形式的統一形式」，並面臨「一面倒的統一壓力」。此外，陳水扁當選後，中共對台談判將採取「坐在高凳子上面」姿態。

---

[38] 當時，筆者時任《勁報》兩岸中心召集人，曾於 2000 年 3 月 15 日中午於北京和平飯店專訪辛旗，上述談話即該次訪問的主要內容。

　　辛旗在中共軍方對台決策具有一定份量，上述談話證諸於日後，中共對台灣政府的談判方式，果然是這種「坐在高凳子上面」的姿態，迄今不願意與民進黨做任何接觸。遇有兩岸因交流衍生事務，只願意透過民間對民間、行業對行業方式進行，不願意與民進黨政府打任何交道。2000 年總統選舉或可稱為國民黨分裂結果，但 2001 年底民進黨在立委選舉中，受益於「衣尾效應[39]」（coattail effect），再度取得國會第一大黨，這無疑標示台灣主流民意再度向本土政權傾斜。這種發展態勢迫使中共面臨抉擇，即除非選擇以武力強行統一，否則就只能爭取台灣民意，透過作為遏止台獨的力量（力軍，2004：11），進而實現兩岸的「完全統一」。

　　按中共既有思維，將支持民進黨的群眾及團體視之為「台獨」，並以「非我族類」方式去之。不過，隨著台灣民意出現變化，中共對於民進黨員的作法也開始出現調整。2002 年 1 月 24 日，中共舉行「江八點」七週年的座談會，中共副總理錢其琛指出，「我們認為，廣大民進黨成員與極少數頑固的『台獨份子』是有區別的。我們歡迎他們以適當身份前來（大陸）參觀、訪問，增進瞭解。」（錢其琛，2002）更值得注意的是時任中共國家副主席胡錦濤的談話。胡錦濤指出，「台灣民主化並不等於獨立，民進黨也不等於台灣獨立。」（蔡婷玉，2002）所謂「寄希望於台灣人民」方針，扣除「極少數頑固台獨份子」外，至此才算是擴及全體台灣人民。從對台宣傳言之，泛藍、泛綠群眾俱為一體，營造出中共靈活對台手腕，也讓中共更貼近台灣社會現實，不致忽略非泛藍族群的「廣大台灣人民」。

---

[39] 所謂的「衣尾效應」（coattail effect）係指，新任總統挾其聲望可發揮對同黨議員選情產生提攜的效果。例如美國眾議院每兩年改選一次，一次與總統同時，也就是眾院選舉會受到同黨總統參選人聲勢拉抬。當然，這種效應也可視為具有政治影響力的人物或政治明星替候選人拉抬身價的一種方式。

　　基本上，中共在「聽其言，觀其行」階段所落實的宣傳作為，是一種以「兩岸都是中國人」為前提的說服過程。對中共而言，將民進黨與台獨分子問題「一刀切」之後，擴大爭取面，縮小「打擊面」，希望「動之以情」，讓「寄希望於台灣人民」的宣傳對象驟然擴大許多。只不過，中共宣傳手法仍以本位出發，認為「祖國統一是中華民族的根本利益所在，與臺灣同胞的福祉更是息息相關。」（中共統戰部，2002）不過，中共「主觀認定」統一乃為兩岸共同利益，強勢設定台灣前途的「終局」只能有單一選項，與台灣民意希望當家作主的意願仍有背離之處，無怪乎收效相當有限。

　　值得注意的是，台灣長年出現藍綠對立、南北對立，甚至階層對立，固然是因為歷次重大選舉的高度動員和政治人物以權力主導民意使然，但藍綠媒體由於各自立場所形成的報導框架，卻更加深化台灣民眾「國家認同的錯亂」。爭取台灣民心必先掌握台灣媒體，為求「寄希望於台灣人民」方針得以落實，中共對於形塑台灣民眾認知圖像的新聞媒體，可以說是不遺餘力地進行交流。台灣新聞界與中共交流其來有自，其中以台灣各重要媒體菁英組成的中國新聞學會最為重要。

　　中國新聞協會每年均會組團前往大陸訪問，並與國台辦官員、大陸新聞界高層建立深厚交情，對於中共對台宣傳的瞭解也遠較一般人深刻許多。儘管台灣新聞界慣例是經營權與編輯室各自獨立，但這些與會的主流媒體，對於中共的新聞報導框架，顯然與其他標榜台灣本土意識的媒體，如《自由時報》、《民視電視台》、《三立電視台》甚有出入。自2000 年以來，中共記協台港澳辦公室每年均舉辦兩岸記者「聯合採訪」活動，範圍遍及西藏、新疆絲路等地，提供台灣記者與國台辦官員、中共重要媒體記者近身接觸。台灣記者當然不至於隨中共官方起舞，但在「兩岸一家親」的氛圍下，一些對於執政黨有特別意見的記者，頗能「強

化」其報導框架，並形塑執政黨為站在「台灣人民」對立面的負面印象[40]。中共所謂「寄希望於台灣人民」方針，就對台宣傳面言之，不如說是寄希望於「新聞媒體」來得直接。

第四節　「聽你言，觀我行」階段的對台宣傳作為

江澤民在陳水扁上任初期，一直堅持陳水扁必須先承認「一個中國」原則，採取「聽其言，觀其行」作法，不願意與陳水扁做任何接觸。到了江澤民後期，也就是 2002 年底江澤民退居幕後至 2004 年宣布辭去中共軍委主席為止，江澤民擺盪在陳水扁「不更改國號」與「一邊一國」間游移，時左時右的作法，固然有其靈活務實的考量，但說穿了，這卻迭受內部「文，不足以挽台心；武，不足以儆台獨」的質疑批判（蕭史，2004：39-40）。

2004 年 3 月台灣總統大選後，中南海重要涉台幕僚、清華大學戰略研究所所長楚樹龍即稱，「如果說過去二十多年兩岸關係都是溝通，那麼溝通的基礎已經不存在了，從現在開始，兩岸重新回到敵對狀態；從統獨的關係看，兩岸是完全對立—他就是要獨，我們就是要統，兩岸根本的目標就是對抗性的。」北京聯合大學台灣研究學院院長徐博東更

---

[40] 2000 年 8 月，中國記協邀請台灣記者前往大陸西藏採訪，筆者忝為其中一員。另，筆者處理兩岸新聞及擔任中央廣播電台新聞部採訪主任十餘年，就個人近身觀察而言，對於媒體經營高層與記者前往大陸一事，吾人不妨以增加彼此交流互信視之。這幾年來，隨著兩岸新聞交流日多，雙方瞭解更加深入。不過，大陸經驗往往是「兩面刃」，固然可以加強對大陸實地瞭解，但因為中共對於相關訪問行程採取「申請制」，這些媒體高層與記者不容易接觸中國各地基層社會的實際情況，只能在北京、上海等地活動。長期下來，儘管自詡「報導中立」，卻多少會形成對民進黨政府較為不利的報導框架。以「一邊一國論」或「諮詢性公投」言之，大多數媒體高層或兩岸記者多會將此節視為「謀一己或一黨選舉利益之私」，或「故意衝撞中共對台容忍底線」，不容易從台灣主體意識或「人權」乃為普世價值角度審視此節。

稱,「和平統一的政治基礎就是一個中國,現在這個基礎沒有了。大陸的策略應該是和戰結合、以戰促和、以戰謀統。過去,台灣政客認為大陸是紙老虎,現在我們要把這頂紙老虎的帽子扔到太平洋裡去。」(林中堅,2004:38)這種「北派」涉台幕僚的思路,相當程度地影響了中共對台決策。北京國台辦目前最倚重的十大對台學者之一、福建社會科學院現代台灣研究所所長吳能遠歸納出,中共對台形勢的「三個判斷」,茲說明如下(林中堅,2004:38):

1. 和平統一有沒有可能?從目前走勢看,大陸憂慮和平統一不可能。
2. 維持現狀是有利於統一方向,抑或有利於台獨漸進。維持現狀實際上是不可能的,所以要看「不變」中的變化方向。
3. 目前的危機是否繼續惡化,有沒有包括轉機。

顯然,中共認為台灣局勢十分嚴峻,台獨分裂活動不斷升級,公然挑釁中共對台底線,因此針對台海形勢只有兩句話,即「認真準備打,積極爭取和」。只有立足於「準備打」,包括「早打、大打、外國勢力打」,而且必須打得贏,才有條件爭取和(蘇昌平,2004:85)。中共片面的想法,與台灣當前倚重的兩岸幕僚論調大相逕庭,誠如上述林佳龍、童振源等人認為大陸積極準備現代化,並不急著處理台灣問題,卻忽略了大陸對台決策領導人的意志,以及中共決策時的「非理性因素[41]」。此外,在江澤民時左時右的對台政策上,提供台灣「去中國化」、一個中國內涵「空洞化」的空間,且讓台灣搶佔新聞議題設定權,主動性乃

---

[41] 中共決策是否理性一直是個困擾學界的問題。一般認為中共決策極為理性,是經過深思熟慮的政治精算下的產物;另一種聲音則是中共決策囿於僵化意識型態思維,時有過激政策出現。事實上,中共對台決策對中共來說,是一種擺盪在「愛國主義」與「國家安全」的抉擇,其中固然有理性的政治精算,但是屬於中國人的「氣」卻影響決策甚深。一旦違逆了民族大義的「氣節」,就無法名正言順取得合法性地位,甚至可能被「集體民粹」的力量攻擊得體無完膚。

操之在台灣。為了重新爭取主導權，並援引中共充沛的綜合國力處理
台灣問題，中共在 2004 年 5 月之後，逐步走向「聽你言，觀我行」階
段，積極透過各種結合宣傳的政策處理台灣問題。

一、「一個中國」方面

　　「一個中國」是兩岸關係最為關鍵的定位問題。自 2000 年以降，
中共修正過去「一國兩制」的提法，改以堅持「一個中國原則」併提「九
二共識」的提法，希望界定兩岸關係。對於台灣而言，中共這種片面提
法是「預先設定兩岸終局」，無視於台灣民意。對中共而言，過去處理
一中問題時，是試圖以「逐步放寬」一中定義，塑造自身「尊重台灣民
眾當家作主意願」的形象，並爭取台灣民眾認同。不過，在 2004 年總
統大選期間，台灣仿造波羅的海三小國爭取獨立的「人鍊」方式，動員
超過 200 萬以上的群眾，以「手牽手」方式展現台灣主體意識；配合「防
禦性公投」的「公投綁大選」、「三一九槍擊案」等戲劇化方式，順利讓
「台灣」圖騰與陳水扁結合，支持陳水扁就能獲取神蔭「天佑台灣」。
兩岸情勢發展至此，僅靠釋出資源或鬆綁一中定義框架，當然無法阻擋
沛之莫能禦的台灣本土力量。

　　對中共而言，堅持台灣政府以某種方式接受「一個中國」原則，作
為兩岸政治談判或政治對話的前提條件至為重要。根據胡錦濤幕僚、中
國人民大學國際關係學院美國研究中心主任時殷弘的說法，中共認為
（時殷弘，2005：44）：

> 中國大陸意欲從這政治對話或政治談判中得到的唯一真正需要
> 的東西，也是中國大陸能夠從中得到的唯一東西，就是台灣當局
> 接受「一個中國」原則，以此保證阻絕台獨。如果不以此作為兩
> 岸政治對話或政治談判的先決條件，那麼中國大陸在這對話或談
> 判中必輸無疑。不僅如此，這樣的政治對話還會導致，顯著增強

陳水扁和台獨勢力在台灣島內的政治優勢,使之能夠大致修補妥善由於他自己的爭取台獨行為的爭取台獨行為而受到頗大傷害的美台關係,國民黨或泛藍聯盟在兩岸問題上原有的近乎「一個中國」立場受到重大損傷,中國大陸內部在阻止台獨方面的根本共識可能嚴重削弱。

因此,陳水扁連任後,中共經過驚奇、困惑、重新思考和爭論後,於 2004 年 5 月 17 日發表《中台辦、國台辦授權就當前兩岸關係發表聲明》,重新確立自 2000 年以來中共政府對台灣問題最重要的立場和政策宣示(時殷弘,2005:44)。首先是對於台獨份子的警告,提升到不怕「美國鬼」且不怕「台獨邪」的嚴峻程度[42],要求台灣當局必須懸崖勒馬,放棄台獨勢力,重新回到中共所設定的「一個中國」的道路上來(中台辦、國台辦,2004):

> 「台獨」沒有和平,分裂沒有穩定。我們堅持一個中國原則的立場決不妥協;爭取和平談判的努力決不放棄;與臺灣同胞共謀兩岸和平發展的誠意決不改變;堅決捍衛國家主權和領土完整的意志決不動搖;對「台獨」決不容忍。

> 現在,有兩條道路擺在台灣當權者面前:一條是懸崖勒馬,停止「台獨」分裂活動,承認兩岸同屬一個中國,促進兩岸關係發展;一條是一意孤行,妄圖把臺灣從中國分割出去,最終玩火自焚。何去何從,臺灣當權者必須作出選擇。中國人民不怕鬼、不信邪。在中國人民面前,沒有任何事情比捍衛自己國家的主權和領土完整更為重要、更加神聖。

---

[42] 筆者於 2006 年 9 月 5 日與北京某位資深涉台人士交換意見所得。另見(王銘義,2005:8)據稱中國社科院台灣研究所長余克禮撰寫「五一七聲明」初稿時,從毛澤東親撰之〈告台灣同胞書〉文中所得來的靈感。

　　換個角度來說，如果台灣願意接受中共建議的「一個中國」定位，即可取得中共對台的七點優惠，從政治方面的軍事互信機制、不打壓台灣外交空間，到經濟、文教交流的各項優惠將一如以往，甚至猶有過之（中台辦、國台辦，2004）。

──恢復兩岸對話與談判，平等協商，正式結束敵對狀態，建立軍事互信機制，共同構造兩岸關係和平穩定發展的框架。

──以適當方式保持兩岸密切聯繫，及時磋商解決兩岸關係中衍生的問題。

──實現全面、直接、雙向「三通」，以利兩岸同胞便捷地進行經貿、交流、旅行、觀光等活動。

──建立緊密的兩岸經濟合作安排，互利互惠。台灣經濟在兩岸經濟交流與合作中，優化產業結構，提升企業競爭力，同大陸一起應對經濟全球化和區域一體化的挑戰。臺灣農產品也可以在大陸獲得廣闊的銷售市場。

──進一步密切兩岸同胞各種交流，消弭隔閡，增進互信，累積共識。

──在兩岸關係的祥和氣氛中，台灣同胞追求兩岸和平、渴望社會穩定、謀求經濟發展的願望將得以實現。

──通過協商，妥善解決台灣地區在國際上與其身份相適應的活動空間問題，共用中華民族的尊嚴。

　　2004 年 3 月，台灣總統大選結果揭曉，中共對台高層承受極大壓力，稍後由胡錦濤親自召開中共對台工作領導小組的擴大會議，各省級以上台辦主任接到通知後赴京開會，通知中特別強調要傳達重要對台方針，同時「統一思想加緊對台鬥爭」，並在會中確定上述《五一七聲明》文件主要內容（林克，2004：26）。中共這項聲明包括「五個絕不」、「七

項主張」以及「兩條道路」，文中充滿「暴力語言」的殺伐之氣與「密碼語言」的暗示中共最後底線。

中共使用「五個決不」與「兩條道路」等「暴力語言」用詞，警告台灣政府必須「懸崖勒馬」，否則在敬酒不吃吃罰酒的情況下，兩岸統獨之爭將步入攤牌階段。儘管聲明中毫不隱瞞地指出對陳水扁的不信任、「難以駕馭」，但中共更在意的是「原則問題」，警告台灣不要太過份，否則中共一定會使用武力，絕不手軟；至於在「密碼語言」部分，聲明中提出只要「承認一個中國原則」，台灣就可以享有「七項主張」，文中並未提及「一國兩制」或統一字眼，顯示台灣只要承認「一個中國原則」即可，統一並非當務之急。因為，中共只想維持台海現狀，並不準備在短期內解決統獨問題，同時表明兩岸只有在「一個中國，台灣不獨」的架構下，雙方才能和平共存（鍾清正，2004：16-17；林克，2004：16）。

從 2000 年民進黨執政以降，部份涉台學者認為，中共在處理台灣問題上，包括對台軍事戰略、對抗戰略、任務型的日常對台工作、管理機構設置、對台官員都有重大疏失。反映在中共對台施行和戰兩手策略時，無法在經濟合作的操作上，給予統獨勢力差別待遇，從而正確地引導台灣內部統獨力量的此消彼長；也因為現階段中共對台獨的軍事力量多年未用，儘管江澤民曾經說過「台海終需一戰[43]」，且軍方鷹派主戰聲浪極高[44]，卻總是被對手認為是虛張聲勢和無效的「紙老虎」，無法產生軍事威懾力量。究其所以，在於中共對台底線不明確所致（高岩，

---

[43] 此為中共空軍副政委空軍中將劉亞洲於所著〈金門戰役檢討〉一文中所提（劉亞洲，2004）。劉亞洲發表此文時，正是在總統大選後二十餘天左右。

[44] 平心而論，中共軍方對於台灣「無限期拒絕統一」的耐性漸次喪失，積極請戰的迫切性令人側目。例如中共南京軍區副司令員鄭炳清曾表態稱，「『首戰用我，用我必勝』已成為每一個官兵的決心。」海軍東海艦隊司令員趙國鈞在表態時亦稱，「『首戰用我，全程用我，用我必勝』的使命意識在廣大官兵頭腦中以深深繫根。」（吳庸，2005：61-62）

2004：10；劉亞洲，2004；吳庸，2005：61）。正因為如此，中共高層在涉台決策上才會出現時左時右的路線搖擺，反而給了台灣，尤其是台獨份子「錯誤的訊號」。對於此節，中共涉台幕僚的說法是（甲：A2）：

> 大陸內部對於江澤民主席的決策，基本上是肯定的。他採取「戰略模糊」的作法處理兩岸問題時，確實有其獨到的地方。但問題是，到了晚期他可能太有自信了，聽不見別人跟他建議的意見，所以讓政策出現那種時左時右的狀況，這麼一來，當然提供台獨份子炒作空間，也讓台灣出現對於大陸對台態度的「誤判」。但是，「五一七聲明」出現後，可以看得見胡錦濤在這裡頭扮演的角色。外界可能不太清楚，胡的決策風格是「管」，而且大小事情都管、都抓，想事情想得很全面，而且想得很細，超乎外界想像的細。基本上，「五一七聲明」是被陳水扁這些人「逼」出來的。你們想想，胡面臨SARS危機後，最為棘手的危機就是台灣問題，面對陳水扁的「公民投票」步步進逼，不是你們台灣才有內部壓力，我們也有內部壓力啊！陳水扁的動作逼得大陸必須正視台灣問題的節奏，否則整個主導權就會被台灣全部拿走。這樣子繼續下去，肯定會失控，所以，一定得在適當時機把這個戰略主導權、這個節奏拿回來，重新掌握在手裡，才不會攪亂這一盤棋。

在「五一七聲明」之後，中共對於「一個中國」所衍生出來的兩岸和戰問題，宣傳戰略的重點在於重新找回自己的主導權。即中共希望在「戰略清楚」的框架下，按照自己的節奏處理台灣問題。對於台灣政府所釋放的善意或煙幕，聽則聽之。中共只需按照自己的戰略設定，走自己的路，逕行處理攸關兩岸人民事務的問題即可。正如同涉台學者徐博東所說的，在「五一七聲明」發佈後，大陸對台工作已經正式進入「聽你言，觀我行」階段（徐博東，2005：10）。

二、「聯美制台」方面

（一）美中建構「防獨機制」共識

中共對於兩岸問題的處理有兩派，一是將兩岸問題內政化，不容外國際勢力干預；另一則是希望透過美國槓桿，採取「以美制台」甚至是「以美壓台」，要求台灣就範。江澤民後期開始嘗試透過「以美制台」方式處理台灣問題，及至 2004 年台灣進行總統大選及公民投票時，證實台灣並非事事屈從美方意見，且美方也欠缺足夠的政治意志與政治意願來遏止台灣公投，顯見「以美制台」恐非萬靈丹。中共原本在台灣議題上「寄希望於美國」的方針，自此之後逐漸調整成「以美為輔、有所作為」的路線，認真思考台灣問題的解決之道（岳浩天，2004：188），所謂「美國人可用不可信」，只能作為輔助解決台灣問題的槓桿，到頭來還是得按照自己的主旋律處理，逐漸成為中共涉台圈內的共識。

美國方面自然體認到中共不快之處，遂亟思化解雙方齟齬。2004年台灣總統大選後，美國為了與北京重建互信，以及爭取中共在反恐、防核擴散與解決區域衝突的支持，美國副總統錢尼於該年 4 月中旬訪問大陸修補雙方關係，並進行一連串修補雙方關係的動作，力圖與中共重新建構一套對台的「防獨機制」，以因應台灣日漸傾斜的兩岸新情勢。從 2004 年 3 月 20 日台灣大選到 5 月下旬之間，雖然兩岸情勢一時之間尚不致失控，但對峙的嚴峻程度卻不無可能因雙方的言行而有升高之虞。在這段期間，觀察美中台三邊關係的一些重要的事件、談話與文件[45]，即可窺見美中聯手重構的「防獨機制」逐漸成形的簡中端倪。

---

[45] 這些文件包括：1.美中兩國在人權議題的磨擦；2.美國副總統錢尼於 2004 年 4 月中旬訪問大陸時在北京與上海的一些評論；3.美國亞太助理國務卿凱利 4 月 21 日國會聽證會的證詞；4.布希政府一位資深官員（即國家安全會議亞太資深主任葛林）4 月 21 日的談話；5.葛林接受遠東經濟評論的訪問；6.美國副國務卿阿米塔吉在 4、5 月間與五二〇前的談話；7.國台辦《五一七聲

　　中共對美國在 2004 年台灣總統大選後的一些動作顯然頗有猜忌，包括白宮新聞秘書針對台灣選舉結果，向陳水扁拍發賀電；大選後立即同意售予台灣價值美金 17 億 8 千萬的長程預警雷達系統，種種行為顯示華府對台態度曖昧。中共也許不願意相信這是美國有意對台灣放水，但至少認為華府在影響台灣問題上已經逐漸力不從心。如果布希政府再不展現決心，台灣島內高漲的台灣意識遲早會走上失控的道路，最後勢將迫使北京調整原先繞道華府影響台北的政策。因此，美國選在錢尼訪問北京一週之前，宣布美國在台協會理事主席夏馨的辭職。這項政治訊息[46]試圖告知中共：今後如果台北再不知自我節制，華府至少可在內部涉台系統的人事任命與授權上，不會再對日漸向台獨傾斜的台灣稍假辭色（陳一新，2007：260-261）。

　　根據美國華府「戰略及國際研究中心」資深研究員葛來儀（Bonnie Glaser）與學者陳一新的分析，「美中兩國正在聯手防止台海爆發戰爭」，其明證在於錢尼前往中國時已與北京領導人發展出一套防止台灣片面改變台海現狀的合作機制（葛來儀，2004：A18；陳一新，2004：A15）。這套機制的初步共識就是，儘管華府與北京對於能否約制民進黨政府未

明》；8.美國白宮對《五一七聲明》的回應；9.陳水扁五二○就職演說；10.美國白宮的聲明；11.中國國台辦五二四的聲明；12.美國國務卿鮑爾對記者的談話。以上美中台三方的一些事件、言論與文件顯示，美國與中共在 2004 年台灣總統大選後已達成共識，擬出一套制約台獨的新合作機制（陳一新，2007：250-251）。

[46] 夏馨的先生是狄瑞塔（Larry Rita），曾任國防部長倫斯斐的幕僚長，現任國防部發言人。不過，美國在台協理事主席一職，卻是因為夏馨與布希總統弟弟佛羅里達州長傑布‧布希（Jebb Bush）長期生意往來的關係而主動爭取而來的，她主動爭取該職目的自然透過與民進黨政府高層、特別是像邱義仁這樣位高權重人士之間的關係，拓展自己的生意與事業。因此，可以確定的是，要是她在擔任此一職務間犯了不可原諒的錯誤，布希總統不會下條子要她走路，她更不會主動掛冠求去（陳一新，2007：261）。就筆者觀察，夏馨對於兩岸問題敏感性並不十分清楚，但就是和民進黨涉美高層的氣味相投。說穿了，夏馨其實是一個為了丈夫的軍火生意，能夠在極其自然的情況下作好公關、營取關係的家庭主婦而已，不必將其估計過高。

來的主政方向都沒有把握，也對阻止 2006 年制定新憲法與 2008 年建立新國家不具信心；但是美國要求中國相信，華府會在五二〇前後全力說服民進黨政府不要將美國推向牆腳，迫使美國選邊。華府會不斷運用私下與公開的管道警告台北，美國反對台灣片面改變現狀，也反對 2006 年制定新憲法與 2008 年建立新國家的時間表，因為美國認為此一時間表有改變台海現狀之虞。如果台灣一意孤行，美方也將告以必須自負責任與後果，美國絕對不會在台北先行挑釁的情形下派遣子弟兵馳援台灣。華府也將明白告訴台北，在當前的情況下，以民主的名義，制定新憲法與建立新國家，是一種挑釁的行為，不是負責民主國家應有的表現（葛來儀，2004：A18；陳一新，2007：263）。

（二）美國啟動「防獨機制」

錢尼返美後，這套防獨機制逐步展開。美國亞太助理國務卿凱利 2004 年 4 月 21 日在美國眾院國際關係委員會作證時警告說，「美國不支持台獨，也不支持片面改變美國定義下的台海現狀」，台獨將導致毀滅性後果，並說如果中國認定台灣走向獨立並與中國永遠分離，則兩岸軍事危機不可避免，而「美國非常擔心嚇阻中國的武力威脅可能失敗」，希望陳水扁瞭解此一危機（Kelly, 2004）。同時，國家安全會議亞太資深主任葛林（Michael Green）更露骨地表示，陳水扁所說「台灣是一個主權獨立的國家」只是政治語言，美國不會為陳水扁定義的「台灣現狀」背書（張宗智，2004：A2；劉屏，2004：A2）。5 月 20 日之前，美國副國務卿阿米塔吉在接受香港鳳凰視台訪問時甚至表示，陳水扁最好能在就職演說中重申「四不一沒有」（The China Post, A20）。稍後，國家安全會議亞太資深主任葛林在接受《遠東經濟評論》專訪時警告說，「如果陳水扁試圖利用未來四年讓台灣自大陸實質獨立走向正式獨立，他將冒著失去美國支持台灣的危險」（Lawrence, 2004）。

　　2004 年 7 月 7 日，美國國家安全顧問萊斯訪問北京，與中共領導人進行戰略對話，以穩定美中合作的伙伴關係。此行重點在於向中共領導人重申美國「一個中國」的政策；以及保證會繼續履行錢尼副總統 2004 年 4 月中旬與中共領導人談妥的協議，包括承諾對台北施壓不得修改國號與制憲。在 7 月 8 日會晤中國外長李肇星時，萊斯表示，美國瞭解中國對台灣問題的關切，也不希望台海地區發生衝突，並說布希總統支持「一個中國」與不支持任何台海現狀片面改變的立場是堅定的（Taipei Times , 2004，P1）。

　　在這段期間，原本美國希望台灣能夠掌握 2004 年國慶講話的契機，向中共「遞出和平的橄欖枝」，詎料台灣溝通講稿內容時，固然溝通了兩岸可「以九二香港會談為基礎」，尋求「雖不完美、但可接受」的方案，作為進一步對動協商談判的準備，卻也不忘直指中共不排除以武力犯台，是台海間最大的「恐怖陰影」與「黑暗勢力」（陳水扁，2004），讓美國在不能掌握的全貌的情況下，認為雙十講話具有「建設性」，從而讓美中兩國心結更深[47]。

　　2004 年 10 月 25 日，美國國務卿鮑爾前往北京與中共國家主席胡錦濤、中共總理溫家寶等人會面。行前，鮑爾特別接受香港鳳凰電視台的專訪，針對「台灣主權」問題聲稱，「世界上只有一個中國，台灣不是獨立的，台灣不享有一個國家的主權」。當鮑爾被該電視台記者問及「台灣表明自己是主權獨立的國家，沒有必要宣布獨立」時，他說台灣

---

[47] 根據美國國務院台灣科科長米舍夫（Michael Meserve）指出，布希政府對於民進黨政府不滿的主要原因在於，台北並未將雙十講話中的負面部分事先向華府照會，此舉不啻無視美國的存在。陳水扁一面在雙十講話前預告他會對北京釋出橄欖枝，另一面又在正式演說時指出中國武力是台海之間最大的「恐怖陰彰」與「黑暗勢力」。在不知情的情況下，國務院女發言人喬登（Darla Jordan）還讚揚陳水扁雙十講話多麼具有「建設性」，希望北京掌握機會與台北恢復談判。台北這樣的作法自然引起華府的不快，認為台北事先提供華府的演講稿並非全套（Chen , 2004:P1）。

可以自己做這類的聲明,「但我們的政策是清楚的……美國的一中政策長期以來對各方有利,我們不支持任何會改變這個方向的事」,並說「台灣獨立運動或在台灣宣揚獨立的人,在美國不會得到支持」(Powell,2004)。

　　儘管鮑爾透過貶抑台灣主權意欲營造友中氣氛,但中共還是在2004 年美國總統大選前,表明對美不信任的態度。中共前總理錢其琛特別在布希總統競選連任選前一週,於《中國日報》撰文抨擊「布希主義的哲學就是武力,鼓吹美國應該運用其優勢力量,尤其是武力來統治世界。」(CNN,2004)中共這項動作不僅虛勢削弱布希氣焰,也表明中共對於美國外交政策確有不滿之處[48]。布希連任後,提名國家安全顧問萊斯出任國務卿。台北政壇不少人認為鮑爾的去職對台灣是一大利多,甚至抱著幸災樂禍的心理看待鮑爾的下台,殊不知鮑爾 2004 年 10月下旬在媒體痛批台獨的幕後主角,正是由萊斯所主導(Schweid,2004)。

　　值得注意的是,萊斯由幕後浮上檯面,直接主導美國對兩岸政策,加上美台與兩岸互信嚴重不足、美中決定聯手啟動防獨促談機制、親台派官員大批換血、藍隊日益凋零,以及共和黨主導的立法部門不太可能制衡一個向北京傾斜的行政部門(陳一新,2007:332)。2005 年胡錦濤全面掌握黨政軍機器後,在與布希會面的高峰會時聲稱,只要美國不支持台獨,中共在台海問題上有「不怕拖」的決心。胡錦濤並希望美國加入中共這邊,共同維護台海穩定。胡錦濤此舉不啻宣稱,希望藉由「中美共管」的框架,要求台海「維持現狀」(孫揚明,2005:版 15)。見

---

[48] 中共原先的盤算應該是,向民主黨的總統候選人凱瑞(John Kerry)示好,一旦他入主白宮,可能進一步強化美中關係;如果布希連任,北京則可說是退休官員自己的看法,只是《中國日報》官方色彩過濃,北京當局很難完全推卸責任;其實,不管此文反應如何,中共試圖以此文作為「政治氣球」,試探性地表達中共對華府的不滿,以便向美國多要一點好處(陳一新,2007:330)。

諸日後台灣終止國統會及國統綱領運作，及台灣陳水扁總統宣稱「四要一沒有」公然要求台灣獨立時，美國強加台灣政府的力度之強，這個「中美共管」的台海框架已隱然成形。

布希政府從親台到兩岸失衡，逐漸往中共傾斜，大幅縮減台灣以宣傳爭取國際視聽的空間。固然顯示中共對美「可用不可信」的基調奏效，在台灣問題上搶佔主導權，卻又不吝與美國分享台海權力。一則尊重目前美國獨大的「一超多強」地位，再則也讓台灣脫不出「中美共管」的框架；另一方面，由於台灣領導人在外交運作上接二連三出現「信用」問題，借用「深化民主」行台獨之實，讓台美難以互信，以致提供中共操作的外交空間。

三、「反獨促統」方面

對中共而言，處理台灣問題最感棘手的問題是對手的身份難以定位。長久以來，中共認為台灣問題乃是國共內戰的遺緒，欲解台灣問題，鎖定一黨專政的國民黨政府即可。詎料 2000 年總統大選台灣政黨輪替，對手換成民進黨，原先設定的作為並不適用。中共先以「聽其言，觀其行」觀察民進黨政府作為，緊接著採取時左時右方式處理兩岸問題，雖然中共自稱此為靈活務實，在戰略上卻難見章法，並且阻止不了台灣向台獨傾斜的趨勢。2004 年之後，民進黨繼續執政，中共企圖找回兩岸主導權，讓台灣不至溢出中共原先設定的框架，厥為中共涉台高層當務之急。

中共的難題在於，民進黨政府以台獨為念，一旦對台示好，採取對台籠絡措施，反倒成為民進黨政府「加分」的工具，以及用來說服台灣民眾支持台獨安全無虞的話柄。為求解套，中共唯有搶佔主導權，透過「戰略清晰」方式劃定台灣問題的框架，只要民進黨政府的台獨作為溢出中共劃定的「紅線」，一定採取斷然措施。至於，對台統戰籠絡部分，

則是在此框架下悉聽尊便，一切以服務台灣民眾為依歸，不論其是否為民進黨政府加分。這條「反獨促統」最具體的紅線，就反映在《反分裂國家法》的制訂上。進一步來說，中共確立涉台框架之後，所謂胡錦濤較江澤民對台「軟者更軟，硬者更硬」的和戰兩手策略，遂在政治、經濟、文化等方面，享有更大的運作空間。

（一）政治方面

　　台灣媒體習慣短線思考，認為是《反分裂國家法》是 2004 年台灣總統大選後，因中共為遏止台灣往台獨方向傾斜的產物，實則不然。早在 1991 年就有海外華僑向中共提出對台特別立法的建議[49]，並曾陸續就此議題諮詢熟悉兩岸法律的專業人士。1996 年台海危機正熾，據傳台灣國安單位因應中共可能攻台的十八套劇本，其中之一即是中共宣稱仿照香港基本法草案制訂的《台灣基本法》公布之後，對於台灣軍民士氣影響的評估（杜聖聰，1996b：31）。及至 2002 年 11 月 1 日，武漢的江漢大學政法學院副教授余元洲撰寫出《中華人民共和國國家統一促進法（學者建議案）》；2004 年 3 月，中共全國人大代表、華中師範大學教授周洪宇向全國人大提交制訂《國家統一法》建議，一直到該年 5 月 9 日，中共總理溫家寶面對華僑領袖儘快制定《國家統一法》來遏制台獨勢力的建議時說，「建議非常重要，我們會認真考慮。」這個初稱《統一法》的概念才漸為為外界所知（江華，2004）。

　　台灣政府接獲此一訊息時相當重視，陳水扁總統遂將該法視為中共有意發動對台三戰—法律戰、輿論戰、心理戰的政治試探，並委託海基

---

[49] 早在 1991 年在中國社會科學研究院台灣研究所、全國台灣研究會、全國台灣同胞聯誼會召開的第一屆海峽兩岸關係研討會，就有海外華人提出對台特別立法的研議。據筆者瞭解，當時社科院台研所長李家泉曾經召集一些博碩士生仿照《香港基本法》草案概念，試著透過法律途徑規範兩岸建議，不過這僅是學者模擬的意見罷了。

會副董事長張俊宏等人私下進行研究[50]。2004 年 12 月 17 日，中共忽然假《中央電視台》晚間新聞宣布，將於該年 25 日至 29 日所召開的人大常委會期間要初審《反分裂國家法》草案，台灣各界終於感受到此舉的影響，甚至連在野的親民黨主席宋楚瑜也改弦易轍，與陳水扁進行「扁宋會」[51]，雙方議定「十項共識」，希望因應此一台海變局。3 月 14 日，中共全國人大十屆三次會議表決，以 2896 票贊成、0 票反對、2 票棄權、3 人未按表決器高票通過《反分裂國家法[52]》，中共國家主席胡錦濤在當天簽署第 34 號主席令，宣布政治頒佈該法（曹宇帆，2005：2）。

---

[50] 筆者曾於 2004 年 8 月參加一項由前立委張俊宏主辦的私下會議，並針對《統一法》的相關進度進行評估，會中重點在於思考該法是否影響台灣民心士氣，以及是否可能成為該年立委選舉的新聞議題。其實，不少學者認為此節是陳水扁政府強行操作的政治議題，本來無事何必庸人自擾之。不過，隨著《統一法》輪廓益發清晰，外界才逐漸明瞭該法設定的「一個中國」對台框架影響竟是如此之深。

[51] 2004 年 12 月，台灣進行立法委員改選，原本合作的國民黨與親民黨因爭奪立委席次頗生齟齬，根據親民黨內部估計，至少五席原本應上未上者是國民黨從中作梗所失。此節原本可視為政黨競爭所致，但親民黨中央最為不快乃因該年總統大選中選會的補助款，被國民黨從中扣剋 6 千餘萬，影響選務甚鉅。立委選後，親民黨主席宋楚瑜赴美後，美方多次派員陳述《反分裂國家法》影響台海情勢，兩岸頗有一觸即發危險，為謀台灣政局安定，宋楚瑜遂安排與陳水扁總統見面。在這場「扁宋會」中議定十項共識，頗有對中共「釋疑」味道。中共於 2005 年 3 月 4 日公布的「新胡四點」，對台態度稍有轉圜，咸信與此次會面的決議有關。

[52] 《反分裂國家法》全文為：第一條為了反對和遏制「台獨」分裂勢力分裂國家，促進祖國和平統一，維護臺灣海峽地區和平穩定，維護國家主權和領土完整，維護中華民族的根本利益，根據憲法制訂本法。第二條世界上只有一個中國，大陸和臺灣同屬一個中國，中國的主權和領土完整不容分割。維護國家主權和領土完整是包括臺灣同胞在內的全中國人民的共同義務。臺灣是中國的一部分。國家絕不允許「台獨」分裂勢力以任何名義、任何方式把臺灣從中國分裂出去。第三條臺灣問題是中國內戰的遺留問題。解決台灣問題，實現祖國統一，是中國的內部事務，不受任何外國勢力的干涉。第四條完成統一祖國的大業是包括臺灣同胞在內的全中國人民的神聖職責。第五條堅持一個中國原則，是實現祖國和平統一的基礎。以和平方式實現祖國統一，最符合台灣海峽兩岸同胞的根本利益。國家以最大誠意，盡最大的努力，

　　中共對台政策從過去軍事對抗、政治放話，自該法通過後正式進入
「以法遏獨」、「依法涉台」階段，中共對台宣傳的「法律戰」也一去兩
岸長期定位難解的模糊，取得名正言順的宣傳工具。早在 2004 年 4 月
26 日中共中央政治局第十二次集體學習裡，胡錦濤指出，「改革發展穩
定的任務越是繁重，越要增強依法治國、依法執政的自覺性和堅定性，
越要注重維護法制的統一和尊嚴，依法處理和解決各種矛盾和問題，引
導規範各種社會行為。為全面建設小康社會，不斷開創中國特色社會主
義事業新局面提供有力的法制保證。」（新華網，2004）2004 年 9 月 19
日中共十六大四中全會，「依法治國」已經成為中共黨內重要的基本方
略。在「加強黨的執政能力建設的決定」主題下，「依法治國」必須與
堅定黨的領導，以及人民當家作主進行有機統一（人民網，2004）。在
中共內部對於「依法治國」形成共識後，對於重大事務或矛盾問題也傾

實現和平統一。國家和平統一後，臺灣可以實行不同於大陸的制度，高度自
治。第六條國家採取下列措施，維護臺灣海峽地區和平穩定，發展兩岸關係：
（一）鼓勵和推動兩岸人員往來，增進瞭解，增強互信；（二）鼓勵和推動兩
岸經濟交流與合作，直接通郵通航通商，密切兩岸經濟關係，互利互惠；（三）
鼓勵和推動兩岸教育、科技、文化、衛生、體育交流，共同弘揚中華文化的
優秀傳統；（四）鼓勵和推動兩岸共同打擊犯罪；（五）鼓勵和推動有利於維
護臺灣海峽地區和平穩定、發展兩岸關係的其他活動。國家依法保護臺灣同
胞的權利和利益。第七條國家主張通過臺灣海峽兩岸平等的協商和談判，實
現和平統一。協商和談判可以有步驟、分階段進行，方式可以靈活多樣。臺
灣海峽兩岸可以就下列事項進行協商和談判：（一）正式結束兩岸敵對狀態；
（二）發展兩岸關係的規劃；（三）和平統一的步驟和安排；（四）臺灣當局
的政治地位；（五）臺灣地區在國際上與其地位相適應的活動空間；（六）與
實現和平統一有關的其他任何問題。第八條「台獨」分裂勢力以任何名義、
任何方式造成台灣從中國分裂出去的事實，或者發生將會導致臺灣從中國分
裂出去的重大事變，或者和平統一的可能性完全喪失，國家得採取非和平方
式及其他必要措施，捍衛國家主權和領土完整。依照前款規定採取非和平方
式及其他必要措施，由國務院、中央軍事委員會決定和組織實施，並及時向
全國人民代表大會常務委員會報告。第九條依照本法規定採取非和平方式及
其他必要措施並組織實施時，國家盡最大可能保護臺灣平民和在臺灣的外國
人的生命財產安全和其他正當權益，減少損失；同時，國家依法保護臺灣同
胞在中國其他地區的權利和利益。第十條本法自公佈之日起施行。

向透過法制化解決。因此,《反分裂國家法》的公布,也可視為中共建立「依法涉台」的開端(邵宗海,2006:223)。

　　綜上所述,《反分裂國家法》制訂並非憑空而來,而是經過中共涉台學界長期醞釀,用以順應中共「依法治國」、「依法涉台」思維,並解決台灣漸往台獨傾斜的工具。若從宣傳內容言之,中共在推出《反分裂國家法》前,先行製作說帖前往世界八十餘國進行遊說,而且向國際社會宣傳將制裁「台獨的統一戰線」。陸委會副主委邱太三認為,「實在很難想像中國竟然在具體條文都沒有的情形下,直接進行對外宣傳」,這使得國際社會「審慎」地不觸碰細節。就在各國不贊成,卻也不願意明顯表態的情形下,美日等國於是對於反分裂法表示「保留」的意見,其他各國則私下與中國取得「最好不引起緊張疑慮」的默契,讓中國積累不少宣傳的籌碼。(杜筱越,2005a:20)儘管該法公布後,台灣認為這是一部「戰爭授權法」,是「戰爭動員的空白支票」,包括黨政高層皆大加撻伐,民進黨並發動抗爭20餘萬人的「反分裂法」遊行,但激情過後,《反分裂國家法》的「反獨促統」效用還是逐步顯現出來。

　　從總體面向言之,伴隨《反分裂國家法》而來的法律宣傳戰主要有以下功能,包括抗衡台灣自主意識升高趨勢;掌握兩岸關係的詮釋權;在國際化定台海問題處理界線;以及為對台使用武力尋找藉口(政戰學校軍事社會科學研究中心,2006:31-35);其中最引起注目者,應是時任國民黨主席連戰決定訪問大陸與胡錦濤見面,化解國共恩怨,重啟第三次的「國共合作」,雙方在「連胡會」中簽署新聞公報的五項共識;稍後,親民黨主席宋楚瑜也前往大陸與胡錦濤會面,由於外界認為宋楚瑜基於前述「扁宋會」默契,頗有充任陳水扁「信差」意味,中共也以高規格接待之。雙方以「會談公報」形式簽署六項共識,詳見表4-3:

表 4-3：連戰、宋楚瑜與胡錦濤會面的共識

	連胡會	宋胡會
形式	新聞公報	會談公報
時間	2005 年 4 月 29 日	2005 年 5 月 12 日
共識數目	五項	六項
九二共識	◎促進兩岸在九二共識基礎上，儘速恢復談判。 ◎九二共識內容為「一中各表」。	◎促進在九二共識基礎上，儘速恢復兩岸平等談判。 ◎九二共識再陳述為「兩岸一中」。
終止敵對狀態	促進終止敵對狀態，推動達成和協議，建立軍事互信機制等。	推動結束兩岸敵對狀態，未來達成和平協議，建立軍事互信機制。
經貿交流	建立兩岸經濟合作機制，促進兩岸經濟全面交流。	加強經貿交流，建立穩定的兩岸經貿合作機制。
國際空間	促進協商台灣民眾關心的參與國際活動的問題。	促進協商台灣民眾關心的參與國際活動的問題。
溝通平台	建立黨對黨的定期溝通平台。	推動建立「兩岸民間菁英論壇」及台商服務機制。

資料來源：
1.財團法人台灣促進和平文教基金會，2005。

在這兩次會議中，國民黨取得與共產黨對話的穩定溝通平台，親民黨則在兩岸定位的「兩岸一中」頗有突破。兩岸媒體對於這兩次盛會全程報導，規模之大超過歷來兩岸交流活動。這其中固然存在台灣在野黨與中共緩解的新聞價值，但國親兩黨在大手筆包機[53]，讓參與採訪的台灣媒體記者得以全程參與，報導篇幅數量大增，形成台灣媒體聚焦的強大效應。這兩次會談有效地緩解兩岸原本嚴峻形勢，卻也讓民進黨政府在兩岸議題邊緣化，致使原有的朝野對立更加明顯。在此之後，中共積極推動「雙百論壇[54]」，籠絡台灣地方民代；一些民進黨民代也紛紛隱

---

[53] 過去台灣媒體前往大陸採訪兩岸交流活動多是自行處理機票及旅館，但國親這兩次前往大陸，則由兩黨幹部代為處理機票與住宿事宜。記者在「集體行動」下，面對數量既多且行程緊湊的安排，為求報導不致偏頗，多會採取「同一口徑」處理之。此外，反分裂法形成的報導框架，也讓記者多少存有「斯德哥爾摩效應」，對中共肯定有加，難見批判用詞。

[54] 為吸引台灣地方實力派人士瞭解中國大陸，中共於 2005 年 7 月 6 日，在江蘇省舉辦「兩岸合作、共同發展」的「雙百論壇」，會中邀請台灣百多名縣市議員與中國大陸東南沿海三省一市的百餘地方人大代表參與，且全程招待

身為「傳話人[55]」，穿梭兩岸謀求共識。可以看得出來，自從胡錦濤取得黨內「核心地位[56]」後，其對台「依法遏獨」策略得以有效執行，使得「反獨促統」的宣傳力度大為增加，不分藍綠的政治人物紛紛前往大陸進行溝通交流，「輸誠」意味較前驟然濃厚許多。

（二）經濟方面

在「聽你言，觀我行」階段，中共一如往常地透過「直航」議題衝撞台灣政府的主權空間，但在作法調動相關媒體整體宣傳的「輿論戰」；在《反分裂國家法》公布後，中共以政黨交流行「經濟宣傳」之實，並配合羈縻台商的融資措施，營造出兩岸經濟合作前景大好的宣傳氛圍。不過，一旦台商涉及台獨，中共在宣傳作法上也是毫不寬貸，除了透過羞辱台獨廠商的個人尊嚴方式，摧毀其「台獨」意志外，另亦透過媒體放話干擾台灣金融秩序。

目前，台商在大陸至少超過一百萬人，透過第三地往返兩岸不僅浪費時間，而且耗費金錢。因此，實現兩岸直航本來就是方便兩岸民眾往來的自然抉擇。但誠如前述，直航因涉及兩岸主權問題，因此台灣政府

臺灣代表食宿機票費用。中共媒體廣泛宣傳「雙百論壇」是兩岸民意代表首次齊聚共同商議合作發展的會議（馬振坤等，2006：100-101）。

[55] 筆者於 2005 年、2006 年前往大陸廈門、北京採訪得悉，曾有民進黨某高層幕僚在大陸聲稱自己在台灣可以「直達天聽」，甚至民進黨某派系大老曾與大陸學者交換 2008 年大選執政後，要如何與大陸處理兩岸定位與台獨基本教義派問題。足見台灣媒體報導的「十一寇」問題，洵非誣謗。

[56] 2005 年 2 月 25 日大陸中央電視臺「新聞聯播」節目播出「黨中央重視建設和諧社會」專題時指出，「黨的十六大以來，以胡錦濤總書記為核心的新一屆領導審時度勢，適時推出一系列關係國家發展、國計民生的重大戰略決策，中國經濟和社會發展呈現出健康、協調、較快發展的喜人局面。」相較於十六大剛結束不久時，中共官方媒體對胡錦濤的表述方式是「以胡錦濤為總書記的黨中央領導集體」，以及解除 SARS 危機後的 2003 年 5 月之後，「以胡錦濤為總書記的黨中央」的說法，可以看得出胡錦濤取得中共中央軍委主席之後，確實已經取得新一屆領導人當中的主流地位。

方面多以審慎方式因應之,「能來不能去」至少是台灣政府在 2004 年 5 月《五一七聲明》之前守住的直航底線。2005 年 1 月 29 日,兩岸經過私下多次協商[57],進行首度春節雙向直航,「中華民國國籍」的客運包機首次降落大陸機場,台灣過去堅持的主權底線面對兩岸頻繁交流的現狀,只能模糊行事。與此同時,中共啟動「輿論戰」主導兩岸直航先機,發動官方媒體新華社、人民網等持續、大規模地報導春節「直航包機」過程,除了大篇幅報導外,更以圖表方式發表「包機路線示意圖」,顯示中共涉台單位與各宣傳機構的配合已經逐漸細緻化(汪莉絹,2005:版 13)。

至於在 2005 年《反分裂國家法》公布之後,國民黨主席連戰、親民黨主席宋楚瑜等人爭相前往大陸訪問,從而提供兩岸地方政黨交流的「經濟」宣傳空間。國民黨地方黨部與大陸地方黨部以「黨對黨」方式進行交流,包括台中市—廈門市;新竹市—蘇州市;彰化縣—青島市;高雄縣—福州市;基隆市—寧波市;台南市—深圳市等地,均以國民黨地方黨部身份,與中共各地市委簽署「協議」或「共識」(人民日報海外版,2005:版 4)。以台中市與廈門市的「黨對黨」共識為例,足見箇中暗藏經濟宣傳統戰之實(中新網,2005):

一、經濟方面,由台中世貿中心和廈門會展中心相互交流;

二、科技方面,由台中的中部科技園區與廈門高新科技園區交流,在管理、技術和資訊方面互相支援;

---

[57] 關於 2005 年春節包機直航一事,國民黨籍立委章孝嚴、朱鳳芝等人曾於該年 1 月 10 日與大陸國台辦官員協商,對促成兩岸包機直航頗有貢獻。不過,這卻也打破政府堅持兩岸「直航」議題應由政府主導、民間協助的立場。平心而論,朝野立委對於兩岸直航的便民、省錢多有體認,但民進黨及台聯立委認為,兩岸爭執的焦點在於「協商」,而不在於「直航」,意即台灣必須在不失主權國格的前提下與中共商談此節,但國親立委多認為兩岸「協商」不成,是政府與台獨教義派從中作梗所致,不考慮「三通」的便民即是以意識型態「鎖國」,雙方論點南轅北轍。

三、教育方面，兩市共同主辦中小學運動會、夏令營、大學生論
　壇和學術交流等活動。

四、農業方面，加強兩市農業學術研究機構的技術合作；

五、旅遊方面，兩市將加強旅遊協作，台中以台中市為中心畫一
　圈，包含苗栗、三義和南投日月潭等風景區，廈門則以廈門、
　漳州、泉州為範圍，擴大兩地民眾旅遊往來；

六、文化方面，兩地共同舉辦藝術交流展。

　　上述「共識」中，包括「中部科學園區」的管理、技術、資訊交流，以及台中農業學術機構交流等，不乏中央管轄的權責單位，可想而知這種「代俎越庖」結果，相關共識多為具文。值得注意的是，國民黨各地方黨部帶領台灣廠商及地方記者多人前往大陸訪問，相關訊息透過大陸媒體及台灣媒體的地方版面進行經濟宣傳，顯見中共在此交流過程中已獲取「實質的宣傳效益」，同時也藉此得以順利招商[58]。這種狀況其實早已蔓延台灣內部許多縣市。像是各地台商協會會長成立，不少縣市政府多會指派專人與會[59]，所謂「以商圍政」在近二、三年的發展，已經形成司空見慣的場面。

　　對廣大台商而言，在中國大陸經商最感頭痛的資金問題，也逐步得到解決。中共國台辦於 2005 年 8 月 7 日和中共國家開發銀行簽約，未來 5 年內將撥出 300 億人民幣資金，便於從事高科技產業以及投入基礎建設等符合貸款條件的臺商申請融資貸款，並聲稱「只要符合貸款條件的臺商，皆可以申請支持。若需要，還可以考慮增加額度。」這項政策利多凸顯台灣政府對於金融機構赴中國大陸發展的許多規定窒礙難

---

[58] 台中知名太陽餅於 2006 年 8 月 3 日正式於廈門首開「旗艦店」，其負責人聲稱即是在台中市黨部隨團訪問之後，覓得商機後所做的決定。

[59] 以 2007 年 3 月中旬山東滋博台商協會交接儀式為例，由於該會長為竹東人，現場即有 13 名竹東鎮里長，即多位民意代表、立法委員與會。甚至包括新竹縣長鄭永金也指派其大公子鄭朝瀚率團慶賀。

行，導致中小企業台商初到中國大陸所面臨貸款困難。許多台商認同中共這項「利多」消息，並肯定這對企業的發展將有正面助益（於慧堅，2005：版 A13）。透過具體金錢與相關配套措施，解決台商燃眉之急，中共這項「經濟宣傳」效果不言可喻。

　　不過，中共對於親綠台商的打擊，在進入「聽其言，觀其行」階段，也進入新的里程碑。早先中共不少涉台部門認為，不能任親綠台商「賺我們的錢，還來反對我們」，動輒有關廠、查稅舉動干擾綠色台商工廠運作。不過，隨著中共加入 WTO，並標榜「依法行政」精神，關廠查稅這些作法可能引發外界物議，甚至凸顯中共「不理性」的國家形象，類似作法不復再見。取而代之的則是，「縮小打擊面」以形成綠色台商的「寒蟬效應」。

　　像是向來支持台獨的許文龍為顧及員工及下游廠商，於 2005 年 3 月 26 日民進黨發動反「反分裂法」大遊行前夕，發表支持反分裂法的「退休聲明」，令台灣各界為之錯愕[60]。許文龍聲稱，「最近胡錦濤主席的講話和『反分裂國家法』的出台，我們都很關注。我覺得有了這個講話和法律，我們心裡踏實了許多，因為趕到大陸投資，就是我們不搞台獨，因為不搞台獨，所以奇美在大陸的發展就一定會更加興旺。」（蘇永耀，2005：版 2）此外，包括福州、廈門、漳州、泉州、莆田、福清等福建省六家台商投資企業協會聯名倡議，擁護《反分裂國家法》（陳國明，2005），對於綠色台商亦產生一定程度的恫嚇作用。這也說明中共對台商宣傳是採取「擴大爭取面，縮小打擊面」的作法力道趨強，甚至不惜羞辱個別台商尊嚴以遂行其意志。

　　在媒體放話部分，2004 年 6 月 3 日中共全國社科院台研所副研究員王建民，在具中共官方背景網站的「中國網」發表「中共不歡迎綠色

---

[60] 中共相關媒體報導，許文龍「退休聲明」係出於自由意志，但見諸事後傳出許文龍親向陳水扁總統致歉、不簽署此文則奇美旗下企業損失千億，許文龍發表「退休聲明」顯然是迫於無奈。

台商不排除對台經濟制裁」的文章，指出中國大陸已取代美、日成為臺灣的最大外貿市場與最大貿易順差來源，台灣對中國大陸、香港出口額占台灣出口總額比重達 34.5%，中國大陸對台灣經濟成長率的貢獻率更超過 70%。基於台灣經貿產業與中國大陸的高度依賴性，台灣金融市場禁不起中國大陸任何警告與制裁；若中國大陸宣布對台實施經濟制裁，台灣股市會出現嚴重跌停，匯率將出現大幅波動，外資會迅速撤出，臺灣金融市場會很快陷入混亂，嚴重衝擊臺灣經濟。論文隨即引發台股以大跌 200 多點做收（馬振坤等，2006：76-77）。

（三）文化方面

中共綜合國力發展速度驚人，反映在對台宣傳統戰部分，近二、三年來顯得闊綽許多。除了一本過去從事多面向文化交流外，近年來更挾其豐厚資金著墨於青年學子與流行文化的耕耘。2004 年以後，中共對台學術文化交流的接待規格，已經讓台灣各學術單位瞠乎其後。現階段中共各學術單位經費較前充裕，且與台灣、統戰單位合作舉辦相關學術研討會時，「落地招待」方式成為款待台灣學界主流，與會學者僅需要支付來回機票費用，包括食宿相關費用一律全免[61]。這種經濟上的誘因讓學界前往大陸訪問動機大增，且相關行程安排多與大陸旅遊結合，形成「兩岸一家親」的局面。

在《反分裂國家法》公布後，中共總書記胡錦濤與親民黨宋楚瑜於 2005 年 5 月 12 日會晤時，具體承諾台生就讀將比照陸生，學費差額將編列預算專款補助，並在各校設立臺灣學生獎學金。有關學歷認證部

---

[61] 2005 年 8 月，筆者任《新新聞週報》董事長特助時前往採訪廈門「兩岸青年論壇」，與會學者及台灣大專青年學子多住在每日單價 1600 元人民幣的個人套房裡。套房外面有專屬個人陽台及歐式庭園桌椅，向外遠眺則有數倍於棒球場的草坪；套房內部則有客廳及臥房，極為氣派。至於其他學者前往大陸參加研討會，中共涉台單位多以四星級以上飯店規格進行「落地招待」。

分，胡錦濤表示中共完全同意，並表示此關鍵不在中共，而在台灣。隨後，中共教育部及國台辦於 2005 年 8 月 24 日正式公佈，自 9 月新學期開始，學校將降低臺灣學生學雜費，比照大陸學生收費標準收取，同時還將設立「臺灣學生獎助學金」等一連串優惠台生的政策與方案（馬振坤等，2006：136）。

值得注意的是，大陸殷勤的「待客之道」，讓許多大專學生對中共認知圖像出現變化。以第五屆「台灣高校傑出青年赴中國大陸訪問團為例」，遍遊北京、鄭州、廣州、上海等地名勝古蹟 12 天，最多僅需要 22900 元[62]，做過學生會的會長、議長或社團社長，甚至只要 17900 元即可成行。對於部分台灣青年學子而言，這種吸引力已經成為時下大學校園風尚，並成為評鑑大學生是否優秀的重要指標。以歷屆參與該團的學生推薦，即可認知此節（華界論壇，2006）：

> 游智彬（淡江大學大陸研究所、政治大學第三屆學生議會副議長）
> 傑青團是一個匯聚台灣各界優秀青年的大平台，
> 在傑青，你可以與兩岸各路英雄分享心得；
> 在傑青，妳可以看到五千年文化的濃縮菁華和現代化的中國；
> 在傑青，你也可以感受一個進步國家的熱情與脈動；
>
> 楊宇騰（淡江大學經營決策學系、第十四屆學生議會議長）
> 引用北京大學夥伴的一句話：「所有的北大人都在奔跑，不論你慢走或快走都輸人！！」想親眼見識 2008 奧運前快速變遷的中國嗎？想了解中國新世代學生們的動向與想法嗎？來吧！和傑青的優秀夥伴們一同站在萬里長城的頂端大聲吶喊「不到長城非好漢」吧！

---

[62] 據筆者瞭解，以這種四五星規格的住宿標準加上十二天的大陸旅遊，正常旅行團收費應在新台幣至少五、六萬元。足見中共涉台單位爭取台灣大專青年確實煞費苦心，同時這種口耳相傳的「傳播」威力，遠勝於大眾傳播媒體的效果。

趙紫軒（政大外交研究所研究生）

傑青團給我最大的收穫就是震撼！台灣各地的精英在學識、思想，與處世之激盪；中國名勝文物之驚艷！民革大哥大姐之會談以及中國莘莘學子交流所產生的火花都一次次讓我震撼不已，傑青團是喜愛不斷學習的人最好的機會。

陳蔚芳（台大政治研究所研究生）

當全世界都在關注這條崛起的龍，處在海峽另一端的你，怎麼能置身事外？唯有傑青團，才能提供你最全面、最深刻的視野。加入傑青團，讓我們一起見證中國的過去、現在與未來！

吳亮東（清華大學工科系，國際英語演講協會新竹分會委員長）

傑青讓我親身體驗中國之美、讓我盡情享受中國之景、使我受中國文化強烈的震撼，傑青更讓我向世界跨了一大步。短短十幾天的參訪旅程，在各地所接觸種種畫面，均使我永生難忘，一輩子都願細細的回味著。

中共近年來除特別針對青年學子籠絡外，也從兩岸流行文化入手，尤其是「以閩制台」的宣傳手法更趨細緻。自 1980 年代台灣歌手費翔登陸大陸以來，前往大陸找尋事業第二春的影視歌星藝人不絕於途，包括早期潘安邦、千百惠、潘美辰、孟庭葦、張信哲、林志炫等。但近年來形勢丕變，台灣大牌藝人多以大陸市場為重點，甚至不計任何酬勞只求能在中共除夕的《春節聯播》等節目露臉，例如蔡依林、周杰倫、張韶涵等，在台登場近百萬，在大陸僅收象徵性酬勞人民幣 6000 元，足證大陸對台流行文化的「磁吸」作用驚人。至於主持人黃安、吳宗憲等人願意以台灣百萬身價，屈就大陸電視台也是著眼於當地市場可觀。

在閩南語藝人部分，包括歌仔戲名旦陳亞蘭前往廈門海峽衛視主持《娛樂鬥陣行》，以閩南語播報娛樂流行動態（余繼軍、海鷹，2005）；在台灣飾演連續劇《青龍好漢》的洪誠陽前往福建東南台主持《開心一

百》等節目。當地錄製節目已循管道滲入台灣中南部市場，頗受好評，也讓「以閩制台」的文化統戰不落痕跡。藝人舉手投足間多為觀眾所喜，其偏好也頗能影響觀眾的「認知」。這種爭相前往大陸朝聖的作法，不僅反映台灣市場低迷的現實，也說明中共對台文化交流，已不限於過去傳統高層次的學術交流。其著力範圍之廣，從主持人、影視歌星，推廣至閩南語藝人、歌仔戲明星。值得注意的是，這種流行文化交流既滿足當地市場需求，也符合「文化宣傳」的需要，進行文化統戰之餘還能創造利潤，謀求「黨」與「事業」的雙贏，這種宣傳手法堪稱一絕。

四、「寄希望於台灣人民」方面

不管是錢其琛所說的，「無論是在統一的過程中，還是在實現統一後，我們都將尊重台灣同胞當家作主的願望和發展政治民主的要求。」或是胡錦濤在「胡四點」標榜的「寄希望於台灣人民方針絕不動搖」，從官方文件或重要講話裡，「寄希望於台灣人民」儼然是中共對台宣傳方針的重中之重。中共中央總書記、中共中央對台工作領導小組長胡錦濤在 2004 年 8 月 12 日批示，中共對台廣播要做到「入島、入戶、入腦（心）」，意即在「貼近實際、貼近生活、貼近群眾」的「三貼近」原則下，開展大陸對台宣傳工作（中新社，2004）。但實際上，中共落實對台宣傳「三貼近」，是在立足廣泛調查的前提下，做好宣傳統戰的「區隔市場」，逐一爭取台灣民眾。

根據台灣軍情單位顯示，中共於 2004 年期間成立「台灣選情研究小組」，在其官方電腦上存有每家戶的「台灣地區民眾基本資料」，內含台灣民眾大部分的戶籍資料、車籍資料、兵籍資料及健保資料。在「三籍一保」資料為大陸掌握後，據瞭解，原本針對台灣廣播宣傳的「入島、入戶、入心」，實則另有意涵，包括「入島」即是積極核准中國公民與台灣人民通婚，根據估計至 2013 年，台灣境內將有 150 萬的中國公民；

「入戶」則是將每一戶台灣民眾資料，予以列檔進入中國官方檔案，完成「三籍一保」檔案列黨的任務；「入心」則是透過大陸或台灣廣電媒體，對台進行「輿論戰」（陳永成，2004：58-59）

　　基於「沒有調查就沒有發言權」，中共在掌握台灣「三籍一保」資料後，執行胡錦濤對台「硬的更硬，軟的更軟」政策時更增力度。在政治上，中共擴大與台灣交流對象。2005 年 4 月間，在國民黨主席連戰造訪中國大陸前夕，中共國台辦副主任孫亞夫接受香港《明報》專訪指出，中共不排除「和民進黨打交道」；緊接著國台辦主任陳雲林以「接受新華社專訪」方式、副主任王在希在「對外籍記者會」中聲稱，又重申中共面對兩岸政黨交往中的「與民進黨打交道政策」（華夏經緯網，2005），顯示中共對台已經嘗試若干「新思路、新訊息、新舉措」。

　　從宣傳角度言之，中共為免外界認為只與「台灣在野黨」打交道，且中共終究必須與執政的民進黨「打交道」，預作伏筆以釋眾疑。而這種作法恰好也刺激民進黨內部「改革派」與「保皇派」路線之爭。以新潮流系為主的「改革派」與擁護陳水扁為主的「保皇派」在日後因民進黨內高層接連發生弊案產生齟齬，黨內多位人士齊聲呼籲應正視社會要求，卻被指為「十一寇」。這些人主要是以新潮流派系為主，且新潮流系相較於黨內處理中國問題較為務實，詎料夾雜在黨內中常委選舉與立委提名卡位中，政策與權力混淆一談，且被黨內民粹力量指為「別有用心」。這其中固然有民進黨內權力卡位考量，但中國政策路線相左，亦是民進黨內傾軋加劇的原因之一[63]。在兩岸問題上在區域上，中共對台宣傳也以農業合作進行突破。長期以來，中共對於台灣「北藍南綠」政治版圖苦無突破點。但自從 2005 年 4 月連胡會之後，中共商務部隨即

---

[63] 陳水扁及其親信於 2006 年發生國務機要費案、台開關說案後，民進黨內多位改革人士要求黨內正視民意自清，其中以李文忠、林濁水、洪奇昌、段宜康、沈發惠、蔡其昌、林樹山、郭正亮、鄭運鵬、羅文嘉、沈富雄等人，遂被親綠電台及廣電媒體冠以「十一寇」稱號。

宣佈於 2005 年 8 月 1 日起正式對台灣 15 種水果實施進口零關稅措施，並提供「綠色通道」、「提前報關」、「預約報關」和「擔保驗放」等一系列便利水果通關措施（張勇，2005；冒韙，2005）。中共國務院台灣辦公室經濟局副局長唐怡表示，「願進一步加強兩岸農業合作」擴大台灣農產品在中國大陸銷售問題，與臺灣有關方面及人士進行溝通、達成共識（馬振坤等，2006：108）。

中共於釋出此項利多後，即造成台灣南台灣農民的廣大迴響，尤其陳水扁總統下鄉痛批「台灣水果登陸是統戰」，更引起諸多反彈。事實上，台灣水果本來就有管道銷往大陸，年銷量不到全年產量的 1%，且水果免關稅消息一出，泛藍農業團體如省農會、海聯會等多個團體紛紛搶進大陸，讓中共官員疲於應付[64]。而台灣水果在大陸上架後一年，由於價格居高不下，以及運銷速度過慢，在大陸各大超市紛紛下架（曹宇帆，2006）。

不過，在此之時，中共卻接連舉辦「兩岸農業合作論壇」，與缺乏「公權力」的泛藍農業團體進行交流，並透過媒體釋放中共對台農業關注消息；又或者如中共於 2006 年宣稱購買台灣滯銷香蕉 200 噸，「遂帶動台灣產地香蕉價格上漲三成」（王建民，2006），實則是因為行政院要求國防部下令各軍營統籌購賣 3500 公噸使然。這種「惠而不費」的宣傳方式，讓台灣政府有理說不清，也成就中共「本小利多」的宣傳效果。

中共執行「寄希望與台灣人民」方針的宣傳攻勢除了上述「利誘」之外，對於改善原本剛硬冰冷的形象，也力圖使用「視覺行銷」加以改善。所謂「視覺行銷」是一種透過視覺偶像（Character）將業主豐富的

---

[64] 據筆者前往北京採訪瞭解，這些泛藍的農業團體背後勢力包括省農會系統、連戰系統的林豐正勢力、屏東曾永權勢力、彰化的陳杰勢力等，每個單位各擁其主，讓中共農業部門涉台官員相當困擾，並頻頻透過居間人進行協調，表明中共願意將兩岸農業交流權柄釋放給國民黨，但國民黨內部應整合出一個單位，詎料國民黨內部各勢力對此不肯讓步，中共對台農業合作至今難解。

訊息及複雜的企業形象，透過視覺傳遞「簡單化」的符號給消費者的一種行銷手段（杜聖聰，2005：版12）。舉例言之，2005年5月3日，中共國台辦主任陳雲林宣布贈送台灣兩隻大熊貓，作為連戰訪中的大禮，即是中共運用「視覺行銷」的一種宣傳方式。由於熊貓胖嘟嘟、圓滾滾的可愛形象，頓時軟化不少伴隨《反分裂國家法》而來的殺伐之氣（杜聖聰，2005：版12）。消息一出，不僅引發台北市木柵動物園、新竹縣六福村動物園及高雄市壽山動物園紛紛爭養（劉添財、張瀛之、劉瑞祺、許志強，2005：版A5），大陸內部更透過票選出兩隻準備來台熊貓的命名活動，分別叫做「團團」、「圓圓」，引起國內外媒體普遍關注。此外，如親民黨主席宋楚瑜造訪大陸時，國台辦擬援例贈送金絲猴，都是這種「視覺行銷」宣傳思維下的產物。

最值得注意的是，中共看準台灣媒體環境不佳的情況，積極準備介入台灣的新聞市場。根據前《經濟日報》副總編輯、資深新聞人楊士仁、日本讀賣新聞東京本社編集局國際部記者中津幸久製作專題顯示，「中資介入台灣至少17家媒體」，企圖引導台灣輿論市場。儘管中共方面否認此節，但相關報導卻指此一趨勢正方興未艾。

楊士仁早在2003年1月根據台灣情治單位提供機密文件「國內報社、雜誌、電視等媒體接受中共或中資資助續況」，指出包括《聯合報》、《中國時報》、《中華日報》、《自立晚報》、《中時晚報》、《新生報》、《民眾日報》、《台灣新聞報》、《台灣時報》、《電子時報》、《商業週刊》、《中國評論》、《亞洲週刊》、《TVBS電視台》、《年代電視台》、《中天電視台》、《東森電視台》等17家媒體可能接受中資，並影響台灣輿論走向[65]。稍後，2005年由中津幸久在《讀賣新聞》所製作的「膨脹中國」專欄裡，亦提及「中資介入台灣媒體」的多項事證（楊士仁，2005）。足見

---

[65] 相關資料，作者楊士仁並未一一羅列，但在文中頗有提及。筆者以文中大意綜合自己從事新聞實務所見所聞，判斷出楊士仁與中津幸久文中提及的17家媒體名單。

中共對台新聞媒體謀劃之深，已經直接滲透至許多台灣新聞「經營」團隊之中[66]，從而使新聞「編輯台」作業在選用新聞時，難免在「自覺」與「不自覺」的情況下，出現肯定對岸的「議題框架」。但實際上真相如何，仍是一個未解謎團。

第五節　小結

綜上所述，可以看得出來中共對台的宣傳內容，在「聽其言，觀其行」階段至「聽你言，觀我行」階段出現重要變化。過去中共執行鄧時期的「一國兩制，和平統一」政策至「江八點」，基本上是在「兩岸同是中國人」的思維下，開展相關的對台宣傳工作。不過，這些期待是基於對手是在台長期執政的國民黨而言，一旦對手換成陌生的民進黨，在對台情資系統失靈的情況下，只能「聽其言，觀其行」，採取「時左時右」路線。及至陳水扁政府接連以「一邊一國」、「公民投票」衝撞中共底線，且在 2004 年驚險連任之後，對台政策於是調整為「聽我言，觀你行」階段，也就是調動綜合國力，順利清楚聚焦於對台宣傳工作上。

中共依循 2003 年底新修編的《中國人民解放軍政治工作條例》明確提出法律戰、輿論戰、心理戰的任務，簡稱「三戰」。並在此思維下，結合歷來的醞釀準備工作，於 2005 年 3 月通過的所謂《反分裂國家法》，對台採取「以法遏獨」、「依法涉台」的作法。過去鄧、江時期的對台「戰

---

[66] 關於此節，筆者曾經詢問中共許多資深媒體工作人員及涉台人士，但對岸對此節諱莫如深。據筆者瞭解，所謂中資介入媒體方式，應該是透過「交叉持股」、「分散股權」方式，輾轉透過海外洗錢管道進行之。一些新聞經營者基於對大陸市場的憧憬，希望提早卡位，且解決自身財務問題，因此與對岸團體合作。不過，其成效未必如其想見。至於被點名的《中國時報》、《聯合報》的媒體高層主管則駁斥此節為無稽之談，並聲稱以台灣金檢系統，絕對有辦法查出任何媒體機構流入中資。媒體不可能犯下的這種錯誤，否則的話，「他們在台灣早就被打死了！」（丙：A3）

略模糊」的作法，台灣或有少許模糊空間可茲運用，到了《反分裂國家法》制訂後，中共對台採取「戰略清晰」態度，一跨越紅線就打；在紅線內則「寄希望於台灣人民」，採取羈糜籠絡方式處理。

中共這條戰略清晰的紅線，其外沿乃為「聯美制台」佈局，中共與美國基於國家利益問題建構「防獨機制」；其內涵則為中共片面對於「一個中國」定義，以及據此裁量台灣主體意識空間。也就是說，台灣在「聯美制台」、「一個中國」原則的壓縮下，一旦爭取台灣主體意識超越這道雙重防線，即會明確地受到《反分裂國家法》第8條的制裁，採取「非和平手段」阻止台灣獨立。相反地，台灣若在這道雙重防線之內，中共則誘之以利，同樣地也會受到《反分裂國家法》第5、6、7條保障，調動綜合國力圈養台灣。至於在作法上，中共對台宣傳重點的受眾則鎖定於「台灣民眾」，在戰略清晰下執行對台「區隔市場」的爭取，包括爭取台灣在野黨、民進黨改革派、南台灣農民、透過中資滲透媒體等作法，分而化之，「聯合次要敵人，打擊主要敵人」。

值得一提的是，掌握主動權的中共，現階段對台宣傳手法更趨細膩，一反過去長篇大陸的文字論述，開始採取「視覺行銷」手法，如「熊貓外交」柔軟《反分裂國家法》的剛硬線條；「水果直銷」、「台商融資300億人民幣」、「台生學費比照陸生」等，在在說明這種「看得見，聽得見，感覺得到」的「視覺行銷」手法，已經讓原本朝野對立嚴重的台灣更加治絲益棼。

第五章　中共對台宣傳的途徑

　　政治行為者必須運用媒體將其訊息傳播給閱聽大眾，不管是政綱、政策說明、政治訴求、或是壓力團體活動、恐怖行為，只有當它們經由報導而為閱聽眾知悉時，才有政治上意義，也才能發揮傳播的效果。因此，所有的政治傳播者都必須想方設法接觸大眾媒體，並希望充分掌握媒體的運作狀況，以便確保其訊息被報導（彭懷恩，2002：15）。

　　長年浸沈於宣傳的中共，是新聞媒體為黨的喉舌，自然不會偏廢此節。過去，外界認為大陸媒體必須扮演闡述國家意識型態的角色，但隨著市場經濟興起的壓力，無論是黨辦的或是國家機關辦的，都在「自願」與「不自願」的情況下捲入了市場化的大機制（何舟、陳懷林，1998：67）這也使得中共對台宣傳，陷入「喉舌論」與「注意受眾反應」的拉扯中。此外，中共對台宣傳的受眾的設定，究竟是如中共所言的「寄希望於台灣人民」，以台灣民眾為主；亦或是以國內民眾為主；或者是「敲山振虎」，扮演告知外國特定訊息的「密碼語言」，純粹是對外宣傳的伎倆。凡此種種，均有待清楚耙梳。

　　中共向來標榜宣傳績效卓著，且國民黨政府長期將當年遷移來台歸咎於宣傳失利，致使外界對於中共對台宣傳猶如霧裡看花，難有清楚耙梳。既然中共宣傳如此到位，為何仍有為數不少的台灣民眾置若罔顧？過去學界多將研究重點放在中共宣傳的傳播者、傳播內容及傳播效果上，但對於宣傳通路部分多略過而不提，又或者僅就書面資料介紹這些新聞機構，無法深入瞭解內部作業情況，研究遂成空談。不過，近年來兩岸新聞交流熱絡，且國內新聞記者對於國際、港澳記者接觸也較往前頻繁，相關資料出版亦多，已經略具深入研究的基礎。

　　一般而言，中共對台宣傳的主要通路，早期主要是以電台為主，將其主要訊息透過對台廣播傳達至台灣閱聽眾，其他則佐以空飄傳單等媒體進入台灣。平心而論，在台灣強力電波干擾下，所謂廣播與傳單收效如何，實在難以估計。隨著兩岸開放交流之後，中共對台宣傳管道開始多元，從面向言之，主要有中共對內媒介機構、台灣媒介機構以及國際、港澳媒介機構等。至於管道部分，則包括電台、電視、通訊社、報紙、雜誌、網路等。但這些通路究竟何者才是「有效通路」，坊間相關研究對此節並無定論。

　　前中共中央宣傳部新聞局長王福如認為，在中共的輿論控制體系下，存有四種對於新聞活動的制約，包括執政黨的宣傳方針、宣傳紀律的指導；政府新聞行政部門的行政管理；法律與新聞法的制約；新聞道德與新聞規律的制約（廖永亮，2003：219）。這些輿論調控的新聞手段目的在於與調控者的利益結合，利用傳播工具進行政治思想，宣揚執政階級對社會制度和各種意識型態的基本理論和觀點，達到用他們的主張、理論和觀點武裝公民的頭腦（廖永亮，2003：51）。從輿論控制的角度言之，中共所謂的對台宣傳者，旨在控制及形塑大陸內部民眾對於台灣問題的「統一認識」，至於想透過中共媒體對台宣傳，只是「主觀上應然但實際上未必然」的一場荒謬劇，原因在於中共對台的傳播媒體通路近乎阻絕，無法有效傳遞訊息制台灣內部[1]。

　　目前，中國大陸內部的平面與電子媒體幾乎難與台灣民眾「直接」接觸，原因有二。一是取得費用過於昂貴；二是台灣政府阻斷可茲接觸的渠道。由於台灣媒體並未採用可茲公信的 ABC 制度（Audit Bureau of Circulation）等報刊媒體發行量稽查系統，且台灣媒體發行量多係該媒體內部調查所稱，因此只能憑藉各媒體行銷發行部門自行統計為準。根

---

[1]　此為筆者於 2007 年 4 月 19 日訪問《蘋果日報》大陸中心主任連雋偉的訪問內容。

據筆者曾負責的《新新聞週報》行銷部門資料顯示[2]，台灣並未准許任何中國大陸報刊在台發行，但可以海外郵件方式輾轉來台，訂閱一年超過新台幣一萬元以上，是台灣報紙訂戶的三倍以上。以每日發行量超過250萬份的《人民日報》為例，但實際在台發行量可能不超過兩千份；其他如《新華社》、《中國新聞社》等單位，僅有少數媒體、學術單位、圖書館透過在台代理商或有合作，但數量極少，且引用率並不高，平均一天不到一則。在電子媒體部分，台灣政府在 2003 年 3 月停播收視率不到 0.01 的中央電視台 CCTV4 頻道後[3]，台灣民眾僅能以自行裝置的衛星小耳朵收看[4]。

筆者從事兩岸新聞、各類型新聞守門人計十餘年，深知中共對台宣傳訊息，除了廣播、網路可以直接傳達訊息台灣閱聽眾之外，絕大部分的中共對台新聞訊息必須透過台灣各電子媒體、平面媒體的新聞編輯室作業，甚至透過國外媒體「出口轉內銷」方式，經由台灣媒體的「新聞編輯室」作業加工，才能有效地接觸到台灣民眾，形成其「宣傳效果」。準此以降，本研究將針對台灣媒體新聞編輯室較常選用的媒介機構進行研究，並探討中共對台宣傳是如何透過直接與間接途徑影響台灣的閱聽眾。

---

[2] 筆者於 2005 年起擔任《新新聞週報》行銷部經理及董事長特助期間，曾對於大陸媒體在台發行量略做統計，發現以 2005 年計，《人民日報》每日在台發行量約 836 份，據此推估至 2007 年 4 月止，約在 2000 份以內。

[3] 此為 AC 尼爾森公司於 2003 年 2 月份的調查資料。

[4] 另據《銘報》於 2005 年 11 月份調查，大學生閱讀「大陸新聞」比率各報皆不到三成，包括《蘋果日報》28.1%、《聯合報》24.0%、《自由時報》19.9%、《中國時報》18.2%、《聯合晚報》2.4%。國內目前並無針對「大陸新聞」閱報率的相關調查，據筆者瞭解，僅有《蘋果日報》根據其網頁新聞「點閱率」作為「閱報率」的參考依據，但「點閱率」與「閱報率」之間仍有差距，是以相關信度仍待進一步檢證（銘報，2005：版 3）。

第一節　中共對台宣傳的直接途徑

一、中國大陸平面媒體部分

　　馬克思主義者認為國家是調和階級衝突、維持階級秩序的機構（Caporaso，林翰等譯，1995：48），政府代表國家執行公權力。在馬克思主義者的觀念裡，政府須由無產階級控，以實現無產階級社會。在中國大陸，中國共產黨有絕對的政治優勢，成為一黨獨大的黨政體制，大陸政治制度是一個高度集權化的體系，而中共就以鞏固意識型態維繫集權化的國家統治（何川，1994：69）。在這樣的政治制度和意識型態下，新聞媒介扮演黨的傳聲筒角色，一切報導與評論都必須符合黨及國家的利益。大陸媒體在國家體系的定位中，是附屬於中共中央與各級政府或黨所控制之下，成為宣傳共黨教義、擔任共黨耳目的工具（李鐘建，1993：3）。中共傳媒向來與共黨及政府結合，成為黨政體系的一部分。

　　過去中共或可稱為熟稔宣傳，不過在「三面紅旗」、「文化大革命」等政治運動後，且與資本主義國家長期阻絕的情況下，出現宣傳事業的嚴重斷層，相關宣傳廣告的理論與技巧多停留在 30 年代，甚至為國內民粹力量所卵翼。與此同時，正是歐美各國廣告宣傳事業理論騰飛之際，舉凡廣告宣傳的效果、測試、表現等，由於和市場機制結合。在一靜一動之間，讓中共宣傳事業停滯不前。注重「注射論」、「喉舌論」的結果，反而形成中共陷入宣傳的「集體盲思」（groupthink[5]）中，一味以領導人談話、文稿為主軸，鮮少面對閱聽眾的實際感受，並檢討媒體通路的有效性與否。因此，早年中共對台宣傳效果之所以乏善可陳，其來有自。

---

[5]　所謂的「團體盲思」（groupthink）係指某一團體因為高度的凝聚力，非常強調團結一致的重要性，因此在討論問題時，壓抑個人獨立思考及判斷的能力，迫使個人放棄批判及提出不同意見的機會，最後使團體產生錯誤或不當決策。

　　隨著改革開放，原本作為中共喉舌的新聞媒體，必須宣傳政策與意識型態，但是由於國家為了減輕財政負擔，將新聞業從黨國財政預算甩到市場經濟自謀生存。在這種情況下，政治與經濟的相互作用就成了大陸報業變革的主要動因（何川，1998：70-71）基於上述原因，中共新聞媒體在面臨對台宣傳時，對於執行黨意、含金量較高的政治文件內容，和顧及市場且服膺中共設定「新聞框架」的報導，就必須同時並存，「兩手都抓，且兩手都硬」。正如同體操的「指定動作」與「自選動作」般，新聞媒體在對台宣傳的「指定動作」，也就是黨中央的講話、文件精神要吃透、熟透，「不能犯忌和失手」[6]；在「自選動作」上，也就是記者藉由「純淨報導」、「人物專訪」、「新聞專題」這些較具可讀性部分，可以在「求新、求變、求鮮、求活」上下功夫（張頻、尹選榮，2002：102-103）。

　　長期以來，中共為了執行對台工作，在宣傳體系佈置了嚴密的組織建制。大體上，中共對台宣傳報導是採取「三線」配備的多層次部署。第一線是中共在港澳的報刊，以及其他海外接受中共補助、立場親中共的報刊，例如，香港《大公報》和《文匯報》等。第二線是大陸負責對台統戰部門所辦的刊物，例如，全國台聯主辦刊物《台聲雜誌》、海協會主辦刊物《兩岸關係》等。第三線則是新華社和中央一級報刊，廣播電視，例如，《人民日報》及其海外版、《中央人民廣播電台》、《中央電視台》。原則上，第一、二線報導的尺度較寬，第三線因為代表中共官方立場，言論較為謹慎。中共要求三線配合，靈活運用（張裕亮，2006：135；郭瑞華編，2004：16）。以下將針對台灣各新聞媒體較常選用的涉台平面刊物[7]，進行相關探討。

6　這種例子其實不勝枚舉。像是中共對台政策的主要核心概念於「和平統一，一國兩制」，也就是兩岸就定位問題達成「和平統一」的前提下，在過渡階段再以「一國兩制」整合之。不過，一些任職中央級別新聞機構的新進記者，卻曾經出現「一國兩制，和平統一」的用詞，把將兩岸統一的前提「後置」，前後錯位，在內部受到很大的批判和檢討。

7　關於選用這些媒體的標準，筆者係根據目前較具規模的《中國時報》大陸新

（一）人民日報

　　《人民日報》是中共中央機關報，也是中國大陸發行量最大的綜合性報紙，長期扮演著中共中央輿論宣傳的一個主要喉舌。在地位上，與中共中央宣傳部同列中共中央直屬機構。《人民日報》創辦於 1946 年 5 月，當時它並不是中共中央機關報，而是由中共晉冀魯豫中央局創建的；1948 年 6 月該報和中共《晉察冀日報》合併成為中共華北中央機關報。1949 年 8 月中共中央將其訂為中共中央機關報，當時毛澤東親自為報紙刊頭題名，並要求該報做好「黨的喉舌」的工作。1985 年 7 月 1 日，中共為了向大陸派駐外國的工作人員、留學生，以及港澳、台灣同胞和海外僑胞傳播信息，進行宣傳，開始發行《人民日報》海外版。同時為配合海外讀者的閱讀習慣，特別採用繁體字印刷（郭瑞華編，2004：267；人民網，2005）。

　　《人民日報》承擔著每天向大陸國內和全球傳播與介紹中國共產黨和中國政府的方針、政策及主張的責任。它既是大陸內部廣大幹部群眾瞭解黨和國家大政方針、瞭解面臨的形勢和任務的首選媒體，也是世界瞭解和觀察中國的重要窗口。外界通常是通過《人民日報》的版面，來瞭解一個時期內黨的路線、方針、政策。部分國外新聞媒介和研究機構，更是不斷地通過研究《人民日報》的版面，來觀察中國政治、經濟形勢和走向。而這中間，中共內部和國務院的重要會議、重要外事，黨和國家領導人國內重要活動、重要文稿，所透露出來的信息就好像是中國政治、經濟的風向標，歷來是外界所關注的。正像原《人民日報》總編輯范敬宜所說的，「有的西方報紙甚至統計一個月內《人民日報》刊登黨和國家領導人的照片總共有幾百平方寸，來「研究」中國政局

聞中心主任王綽中、《聯合報》大陸新聞中心主任王玉燕、《蘋果日報》大陸新聞中心主任連雋偉、《東森電視》大陸新聞中心主任林天瓊、《中天電視》大陸新聞中心主任許書婷等負責大陸新聞主管訪問，及根據筆者任《中央廣播電台》新聞部編採中心主任、《新新聞週報》董事長特助綜合而得。

會有什麼變化。這種研究儘管多數是無稽之談，但也確乎說明《人民日報》的版面無小事。」（人民日報編輯部，1997：1）

　　《人民日報》處理涉及台灣新聞時，多由國內政治部港台組與《人民日報》台港澳僑部記者負責。重大稿件放在一版，一般稿件多放在四版的「要聞版」，再者則是十版的「政治、法律、社會版」。2003 年 6 月 4 日，《人民日報》在十版的下半版，開闢「台灣新聞專版」，每週一次，星期三刊出，內設「觀滄海」和「海峽連線」兩個專欄，其中「海峽連線」為台灣一週新聞評述，「觀滄海」則帶有評論專欄性質。2005 年 4 月，由於陸委會取消《人民日報》記者來台駐點，「海峽連線」暫停。於 2005 年 9 月 28 日另闢「一週新聞看台灣」專欄，以每週一次方式刊出（王武錄編，2006：62）。實際上，《人民日報》海外版才是處理涉台新聞的核心樞紐，台港澳僑部每日有一整塊版面處理涉台新聞，在對台宣傳系統中扮演即為關鍵的角色。幾乎大陸所有媒體對於敏感且重大的涉台問題，都必須以該報海外版為宗，足見其重要性在大陸無有出其右者。

　　就筆者觀察，在大陸來台的諸多媒體裡，《人民日報》應是最能掌握台灣動態者。原因無他，主要在於記者素質與對台浸沈時間最久。《人民日報》內部主跑台灣新聞的記者，多從北京大學、人民大學、復旦大學等名校出身，經過內部數萬人取一的甄拔才得以膺任此職[8]。在過去開放駐點期間，《人民日報》主其事者頗有遠見，透過「扶一馬、送一程」方式，讓內部「老三屆[9]」輩的資深記者，帶領高學歷的年輕記者來台蹲點，摒棄其他媒體視「來台蹲點」為福利、人人有獎的作法，紮

---

[8]　《人民日報》與大陸其他對台宣傳媒體不同，除了有系統的培育之外，主要是這些記者較為用功，採訪功夫較為到位。早在檢選之初，據了解，《人民日報》主管檢選記者，大概要從一、兩萬件履歷中層層篩選箇中「拔尖」人物，說這些記者是「萬中選一」，並不為過。

[9]　「老三屆」係指大陸於 1966、67、68 年畢業的一般初、高中學生。

實地採訪台灣各角落。其輪調方式短則三個月，長則半年即可來台蹲點，對於台灣輿情掌握，自然較其他媒體為深。

此外，為順應「讀圖時代」來臨，海外版與台港澳版採取「圖片與文字」一體作業方式進行之，盡可能採取大圖片、調性較軟新聞豐富其內容。（王武錄編，2006：73）雖說在重大事件時，其「評論員」、若干「署名文章」稿件仍不減對台殺傷力，但其內容確實多所用心。台灣內部研究《人民日報》者，多認為該報遇台灣內部重大事件時，其運作必然是由上而下交辦政治文件，委由《人民日報》刊登，這種看法並不全面。《人民日報》內部與許多新聞媒體一樣，每天都必須召開例行會議，該會歷來由副總編輯主持，對於涉台重大事件的「評論態度」，除非由涉台單位特別指定的文件或講話，否則多半徵詢台港澳部及海外部意見後方行定奪。在撰稿部分，也是由專業資深記者擔綱，才能拿捏箇中政策風向與行文間的文氣貫串。這並不是說《人民日報》記者行文報導特別親台，而是內部形成的氛圍，讓他們從高層主管到基層記者，對於黨要求的宣傳口徑「特別吃得準、吃得透」。

進一步論之，學者張裕亮指出，《人民日報》的組織管理體制，一直都是實行編委會領導下的總編輯負責制以及編採合一制，目的在於控制編採人員的日常編採作業。《人民日報》在日常編採作業上，必須依靠黨的領導，由於報社高層領導幹部多數具有中央宣傳部資歷，對黨的宣傳口徑相當熟悉，因此對於報導尺度掌握自然得宜。同時，為了保證《人民日報》記者善盡宣傳黨和政府方針、政策，扮演好黨、政府和人民群眾的喉舌，《人民日報》徵選黨報記者的過程，完全是由黨組織決定，即便是 2002 年《人民日報》招考編採人員，仍然嚴格規定必須是共產黨員。這些經由黨組織嚴格挑選的《人民日報》記者，在經過「編輯室內的控制」後，形成固定的個人認知框架，進而也影響到對台報導處理（張裕亮，2003：117-120）。

目前，《人民日報》的發行，主要是採取政府機關訂購方式進行，在一般市場反應普通。其銷售對象主要仍是以大陸國內民眾為主，目前銷量每日約 250.9 萬份。至於《人民日報海外版》則面向海外華人市場，流入台灣的報份數量不多，每日約在 2000 份左右。話雖如此，但該報系的《人民網》點閱率仍有可觀之處，因此台灣媒體兩岸守門人多會透過《人民網》掌握該報訊息，並據此研判中共對台相關政策與意見，成為每日例行的新聞作業（丙：A1；丁：A1）。

（二）新華通訊社

新華通訊社（下稱《新華社》）是中國大陸最大的國家通訊社，也是中國最大的新聞資訊採集和發佈中心。現任社長田聰明，總編輯南振中。《新華社》總社設在北京。全社的新聞採集和處理系統由總社、國內分社、國外分社三部分組成。總社除總編輯室外，還設有國內新聞編輯部、國際新聞編輯部、對外新聞編輯部、體育新聞編輯部、新聞攝影編輯部、參考新聞編輯部、新聞資訊中心和網路中心。在大陸內部各省、自治區、直轄市和港澳設有 33 個分社，在海外的 100 多個國家和地區設有分社，並在全球 180 多個國家均有派駐記者。目前，《新華社》已在海內外建立起一個龐大的新聞資訊用戶網路，並與近百個國家的通訊社或新聞機構簽訂了新聞交換合作協議（新華社，2007）。

《新華社》處理台灣新聞，主要是由其港澳台部負責。負責人為該部主任端木來娣。端木曾於 1992 年來台訪問，短短一星期內發稿各類稿件達 20 萬字，歷經辜汪會談等多次大陣仗，下筆既快又全面，是中共第二屆《范長江新聞獎》得主，在大陸涉台圈內堪稱重量級人物，等閒人等不敢攖其鋒。端木自稱每天都閱讀台港澳報紙、刊物數十種，發表評論如批評李登輝總統於 1995 年的務實外交、發表專文如《動盪不安的台灣政局》等，受到中共倚重，近年來也進入中共中央黨校國際關

係研究所就讀在職碩士班,同時也是中共十六大的新聞界代表(張炳升,2002:版8)。

　　端木旗下的記者最有名者,莫過於第一位來台採訪的女記者范麗青,此人目前已經高升至國台辦新聞局副局長;其他如陳斌華等人,都是《新華社》內涉台新聞較為倚重的記者。由於《新華社》與《人民日報》是首批大陸來台駐點單位,相較於大陸各媒體對於台灣瞭解稍深。但《新華社》與《人民日報》不同之處,在於該社為通訊稿性質,採取「純淨新聞」發稿形式居多,且輪替方式採取「人人有獎」的大鍋炒方式,與《人民日報》記者的素質和筆下功夫仍有差距(丁:A2)。近年來《新華社》社長田聰明在內部力行改革,不僅從事機構裁併,對於各部門「發稿率」與「引用率」直接公布,並相當重視記者的「自產」新聞。受到台灣陸委會撤銷來台採訪的新華社港澳台部,由於無法派遣記者來台實際進行採訪,在內部受到壓力極大,甚至連該部「一哥」趙蔚都請調香港,足見港澳台部的「績效」受到內部檢討的壓力(丁:A3)。

　　長期研究大陸新聞的學者王毓莉指出,《新華社》記者由於必須肩負政治因素與現實的工作考量,依照共產黨的兩岸政策框架來選取新聞報導的範圍與態度,希望其報導內容可以完全客觀中立,顯然是過高的期望。在她前往大陸進行學術調查時曾訪問多家地方媒體,發現這些地方媒體甚少採用《新華社》的台灣新聞,原因是《新華社》記者發稿角度與主題,並非地方媒體感興趣的題材(王毓莉,2005:39-40)。筆者採訪大陸期間也曾多次親見《新華社》記者處理完涉台新聞時,將相關稿件交由國台辦官員審閱後,方得放行發稿。此舉固然能準確傳遞涉台政策,但在嚴峻的新聞控制下所呈現的內容,也因此不為大陸地方媒體青睞,「引用率」之所以偏低其來有自。

　　從通路言之,《新華社》是涉台新聞重要的供稿單位。由於台灣政治問題事涉敏感,大陸內地各報遇有重大事件時,一定會引用《新華社》的專文以免犯錯。至於台灣只要稍具規模的平面媒體,都會透過代理商

與《新華社》合作，取得其文章及相片。當然，一些經費較為短缺的新聞媒體，也會透過《新華網》取得中共涉台相關訊息。此外，《新華社》另一職能是撰寫涉台內參。其中，有關台灣部分最主要者是《台灣情況》。該刊創立於 1985 年，原名《台港澳情況》，1997 年香港回歸後改為現名《台灣情況》。該刊為週刊，每期約 60 頁，是屬於中共機密級刊物。內容刊載有關台灣政治、經濟、社會、軍事各方面的專題報導，以及人物介紹、每月要聞綜述和一週動態。發行範圍至行政司局級單位、軍隊師級、地方城市一級，但從事涉台工作的行政處級幹部也可以閱讀（郭瑞華，2004：265），惟近期已停刊。

（三）中國新聞社

中國新聞社（簡稱《中新社》）是大陸兩家綜合性通訊社之一，中國新聞社以國家通訊社形象對外從事輿論工作，是大陸最大的專業對外輿論機構。《中新社》以港、澳、台和海外華人傳播媒體為服務對象，新聞報導尺度比《新華社》寬鬆許多（郭瑞華，2004：266）。

中共曾在 1992 年表明，《中新社》已成為台灣多家媒體固定的文字和圖片的供稿單位，其中有關專稿的被採用率，在幾家報紙上，一年甚至高達 70%。此外，《中新社》也協助台灣多家傳播公司在大陸製作專題節目，這些節目並已在國內電視中播放。近年，該社已經多次派員來台參訪或採訪，並在 2004 年 7 月 26 日獲陸委會准許派遣記者來台駐點採訪（中國社會科學院新聞研究所編，1993：31 郭瑞華，2004：266-267）。

陸委會這項措施，無疑造成中國大陸涉台新聞間微妙的競爭變化。《新華社》受限於不能來台採訪，相關新聞只能在社內「看電視」或看台灣《中央社》、《聯合報》、《中國時報》採訪，在無法處理「自產」新聞的前提下，遇上《中新社》的「港澳台海外部」旗下董會峰、耿軍、黃少華、曾嘉等記者的拼勁，受到極大的壓力。以 2007 年 4 月間發生

的台北草山行館大火為例，《中新社》記者耿軍、吳慶才趕往現場發稿的速度與拼勁，短短一個多小時發了七八條新聞稿，還有相關圖片，讓大陸各地媒體紛紛採用，也讓只能看電視採訪的《新華社》記者為之氣結。《中新社》在台駐地採訪新聞日久，逐漸建立其「涉台新聞」的信度，且《中新社》與《新華社》相較，言論尺度較寬，可茲選用內容較多，現階段台灣媒體的兩岸新聞守門人對於該社新聞的「引用率」已大幅提高，並有逐漸凌駕《新華社》之上的趨勢（丁：A4）。

（四）其他部分

據筆者調查，台灣目前各新聞媒體處理大陸涉台新聞者，特別是在國台辦相關政治與經貿交流政策方面，如果台灣記者無法「自產」，多以上述《人民日報》、《新華社》、《中新社》為主要依據。除此之外，包括《新浪網》、《北京千龍網》、《上海東方網》、《網易》、《博訊網》等相關新聞，都是台灣媒體取材大陸新聞的主要來源（丙：A2；丁：A5）。另外，國台辦下屬的《九洲出版社》出版對台交流刊物，偶而也會獲得台灣新聞單位青睞。

見諸中共在對台宣傳上，設置《台聲》、《兩岸關係》、《今日中國》等刊物，儘管其聲稱為對台刊物，事實上根本進不了台灣各媒體的新聞編輯室，僅有學術研究機構訂閱，在台數量每期都不超過 500 份，作用相當有限[10]。原因無他，在於這些刊物多為「官方八股」，內容含金量太差。除非像是涉台學者余克禮、章孝馳等學者在兩岸特殊情勢下發表的專文，像是《反分裂國家法》公布、「終統論」等事件之後，才有機會進入台灣新聞編輯台。此外，中共為對台宣傳的《華夏經緯網》、《你好台灣網》、《中國台灣網》等宣傳網路，內容多為「剪貼大全」，即這些單位

---

10 筆者任《新新聞週報》行銷部經理時，負責刊物發行，並與下游通路廠商多有往來所得。

記者不是「菜鳥」，就是對於台灣情況一無所悉，相關新聞多是剪輯台灣新聞媒體網站而來，因此點擊率十分不理想，更遑論達到對台宣傳的效果。

二、中國大陸電子媒體部分

中共建政以來即將「輿論調控」視為執政重點，對於媒體進行全面的、多重的、徹底的直接監控。所謂的全面的監控，指的是各種傳媒的內容、編排、財務、程序等，都受到黨的管制和安排；所謂多重的監控，是指中共對於傳媒的監控不是單線的、單一的控制，而是重複的；所謂徹底的監控，是指中共透過對於傳媒工作者的嚴格篩選、黨化與政治化的教育訓練，使之自覺地對黨忠誠（楊開煌，1999：23-26）不過，進入市場經濟之後，原本享有完全的財政補助的中共廣電機構境遇大不如前，逐漸改以廣告作為主要收入來源。所謂的「輿論調控」逐漸與市場化機制接軌。2000 年 7 月，中共廣播電視總局在甘肅召開的全國廣電廳局長座談會中提到，因為「內擠外壓[11]」的嚴峻形勢，必須往「集團化」方向發展。稍後的 284 文件又對「集團化」的具體內容進行補充，以三句話總括其基本精神：「廣播、電視、電影三位一體；無線、有線、教育三台合併；省級、縣級、地級三級貫通。」（堯風，2001：2-4）本著此一精神，中共遂於 2001 年 12 月 6 日，整合中央電視台、中央人民廣播電台以及中國國際廣播電台及許多中央級的廣播影視機構，成立了資本額超過 200 億人民幣的「中國廣播電視集團」（賴祥蔚，2002：115）。

---

[11] 中共廣電在 1980 年代後多採用「四級辦」方式，包括中央、省、地方至縣級單位都可以辦廣播電視，就像是「大躍進」時代般。許多地方或縣級單位根本無力承擔辦廣播電視的經費，加上就如人民大學教授郭鎮之所言，「闖禍的人不一定就是挨板子的人」，造成普遍辦廣電卻又辦得奄奄一息的窘狀頻傳。至於在外部壓力方面，中共進入 WTO 前後都遇到各國傳媒紛紛想進入大陸發展的競爭態勢，因此在這種「內擠外壓」的情況下，中共因而採取「集團化」措施，既佔有「改革」美名，又能整頓相關冗雜廣電媒體，從而創造營收得以與國外媒體一同在市場上競爭（賴祥蔚，2002：123-127）。

　　這種「集團化」的作法，原本是希望形成「大聯合的規模效應」，以壯大原先的新聞喉舌。但實際上在播出權、製作權與通路的覆蓋權方面並未有足夠的配套措施，面對市場競爭壓力，廣電媒體不得不往娛樂聲色靠攏的情況，中央「宣傳權」摻揉著「市場需要」，讓處理涉台新聞的從業人員，發展出一套「兩面討好」的策略。中共慣稱對台宣傳績效卓著，但處理相關新聞內容時卻多以大陸內地市場考量，儘管無暇顧及「身上所肩負的政治任務」及可能的台灣閱聽眾的真實感受，卻能創造出「以娛樂大陸內地為主」的聲光效果。

　　舉例言之，像是《中央電視台》記者來台處理 2006 年 9 月「倒扁」新聞時，從相關畫面感覺台灣已經宛若危城，「隨時可能有政變的可能」。沒想到當該台記者親自前往「倒扁總部」實地拍攝時，才赫然發現「原來這些新聞畫面是因為拍攝角度[12]問題，才會顯得聲勢如此誇張。沒有想到台北火車站或是凱達格蘭大道的人潮，才這麼一點點。」據稱當時倒扁滾滾紅潮使得該台收視率激增，但紅潮散去後，該台記者卻面面相覷，發現「你們台灣人好像還是過得好好的，沒啥太大的變化！」進一步言之，該台記者並非全然因為政策使然報導紅潮氾濫，更大的因素在於閱聽眾的偏好，乃採取相對應的新聞報導作為[13]。以下，將觀察擺盪在「政策宣傳」與「市場娛樂效果」的中共廣電媒體，是如何進行對台宣傳的相關作為。

（一）中央人民廣播電台

　　《中央人民廣播電台》是中共的國家廣播電台，也是目前中共所有涉台宣傳媒體中，唯一可以直接接觸到台灣民眾的媒體機構。其前身是

---

[12] 從攝影角度言之，要想將街頭運動的人數增多或減少，只要透過焦距、光圈、構圖及運鏡方式都能做到（杜聖聰等，2007：245-248）

[13] 筆者於 2007 年 4 月 19 日專訪《東森電視》大陸新聞中心主任林天瓊所得。

於 1940 年 12 月 30 日在延安誕生《延安新華廣播電台》。1949 年 12 月
5 日，正式定名為《中央人民廣播電台》。該台現共有 9 套節目，每天
播音 197 個小時，全部上衛星播出。目前對台宣傳部分，主要是由該台
「軍事宣傳中心」底下的「港澳台部」負責。

　　台灣政黨輪替後，《中央人民廣播電台》鑑於本身組織肥大且播出
效率不彰，同時其對手、台灣《中央廣播電台》採取編採合一的改革壓
力成效卓著[14]，亟思改革。2003 年 12 月 29 日，《中央人民廣播電台》
基於「突出新聞、加強方言、整合專題、充實文藝、重在服務」原則下，
推出兩套全新專門為台灣與海外服務節目《中華之聲》與《神州之聲》。
《中華之聲》定位為新聞綜合頻率，《神州之聲》定位為方言、文藝頻
率。改革後的節目改變以往對台廣播兩套節目重複播出格局，從每天首
播節目自原來 7 小時，改為 18 小時 40 分鐘，播出分量大增；同時也改
變節目播出型態，四分之三以上的節目實現直播。此後，又於 2005 年
6 月 18 日，進一步改革運行機制，設立節目製作室，讓隱身幕後的節
目製作人也必須「獻聲」主持節目及播報新聞，同時透過該台內部制訂
的「對台廣播中心分及量化管理條例」，制訂量化標準（楊波編，2005：
135-136）。也使得本來死氣沈沈的對台廣播注入活力。

　　另一方面，隨著《中央人民廣播電台》強調「頻率專業化、管理頻
率化」的改革，成立於 1998 年初的原「台港澳廣播中心」所轄的第七
套節目—《華夏之聲》單列為頻率單位，原「台港澳中心」隨之於 2002

---

[14]　筆者任職《中央廣播電台》新聞部採訪中心主任時自美方取得資料顯示，《美
　　國之音》2003 年 9 月內部調查，台灣《中央廣播電台》在時任董事長、資
　　深新聞人周天瑞帶領新聞團隊改革下，在中國大陸北京、上海、重慶、深圳
　　四地的境外廣播收聽調查，高居該四地全球境外廣播中文網第二名，僅次於
　　《美國之音》，且領先英國《BBC》、《德國之聲》、《莫斯科電台》等中文網
　　廣播（VOA：2003：58-64）。台灣《中央廣播電台》全新改版壓力對於《中
　　央人民廣播電台》造成一定程度壓力，是以相關改革亦多所參酌《央廣》改
　　革範本。不過，自從周天瑞離開《央廣》後，相關改革作業停頓，在中國大
　　陸收聽率在政策驟減、專業人才急速流失下，已經難見當年盛況。

年 10 月更名為「對台灣廣播中心」，下轄新聞節目部、台播部（2003年 12 月起改為專題節目部）、方言節目部、文藝節目部和中心直屬通聯秘書組（2003 年 12 月起改為中心辦公室）（楊波編，2005：136）。

早期《中央人民廣播電台》的對台廣播是採取較為「大器」的廣播。包括在文革時期，對台廣播的尺度都遠較中共國內廣播領先，不過在 80 年代之後，內部審稿機制竟更加嚴格，改採取大陸境內廣播方式經營，長期下來未見顯著成效，製作水平甚至落後境內地方廣播電台。近年來這兩次改版，淘汰不少對台廣播的老人，採用較為專業年輕團隊，對於收聽率提振頗有助益。只不過，該部門每週平均上班兩天，一天工作 8 小時，比起台灣新聞同業還是輕鬆不少。從人事方面言之，該台處理對台新聞者雖不乏資深記者，但仍有為數不少的記者對台灣認識有限，每天處理相關新聞稿件時，僅就網路上相關新聞改寫後轉換成廣播稿。雖說該台自 2001 年 5 月即派遣記者來台駐點，但因為採取「統統有獎」輪調方式，記者平均約一年半左右才能來台一次，造成瞭解台灣的資深記者苦無時間深入瞭解台灣輿情，新進記者的採訪又不夠到位，其對台宣傳效果相當有限。但若從節目部分言之，改版後節目採現場直播節奏明快許多，與台灣聽眾熟悉口味較為相符。

從對台廣播績效言之，《中央人民廣播電台》曾於 2001 年底委託北京的美國蘭德公司，採取電腦輔助電話的抽樣調查方式，就中央入民廣播電台對台灣廣播情況在台灣調查 18 歲以上的成年人士，獲有效樣本 2628 份，主要結果如下所示：

目前台灣廣播聽眾規模台灣有廣播聽眾 880 萬人，收聽《中央人民廣播電台》對台灣廣播節目的聽眾為 23 萬。從聽眾規模上看，該台排在台灣境外廣播的市佔率為第二位，次於美國之音的 33.5 萬人，領先英國 BBC 的 14.5 萬人。在包括台灣 100 多家註冊的廣播媒體的綜合排名上，《中央人民廣播電台》對台廣播名列第 12 位。聽眾男女性別比大致相當，男性為 52.6%，女性為 47.4%。從文化程度看，該台的台灣聽

眾以中等文化者為多，佔 37.4%。具有初等文化和高等文化的聽眾也接近 30%。從族群分布情況看，以閩南人最多，佔聽眾總數的 60.4%，外省籍和客家人分別為 19.6% 和 14.8%。台灣聽眾以收聽國語和閩南話廣播為多，收聽國語廣播的聽眾占 86.5%，收聽閩南話廣播的聽眾占 34.8%。台灣聽眾收聽比較多的廣播節目是音樂、新聞和實用信息，分別佔總人數的 52.3%、48.7% 和 32.9%，其他節目不超過 15%。樣本中 66% 的人經常收聽對台灣廣播，37% 的人經常討論從廣播中得到的消息；對廣播內容不理解時，40% 的人會向周圍人詢問它的意義；當廣播討論其所關心問題時，46% 的人會積極參與；當廣播觀點與個人觀點不一致時，17% 的人受廣播影響會改變原有的觀點，59% 的人有可能改變（梁繼紅，2004：42-47）。

　　雖說上述資料時間稍久，但見諸國內並無相關資料調查，迄今仍具一定程度參考價值。2003 年 12 月 29 日該台改版，於 2004 年 6 月至 7 月間進行廣播徵答及問卷調查，共收到台灣有效樣本 256 件。據筆者從事短波廣播工作經驗，短波聽眾每收到一名來信，約相當於 800 至 1000 名聽眾收聽，這次調查結果顯與 2001 年結果相去不遠。這次調查結果顯示，在有效樣本中過去從未與《中央人民廣播電台》接觸過的新聽眾佔 30% 以上。這些聽眾年齡多在 30 歲至 50 歲之間，職業和地域分布廣泛。值得注意的是年輕族群明顯增多，顯示該台《中華之聲》製作專門面向台灣青年的《青春在線》節目，宣傳效果似乎奏效[15]。此外，該台結合網路與廣播的《你好，台灣》網站，創立於 2001 年 5 月，截至 2005

---

[15]　筆者曾多次在新竹香山地區、甚至在新竹是火車站旁的 7-11 便利商店多次親見當地民眾收聽《中央人民廣播電台》節目，其口條、說話的態度與時興的泛藍媒體極為類似，所選播的歌曲也多符合台灣年輕朋友口味，像是周杰倫、張韶涵等人的歌曲，經常出現在節目裡。筆者認為這是因為中共近年來多使用強力電波干擾台灣廣播頻道，並已經進化至「鵲佔鳩巢」所致。

年 11 月為止，每天約有 100 萬人次的點擊率[16]，值得台灣有關單位重視（梁繼紅，2004：42-47；楊波編，2005：136；147-149）。

（二）中央電視台

《中央電視台》是中共的國家電視台，1958 年 5 月 1 日試播，9 月 2 日正式播出。初名《北京電視台》，1978 年 5 月 1 日更名為《中央電視台》，英文簡稱 CCTV。如今已形成電視、電影、動畫製作、網路、報刊、電傳視訊相互配合的多媒體宣傳、廣告經營和產業拓展的多元化經營格局。目前共開辦新聞頻道、綜合頻道、經濟頻道、綜藝頻道、中文國際頻道等 15 個頻道節目，內容幾乎涵蓋社會生活的各個領域。全台節目總數近 400 個，每日播出量達 270 小時，其中自製節目量約占總播出量的 75.36%，使用中、英、法、西班牙四種語言和粵語、閩南話等方言向國內外播出。該台全國人口覆蓋率達 90%，觀眾超過 11 億人。其中，第 4 套節目的中文國際頻道 CCTV4，以及第 9 套節目的英語頻道 CCTV9，係通過衛星傳送全球（中央電視台，2007）。

《中央電視台》海外中心對台部的運作要旨有五，分別為利用島內政治大環境，找準合作夥伴，借船出海；利用商業原則，最大限度地利用台灣媒體，調動參與；透過節目合作找準切入點，以文化和民生類為先，增強感召力；堅持節目形式多樣性，增強針對性；加大活動內容互動力度，增進兩岸青年的交流（央視國際網絡，2007）。目前，《中央電視台》對台節目主要是由該台海外中心對台部製作，其下有《台商故事》、《台灣萬象》、《緣分》、《天涯共此時》、《海峽兩岸》等節目。《台商故事》是該台於 2006 年改版後的對台宣傳節目，每週一次，每集 30

---

16 國家電台為應付官方單位監督，必須拿出績效，兩岸皆然。為「提高」績效，指派專人在不同電腦上點擊網頁，本來就是情理之常，所謂每日點閱率超過 100 萬人次，其信度與效度仍待進一步查證。不過，若扣除大陸民眾及人為操作，這個數字還是有相當參考價值。

分，採取紀錄片式的拍攝手法，紀錄台商在大陸的成功案例；《台灣萬象》則是透過主持人講述及剪輯新聞介紹台灣現況；《天涯共此時》是透過兩岸連線方式，關注台灣民生議題；《緣分》則是採取深度訪談方式，刻劃台灣知名人物認同大陸生活的點滴情事（中央電視台，2007）。

事實上，不管是紀錄片、剪輯新聞、深入訪談，都可以看見 CCTV4 處理對台宣傳，一反過去強力灌輸的「注射論」模式，改採「議題設定」方式處理，企圖影響在大陸台商及台灣民眾的認知圖像。舉例言之，像是該台透過台灣知名主持人吳淡如與其在大陸工作的夫婿鄧明昆的深度訪談，傳達兩岸一家親的「認知圖像」；又或者以過去曾擔任《環球電視》主播張美雲嫁得上海夫婿，習慣大陸生活，強調兩岸婚嫁的水乳交融。其中，最值得注意的是《中央電視台》海外中心對台部製播的《海峽兩岸》節目，是該台唯一的涉台時事新聞評論節目，內容計分「熱點掃瞄」與「熱點透視」單元，前者主要報導當日和近期台灣的熱門新聞；後者則是近台中共涉台的熱門深度報導與兩岸專家對此事的評論。該節目係由畢業於北京大學、人民大學、清華大學、山東大學的碩士團隊製作，以集體策劃、集體審片、包裝機制、精品機制方針進行製作（中央電視台對台節目編輯部編，2003：439-441）。

據筆者調查，《中央電視台》主要是與台灣的《東森電視台》、《年代電視台》等單位合作，進行「借船出海」取得新聞資料片，並透過駐台記者採訪取得第一手報導。大體而言，報導台灣新聞部分已經逐漸以「純淨新聞」進行，但在幕後製作時透過「新聞編輯室」的管控作業，進行「中共對台新聞框架的加工」。每天晚上，該節目製作同仁透過側錄方式，取得台灣包括 TVBS《2100 全民開講》、《新聞夜總會》、衛視中文台《新聞駭客》、中視《文茜小妹大》及緯來電視台的《火線雙嬌》等節目，紀錄台灣新聞當日要點，整理影帶及文字檔案。次日上午召開製播會議，綜合當天台灣媒體新聞重點與前日側錄影帶開會，決定當日選取的新聞主題內容，及邀約的採訪對象。節目播出前，從策劃選題開

始，責任編輯必須先準備撰寫「詳細的文案」，供內部欄目組策劃會集體討論；討論完畢後先初步確立每集題綱，並與節目來賓溝通討論，再與主持人進行「交流」；節目樣片出來後，還必須提供策劃組集體審看，之後再進行相關行銷工作（中央電視台對台節目編輯部編，2003：437-438）。

另外，該節目的「專職評論員」，先前由台灣知名新聞人趙少康出任，近年來則由新聞人尹乃菁擔綱。台灣名嘴批評時政的各種作法，就此進駐到《中央電視台》CCTV4 裡，形成兩岸統一的「新聞戰線」，砲口一致朝向台灣政府。另由於《中央電視台》近年採取「末位淘汰制」，意即收視率一旦為該台後十名節目者則淘汰，造成該節目內部製作極大壓力。從收視率而言，從 2005 年起，《海峽兩岸》在 CCTV4 各節目中大致排名第六，平均則在三至七名遊走，收視率為 0.42%，全中國大陸境內每日約有 500 多萬人收看（中央電視台，2005）。

儘管台灣新聞局「我方未獲對岸對等互惠待遇，及協助台商向大陸發展媒體產業」，要求台灣各有線電視不得播出 CCTV4 頻道，並於 2003 年 3 月 6 日正式停播，但《中央電視台》CCTV4 對台的影響力似乎未嘗稍減。不僅本土意味濃厚的《三立電視台》、《民視電視台》等各家有線電視新聞台都與《中央電視台》合作，直接側錄其新聞畫面，重新剪接過音播出，成為其「自產」的電視新聞。此外，近年來台灣《東森電視台》與 CCTV4 合作，更以「相互拉台」方式，在大陸吹捧東森台的盧秀芳為「台灣新聞女王」；至於東森則肯定央視的主持人白岩松最大陸「最資深的兩岸電視新聞主持人」。

一位熟悉兩岸電視生態的新聞人即稱，當盧秀芳獲得國台辦首肯，陪同央視《東方時空》主播白岩松一起主持大陸神州六號發射特別節目，就被大陸媒體冠上「台灣新聞女王」封號，在大陸知名度驟增。稍後，青藏鐵路通車前，盧秀芳在國台辦禮遇下，被安排在青藏鐵路觀光

景點採訪，宣傳該鐵路通車後的巨大效益[17]；甚至為了配合《東森電視》中午新聞播出時段，國台辦竟為該台打破慣例，「巧合地算準播出時間」，安排盧秀芳在 2007 年溫家寶中外記者會提問，引起台灣新聞圈譁然。這種作法引起台灣其他有線電視台群起效尤，紛紛與《中央電視台》接觸，希望也能比照辦理。「雙方合作」默契既成，對於大陸新聞報導尺度，台灣這些電視台所形塑出大陸整體形象，多半以正面居多（戊：A1）。

（三）其他部分

　　大陸對台宣傳的電子媒體，除了《中央人民廣播電台》、《中央電視台》之外，還包括廣播部分的《中國國際廣播電台》、《海峽之聲廣播電台》、《福建人民廣播電台》、《廈門人民廣播電台》、《福州人民廣播電台》、《金陵之聲廣播電台》、《浦江之聲廣播電台》、《中國華藝廣播公司》、《東南廣播公司》，以及《福建電視台》、《福建東南台》等單位（郭瑞華編，2004：281-290）。在中共制式的「自我吹噓」下，認為這些媒體對台宣傳成果斐然。不過，若根據台灣較具公信力的閱聽調查單位AC尼爾森公司排行榜言之，在廣播與電視部分的收聽率從未進入收視或收聽的排行榜內，相關宣傳效果極為有限。一般說來，電視的收視率排行榜以台灣各頻道前 80 名為準，自此之後即在榜單之外，且收視率多趨於 0；至於廣播電台的收聽率，若在排行榜 15 名之後則不計採，

---

[17] 據當時採訪青藏鐵路的台灣媒體記者透露，盧秀芳當時採訪規格極高，不僅出入交通工具都是「高規格」的，採訪地點也是國台辦安排的，生活機能頗佳，甚至連化妝師當時都隨伺在旁，務求「把她拍得美美的」，這固然是情理之常，也是電視新聞作業的常態。不過，相較於盧秀芳的待遇，其他駐大陸的電視台記者吃得不好，睡得不好，在攝氏零下十幾度的低溫裡，「追著藏羚羊跑」，根本沒有好的畫面可以交差。返台之後，各電視台主管自然各循管道反映此節，希望中共國台辦不能「大小眼」，否則「大陸新聞往後變成『一家新聞』，這就划不來了！」（丁：A9）

這些次要的對台廣播媒體收聽率也是趨近於 0。因此,若就其閱聽眾而言,或可推定以大陸民眾或台商為主。

以廣播論之,這些次要的對台宣傳媒體多集中於福州、廈門等地,由於受限於播出功率,其閱聽眾多半侷限於金門與馬祖地區民眾。至於《金陵之聲》、《浦江之聲》雖分別位於南京、上海,但因為經營不善,其運作多以官方補助為主,完全無法在市場機制下生存。這些單位曾經試圖與台灣廣播業者接觸,並由這些已經轉行為台商的廣播人代為尋找台灣在線的廣播主持人前往製作節目,或採取台灣錄製、大陸播放方式進行運作,但成效多半不彰,甚至已經瀕臨關台危機。

在電視部分,《福建東南台》近來銳意改革,相關節目收視率亦居福建省第三、四名。先前該台曾於 1998 年與台灣《華人衛星》合作在台播出,但收視效果有限。自從華衛經營不善倒閉後,該台遂無法在台灣有線電視中「定頻」,台灣觀眾自然無從得見其節目內容。不過,該台透過舉辦大型活動,與台灣媒體如《東森電視》公共關係部合作,在中秋節等節慶舉辦兩岸連播晚會,多少拉抬一些知名度。又如《湖南廣電集團》旗下的「超級女聲」李宇春、何潔、厲娜、韓真真等人,與「喬傑立集團」旗下的亞洲天團 5566、Tank 等歌手合作。「喬傑立集團」係隸屬台灣本土屬性極濃的三立電視台旗下,足見在市場化的共同利基下,兩岸還是得以搭建合作平台,後雖因故未能成行,但仍可得見中共對台「入島、入戶、入心」迂迴接觸的用心。

三、香港地區媒體部分

香港在台灣與大陸之間,一直扮演極為微妙的角色。許多人認為,香港媒體多半是中國大陸對台的傳聲筒,尤其在香港回歸之後更是如此。不過,香港《星島日報》中國組首席記者李念庭、《聯合報》香港特派員李春對此節卻有不同看法。他們認為,「香港因為角色地位特殊,

且距離夠近，經常可以看到兩岸間不願意面對或不容易發現的問題。」[18]香港評論員鄭經翰（Albert Cheng）曾說[19]，香港記者上焉者認為自己是餓死在首陽山的伯夷、叔齊，不願意認同中共管制的新聞框架；台灣方面老是計較香港記者固然曾經提出中共觀點的新聞，卻怎麼也不回頭看看香港記者有多少新聞是觸怒中共當道，「你們台灣人老是以小人之心度君子之腹，總有一天會自絕於華人社會之外。」雖說鄭經翰所言似有失之過偏，但香港媒體多是中共喉舌一語值得商榷。

外界多以為香港媒體是中共別有居心的放話管道（王平宇，2003：版 A2），實則不然。比較精確地說法應是中共涉台單位賦予特定香港媒體較多的「近用權[20]」。「放話管道」與「近用權」形同而實異，前者乃指中共涉台部門提供文件或秘密文件逕行要求香港特定媒體發佈；後者則是提供特定香港媒體採訪機會，保證該媒體得以掌握較為精確、完整內容並予以披露。說得更清楚些，中共對於香港媒體「放話」的處理方式頗為細膩，不至於要求照單全發，而在於香港記者是否能解讀「密碼語言」，從而耙梳還原中共對台政策或意見的真實內涵[21]。

以 2006 年 3 月的「鐵桿台獨」談話為例，中共全國政協主席賈慶林在出席政協十屆四次會議民革、台盟、台聯組別聯組會議時，席中台盟秘書長、政協委員張華軍談到自己到台灣參訪時，表示台灣南部認同

---

[18] 筆者分別於 2005 年 11 間訪問香港《星島日報》中國組記者李念庭；2006 年 12 月 21 日於香港訪問《聯合報》香港特派員李春。

[19] 筆者於 1997 年間任《新新聞週報》記者，因採訪香港保釣人士來台參與保釣事件，與時稱「香江第一名嘴」的鄭經翰（Cheng,Albert）曾經有過上述討論。

[20] 所謂「近用權」（Acess）是指個人或少數團體根據自己的需要，擁有接近使用媒介權或被媒介服務的權利。

[21] 以 2003 年香港《明報》披露中共破獲台諜案多人一事，其實是該記者與大陸同學閒聊、無意中得知「南京最近有大事發生」，經過多方查證而得。台灣官方逕以港媒為中共「放話管道」，顯然過於簡化，也多少反映出台灣國安部門為求卸責的「惱羞成怒」（乙：A4）。

中國、支持統一的民眾愈來愈多，賈慶林聽了強調，兩岸官方雖無法接觸，政協委員應利用訪台機會，與包括泛綠在內的人士進行廣泛接觸，「鐵桿泛綠有機會也可以接觸」（楊釗，2006）。還原當時採訪現場，政協會議工作人員聲稱因場地問題，台灣平面記者不得入內，電子媒體僅能採訪 5 分鐘拍攝畫面。但香港《大公報》、《文匯報》則可入內全程採訪。當賈慶林發表上述談話時，《大公報》記者因為聽不懂賈的「密碼語言」，略過此節不表；但《文匯報》記者則心領神會，知道賈的談話旨在「放寬與民進黨份子對話的口徑」，因而採取強化內容篇幅、版面的報導（丁：A6）。

以下，將針對香港平面與電子媒體對台宣傳部分進行相關探討。

（一）平面媒體部分

中共曾強調，要充分利用中共在港澳地區的報刊、通訊社，發揮其在對台宣傳中的橋頭堡作用。香港《大公報》和《文匯報》就是由中共國務院專款補助，扮演中共在港澳的喉舌，對台、港澳、僑胞進行宣傳；同時也扮演釋放中共對台政策消息的角色，以試探我方的反應。《大公報》，1920 年創刊於天津，抗戰時期曾先後在漢口、香港、桂林、重慶等地出版發行，但又相繼停刊，1948 年 3 月在香港復刊。《文匯報》原創刊於上海，1948 年 9 月 9 日發行香港版。據瞭解，《文匯報》銷路雖優於《大公報》，但事實上兩報社都虧損嚴重，兩報除倚賴中資機構和大陸企業刊登廣告，每年另由中共國務院補助二億元人民幣以上（郭瑞華，2004：269）。其他如香港《商報》、《經濟日報》也都是極親中共的左派媒體。對於處理兩岸經貿新聞的台灣新聞守門人，多會注意這些報紙的相關訊息。

近年來，中共對於這些左派媒體的操作手法依舊，仍是為這些媒體保留「獨家新聞」或是「放話管道」，對台灣輿論釋出壓力。不過，這

卻是有些「舊瓶裝新酒」的味道。原因在於中共近年來發展「發言人制度」，開始引進西方公關式的媒體操作，並透過記者會等公開場合發佈新聞。其中，難免有一些重要的政策訊息必須先做測試，固然目前也有若干媒體與中共國台辦等單位關係良好，但中共考量釋放消息給台灣，一則台灣民眾是否願意相信所謂的「統派媒體」，存在有「信度」與「效度」問題；再則，台灣媒體基於競爭生態，也有可能只有該家媒體披露，其他媒體淡化處理或「索性」不發。既然如此，還是找自己信得過的香港左派媒體放話，「不得罪台灣媒體」。因此，上述香港左派媒體仍是中共對台放話的「首選」（丁：A7）。

除了左派媒體外，台灣兩岸新聞守門人近來亦多採用香港《中國通訊社》圖片與文字。《中通社》成立於 1956 年 11 月 13 日，是香港歷史最悠久的通訊社。自 1986 年 4 月 1 日起向華文媒體提供文字和圖片；及至 2005 年 8 月起以電腦傳輸方式提供華文媒體圖片與新聞稿。和大陸媒體一樣，《中通社》受到績效制，也就是媒體「採用率」的市場機制監督，近來在兩岸發稿品質大幅提高，成為台灣平面媒體負責人每日必讀的新聞資訊庫。至於英文報紙《南華早報》時有佳作，也是台灣新聞守門人每日必讀的媒體。其他如香港《明報》、《星島日報》、《信報》等刊物，原本頗有可讀性，但近來因被中共收購或報老闆直接膺任中共全國政協委員，深恐觸怒當道，大幅緊縮言論空間，目前在台灣兩岸新聞圈的倚重份量已經大不如前（丙：A4）。

在雜誌部分，台灣媒體新聞守門人多會選擇《亞洲週刊》、《中國評論》、《開放》、《廣角鏡》等刊物稍做參酌。其中，《中國評論》幕後有國台辦支持，透過上市公司中國燃氣公司贊助，且與台灣國安單位資助的《中華港澳協會》交好，得以在兩岸三地同時公開上架發行，是台灣政府認定可以傳遞「密碼語言」的特殊媒體。

（二）電子媒體部分：鳳凰衛視

香港與台灣電視交流互動尚稱頻繁，但就台灣各媒體主管而言，僅止於私人交流，對於香港電視台處理的兩岸新聞不甚重視，也鮮少加以處理，但對於《鳳凰衛視》則不然。包括香港《聯合報》特派員李春、《星島日報》中國版首席記者李念庭、台灣《蘋果日報》兩岸中心主任連雋偉、《東森電視》大陸新聞中心主任楊釗等多位長期主跑兩岸新聞的資深記者多肯定此節。楊釗[22]直言，「這個道理其實很簡單，因為這十幾年來去過大陸的台灣民眾都知道，在大陸任何一家四星級以上的飯店，都可以看到《鳳凰衛視》。最近，大陸民眾家裡頭有裝小耳朵或有線電視的人，也都看得到《鳳凰衛視》。大陸民眾本來就喜歡討論台灣問題，而且還蠻喜歡看門道的。跟那些共產黨電視台相比，對台專業和嘴臉比較討喜，相對的影響力就大了許多，一定不能忽略它的份量。」

《鳳凰衛視》總部位於香港，是中共現階段搶佔國際輿論詮釋權的重要工具。該台主要以服務大中華區為主，其前身是衛星電視，即星空傳媒下的《衛視中文台》，於 1991 年開播。其後，衛星電視被媒體大亨梅鐸（Rupert Murdoch）新聞集團所收購，隨即進行改組，並引進劉長樂等人資金。1996 年 3 月 31 日，《衛視中文台》改名為《鳳凰衛視中文台》，並於日後陸續開播電影台、資訊台、歐洲台、美洲台。該台主要負責人劉長樂出身遼寧錦州的第四十團軍參軍，1980 年畢業於北京廣播學院，曾任《中央人民廣播電台》記者、編輯、新聞評論員等職。外界多認為《鳳凰衛視》具有中共軍方背景，多源於劉長樂個人色彩鮮明所致（鳳凰網，2007）。

《鳳凰衛視》之所以在中國大陸崛起，主要特色有二，其一是因為以港台新聞作業模式處理大陸新聞，相較於中共官方新聞媒體制式播出，多了耳目一新的感覺；其次是相關新聞評論節目尺度較寬，相關評

---

[22] 筆者 2006 年 9 月 4 日於北京專訪《東森電視》大陸新聞中心副主任楊釗所得。

論員少了中共官方束縛，因此成為大陸許多知識份子的收視熱點。在新聞與相關評論上，該台早期以台灣新聞為賣點，透過評論台灣時事建立新聞品牌。包括資深評論員曹景行、阮次山、楊錦麟等人都有涉台背景，分析台灣問題較大陸內地記者到位。曹景行其父為資深新聞人曹聚仁，早年曾穿梭兩岸成為毛蔣兩人間的「密使」。曹景行曾任職《亞洲週刊》副總編、《傳訊電視》中天新聞頻道總編輯，對於台灣新聞脈動掌握頗精；阮次山早年就讀台灣政治大學新聞系，對於兩岸軍事時有新見；楊錦麟則因為曾任廈門大學台灣研究所副研究員，並以陳子帛筆名長年於香港《信報》等刊物發表兩岸評論，對於台灣事務解讀精準（師永剛，2004：98-251）。其次，如記者吳小莉、胡一虎、曾靜漪等人都曾任職台灣媒體，熟悉台式新聞話語論述方式，並據此包裝大陸新聞，相較過去制式播報，頗能呈現不同樣貌。

近年來，《鳳凰衛視》相關新聞評論尺度雖不如先前開放，且對於中共鮮見批判，但仍是中共高層解讀國內外時事的重要參考媒體。中共高層如江澤民等，亦曾接受該台專訪。前中共總理朱鎔基也曾於 1998年人大會議閉幕的中外記者會直陳，自己也經常收看該台。甚至包括美國前國務卿鮑爾也曾多次接受該台專訪，顯見該台企圖塑造「華人世界的 CNN」形象，有其一定成效。該台近年來亦多延攬台灣泛藍名嘴作為評論員或主持節目，包括李敖、趙少康、陳文茜以及前海基會副秘書長石齊平等人，都曾經參與該台評論主持工作。2002 年 8 月，陳水扁總統釋出「一邊一國論」訊息，時任民進黨中國事務部主任的陳忠信隨即邀請該台主持人曹景行進行採訪，說明台灣立場。因為他們認為該台的「時事評論」節目「在大陸對台部門有其影響力」，且包括國台辦、海協會與涉台智庫多會把這個節目關於台灣事務部分錄製存檔，並進行研判（師永剛，2004：92-93）。一如上述《中國評論》，該台確為台灣官方認定可對中共進行「公開傳話」的管道，其影響力更遠勝於平面媒體。

第二節　中共對台宣傳的間接途徑

一、國際地區媒體部分

　　中共透過國際媒體對台宣傳行之有年，但隨著中共近年來因為飽受對外宣傳收效不大，並遭受國際輿論負面新聞框架充斥的影響，中共逐漸借用外國新聞理論與方法，重新審視這塊宣傳陣地。誠如前言，中共對台宣傳受到國台辦與國新辦等單位督導，這兩個單位近年成立「媒體專家組」、「諮詢專家組」，在對台宣傳事宜上多所徵詢。其中，在國新辦部分，近年補助中國傳媒大學等單位進行 211 工程，致力於重新建構「國家形象」，期能打破國際輿論對於中國的負面新聞報導框架。包括清華國際傳播中心等單位紛紛倡導「軟力量」的重要性，厥為近年來中共對外宣傳的重點所在，是以對台宣傳亦應在此環節下一併審視之（李希光、趙心樹，2002：1-2）。

　　中共將國際媒體視為是對台宣傳的「軟實力」，並在此思維下，積極深化對台影響力。所謂「軟力量」，即美國學者奈伊（Joseph Jr Nye）所說的「Soft Power」，意即指文化、道德訴求和意識型態的影響力以及國際機制的制度與規則（張桂珍，2006：11）。中共學者林利民指出，所謂的「軟實力」是指經濟、軍事、科技等有形力量之外，主要表現為「能夠為國際社會多數國家聽認同的價值觀」等，或是「通過文化和思想方面的感染力吸引別國」的能力。這是一種與經濟、軍事、科技力量不同、難以量化的無形力量。其主要途徑乃透過新聞等文化層面方式，推動本國政治理念、價值觀念等，以維護國家利益（張桂珍等，2006：11；林利民，2003：337）

　　這種「軟實力」的思維與中共行之有年的「對外宣傳」若合符節，均旨在透過新聞等文化力量，建立國家在公共輿論上的投影，也就是社會公眾對國家的印象、看法、態度、評價的綜合反映（張桂珍等，2006：

13）。表現在「對台宣傳」方面，則是藉由國際媒體塑造中共的國家形象，並創造有利於中共的輿論氛圍，讓這種形象經由多層次的揉合與滲透，得以深植台灣民眾內心，並留下良好印象。除此之外，中共也慣用這種媒體所營造的「合圍之勢」，透過港澳及國際媒體的對於台灣事務印象，「細雨潤無聲」地影響台灣新聞媒體的「認知框架」，從而有機會進行新聞的「議題設定」，為中共贏得有力的宣傳地位。

　　早在 1970 年代開始，國外的研究即顯示，60 年代的發展中國家有 75% 的新聞來源來自西方國家通訊社，也因此造成發展中國家幾乎完全由西方國家的觀點來看世界。而西方通訊社對於發展中國家的報導卻幾乎都是聚焦於暴力、瘟疫或是災難等流於刻板印象的負面報導，並且藉由操縱新聞通訊的流通，延續與行使其文化帝國主義之陰謀（Rampal，1995：23-25；李美華，2003：6）。

　　學者李美華引述國際新聞相關研究時亦有以下觀點，包括絕大多數發展中國家的國際新聞是從上而下，由西方通訊社單方向流通而來；在發展中國家的國際新聞中，美國與西歐各國所佔的篇幅遠遠大於社會主義國家或是發展中國家；雖然發展中國加彼此間偶有平行的新聞報導交流，但相較於與西方國家大量的垂直新聞交流，平行新聞的交流是微乎其微的。對於台灣各家電視台而言，由於重大新聞多仰賴 CNN 與路透社等美英菁英媒體或通訊社提供新聞畫面與新聞內容，新聞同質化頗深。且因為台灣電視新聞編輯台多不重視國際新聞，在新聞排序多在後段，甚至常常容易忽略（李美華，2003：6；21-23）

　　固然，兩岸主權問題未解，所謂「同屬一個中國」仍待討論，但在台灣媒體的新聞編輯台裡，除少數單位設有「大陸新聞中心」者，其餘媒體限於經費或囿於意識型態，多將中共對台新聞視為「國際新聞」，以致於在編排或版面呈現時，出現「台灣中國，一邊一國」的狀況。目前，台灣採用國際媒體報導中共對台宣傳部份，在平面媒體部分多以《紐約時報》、《華盛頓郵報》、《華盛頓時報》、《亞洲華爾街日報》、《時代雜

誌》、《經濟學人雜誌》、《路透社》、《美聯社》、《讀賣新聞》、《朝鮮新聞》等刊物為準，除後二者分別屬於日、韓，其餘多為美英的菁英媒體。這些媒體純粹是新聞守門人每日掌握新聞脈動的主要訊息，但相關訊息是否化為新聞內容機率卻不高。原因在於版面有限或是內容不符合台灣閱聽眾口味，此外新聞編輯素質越來越低，難以體會這些國際視野的「菁英新聞」到底妙處何在，經常要新聞守門人「提點」或是「教育」，才能知道新聞的來龍去脈，更別說「用台灣觀點來解讀國際新聞」？除非像《中國時報》或《聯合報》這種老經驗的新聞編輯團隊，或能掌握其神髓[23]。

　　國際新聞出現在台灣媒體的版面或新聞篇幅儘管不多，對於「兩岸問題的認知效果」卻有「一錘定音」的效果。以 2000 年國際媒體對於台灣透過總統選舉進行「政黨輪替」多有肯定，在選舉前後期間經常出現肯定台灣民主、人權自由的正面報導。像是 2000 年 5 月至 2001 年 1 月，學者張巨岩發表於美國《公共關係評論》的一份調查顯示，包括《紐約時報》、《華盛頓郵報》、《洛杉磯時報》關於中國的調查發現，關於這三報在關鍵字有「中國」字眼的報導裡，台海問題分佔 8.0%、11.5%、8.0%，其中對於中國出現負面報導遠大於正面報導，若與較為正面的經濟新聞比較，《紐約時報》的負面報導是正面的 17.5 倍，《華盛頓郵報》則為 56 倍、《洛杉磯時報》則是誇張到 158 倍之多（張巨岩，2004：380-382）。但在 2004 年之後，尤其是 2005 年 3 月《反分裂國家法》公布以後，據經濟週刊記者穆易人（Paul Mooney）表示，國際媒體採取「中國的新聞框架」報導台海問題情況驟增。以致稍後 2007 年出現副總統呂秀蓮爭取民進黨總統提名時，被 CNN、美聯社記者李閩及該社香港編輯詆毀為「民族敗類」（原文為 Taiwan's " scum of nation" runs for president），也就見怪不怪了（林淑玲、陳文和，2007：版 1）。以下，

---

[23] 筆者於 2007 年 4 月 8 日訪問《中國時報》大陸中心主任王綽中，及該年 4 月 19 日訪問《東森電視台》大陸新聞中心主任林天瓊所得。

將針對國際媒體的平面與電子媒體部分，進行中共對台間接宣傳的相關探討。

（一）國際平面媒體部分

以美國、西方國家為主的媒體進行新聞報導時，多標榜服膺新聞自由原則、客觀公正原則，以及這些原則背後更深層次的關於自由、人權、民主、個人主義、法治、基督教信仰等隱性價值，並成為落實與實踐其媒體結構的意識型態。這些意識形態和價值觀念，已經成為美國和西方社會公眾社會意識的核心部分，像一隻「看不見的手」般自然地在媒體自由市場上進行調節，媒體和受眾自覺自願地在新聞信息的傳播和接受過程中互動，獨立自主，沒有政府和政黨的新聞檢查和宣傳機構的干涉和指令。而這隻「看不見的手」，本身就是一種意識形態（劉康，2002：339）。

意識形態是一種建立在明確的世界觀之上的自我規定和自我辯護的信念體系，是對一種世界觀或對一種生活方式的徹底信奉，實際上構成了一國的國家身份和利益，對國家利益起到了事實上的建構作用（方長平，2002：23）。在國際新聞媒體裡到處充斥著意識型態，所謂「客觀事實」不再被簡單地視為新聞信息的「公正、平衡」的準繩，新聞媒體在賦予任何信息和「客觀事實」、意義時，背後均呈現特定的意識形態、價值取向和立場（劉康，2002：336）。中共傳播學者李希光、劉康、何英等多人認為，美國新聞界主流習慣把維護美國國家安全的美國主流意識形態，描繪為普世性的意識形態，主張與非美國化的意識形態對峙，抵制和圍堵意識形態不同的國家。尤其是美國潛藏著「白人至上的盎格魯撒克遜救世精神」，認為美國的道德、制度感較他人優越。在美國意識型態幾乎主導全球輿論下，無怪乎「中國威脅論」、「妖魔化中國」

四起（何英，2005：175；李希光、孫靜維編，2002：250；劉康，2002：330）。反映此節最為明顯者，就是在台灣問題的新聞處理上。

根據美國賓州大學於 2000 年 1 月 15 日至 6 月 20 日針對美國《紐約時報》等四大媒體對中國問題報導進行調查，結果發現在這 156 日共有 1635 則新聞，按照數量和頻率排列，結果發現排名第一為台灣問題，計有 562 則，佔 34%；其中肯定台灣民主的正面論述，竟高居 74%（劉康，2002：341-342）。甚至在九一一事件之後，這種趨勢並未稍減。不過，隨著中共逐漸重視國家形象，針對台灣以「民主深化」等普世價值作為拮抗中共對台宣傳作為，中共於 2004 年《五一七聲明》發表後，也逐步型構出「台灣追求民主是破壞亞太區域和平的作法」的論述，並被國際駐華媒體廣為接受。曾經在台灣與大陸採訪二十多年的資深記者、《經濟週刊（Newsweek）》資深記者穆易人（Paul Mooney）就說，短短幾年下來，隨著台灣地位逐漸邊陲化，在各國際媒體的駐華記者不再像以往關心台海問題，甚至許多新進的駐華記者「完全不認識台灣」，讓台灣已經逐漸從國際媒體版面中被遺忘。對於台灣問題的報導，也多採用中共提供的「新聞框架」思考。

穆易人表示，從外國記者協會（Foreign Correspondents Club）的人事更迭，就可以知道台灣現階段的處境。

> 從 2002 年至 2006 年為止，總共有 87 個駐華記者已經離開線上，現在採訪的新面孔我已經不太認得了。
>
> 新來的這些記者是怎麼認識台灣問題的，想也知道他們一定是去問北京大學或中國社科院那些學者找尋背景資料，這麼一來，他們的稿子會出現怎樣的調子，其實不用說也很清楚。
>
> 我必須很遺憾地指出，同樣是跑兩岸的記者，往大陸跑叫做升官，往台灣跑時，別人看待你的眼神總是有一絲不同。台灣當年固然處於權威體制，但是我們外國記者參與台灣逐漸走向民主改

革，對台灣自然有一股說不出的感情。很可惜的是，現在駐華記者對於台灣認識不多，又或者報導時與大陸宣傳口徑一致。畢竟，台灣問題不是這些駐華記者關心的問題。有的記者甚至連地圖裡的台灣都找不到，又如何要求這些記者把台灣放在心上呢？

　　中共認為對台宣傳主要的戰場在國際，不管是以「普世價值」論述對決，或者是以宣傳技巧來對決，中共只要能夠形塑出一套足以說服國際的「新聞框架」，將美國藉由台灣問題形塑「中國威脅論」的新聞戰線挪移開來；讓台灣領導人成為「攪起個人政治資本、蓄意破壞區域和平的麻煩製造者」，中共就有機會贏得國際視聽（P：Λ5）。中共於2003年11月底開始啟動《中國國家形象國際傳播現況及對策研究》課題。這項由中國傳媒大學211工程資助項目，主要目的在於準確理解世界主流媒體上反映的中國「國家形象」究屬為何？這些選定的主流媒體包括《紐約時報》（美）、《時代週刊》（美）、《泰晤士報》（英）、《經濟學家》（英）、《費加羅報》（法）、《法蘭克福日報》（德）、《讀賣新聞》（日）、《國家報》（西班牙）等媒體，進行調查時間是在2000年12月20日至2003年12月20日，經過百餘位學者專家調查成果於2006年4月出爐（劉繼南、何輝，2006：2；64）在關於台灣方面的議題結果顯示，該問題是世界主流印刷媒體對於中國政局發展時最重要的項目。該報告指出：（劉繼南、何輝，2006：71-72）

　　　　美國的《紐約時報》和英國的《泰晤士報》對台灣問題的報導量都佔到對政治問題報導總量的20%以上，法國的《費加羅報》和日本的《讀賣新聞》對台灣問題的關注度也均超過該報對政治問題報導總量的20%。世界主流媒體談到台灣問題時，普遍會涉及的問題有台海局勢、中國內地的所謂對台軍事威脅、海峽兩岸的經濟往來、台灣民主等方面。並認為台灣問題的處理態度和解決辦法，不但是檢驗中國政治領導人智慧的試金石，而且是建

構中國政府形象的重要機會和挑戰。在台灣問題方面，世界主流媒體對中國的主要態度以無傾向性佔多數；在有傾向時，正負比例差別不大。近年來由於中國國際地位的提高，使西方國家官方政府在對待中國台灣問題時態度慎重，一般都表示支持「一個中國」立場。即使與台灣關係微妙的美國，考慮到自己在中美關係的利益，也表示反對「台獨」。這種立場必然會對各國的主流媒體產生影響，各份報紙在對待台灣問題方面也相應採取比較慎重的態度，傾向性不太明顯，有的甚至沒有負面報導。即使是有傾向性時，正負比例相差也不大。

曾經參與中共國務院內部「國家形象」與「台灣問題」調研工作的前人民大學新聞學院院長郭慶光接受筆者訪問[24]時，對於近年來國際媒體處理台灣問題的表現時指出，「大陸要想和平發展，至少需要幾十年的和平環境。在這種思維下，大陸當然希望兩岸關係往睦鄰友好的方向發展。像是台獨這種干擾大陸和平發展的節奏，當然要予以排除。過去對台宣傳必須服從國內政局的需要，加上一些中宣部閱評小組的老先生把關，難免不能符合各界需求。不過，這幾年來大陸一些觀念作法變了，新聞專業意見已經受到重視。反映出來的對台宣傳效果，基本上還是值得肯定的。」

不過，若就國際媒體在中國大陸的實際作業言之，記者實際的感受卻又有所不同。一位國際知名媒體機構的中國新聞負責人「已」即稱[25]（已：A1）：

> 共產黨到現在還是不太瞭解台灣民眾的思考，也不清楚他們的新聞動作出來後，到底會給台灣民眾什麼觀感。對於中共這些涉台

---

[24] 筆者於 2006 年 9 月 7 日下午前往人民大學，專訪前人民大學新聞學院院長郭慶光的訪問內容。

[25] 筆者於 2006 年 9 月 7 日上午於北京陶清軒專訪資深駐華新聞人「已」。

單位所發的新聞稿，我做過一個關於兩岸新聞的實驗，前一個月新聞只要人名換一下、時間改一下，大部分都可以適用。所以說，一個對大陸稍微瞭解的外國記者，幾乎都不太會相信他們官方講的話。外國記者不太會受大陸官方影響，因為大陸搞外國記者時有所聞，前幾天一個《南華早報》記者因為寫錯新聞，才被外交部罰寫悔過書呢！你想想，「我們對中共這種穿著亞曼尼（Giorgio Armani）的流氓，心中當然會存有數不完的 Bias！反正中共政府說什麼，幾乎都沒什麼人會相信才對！」

胡錦濤掌權之後，外交部新聞司裡的涉台新聞少了許多，這叫做「歸口管理」，都到國台辦記者會裡去了。除非重要事情，否則叫外國記者跑到國台辦裡發新聞，感覺上當然會有些奇怪。大部分的外國記者每年去台灣不到一、兩次，不清楚台灣有什麼國民黨、民進黨，發台灣新聞的興趣不高。比較值得注意的趨勢是，最近這些新進的外國記者都是在中國大陸學華語的，他們對於台灣問題的思考，當然比較容易從大陸設定的「新聞框架」去想事情。這點，台灣政府怪不了別人。

除了上述所言，像是外國通訊社如《美聯社》、《路透社》、《彭博新聞社》等單位，近來被 2006 年 9 月公布的《外國通訊社在中國境內發佈新聞管理辦法》箝制，在中國大陸境內的收入頓減。該辦法規定，「外國通訊社在中國境內發佈新聞信息，應當經新華通訊社批准，並由新華通訊社指定的機構代理。外國通訊社不得在中國境內直接發展新聞信息用戶。」「國內用戶訂用外國通訊社新聞信息，應當與新華社指定的機構簽訂訂用協議，不得以任何方式訂用、編譯和刊用外國通訊社的信息。」（鄭漢良，2006：56-57；新華社，2006）

中共這條辦法作用有二，一是希望形成「寒蟬效應」，箝制外國通訊社發佈大陸在地的負面新聞，並期使這些外國通訊社能往中共設定的

正面新聞框架進行報導；其次則是與外國通訊社爭利，由於大陸內地的新聞機構、金融機構為取得與世界同步的新聞、金融訊息，多會訂《美聯社》、《路透社》、《彭博新聞社》等單位的新聞，至於信息質量較差的《新華社》往往乏人問津。該辦法訂定後，無疑保障《新華社》可以自產自銷。這種兼具「寒蟬效應」與「經營績效」的作法，讓外國新聞通訊社記者對於大陸控制新聞的「軟實力」頗生反彈（已：A2）。除此之外，大陸官方又時有「懲罰」外國記者之舉，像是逮捕駐華記者的「線人」，或者索性以程序性方式干擾「出格」記者拿不到駐華申請，凡此種種，都讓駐華記者點滴在心頭。

話雖如此，不少外國記者還是樂意被派遣至大陸駐點。日本共同社記者松岡誠直指，這些國際媒體機構多半「器重」該名記者才派遣至中國大陸。對於這些記者而言，大陸採訪經驗是一種難得的歷練，但其中還是存有外界看不見的理由，也就是這裡頭隱藏著對於駐華記者的犒賞福利。因為記者除了每月支領雙薪外、出外應酬又可以「不必拿單據即可報帳」，加上大陸物價指數低，可以「存錢」的機會就高了許多，讓不少駐華記者對大陸愛不能捨。

一般說來，國際媒體駐華記者對於台灣印象普遍不惡，處理涉台新聞時多會採取訊息與分析稿併發方式處理。包括記者「已」、日本共同社駐華記者松崗　誠等人都認為，必須先將大陸官方講的訊息「不失真」地發出，再就閱聽眾需要瞭解的背景進行補充。像是「一個中國原則」、「九二共識」、「四不一沒有」等，都是隨訊息稿後立刻發出，希望盡可能做到「平衡」，並讓閱聽眾瞭解中國大陸的「真相」。但他們也承認，近年來兩岸新聞確實出現「往中國大陸傾斜」的現象，原因並非全出在這些駐華記者身上，而是台灣政府經常以「民主深化行台灣獨立」之實。這些較為資深的駐華記者可以理解台灣內部主張台獨聲音不絕，但記者「已」批評（已：A3）：

> 我們外國記者對於台灣有些人一直把中國大陸當成是宗主國，卻
> 忘了自己的土地，不敢也不願批評中國大陸的現況，覺得相當奇
> 怪。但如果在台灣執政的民進黨內部，有人為了個人政治利益操
> 縱台海問題，把周邊國家都牽扯進去，這就很難得到別人的信
> 任。過去，中共一直把駐華記者當成傻子，難道台灣也要步入他
> 們的後塵嗎？

外國記者擺盪在新聞專業與現實壓力下，處理台灣問題的力度似乎不如過去重視。對於一個逐漸邊緣的區域而言，面對中共挾其綜合國力處理台灣問題，台灣方面現階段似乎難有因應對策。

（二）國際電子媒體部分

台灣跟其他第三世界國家一樣，被西方主導的全球化體系或「接納」或「拒絕」，長期以來都處於一種弱勢的地位。反映在國際新聞方面，台灣電子媒體多半將「媒體全球化」與「美國在地化」混淆，動輒隨著「以美國為主」的訊息起舞。與此同時，台灣閱聽眾向來對國際新聞的興趣不高，加上國際電子媒體通常不在台灣設置長期駐點機構，僅在台灣發生重要事件時，從香港亞太地區總部派員前來採訪，在傳播者無心且閱聽眾無意的情況下，國際新聞的收視率向來乏善可陳。對於國際新聞機構所處理的中國新聞或台海兩岸新聞，對台灣閱聽眾而言幾乎也等同於乏味的國際新聞，自然也應該做如是觀。

從「馴化」（demestication）觀點言之，其意旨在說明新聞必須在全球化與特定文化間求取平衡，將發生在遠方的事件透過特定的架構讓在地的受眾可以接近；另一方面，也將這些特定事件建構起特定的意義與新聞機構本身所信仰的價值進行比較。簡單來說，國際新聞「馴化」的過程，就是一個新聞如何被形塑、剪裁以符合閱聽眾興趣、期望和認知的新聞守門過程，其目的在於「激活」（hyping）新聞，設法使原本枯

燥乏味的國際新聞吸引人,並與閱聽眾產生直接關連性(蕭偉強,2006:
6)。對於國際新聞觀點下所處理的中國新聞,台灣電視新聞守門人的作
法多以「好看的」、「有趣的」為標準選取之,以迎合向來都不喜歡國際
與中國新聞的台灣閱聽眾。

目前,台灣電視新聞台平均每小時約播放 2~3 條國際新聞,這些為
數不多的國際新聞中,內容偶有涉及中國大陸部分,但受到台灣新聞守
門人青睞的機會並不高。原因在於西方電子媒體近年來報導多集中在
「軟性新聞」方面,誠如前言,台灣各電子媒體每日固定「剽竊」免費
的中共各級電視台衛星頻道,資料來源豐富且「調性」較為接近台灣閱
聽眾收視習慣。更重要的是國外電子媒體如美聯社、路透社每月租金約
在新台幣 50 萬元,對於電視台而言,選用 CNN、美聯社、路透社、法
新社等基本配備,每月至少需 200 萬元。在樽節開支的前提下,上述國
際電子媒體選用一家「不至於漏新聞」即可,何必「花大錢又找不到合
用的中國新聞」?再者,一旦遇到中共發佈重大涉台新聞,各電視台多
有駐地記者或特派記者前往處理,選用國際電子媒體報導大陸新聞的機
會自然不大。

儘管如此,台灣媒體仍有機會選用國際媒體處理的大陸新聞。《東
森電視台》國際新聞中心總監張玉玲表示[26]:

> 一般說來,我們選用國際媒體處理大陸新聞的原則,主要是「由
> 小看大」。也就是從小事情來看大陸的變化。像是前一陣子大陸流
> 行的「超級女聲」,當《時代雜誌(TIME)》將超女李宇春放在封
> 面時,包括 CNN、FOX 等電視台和我們的想法都差不多,那就
> 是我們想瞭解「新一代的中國人在想些什麼?」這些人是支持中
> 國未來的力量,中國未來變成怎樣的新貌,這些人都會產生影響。

---

[26] 筆者於 2007 年 5 月 4 日下午專訪《東森電視台》國際新聞中心總監張玉玲
訪問內容。

從超女個案來看，我們看到的是「中國的新一代不再是紅衛兵，成天拿著紅子本！」也從這種小事去找出中國社會的變遷脈絡。

有人說中國是條巨龍，又或者它是條「邪惡的暴龍」。我們當然知道這些國際新聞記者面對中共時，可能面臨被撤點、找麻煩甚至受到「漏新聞」的待遇，儘管做出來的新聞是一種「正反併陳」的形式，但裡頭的框架或偏好當然會有些問題。因此，處理這大陸或台海方面的國際新聞時，我們會特別注意平衡。如果對新聞沒有把握時，我會親自打電話去亞特蘭大 CNN 總部這些地方求證，又或者是請教像齊邁可這些外國資深評論員，又或者是我派出國際新聞中心的記者去做平衡報導，不會照單全收。

舉個例子來說，像是大陸國家級領導人出訪時，大陸會派出《新華社》、《中央電視台》記者隨行，為求平衡起見，出訪國也會派出記者採訪。大陸新聞記者多半做些「泛泛」的新聞，但外國媒體不同，他們會認為你這個領導人出訪，到底說了些什麼？到底為什麼這樣說。這些比較實在的新聞，當然是我們取材的重點。我的作法是，遇到像胡錦濤訪問美國時，我們會像這些國際媒體打招呼，要求他們幫我們注意是否過程中是否涉及台海兩岸議題，請他們注意現場是否有這些畫面，好讓我們在製作新聞時可以加進來處理。

另外，要是遇到一些比較「棘手」的台海政治問題，我們也會考慮使用國際媒體的新聞。你想想，像是一些可能對於大陸負面的台海新聞，或是大陸十六大、十七大人事更迭這部分，如果我們駐地的大陸記者處理了，會有很多的不方便。但新聞就是新聞，又不能不處理。所以用國際新聞發佈時，就可以說「這不是我們做的，那是國外媒體講的」。這麼一來，不是省掉了一些無謂的麻煩、又不會漏新聞了嗎？

　　張玉玲的談話可以進一步說明，大陸新聞的處理，可以透過在地記者與國際媒體新聞交互為用的方式，達到處理新聞的效果。同時，國際媒體記者儘管有「個人因素」的考量，致使若干新聞報導的框架向大陸傾斜，但台灣媒體仍有機會透過國際媒體的人脈與新聞專業的自覺，「調校」其中可能出現偏差的部分。至於，國際媒體慣用「以小看大」方式處理大陸新聞，並進行多角度的深入探討。正如張玉玲所言，「儘管大陸對於新聞管制處理仍嫌粗糙，但我們先接收大陸的想法，他們才會理解我們想些什麼？這時候，影響力才會出來，我們這些國際媒體的潛移默化效用才會看得見。」

　　因此，中共如果想透過國際媒體新聞迂迴進入台灣電子媒體的新聞編輯室，傳達特定訊息或是進行所謂的「宣傳」，並不容易。張玉玲說得很直接，像是《東森電視台》與《中央電視台》合作，雙方之所以能有現在的基礎，在於雙方都很「大器」，純粹就想把新聞做好，「不想把任何政治的意識型態扯進來」！在避談政治的基礎上，兩岸新聞交流才有機會實現。這種「避談政治」方式固然讓兩岸新聞互通有無，卻也形成大陸媒體對台宣傳的「喉舌」，竟然因為兩岸新聞合作而悄然失聲。畢竟，政策宣導是電視收視率的「毒藥」，這個準則放諸兩岸皆準。

二、台灣地區媒體部分

　　根據世新大學調查，台灣民眾得知新聞資訊多自電視而來，約佔91.52%，其次為報紙的68.90%，再次為網路的59.30%（申慧媛，2005：版A5）。儘管電視與報紙是台灣民眾接觸新聞的主要通路，但面對逐漸蕭條的市場，許多媒體經營狀況還是難掩窘境。從AC尼爾森公司所做的調查顯示，2006年可以說是台灣媒體的寒冬，以平面媒體廣告量除《蘋果日報》逆勢成長7%，《自由時報》持平，而《中國時報》、《聯合報》下滑8%（AC尼爾森公司，2007），無怪乎《中國時報》將重點逐

漸轉移至電視媒體，《聯合報》則準備變賣台北市忠孝東路五段現址土地牟利，準備遷移現址至內湖廠區。至於電視媒體部分，有線電視廣告量逐年減少，2005 年廣告量減少 19.2%，隔年竟又減少 10.6%；無線電視則持平，自 2005 年起至 2006 年，連續兩年廣告量減少 5.2%（AC 尼爾森公司，2007）。

　　台灣媒體大環境不好，加上許多廣告主慣用收視率或閱讀率作為分配廣告預算的依據，讓媒體不得不挖空心思爭取閱聽眾青睞。一向被視為乏人問津的大陸新聞，為求生存遂逐漸走向「娛樂化」。這種「娛樂化」的趨勢反映在新聞選取的操作上，就是往「好看的」、「好聽的」、「輕鬆的」方向選取、剪裁新聞。此外，台灣媒體市場胃納有限，媒體為求永續經營故，多有佈局大陸的相關準備。在台灣藍綠心結未解之際，相關作法難免引人物議；又或者索性以台灣為主，強調本土、仇視大陸以獲得政府「置入性行銷」等的相關奧援。兩者過猶不及，反映在大陸新聞處理上面，反倒變成藍綠政客互貼標籤的政治角力場。與此同時，中共對台宣傳政策標榜「借船出海」策略，借用台灣媒體資源與言說方式，試圖將大陸對台宣傳鎔鑄其間，更讓問題治絲益棼。以下，將針對中共對台宣傳過程裡，台灣平面與電子媒體的角色進行分析。

（一）台灣平面媒體部分

　　儘管報紙不是台灣民眾接觸大陸或兩岸新聞的首選，但是報紙卻形塑了相關媒體的「新聞框架」。在 2000 年政黨輪替前後，執政的國民黨與中共間雖有扞格，但在國家根本定位上雙方仍奉「一個中國」原則為宗，媒體報導面向多以台海現況為主，包括「一個中國」定義、兩岸三通、中共解放軍演習等問題。正如《蘋果日報》大陸中心主任連雋偉、中央社記者曹宇帆所言[27]，台灣媒體報導兩岸議題就好像是「訓詁學」

27　筆者於 2007 年 4 月 19 日專訪《蘋果日報》大陸中心連雋偉、該年 4 月 25

似的，像是兩岸談判的前提是「一個中國原則」或是「一個中國、各自表述」，又如大陸解放軍的演習採取何種性質等，這種由傳播者單方面界定「大陸對台威脅[28]」的議題作為主軸。在兩岸新聞裡，台灣媒體主要以「兩岸新聞」為主，至於「大陸內部」新聞則篇幅所佔不多。

一般而言，台灣平面媒體處理涉及兩岸新聞，從新聞編制來看，可以區分為「兩岸新聞」與「大陸新聞」。像是《聯合報》、《中國時報》、《自由時報》、《蘋果日報》等單位多由政治中心處理「兩岸新聞」，主跑陸委會、海基會與相關學術單位和智庫；至於「大陸新聞」則由該報大陸中心或國際中心負責。進一步言之，像《中國時報》長期在北京、上海派有駐點記者，《聯合報》則將重點放在北京，讓這兩報記者對於大陸新聞的動態與相關新聞人脈得天獨厚，經常發出重要訊息，甚至連中共涉台領導人如錢其琛、楊尚昆等人，都曾接受這兩報的專訪。此外，這兩報記者與國台辦官員或熟知大陸涉台決策的退休官員多有聯絡，經常一通電話就可以問到其他媒體無法掌握的訊息，使得以「兩岸新聞」為主的階段裡，《中國時報》與《聯合報》訊息始終是各媒體參考的重點。

如果用「一窩蜂式的新聞」（pack Journalism）來形容此節，或許更能清楚說明台灣媒體的大陸新聞產製過程。1972 年美國總統大選，共和黨的尼克森對上民主黨麥高文，記者克勞思（T. Crouse）寫了一本書叫做《巴士上的哥兒們》（The Boys on the Bus），文中敘述記者「一窩蜂」心態，大牌記者寫什麼，其他記者跟著依樣畫葫蘆（李金銓，2005：186-187；Crouse，1972）。政黨輪替前後的台灣媒體，一旦處理兩岸新

日專訪《中央社》記者曹宇帆所得。

[28] 諸如大陸解放軍多次在東山島演習，因為該區地理、水文、氣候等因素與台灣接近，稍有演習動作，台灣媒體多解讀此舉乃針對台灣而來；又如解放軍於 2000 年 4 月於雷州半島進行演習時首度使用「氣墊船」，不僅能避開台灣西部海岸地形，更能從海上直接以時速超過 60 公里直奔台海沙灘，更讓台灣媒體「無線上綱」地解讀這是對台的「軍事恫嚇」。

聞，多以記者《中國時報》記者王銘義、《聯合晚報》記者黃國樑、《工商時報》記者梁寶華、《中央社》記者曾淳良為準；至於處理大陸新聞則以《聯合報》記者王玉燕、汪莉絹、《中國時報》記者王綽中、白德華、朱建陵為準。其他廣播、電視媒體主管每日上午進行「編採會議」時，多會參考上述媒體及記者的報導，作為調度的準據，這十幾年來如一日，幾乎未有特殊變化。

　　至於政黨輪替後這幾年，《自由時報》則異軍突起。該報記者鄒景雯等人與總統府、國安部門關係良好，經常可以取得獨家新聞，披露中共對台的種種舉措，準確度亦高。其新聞多半集中在國安部門內部存有中共對台間諜、陰謀對台的佈局的「國安密件」，亦或是陳水扁總統的修憲構想就是「中華民國憲法的第二共和」等這類影響兩岸關係的文章等，都是各媒體爭相採用的新聞重點，或成為外界藉以判斷台灣當局的「兩岸情勢風向球」。

　　隨著民進黨執政日久，兩岸關係定位從「一個中國」爭議到「一邊一國」的涇渭分明，反映在兩岸新聞的處理也產生微妙的變化。過去媒體著重的「兩岸新聞」，因為政府無法啟動官方協商故，遲遲沒有具體進展，各媒體逐漸失去對兩岸新聞的興趣[29]。原本「兩岸新聞」與「大陸新聞」等量齊觀的配置，也逐漸向「大陸新聞」傾斜。在內容上，《中國時報》、《聯合報》採取大陸新聞七成，自產新聞三成的比例配置，駐守大陸的記者以兩岸政治、財經、軍事、外交、網路等路線為主要取材重點，在台的其他大陸中心記者則負責改寫大陸各地區的報紙、網路相關訊息。至於《中國時報》大陸中心記者甚至要改寫美國方面有關《紐

---

[29] 這可以從陸委會線上記者的運作說起，一般而言這些記者與陸委會相關官員都有不錯的聯繫，但在陸委會中只有每週五上午十點半的例行記者會，久而久之並無任何新意可言，讓各媒體新聞守門人覺得興趣缺缺。先是讓陸委會線上記者兼跑其他路線，如外交、國防、內政等路線，讓這些記者難以常駐陸委會找尋相關新聞，惡性循環的結果，遂讓陸委會新聞乏人問津。

約時報（New York Times）》、《時代雜誌（Times）》《經濟學人（Economist）》
等專文。關於國際媒體涉及台海新聞部分，《聯合報》與《自由時報》
則多由國際中心供稿。

其他如《蘋果日報》則是相關媒體的異類。該報負責人黎智英因曾
為文批評大陸前領導人李鵬，遭到中國大陸封殺。在所有記者進不了大
陸的前提下，該報只要以改寫稿件或邀請外界資深記者代筆作為訊息的
主要來源。雖說如此，由於該報志不在內容論述，而在於透過圖像版面
爭取市場，因此涉及大陸新聞的圖片資料庫一應俱全，甚至連中共「國
務院新聞資料庫」的各種影像資料都與該報合作，足見在市場「一旦向
錢看」的前提下，兩岸還是可以超越「個人」的恩怨。

從各報大陸新聞的運作人力來看，可以發現反映兩岸關係的主要媒
體竟然是掌握在極少數的個人上頭。誠如前言，台灣各媒體多以《中國
時報》、《聯合報》的大陸新聞或兩岸新聞為宗，扣除各媒體都配置人力
的陸委會、立法院、總統府、新聞局、外交部等路線記者所發的「兩岸
新聞」[30]仍有一定數量，只是不如陸委會記者來得專業和全面。在「大
陸新聞」方面，《聯合報》大陸中心僅有 5 人[31]，扣除調度、協調的主
任王玉燕與固定駐守北京的記者一名，在維持每週五天的工作量裡，僅
有 2 至 3 人供稿，其供稿又多以新聞守門人的判斷為準。《中國時報》
大陸中心僅有 7 人，扣除主任王綽中外，駐守北京者為朱建陵、白德華、
彭志平 3 人輪調，駐守上海則由徐尚禮、林克倫、亓樂義 3 人輪調，所
有供稿也是由王綽中的專業判斷為準。

30　處理「兩岸新聞」未必要從陸委會取得新聞，有時候立法院、總統府、外交
　　部或美國華府等處的外稿，也能提供相關新聞議題。舉例言之，立法院因為
　　各立委總質詢、內政暨外交委員會或公聽會裡，經常有行政院長等相關官員
　　備詢，並提供相關兩岸資訊，因此也是兩岸新聞的主要來源。不過，其他路
　　線記者未必熟稔兩岸政府微妙的運作方式，
31　《聯合報》大陸新聞中心記者包括主任王玉燕、記者賴錦宏、汪莉絹、藍孝
　　威、陳東旭等人。

外界經常忽略的是，由王玉燕與王綽中二人所主導的中時、聯合大陸新聞中心所發的新聞，尤其是政治新聞的走向，這兩大報的守門人意見幾乎是現行媒體大陸新聞的龍頭[32]。儘管其上有總編輯、執行副總編輯等多人，但基於分層負責與專業分工，多以這二人的意見為意見，其影響力之鉅廣為各界所忽略。從「議題設定第二層次理論」言之，媒體不僅可以告訴人們該想些什麼（What），更可以告訴人們該如何想（How to think）。這二人處理日常大陸新聞時所定義的議題「屬性」（attributes），經常是其他媒體記者或守門人的準則或重要的參考依據。

至於《蘋果日報》負責大陸新聞中心的記者連主管僅有3人，平日又需要負責若干香港《蘋果日報》要求處理的大陸或香港新聞，工作量極為繁重，能夠供稿已是難能可貴，至於稿件內容品質則乏善可陳。《蘋果日報》的大陸版面從原有一整版已經逐漸削減成半版，其內容多由版面編輯主導，希望以相片與標題取勝。像是該報編輯曾用「斷頭、割乳、切陰」標題說明大陸某無名女屍慘狀新聞，又如該報曾圖文並茂報導大陸名流愛吃「紫河車」（即胎盤）以養顏美容，加上其評斷版面績效標準乃為網路「點擊率」數量，一味求其聳動，固然閱聽眾數量頗多，但難見其影響力。其他如《自由時報》等，處理大陸新聞多以負面報導為多，主要在於挑戰大陸人權、民主現況，以及開訪兩岸經貿交流將會掏空台灣為主軸，在喜愛本土意識的閱聽眾眼裡，頗能提供對抗上述媒體相關論述的題材。

外界對於《中國時報》、《聯合報》多以統派媒體視之，《自由時報》則是獨派媒體。但根據2006年一份調查顯示，《中國時報》與《聯合報》

---

[32] 筆者在此之所以避用「意見領袖」一詞，而採用「龍頭」字眼，旨在說明台灣各媒體抄襲成風，加上並無足夠專業判斷大陸新聞輕重好壞，乃多採中時、聯合兩報意見或觀點，作為各主管（尤其是採訪主任或新聞部經理等職）的主要觀點。即「龍頭」之意，在於讓其他媒體記者或主管「遇到兩岸情勢發展時，到底該如何想問題」。

的大陸新聞採取「中立報導」者約佔五成（48.6%），而且負面報導（21.67%）為正面報導（7.52%）的三倍（路鵬程，2006）。至於《自由時報》的「中立報導」篇幅與前述二報相仿。所謂「負面報導」者，多指台灣媒體著眼於大陸人權、民主、重大意外事件、人事評析等，各報差異其實不大，所謂統派媒體與獨派媒體都以「中立報導」為多。

不過，在建構論述的「社論」、「專欄」、「讀者意見」等部分，各報立場殊異，其強調重點各有不同，但都有「吃軟怕硬」的狀況（李金銓，2005：186-187；Crouse，1972）。以中時、聯合論之，論述多模糊台灣主權，並多強調與大陸三通就是「經濟開放」，避談類似中共在外交場合、奧運聖火來台、WHO 等相關議題矮化台灣的作法，「對民進黨『狠』，對泛藍及中共『忍』」；《自由時報》則力主避免與大陸交流，否則難防中共對台陰謀，且將反對大陸與報導人物的良窳掛勾，呈現典型的「鎖國心態」，「對泛藍與中共『狠』，對民進黨『忍』」。兩者過猶不及，都難見如實報導[33]。

（二）台灣電子媒體部分

1. 廣播部分

從 1990 年代開始，台灣電子媒體陸續前往大陸進行新聞採訪。在廣播媒體部分，過去《中國廣播公司》（下稱「中廣」）多會派駐記者於大陸北京駐點，其他電台則視大陸發生涉台議題，決定是否派遣記者現場採訪，包括《中央廣播電台》（下稱「央廣」）、《復興廣播電台》等多會在中共每年兩會期間或是台灣進行總統或縣市長立委大選時，派遣記者前往大陸製作專題。但平心而論，這種出差方式每天僅能供稿 2-3 則，以及若干時段的新聞連線，對於這些財力吃緊的廣播電台收效有限。

---

[33] 筆者於 2007 年 5 月 1 日專訪《新新聞周報》兩岸版主編蔡文立內容。

近幾年來《中廣》與《央廣》狀況大不如前,《中廣》因國民黨變賣土地及黨產,原本穩健體質遭到掏空,記者平均年薪從年終獎金一年領四、五個月到記者裁員;《央廣》則因該台於全台各地的土地總計達一百多公頃,其中不乏位於市區精華地段,執政團隊欲收回國有而打算讓該台「自然消亡」,從而進行大規模裁員,將原有人力430人裁減至250人,流失新聞團隊菁英多人。在嚴峻的經營環境下,所謂派遣記者前往大陸採訪只是每年例行公事,並未發揮特殊效果。其他廣播電台對於大陸新聞或兩岸新聞者,除偶有派遣記者至陸委會或立法院採訪相關新聞外,其餘供稿多以《中央社》或《中國時報》、《聯合報》新聞稿加以改寫,未見特殊之處。

2. 電視部分

在電視媒體部分,自2000年以後,無線三台的台視、中視因受限於新聞播出方式僅為早、中、晚、夜四節新聞,在播出時間受限下,讓大陸新聞或兩岸新聞發揮的空間受到制約,近來這三台虧損連連,以台視及華視言之,每月平均虧損超過3000萬,甚至還曾多達6000萬,自然難以餘裕處理大陸新聞,平時相關新聞多以國內的「兩岸新聞」及外電為主;真正播出「大陸新聞」且有「自產能力」者,主要是以有線電視新聞台為主,包括《TVBS電視台》、《東森電視台》、《中天電視台》、《年代電視台》為主,其他如《三立電視台》、《民視新聞台》及《非凡新聞台》則視新聞輕重派遣記者前往大陸採訪。

一般而言,各有線電視台對於大陸新聞的運作方式,多由新聞守門人擇定。這些新聞守門人每天上午多會看《中國時報》、《聯合報》的大陸新聞,瀏覽大陸的《新華社》、《人民日報》、《網易》、《新浪網》等網頁,並與大陸駐地記者聯繫當日行程,決定新聞重點為何?需不需要CG(電視的圖卡)、其他路線的配合採訪等?該從什麼新聞角度切入?要做幾則?電視台內部其他搭配事項?對這些守門人來說,如果以大陸

駐地記者的稿子為主,那麼各新聞台「肯定會餓死」。原因在於大陸各地幅員廣闊,以北京為例,一般採訪行程的路程,多為台北市的數倍之多,且當地交通擁塞極難掌握,每天能夠自產 2 則以上新聞,已是難能可貴。《東森電視台》大陸中心副主任楊釗是台灣目前在大陸最資深的駐地記者,說明近年採訪大陸新聞的變化[34]。

> 我們在大陸採訪時,主要是接受台北長官的調度。長官們可能看報紙或是外交部等單位出了什麼狀況,我們在大陸這邊進行相關的配合稿,像是約訪大陸學者、路邊街訪民眾等,總之要做到「使命必達」!現在採訪比起過去已經有很大的變化,以前採訪時,電視台記者都要向《中央電視台》租剪接室,將拍攝帶剪接成新聞帶,我還記得每 10 鐘就要 800 美金,貴得要死。如果新聞稿的內容和大陸對台政策相左,這時候突然傳輸的路線「就會出問題」,大家對這種事已經見怪不怪。這幾年因為科技的進步,新聞傳輸方式已經可以透過「寬頻」傳送,少了這道把關的手續,可以做的新聞就更加多元了。現在處理大陸新聞的方式有很多種,像是直接向《中央電視台》租攝影棚,含機器一小時 200 美金,如果用衛星直播則需要 1000 美金。只要經費許可,在這裡做新聞的方式其實和台灣差不多。

從內容製作方面言之,《東森電視台》大陸新聞中心主任林天瓊指出,台灣對於大陸新聞製作的「典範」已經逐漸偏移,過去以政治新聞、台海現勢為主的新聞,近來變成以「軟調新聞」為主。林天瓊認為,在現今電視收視率掛帥的前提下,「少播沒人關心的,沒人關心的少播」,也就是「離開政治,多播影視娛樂、風土民情或歷史文物」這類收視率較高的新聞,已成各電視台製播大陸與兩岸新聞的守則。《中天電視》

---

34 筆者於 2006 年 9 月 4 日專訪《東森電視台》大陸新聞中心副主任楊釗的訪問內容。

大陸新聞中心主任許書婷也表示，電視例行新聞取材的重點，在於會吸引閱聽眾的「奇人異事」[35]。許書婷表示，「記者天生的體質就是挑毛病，在處理政治新聞時多半以批判角度處理，大體而言，衝突面的新聞還是居多。」不過，台灣閱聽眾天生就不太喜歡國際新聞和大陸新聞，談什麼『十一五』計畫、『渤海新區』計畫，沒什麼人會懂，所以《中天電視台》採取「主題式」作法，針對中國大陸新聞深入選題，製作出陳文茜主持的「文茜世界週報」，希望告訴台灣的菁英收視群，「大陸社會發展的主旋律到底是什麼？」

　　至於大陸對台宣傳的重點，每月固定二次的國台辦記者會，對於新聞守門人而言，是一門「做人」的學問。由於各電視台多與大陸國台辦新聞局相熟，「大家都是老朋友了」，且國台辦內部有衛星解碼器，可以同步收看台灣各新聞台是否現場直播「國台辦記者會」，所以讓各台新聞守門人傷透腦筋。「播出，收視率多半低得可憐；不播，又怕日後被漏新聞」，所以在台灣沒有重大新聞時，各台多會對國台辦做個「順水人情」，其效果不言可喻。對於台灣駐大陸記者來說，與國台辦等涉台單位互動時，當然得注意分寸。《東森電視台》大陸中心副主任楊釗表示：

> 我們台灣的記者不像那些《中央電視台》的記者，就像是個「肉喇叭」一樣，成天被人家拿來吹。這幾年大陸新聞跑下來，我覺得大體上「只要不講負面，只要不捏造、刻意醜化」，大陸方面多會接受。只是大陸這些涉台官員還是弄不懂，收視率對我們台灣電視有多重要罷了。摸不清楚台灣記者到底要的是什麼東西。拿大陸地方的採訪來講，台灣記者進行這種「跨省採訪」吃住免費，多半住的是當地四、五星級的飯店，只要採訪當地洽商會或

---

[35] 筆者於 2007 年 4 月 19 日專訪《東森電視台》大陸新聞中心主任林天瓊，以及於 2007 年 4 月 25 日專訪《中天電視台》大陸新聞中心主任許書婷的訪問內容。

省市長專訪就好。但問題是，這種東西播出去有誰會看呢？前幾年大家老是在搞政治新聞，現在觀眾早就看煩了。你想想，上回新黨主席郁慕明來大陸訪問，剛好碰到名模林志玲在大連摔馬，我們想都不想就直奔大連。你再想想，到底是上海的某某建設重要，還是金城武到上海比較重要。畢竟，台灣記者不是那麼容易被人家牽著鼻子走。

關於此節，《東森電視台》大陸新聞中心主任林天瓊則認為：

> 或許大家會抱怨大陸新聞越來越「軟」，甚至還追逐八卦。但目前台灣採取 AC 尼爾森的收視率調查，過去每分鐘就公布一次收視率，現在則改為每 15 分鐘公布一次。這種調查方法逼使新聞守門人必須以「好看的」、「好玩的」軟性新聞為主。不獨台灣如此，就連美國有線電視 CNN 也發出「硬新聞風光不再（Serious news is risk.）」，台灣又怎麼能置身全球的媒體浪潮之外呢？

除了上述由台灣駐大陸記者採訪的「自產新聞」外，包括林天瓊、許書婷等人都認為，由在家記者擷取中國大陸中央或地方電視台新聞，已經成為台灣處理大陸新聞的主流，其數量甚至高達七成以上。目前，台灣的《東森電視台》、《TVBS 電視台》、《中天電視台》等單位，已分別與《中央電視台》的 CCTV4、CCTV1 等頻道合作，也就是採取側錄方式，透過衛星取得對方當日的新聞帶畫面，並予以重新剪接、改寫。除了正常的合作外，台灣電視台擷取大陸各地方電視台的新聞畫面，可以說是「不遺餘力」。

一般說來，各電視台多會透過網路搜尋，取得大陸各地方電視台的節目表，甚至是某節目在特定時段的「欄目」（即台灣慣稱的「單元」），並調整台內收訊的角度，一遇到可以參考、剪裁的畫面，立刻擷取下來。透過台內的記者重新過音、剪接後播出。上焉者如大陸故宮進行 3D 動畫，將原長 45 分鐘的播出帶，剪接成「精美的 3 分鐘」新聞帶，讓大

陸故宮的在台代理商抱怨，該片 CD 根本都無法在台販售；下焉者如大陸某地出現「黑心商品」、影視歌星前往某地宣傳等，台灣各電視台動作都一樣，就是「直接把新聞畫面拿下來再說」。反過來說，大陸的各地方電視台也一樣，毫無忌憚地使用台灣各電視台的新聞畫面，甚至比台灣更為頻繁。

一位熟悉兩岸新聞生態人士更指出，大陸的中央和地方處理台灣新聞的手段不同。中央方面不管是正面肯定或是負面抵制，大多是直來直往，「至少在操守上並無瑕疵」。不過，地方爭取在台灣曝光的手段，可就比中央靈活多了，甚至不惜採取「置入性行銷」方式，以每則新聞 10 萬元人民幣，每則至少於 24 小時內播出 5 次為準。其內容不涉及政治，只談「招商引資」或「風土民情」。因此，在目前兩岸間沒有法律規範的情況下，雙方的新聞交流在衛星天空上已經是「無政府狀態」，且地方對台的「有償新聞」為數不少，中共中央國台辦掌握台灣記者不力，且不熟悉台灣媒體運作生態，所謂的中共對台宣傳可說是「亂槍打鳥」、荒腔走板」（戊：A2）。

第三節　小結

中共對台宣傳分別透過國內、台灣與國際進行。從中國大陸內部言之，主要有平面媒體的《人民日報》、《新華社》；電子媒體的《中央人民廣播電台》與《中央電視台》等。在傳播過程中因為難以接觸受眾，多以間接迂迴方式進行。質言之，除了《中央人民廣播電台》尚有機會直接接觸台灣閱聽眾外，其餘媒體多半必須透過台灣媒體新聞守門人的選擇，才有機會讓大陸內部產製的相關宣傳訊息，在台灣得見天日。中國大陸官方多宣稱，這些宣傳媒體績效卓著，實則僅為台灣媒體新聞守門人每日參考調度的訊息來源，而且採用率並不高。就像是林天瓊、許

書婷、楊釗等人所稱,這是因為大陸對台傳播的基調不符合台灣閱聽眾的口味,也就是台灣新聞業界慣稱的,大陸對台宣傳的「Tone」與台灣不合,因此在閱聽眾「選擇性的接受訊息」下,面對乏味的大陸「自產」的對台新聞資訊,其對台宣傳效果是失敗的。但若就這些媒體針對的大陸閱聽眾以及對其層層把關的「輿論調控」機制而言,仍有一定收效,足以凝聚大陸各界對台共識。

在透過台灣媒體傳遞大陸對台宣傳訊息方面,可以從「自產」新聞與「改寫」新聞觀察。台灣各媒體前往大陸採訪所自行產製的新聞,過去多以政治新聞為主,甚至流於「訓詁學」的味道,透過媒體從大陸對台發言或政策的隻字片語,猜測或耙梳大陸所說的「密碼語言」究竟真意為何?但台灣媒體面對市場競爭壓力及內部「去中國化」聲浪漸濃,對於雙方政治遲遲沒有進展感到厭煩,且台灣閱聽眾對大陸新聞興趣本來就不高,新聞守門人逐步調整「把關」的偏好,往「好聽的」、「好看的」新聞著手,這裡頭有收視率或閱報率的考量,更有媒體記者趨吉避凶的策略,原因就如同記者「戊」所說的(戊:A3):

> 大陸這麼大,新聞那麼多。每天在你面前有 15 條新聞,其中有 1 條會讓大陸官方難看,而且跑了為自己惹麻煩,何況又不會播。另一方面,其他 14 條輕而易舉就可以跑到,還可以增加自己新聞的曝光度,畫面或內容又非常好看,你說記者會怎麼選擇呢?聰明的人應該都知道才對。」

正是因為記者這種「趨吉避凶」的聰明,加上主客觀環境的限制,讓台灣記者發展出以「軟調」為主的「自產新聞」。另外,在兩岸官方並未互相承認各自主權的行使範圍,致使兩岸在衛星天空的秩序大亂,台灣與大陸媒體各自剽竊新聞畫面恣意為之,形成兩岸無政府狀態。兩岸媒體各自擷取「觀眾愛看」的畫面「重製」新聞,這對重視著作權的西方各國,原本是不可思議的「剽竊」行為,但在台灣卻成為大陸新聞

的主要來源。固然說大陸官方意欲強勢主導的訊息，在台灣媒體市場消音，但是所謂的「好看的」新聞來源，在台灣新聞守門人的「議題設定」下，多呈現俊男美女、大陸進步的正面圖騰，以及其他「奇聞軼事」的社會事件，嚴格說來仍有助於形塑台灣閱聽眾解讀大陸新聞的正面框架。其他來自港澳與國際新聞，在台灣媒體趨向市場化的前提下，原本中共所設定此節為傳話管道，也逐漸成為影視娛樂、民生藝文等「軟性新聞」的主要來源。

　　綜上所述，中共對台宣傳因通路問題難以傳遞至台灣內部，但大陸政府或媒體在其知情或不知情的情況下，一味宣揚其宣傳績效卓著，除了說明中共的「輿論調控」機制封閉昧於實情外，也說明了中共對台宣傳機制形成的「團體盲思」極為嚴重，遂使中共涉台部門制訂的宣傳策略或政策，成為「國王的新衣」。一旦正視此節，不啻說明涉台部門與媒體坐領資源但績效乏善可陳，為求這種利益均霑的共犯結構能從中獲益，預料一樁樁「象牙塔裡所編造的神話」，仍將繼續下去。至於國際、台灣與中共內部媒體所報導的訊息雖說多屬「正面」，但因為這些訊息對於台灣閱聽眾而言，聲色娛樂效果居多，不容易將此節「當一回事」，這或能形塑大陸社會正面形象，但對於「中共對台」的整體形象，並沒有太大助益。

第六章　中共對台宣傳的噪音與效果

　　在大眾傳播的過程裡，經常會出現各種干擾。這些干擾包括傳播各要素本身，也包括來自外界的干擾，使得訊息無法順利傳達至閱聽眾，甚至改變訊息內容，致使閱聽眾無法得知其原貌的阻力，謂之為「噪音」（noise）。通常噪音來自傳播者不夠充分表達，或所用的傳播方式不當，致使傳播訊息無法為閱聽眾所接收，又或即便接收，也只是一些虛假的訊息而已（潘向光，1995：2）。中共對台宣傳的過程裡，固然對於強化大陸內部認同，形塑台獨乃為大陸內部必須遏止的分裂等行為有所斬獲，但對於中共對台宣傳的主要對象—台灣民眾而言，卻出現許多力所未逮之處。其關鍵乃在於宣傳過程中面臨許多干擾，其中最主要者，乃出自我政府與民間基於「國家安全[1]」遭受威脅時予以反制的「反宣傳」（counterpropaganda）。

　　隨著國際政治的多元化，軍事力量不再是威脅國家安全的唯一來源，凡是可能影響國家主權行使、政治制度、傳統文化、生活方式，以及國家賴以生存一切有形、無形力量，皆可視為國家安全的威脅，包括來自傳統的敵對者；侵略性的鄰邦；意識形態的差異；鄰國之間戰力的懸殊；友好國家的日趨不安和衰弱；來自其他國家的衝突；政府政策的

---

[1]　所謂的「國家安全」，乃是人類組織政府的終極目的，也是國家眾多公共事務之重要項目，它的功能即在保護人民免遭外界威脅。國家安全係國家政策的首要目的，也是最重要的部分，更是「允許一個國家功能的保證」。它指涉「為維持國家長久生存、發展與傳統生活方式，確保領土、主權與國家利益，並提升國家在國際上的地位，保障國民福祉，所採取對抗不安全的措施」，包含了五個重點，國家生存不受威脅；國家領土完整，不受任何侵犯；政治獨立，主權完整，維持政府正常運作和國家發展；維持經濟制度正常發展；確保國民傳統生活方式，不受外力干涉與控制（陳福成，2000：17-18；張祥山，2006：27-28）。

錯誤與執行；社會變遷的失控，如新國家建立後的整合（integration）、認同（identity）和統一過程，所產生的暴動、內戰，及各種價值、利益和政權的非法爭奪等；其他如爭奪經濟市場、地緣上的戰略要點、政治腐敗、民意機關各黨派勢力或利益不能妥協，以及恐怖主義者施暴、叛亂、內亂、群眾運動失去控制所產生之重大危機等等，都可能威脅國家安全與國家利益（張祥山，2006：28）。

從「國家安全」角度審視，台灣的威脅主要來自中共。由於兩岸目前主戰場仍集中在宣傳領域，為使台灣主體性得以確保，不向中國大陸傾斜，及民進黨執政得以延續，我政府對於中共的「反宣傳」可謂不遺餘力。我政府在兩岸宣傳戰場上強力「矯正」國人視聽，進行全方位的「反宣傳」，使得中共對台宣傳諸多作為在傳播過程中迭遭干擾，以致台灣民眾無從掌握中共宣傳內容全貌及原意。因此，本章將先針對來自台灣的「反宣傳」作一探討，分析其執行的生成環境與我政府的相關作為。之後再以質化、量化方式，分別針對中共對台宣傳效果進行評估。由於中共對台宣傳效果的量測範圍極大，本研究將從新聞守門人與熟悉中共對台宣傳的前政府官員及學者專家的訪談著手，觀察這些媒體守門人對於中共對台宣傳的評價，並針對「一個中國」原則、「聯美制台」、「反獨促統」及「寄希望於台灣人民」等宣傳內容，探討其對於台灣民眾產生何種效果？再者，中共對台宣傳主要作用於台灣民眾，是以本研究將採用次級資料研究法，透過歷來民調數據，針對近來中共對台宣傳效果進行評估。

第一節　噪音—來自台灣的「反宣傳」

台灣傳統及非傳統安全最大、最主要的威脅無疑來自中共。近年來，由於兩岸政治、經濟、社會發展出一種既敵對僵持卻又交流頻繁的

特殊關係型態，加上中共積極圖謀、集中心力對台進行全面而且全新的作戰樣態，使得來自對岸的威脅更複雜、更險惡、更無形。而在中共經濟持續發展的表象之下，潛藏著嚴重而難解的內部社會危機，未來一旦失控是否可能激起極端民族主義、進而採取矛頭對外的激烈方式來轉移內部危機，甚至對台動武，將是中共「非和平崛起」暗藏的最大風險（國家安全會議，2006：77）。面對來自中共的威脅，民進黨在2000年執政之後，即希望重新建構一套有別於國民黨時期的「國家安全」論述，對台灣的「國家安全」重新定義，找出順應以台灣為主體兩岸關係的定位主軸。至於相關反制大陸的宣傳作為，實則為此一思維下的產物。

　　民進黨執政之初，2000年3月至5月間，逐步從國民黨手中接掌中華民國政府的國家機器，過程的艱辛實不足為外人語。根據《國家安全會議組織法》規定，國家安全會議是總統府之下的權力樞紐，凡決定國防安全有關之大政方針，或為因應國防重大緊急情勢，得召開「國家安全會議」，作為總統的諮詢機關。其常設機構乃為秘書處，主要負責國家安全的學術研究。國民黨雖然長期執政，但涉及國家安全會議的人治色彩濃厚，民進黨剛接手時經常出現「有苦難言」的情況，許多機密資料建檔參差不齊，甚至許多資料付之闕如，說得更直接些，幾乎就像是一個「空殼子」。但因為政黨輪替氛圍對民進黨而言並不友善，許多「難言之隱」僅能概括承受。順利接掌政權之後，國安會包括邱義仁、江春男等人開始整頓內務，並進行相關資料的建檔，才稍步入正軌。

　　與此同時，民進黨執政之初，面臨最大的質疑乃來自於兩岸關係，由於中共長期交手的對象是國民黨，雙方於90年代曾有制度化的溝通管道，甚至有密使互通往來，國共雙方多能揣摩彼意，並存有一套「雖不滿意但能溝通」的默契。民進黨則無此淵源，且希望透過制度化的方式，讓「國家安全」的相關推動步入正軌，因此在政府官員多次內部會議，逐漸形成重構「國家安全」明確化的共識。舉例言之，政黨輪替之初，國防部在「國家安全」考量下不宜放行「兩岸直航」，但交通部和

經濟部則認為必須審慎考量此節，其他部會亦有不同意見，之所以如此，就在於前端原始的「國家安全」定位不明，讓共識難以形成，以致於後端的配套措施難以出爐。及至民進黨掌握國家機器日深，各部會對於「國家安全」的共識才漸趨一致[2]。以下，將針對 2000 年迄今的「反宣傳」背景略做探討，再據此說明我政府進行「反宣傳」的相關戰術作為的部署。

一、台灣政府認知的兩岸現況

　　歷經超過半個世紀的各自發展，台海兩岸一直存在著民主發展、社會制度及生活形態等諸多方面的巨大差異。然而，由於歷史、地理、血緣、文化……等複雜的因素，兩岸之間同樣有著密切的關連。在政治、軍事、外交、意識型態等方面，兩岸一直處於不同程度的敵對僵持狀態，但近二十年來，雙方在經濟、社會、文化等方面，卻又有著愈來愈密切的交流。兩岸貿易、資金、人員的往來日趨頻繁。中國大陸已成為台灣最大的對外投資國；在貿易上，則是台灣的第二大貿易國。在政治、經濟、社會等多面向的拉扯之下，再加上複雜的區域及國際因素，當前兩岸關係呈現一種奇特的，時而緊張、時而和緩之「敵對僵持的冷和關係」（國家安全會議，2006：77-78）。由民進黨政府向來倚重的學者陳明通所籌組的「台灣安全研究小組」更進一步認為，包裝在「敵對僵持的冷和關係」下的實質，仍難掩中共政權是我國家安全威脅的主要來源。

　　中共人大在 2005 年 3 月所通過的「反分裂國家法」，將台灣定位為中華人民共和國的神聖領土，認為這塊領土之所以沒能收回，是緣自於

2　關於「國家安全」的重新定義來龍去脈，係 2000 年 9 月間，兩岸記者聯誼會與前海基會副秘書長、民進黨中國事務部主任顏萬進餐敘所得。及至 2005 年，由學者陳明通主持的台灣安全研究小組撰寫的《民主化台灣新國家安全觀》，以及 2006 年 4 月出爐的《國家安全會議報告》等，據筆者推測，應該就是民進黨政府經過多年研商後重構台灣「國家安全」的具體化成果。

上一世紀國共內戰所遺留下來的「問題」，並以此作為併吞台澎金馬、統治台灣人民的合理性與正當性藉口，極力阻撓兩岸關係的正常化。除了持續以武力恫嚇台灣人民及威脅亞太區域和平穩定外；更在外交上極盡所能，企圖「挖光」我邦交國，孤立我國際生存空間。在經濟上，則大張旗鼓地鼓吹「中國市場論」，藉以吸納我高科技及各項產業加深赴大陸的投資（陳明通等，2005：29）。

　　2006 年 4 月由國家安全會議撰寫的「國家安全報告」首度出爐，文中所提及中共對台威脅大體與「台灣安全研究小組」相符[3]，惟國家安全報告中另特別指出中共內部因為危機紛呈，一旦問題擴大，可能出現中共假借事端進行武力犯台，以掩飾內部窘態。從中共國家主席胡錦濤掌權以來，連續三年發以「增加農民收入」、「提供農業綜合生產能力」、「建設社會主義新農村」為主題的「中央一號文件」，反映了三農問題仍是中國政治、經濟、社會難以化解的潛在危機。其次，2004 年中共第十六屆四中全會提出「建構社會主義和諧社會」的號召，更凸顯當前中國社會內部仍存在許多不和諧因素（國家安全會議，2006：80）。

　　「國家安全報告」預料，在 2006-2010 年間，中國大陸社會內部的失業問題、三農問題、貧富差距、社會保障問題、金融問題、生態與資源問題、幹部腐敗問題、社會風氣與治安問題、愛滋病與公共衛生……等問題，不僅難以解決，更大的風險在於諸多問題間環環相扣可能造成的巨大效應（國家安全會議，2006：80-81）國家安全會議評估，證諸歷史上許多國家或政權的過往經驗，中國大陸社會的矛盾如果愈來愈尖銳、危機愈來愈大，一旦面臨內部問題可能失控的情況，令人擔心是否

---

[3]　2006 年 4 月出爐的「國家安全報告」文中直指，台灣的「國家安全」存有中共對台的內外在威脅，包括中國軍事崛起威脅；台灣周邊海域的威脅；中國外交封鎖的威脅；財經安全的威脅；人口結構安全的威脅；族群關係、國家認同與信賴危機的威脅；國土安全、疫災與生物恐怖攻擊及重大基礎設施的威脅、資訊安全的威脅、中國對我三戰及其內部危機的威脅等九項（國家安全會議，2006：33-84）

會刺激中國大陸極端民族主義的興起，進而讓中共採取矛頭對外，甚至採取武力犯台方式來轉移其內部的危機。這種潛在的風險，將是台海及區域最嚴重的「非和平」威脅（國家安全會議，2006：83）。

二、台灣政府認定的「中共對台宣傳威脅」

「國家安全報告」指出，胡錦濤上台以後，中共對台政策開始醞釀調整。2003 年底，新修編的《中國人民解放軍政治工作條例》明確提出，為了發揮政治工作的作戰功能，賦予解放軍開展法律戰、輿論戰、心理戰的任務，簡稱「三戰」。解放軍各部據此陸續推出「三戰」作戰計畫，其後，外交、宣傳和台辦系統也逐漸納入，扮演著參與者與配合者的角色。從軍方的傳媒管道，擴及到中國整體外交、宣傳及台辦系統傳媒，向全球發聲。其鬥爭場域更全面、手段更靈活、手法更多元、謀台思維更細膩，積極藉由「法理爭奪、輿論較量、心理攻勢」等手段，企圖為對台政治、軍事、外交鬥爭開創有利的條件（國家安全會議，2006：78）。

該報告引用解放軍自己的說法稱，「三戰」是配合國家政治、外交、軍事鬥爭的重要形式，是信息化條件下一體化聯合作戰的組成部分。眾所周知，中國當前對台政治、外交、軍事鬥爭的戰略目標是實現其對台主權的主張。對中共而言，其對台政策的一貫主張是所謂的「一個中國原則」，片面認定「台灣是中國的一部分」。儘管近年來有在修辭上有或鬆或緊的反覆，但在本質上，此一基本政策立場從未有絲毫鬆動（國家安全會議，2006：78-79）。現階段中共對台政策的總結，體現在 2005 年 3 月中共人大通過的所謂《反分裂國家法》。在這部法律裡，中共片面主張對台灣的主權，片面聲稱其所謂的「台灣問題」是中國內戰的遺留問題，台灣不能以任何名義、任何方式「從中國分裂出去」，否則中共將授權國務院、中央軍委會採取「非和平方式及其他必要指施」，包

括對台動武，來「捍衛國家主權和領土完整」，進而落實對台灣主權的主張——「統一台灣」。中共當前的對台政策，即以此一法律定位為基礎，發動其他作為（國家安全會議，2006：79）。

「國家安全報告」認為中共在主權議題上，對台灣進行全方位的「法理爭奪」，企圖在國際社會消滅中華民國在台灣存在的「事實存在」，是為「法律戰」。在此基礎上，透過戰爭威嚇、外交封鎖等硬的手段，以及經濟、社會、文化交流乃至利誘等手段，在國際上進行輿論宣傳，對台灣內部發動統戰攻勢，企圖達到分化我人心、削弱我戰鬥意志、不戰而屈我之目的，是為「輿論戰」、「心理戰」。中共的法律戰、輿論戰、心理戰等「三戰」作戰樣式，已具體呈現在這二、三年來的對台政策作為上，可以說是當前對我國家安全最新、最集中的威脅型態。由於「三戰」是一種無煙硝的戰爭，其威脅更加複雜、險惡而無形（國家安全會議，2006：79-80）。

三、台灣官方的「反宣傳」作為

台灣官方對於中共對台宣傳的反制，也就是所謂的「反宣傳」其來有自。早年國民黨從中國大陸撤退後，多使用空飄氣球處理「對匪宣傳」，透過旗幟、標語、傳單等媒介傳達國民黨在台灣建設或評論大陸時事。有時，甚至還將空飄氣球作為「娛賓」項目，讓駐外使節或訪客參訪金門時，能夠重新回味兒時施放氣球的樂趣。像是 1962 年美國國務卿杜勒斯（John Foster Dulles）參訪金門時，就曾經施放過台灣「反宣傳」的空飄氣球（徐宗懋，2005）。筆者曾親訪廈門大嶝島上的「空飄海漂史蹟陳列館」數次，得知其間除有空飄氣球相片外，亦說明國民黨也使用「海漂」等方式，裝載傳單及若干食用罐頭、物品至中國大陸。國民黨心戰部隊甚至將許多「風箏」串在一起，將傳單等宣傳品放置其

上，並在繩線中暗藏長短不一的蚊香，當蚊香燃燒斷繩線後，風箏所載運的傳單則如「炸彈開花」般深入大陸內地。

除了空飄作業之外，廣播也是台灣對大陸宣傳的重要工具。主要的電臺有《中央廣播電台》和《中國廣播公司》的「自由中國之聲」。從當時的節目手冊上可以看出該台的「三民主義的時代」、「自由時代」、「時代青年」等節目在宣揚台灣的民主自由；「評論員時間」、「想一想」、「和中共幹部談問題」等節目則在透視大陸內部的種種問題；「新聞分析」、「新聞特寫」、「一週錄音報導」等節目旨在傳達最新的新聞資訊；除此之外，包括「三家村夜話」、「文藝天地」、音樂類的「家的歡唱」、「華夏之音」、「為你歌唱」則希望透過軟調訴求，潛移默化大陸的聽眾（許薌君，2003：79）

2000 年民進黨執掌政權之後，對於反制中共對台宣傳，仍然沿用舊制，主要是以《中央廣播電台》、《漢聲廣播電台》、《復興廣播電台》為主；央廣每年預算約新台幣 5 億元，其中電費約佔 1 億元，其餘人事開銷等固定成本約佔 3 億多元，實際投入宣傳經費並不寬裕。舉例言之，包括每個節目單元邀請來賓車馬費僅 500-1000 元，相較其他媒體可謂「拮据」。至於後二者預算因隱藏於國防機密預算內，外界難窺究竟，惟扣除固定成本後投入節目預算，當不及原有預算的一成[4]。在 2004

---

4 以 2007 年《中央廣播電台》預算言之，僅為 4 億 9 千多萬。以筆者曾經服務的新聞部每年的預算言之，在邀請來賓部分，每年僅能提撥 1 百多萬，分配至一年 52 週、每週新聞節目製作時數約 50 小時，每個節目幾乎要兩集才請得起一位學者專家來台接受訪問。至於每年出差製作新聞的差旅費也僅有 1 百餘萬，記者出差時住不起正常飯店，只能住在汽車旅館發稿。在這種情況下，央廣 2003 年在大陸境外新聞收聽率仍能凌駕在英國 BBC、《自由亞洲電台》、《德國之聲》、《莫斯科電台》之上，足見當時董事長周天瑞領導新聞團隊的努力。惟周天瑞因不願意讓非專業力量干擾新聞專業去職後，原每年約 28 萬封來信，頓時減少三分之一。以 2003 年論，央廣全年計有 63198 封大陸聽友來信，通常每封來信代表 600-800 位聽眾，估計央廣全盛時期聽友約有 2000 萬人次。但自此之後，只剩下 1300 萬聽友，對台灣針對大陸的反宣傳影響不言可喻。

年之前，央廣所設定的新聞「議題框架」多能準確詮釋台灣政治、金融
與社會文化的脈動，曾經是大陸涉台部門與學術智庫必聽的電台，自
2004 年非專業力量進駐後，影響力已經消退[5]。

　　值得注意的是，民進黨政府對於反制大陸對台宣傳的戰場，並不在
大陸內地，而是在台灣本島內，其作法主要有政府部門的管制手段及透
過公關手法處理大陸宣傳。前者目的在於阻絕或干擾大陸對台宣傳管
道；後者在於導正視聽或形塑大陸負面的「新聞框架」。在阻絕或干擾
訊息部分，最直接的作法是掌控通路，不讓台灣閱聽眾直接接觸大陸對
台宣傳的來源，在 2003 年 3 月停播《中央電視台》CCTV4，又或者在
2005 年《反分裂國家法》出爐後，以新聞報導不公為由，於該年 4 月
禁止《人民日報》、《新華社》記者來台駐點，被外界批評為「新聞學經
典的反面教材」（杜筱越，2005c，版 10）。至於在廣播媒體部分，則長
年以電波干擾大陸廣播入島，惟反制力度逐年遞減[6]。

　　在導正視聽或形塑大陸負面的「新聞框架」部分，民進黨政府主要
是以公關方式操作，透過發言人表明政府立場，或澄清立場或形塑議題
希望媒體報導。一般說來，兩岸議題主要的發言多集中在陸委會，內容
除了公布政策、民調意見外，亦有因應媒體報導新聞事件表明政府立
場。至於新聞局則是行政院的發言窗口，內容多集中在反映時事議題。

----

[5]　此為 2003 年央廣新聞團隊前往大陸北京、上海、廈門等地交流後，於該台
　　主管會議公布的資料。事實上，大陸涉台單位與智庫之所以調整閱聽習慣，
　　除了央廣節目主軸改弦易轍外，更大的可能原因應是近年來大陸有線電視發
　　達，不難取得第一手的台灣衛星電視內容所致。

[6]　這種電波干擾兩岸都有，但台灣遠比不上中國大陸。以 2004 年全球生產干
　　擾電波發射電台 32 架，其中有 28 架為大陸所購買，另 4 架則分別賣給古巴、
　　北韓等國。熟悉廣播作業者多知悉，要干擾一個電台必須有七個電台能量才
　　足以「蓋台」，像是中廣 AM657 被中共電台 666「蓋台」，足見其威力。至
　　於台灣軍方或有若干頻道干擾大陸廣播來台，但成效不大，僅能做到有雜
　　訊、雜音干擾台灣聽眾收聽大陸廣播。另外，電波被傳播學界認知為「公共
　　財」，迫使台灣政府必須釋出電波資源，以因應民間所需。這也使得原本用
　　來干擾大陸對台廣播的電波銳減。

相較於國台辦記者會，各電視台多會以 SNG 連線轉播，陸委會的記者會多半為例行公事，平面記者多半不發稿，或發稿後內容難見版面；至於各電視台更鮮少連線處理陸委會記者會內容。不過，遇到重大事件如2005 年《反分裂國家法》公布、2006 年政府決定終止國統會與《國家統一綱領》運作，電視才會大篇幅處理陸委會新聞。儘管陸委會每週五上午固定舉辦記者會，也有不定時記者會，但比起國台辦記者會的報導篇幅與長度明顯偏低。

主跑兩岸新聞記者多半知悉，台灣政府關於兩岸關係的重要決策，多半在總統府、國家安全會議等單位形成，陸委會僅只為「協調各部會的事務單位」，新聞價值不高。再加上台灣採訪生態奇特，採訪陸委會的記者難以採訪陸委會主委，反倒是採訪立法院記者因為各公聽會或備詢，才有機會得知陸委會主委的意見。尤其是行政院長多半得在立法院備詢時，記者才有機會得知政府對於兩岸關係的真正定調到底是什麼。因此，立法院才是採訪兩岸新聞的重點單位，我政府對於兩岸新聞的形塑也多半在此間進行。

此外，陸委會也會透過人際傳播方式，形塑國內外意見領袖及媒體的認知圖像。對內，陸委會主要針對國內各政黨的立院黨團、個別立委與助理群進行溝通。像是《兩岸人民關係條例》、或是我政府大陸政策自「積極開放、有效管理」調整為「積極管理、有效開放」等，陸委會官員多會與上述對象進行正式或非正式溝通，並說明「難以公開的政府難處與壓力」，期能獲得支持。稍後，再將陸委會政策「包裝」成意見領袖的看法，透過大眾傳播媒體廣為散發。

在對外部分，陸委會與國外官員或智庫多有定期或不定期往來，雙方在溝通之餘，陸委會多會以外賓認同的自由與民主等普世價值，詮釋台灣在轉型民主過程中面臨大陸對我攻訐的種種現況，並取得不錯的對外宣傳效果。例如台灣政府於 2002 年表述的「台灣中國，一邊一國」論；2003 年間「公民投票」法案通過與執行；2006 年間，我政府終止

國統會及《國家統一綱領》運作等，陸委會多詮釋此為台灣面臨民主鞏固的必要措施，也是台灣進行「民主深化」的必經階段。不過，類似作法至 2007 年後，卻因為陳水扁總統的「四要一沒有」逐漸失靈。原因在於外國官員或媒體儘管可以理解台灣民主深化的難處，但陳水扁總統選擇於胡錦濤 2005 年 3 月 4 日公布「胡四點」的兩週年時，極具針對性地指出「台灣要爭取獨立」，外界多解讀此為「台灣蓄意挑釁大陸、破壞亞太區域和平」的作為，讓陸委會長期賴以說明政策的基礎，減低不少信度。

四、台灣非官方的「反宣傳」作為

　　媒體是一種大眾傳播工具，也是一種資源和力量。1988 年成立的財團法人公共電視文化事業基金會，原本是一個致力提高台灣廣播、電視事業水準的基金會，詎料自 2003 年 1 月由林育卉接任該會秘書長後，卻產生微妙的變化。林育卉，1971 年生，曾任「外省人獨立協會」主任委員、2002 年民進黨籍台北市長候選人李應元競選總部活動部主任（財團法人公共電視文化事業基金會，2007）。林擔任廣電基金會秘書長後，雖說對台灣媒體惡狀頗有針砭，卻多次擔任民進黨競選造勢的大型活動主持人，並在 2004 年總統大選期間，在一份攻擊連戰、宋楚瑜的「非常光碟」中，甚至還擔綱劇中「魔鏡夫人」角色，逕行攻擊國民黨總統候選人，外界咸認為混淆新聞專業與政黨之間分際。

　　鑑於部分台灣媒體內容的新聞框架已有向大陸傾斜的趨勢，廣電基金會曾經舉辦座談會提醒國人。諸如 2007 年 3 月，美聯社記者李閩發文指稱呂秀蓮副總統為「人渣」參選民進黨內總統初選一事，該會即辦理座談會以正視聽。惟對於疑似有中資介入的 TVBS 電視台等單位，該會曾連同台灣廣告主協會，以「抽取廣告」方式，箝制媒體發聲，引起

不少傳播界物議[7]。一般說來，原本單純的廣電基金會的角色在民進黨執政後趨向兩極化，既是民進黨用來管制藍營媒體「傾中」新聞框架的「媒體警察」，並透過抽取廣告、公開批判等方式遂行其目的；又頗有矯正當今電視媒體亂象的功能。是以，吾人不妨視該會為民進黨發動遏止傾中言論的外圍團體，且因該會對各媒體廣告主「下單」具影響力，進行大陸對台宣傳的反制時，仍有一定成效。

宣傳過程是由社會一致決定的，社會歷史的脈絡，賦予了宣傳動力，甚至創造出傳播的風格。要瞭解宣傳的運作，吾人就必須思考，在現行社會歷史的脈絡下，是如何引領宣傳運行的。這是一種在所有行動未曾發生前，就已預先存在的力量，產生並控制著吾人所觀察到的宣傳樣態（Jowett &O'Donnell，1999：384-385）。相較於「宣傳」的「反宣傳」運行過程，亦可做如是觀。長期以來，台灣民眾面對「養女命」的宿命時，只能逆來順受。隨著民主開放深植人心，且歷經政黨輪替之後，原本處於邊陲的台灣本土聲音終於積累足夠動能，得以衝破過去由國民黨長期控制的媒體及其論述言說方式，並產生一定的輿論制衡。

面對大陸對台宣傳日亟，許多本土色彩較濃的媒體如《自由時報》、《民視電視台》、《三立電視台》、《新台灣週刊》及許多存在多時的地下電台，對於各項大陸對台示好的政策上，或基於理念立場，或基於市場定位，提供許多反中的論述言說方式，對大陸對台宣傳形成現階段台灣地區最有效的反制。不過，值得注意的是，這些反制中共對台宣傳的本土媒體立場強烈，不免流於情緒。在政治人物及國家機器的操弄民粹

---

7 目前，TVBS 電視台外資股東百慕達商業電視傳播股份有限公司直接持股 47%，另一股東東方彩視則持股 6%，該台宣稱其股權一切悉按政府規定。不過，港資與中資混淆難清，行政院新聞局一度考慮對 TVBS 電視台「撤照」，以杜絕這個「大陸顛覆台灣的先頭部隊」。筆者認為，由於 TVBS 言論明顯傾向藍營，且港資（中資）持股比例過高，確有觸法之虞。惟因此進行所謂的「撤照」，卻又明顯不符「比例原則」。較為可行的辦法，乃是依照市場機制，由台灣媒體市場機制自行篩選是否接受該台言論，殊為允當。

下，經常出現「無限上綱」的仇中反中情緒，使得台灣內部省籍情結與族群對立日盛。在衝撞由泛藍媒體及過去國民黨的黨國意識型態所形塑的「新聞框架」時，經常出現因為反對特定人物，從而認定該人物與中共互通款曲。諸如民進黨新潮流系立委洪其昌於 2007 年間，因主張提高大陸投資上限而遭批評為「中共同路人」。實則從經濟開放角度，此舉頗有助於資金回流台灣。類似此節不勝枚舉，也使得台灣對於兩岸交流，陷入一堆「有理說不清」的窘境。

第二節　中共對台宣傳的質化效果

　　台灣媒體的兩岸新聞守門人或是駐大陸的國內外記者，是決定中共對台宣傳的相關訊息是否見諸大眾傳播媒體的關鍵角色。這些媒體處理涉及大陸對台宣傳新聞時，往往會商請學者專家進行政策解讀，一方面在於強化媒體信度，並；另一方面則在於補闕遺漏，透過這些學者專家解讀相關政策作為的真實意涵。在量測中共對台宣傳效果時，以下將採取深度訪談法，綜合這些新聞人及學者專家意見，分別針對「一個中國」原則、「聯美制台」政策、「反獨促統」策略、「寄希望於台灣人民」方針等四個面向，綜合台灣、香港、美國、日本的兩岸新聞守門人及駐華記者的意見，進行中共對台宣傳內容的效果的評估。

一、一個中國方面

　　儘管中共聲稱「一個中國」原則是兩岸進行任何協商的前提，但此節在實際操作上卻頗有彈性。包括台灣主要報紙及有線電視的大陸新聞守門人多認為，中共對於「一個中國」的原則是很有「彈性」的，只有在兩岸情勢緊繃時，中共才會對於「一個中國」字斟句酌，否則通常略而不談。這主要是因為中共涉台單位體認到「一個中國」在台灣內部並

無市場，且「一個中國」內涵遭民進黨「淘空」後，已經被「污名化」、甚至被「妖魔化」。這也形成「一個中國」只是涉台單位對台灣的「場面話」，深怕這等「敏感」的字眼提多了，反而會造成台灣民眾的反彈。因此，取而代之的「語意」，多半是以「我們都是中國人」、「兩岸同屬一個中國」等字眼瓜代之（庚：A1；楊釗，2006）。

進一步論之，自從 2004 年《五一七聲明》出爐後，中共只有在遭逢陳水扁總統 2007 年 3 月 4 日提出「四要一沒有」這種緊繃時刻，才出現一些較為尖銳的「一個中國」論述。儘管在人大政協會議期間，計有超過 200 多位政協委員提案要求即行處理「台灣問題」，並認為陳水扁選在「胡四點」發表的二週年釋出訊息，挑釁意味濃厚。與此同時，中共涉台官員忙著穿梭北京各人大委員間解釋此節，但原先寫定給全國人大的「政府工作報告」草案至會議閉幕期間的成案，關於台灣部分「一字未改」，這就顯示中共處理台灣問題，仍按照原先設定的主旋律進行之，並未採取特殊激烈的方式因應之。不過，為了應付各界壓力，還是得在中外記者會裡說幾句「一個中國」的場面話（溫家寶，2007）：

> 這兩年是海峽兩岸關係十分關鍵的時刻，關鍵在哪里？關鍵在維護台海的和平和穩定。我在我的政府工作報告裏已經再次重申，我們堅決反對臺灣「法理獨立」等任何形式的分裂活動。我們密切關注著臺灣分裂勢力在「台獨」的道路上所採取的種種行動和他們分裂的圖謀。我們絕不允許改變台灣自古以來就是中國領土不可分割的一部分的歷史事實和國際公認的法律地位。

台灣媒體新聞守門人解讀此節為，值得注意的密碼語言字眼在於「台灣自古以來就是中國領土不可分割的一部份」和「國際公認的法律地位」二句。前者稍微跳脫了「兩岸同屬一個中國」、「九二共識」併提「一中原則」的框架，後者則明告各界《反分裂國家法》公布後，「國際法律」已經圈定了台灣的主權空間。不過，在此之後，中共還是回到

原先設定的主軸，並未以「一個中國」強硬立場與「四要一沒有」議題糾纏。說得更直接一些，中共國台辦對於「四要一沒有」出爐後，確實曾經開會因應之，其結論為「此事確實一定要處理」，但層級「不必拉得太高」。這種基調也顯示，「一個中國」這張神主牌，只是在兩岸情勢未靖時，適時拿出來「嚷嚷」的工具罷了（庚：A2）。

　　長期研究中共對台輿論戰名家、淡江大學戰略研究所副教授王崑義[8]認為，吾人審視「一個中國」原則，不妨可以從哈伯瑪斯（J. Habermas）所提及的公共領域（public sphere）層次進行思考，方能綜覽全貌。哈伯瑪斯定義的公共領域是指：（Habermas，1997：116）

> 公共領域，我們首先意指我們的社會生活中的一個領域，某種接近於公眾輿論的東西能夠在其中形成。向所有公民開放。當公民們以不受限制的方式進行協商時，他們作為一個公共團體行事──也就是說，對於涉及公眾利益的事務有聚會、結社的自由和發表意見的自由。在一個大型公共團體中，這種交流需要特殊的手段來傳遞資訊並影響資訊接受者。今天，報紙、雜誌、廣播和電視就是公共領域的媒介。當公共討論涉及與國務活動相關的物件時，我們稱之為政治的公共領域，以相對於文學的公共領域。

　　質言之，公共領域就是指私人聚集而形成的一種公共空間，讓市民階級可以自由集會、討論、溝通以形成意見，也就是一種形成民意或共識的社會生活領域。王崑義認為，中共對台宣傳「一個中國」原則，基本上就是一種在大陸內部、兩岸與國際間的公共領域爭奪「價值意識」的過程。在大陸內部，中共致力形塑「台灣是中國的一省」，在台灣與國際上，則以「台灣是中國的一部份」為宗。目前看來，自 2005 年國民黨前主席連戰訪問大陸後，雖然未見諸言語，但該黨及其他泛藍團體

8　筆者於 2007 年 5 月 13 日在台北訪問淡江大學戰略研究所副教授王崑義的訪問內容。

已經透過行動回應中共的「一個中國」的原則，部分媒體也隨之形塑這種「新聞框架」，從而以「馴化」方式處理相關新聞，更遑論慣於接受中共洗腦的大陸民眾，深植一中原則已成為集體記憶，足見中共在對於此節收效之鉅。

不過，包括曾任陸委會副主委的林中斌、黃介正，以及學者張五岳、董立文等人[9]，均認為「一個中國」原則乃中共對台宣傳的戰略目標，但宣傳收效不大。原因在於台灣民眾對於「一個中國」的認知不佳，因此興趣缺缺。中共除遭遇兩岸重大事件必須明確做出立場宣示，諸如2007年3月得知陳水扁總統提出台灣要獨立的「四要一沒有」，否則中共涉台部門多「有意不提」。既然連中共方面都避談，足見「一個中國」原則在對台宣傳的成效不彰。黃介正認為：

> 「一個中國」原則之所以在台灣最沒市場，簡單來說就是這個東西並沒有特殊的賣點。儘管中共處理「一個中國」原則時，採取「內外有別」的方式，但實際上一般民眾還是搞不清楚，這裡頭到底是怎麼一回事，原因就在於中共並未分割處理「一個中國」的實質內涵，即使在兩岸關係較好時，中共片面宣稱「兩岸同屬一個中國」，卻沒有採取任何「主權共享」的實際作為。另外，「一個中國」原則的效度之所以很難量測，恐怕就在於問卷問法的設計。你想想，如果問「中華人民共和國」和「中華民國」你認同哪一個，大家當然多會選擇「中華民國」。但是，一旦將「一個中國」原則調整成「你認不認同文化上的一個中國」，答案可能就會出現變化。

9　筆者於2007年5月4日專訪前陸委會副主委林中斌；5月8日分別專訪台灣智庫執行長董立文、前陸委會副主委黃介正、淡江大學大陸所教授張五岳等人。以下所述乃為筆者進行專訪的部分內容。

二、聯美制台方面

　　綜合台灣新聞守門人的意見為，美國方面深知中共每年國防預算平均每年成長百分之十幾，按照外界推估，中共隱藏性的國防預算於公開的三倍。2005 年《反分裂國家法》通過之後，美國方面確信台海一旦爆發衝突，中共這些增加的國防預算都是為與美國一戰做準備，而且「中共會玩真的！」在胡錦濤接任中共軍委主席，真正手握黨政軍三位一體的大權後，在台海問題的主導性趨強。美國擔心，一旦中共認為所謂的「聯美制台」只是虛與委蛇、做做樣子，極可能出現中共繞道而行，返回自行處理台海問題的老路，反而會讓美中台三角關係複雜化，嚴重影響亞太區域和平，損害美國的根本利益。因此，美國對於台獨勢力的壓制，不敢掉以輕心。（連雋偉，2007；楊釗，2006）

　　另一方面，為了執行「聯美制台」的策略，美國也成全中共想要與「台灣執政黨」直接打交道的作法。因為，以 2007 年同意首位民進黨籍駐美代表吳釗燮的任命案為例，美國先前已與中共打過招呼，並獲得中共同意才予以放行。美國之所以成全中共「務實與台灣官方接觸」的構想，一方面有其國家利益考量，另一方面透露出，自 2005 年以來，中共透過在野的「國共論壇」平台，過程中因台灣朝野對立屢傳雜音，且該平台在對台灣政府施壓後，經常無法掌握台灣官方真實意涵，讓美中雙方同感困擾。整體而論，美中兩國的「防獨機制」運作較《五一七聲明》發表前，確實順暢許多；對於壓制台獨跨越紅線一事，對台灣政府時刻經常耳提面命；另一方面，美國也適時扮演兩岸橋樑，居間協調避免兩岸誤判（辛：A1）。準此以降，中共執行「聯美制台」的策略基本上是成功的。

　　如果從宣傳角度觀之，以美國為首的國際媒體，對於兩岸政治議題處理態度，也與「聯美制台」政策同步，並逐漸與美國官方口徑相仿。相較於 2001 年以前，中共因人權、台灣、經濟等問題，美國媒體對此

節多所批評。近年來,「親中、友中媒體」卻有越來越多的趨勢。常駐北京的《Newsweek》、《南華早報》資深撰稿人穆易人(Paul Mooney)於 2006 年 9 月 5 日接受筆者專訪時直指,「一些國際媒體對於中國不甚瞭解,且中共外交部近年來的公關做得不錯,讓一些外國記者報導兩岸問題時,經常容易以大陸角度去想問題。別忘了,來到大陸駐點就是一種福利,何況,在北京幾百位國際媒體記者,瞭解台灣、甚至到過台灣者為數甚少,在這種氛圍下,當然容易做出有利於中共的報導。」一位國際通訊社的外國資深記者甚至直說,「國際媒體對兩岸的報導有他們自己的專業判斷,雖各有立場,但基本上還是朝客觀中立方向報導。但為什麼國際媒體最近在兩岸上面,對於台灣態度開始轉變,關鍵無他,就是因為你們台灣的領導人政策變來變去,變得沒有道理,簡直就是Fuck up!這跟我們無關。」(已:A4)

　　在學者專家的意見部分,曾任陸委會副主委的林中斌與黃介正都認為,中共「聯美制台」(或稱「經美制台」)的宣傳效果極大。林中斌表示:

> 北京最近加強「經美制台」來防止台灣獨立,以免對台灣出重手,而且美國人更主動的代替北京牽制台北,以防止中共動武。你看看國台辦主任陳雲林、副主任孫亞夫這幾年勤跑美國的頻率,就知道中共在這方面下得功夫。去年陳雲林跟美國人說阿扁會宣布修憲,美國方面半信半疑,後來成真,加強不少北京警告美國的份量。過去,北京對台灣所謂的挑釁會採取文攻武嚇,但最近幾年北京比較聰明,一有什麼動作,華府就會警告台灣。對美國人來說,如果勸阻台灣無效,中共擺明了會「自己來處理台灣問題」,到時候會更讓兩岸問題更加複雜。為了防止這種傾向,美國人決定自己來。這也顯示,中共「經美制台」的宣傳手法,還是起了一定程度的作用。

　　黃介正也認為，在所有中共對台宣傳的策略裡頭，以「藉美制台」的收效最大。黃介正認為，外界慣稱的「聯美制台」或「經美制台」說法並不精確，因為「聯合」美國，或「經由」美國來處理台灣問題都不能掌握其神髓。他認為，中共是「藉著」美國來處理台灣問題，充分掌握主動的節奏，一旦美國人不行，中共就準備「自己捲起袖子」來處理台灣問題。遠的從 2002 年的「一邊一國論」，近的從 2006 年提出的「廢統論」改為「終統論」，以及 2007 年我方提出的「四要一沒有」。台灣釋放這些訊息後，美國就派出密使頻繁穿梭兩岸，並達成一定成效。因此，黃介正對於中共對台宣傳策略收效的排序，依次是「聯（藉）美制台」、「反獨促統」、「寄希望於台灣人民」，最後才是「一個中國」原則的貫徹。

　　至於淡江大學大陸研究所教授張五岳也表示，從 2000 年台灣進行政黨輪替以來，美國對於台灣的態度確實出現移轉的現象，並且往大陸方面傾斜。例如美國視台灣釋放兩岸訊息，例如「四不一沒有」、「一邊一國論」、「公民投票」等，原本為「台灣民主深化必經的歷程」，現在卻逐漸被美方解讀為「片面改變兩岸現狀」、「兩岸和平的麻煩製造者」，由此即可看出中共「聯美制台」的宣傳效果，確實有其成效。

三、反獨促統方面

　　中共對台政策從過去的「和平統一」到「防獨促統」，再到現階段的「反獨促統」，其實意味著對於台灣已不若過去重視，原因在於中美關係相對穩定，國際情勢發展對中共有利，台灣難以溢出國際框架；其二則為台灣的「一邊一國論」、「公民投票」乃至「終統論」、「四要一沒有」難以爭取美國支持、在野黨認同及大多數台灣民眾認同，單憑民進黨一己之力難以改變現況；其三則是中共自認為以大陸政治穩定、經濟持續發展和軍備強化，有能力處理「台灣改變現況」。試以，中共對台

政策乃自然從屬於「和平穩定、全力奔小康」的總體目標（張五岳、蔡承聖，2003：28）。其中，中共對台宣傳也在此一思維下得以開展。

台灣兩岸新聞守門人多認為，中共目前所說的「促統」，只是表面應付的話而已，因為他們認知到透過「統一」訴求來穩定現有兩岸關係架構，根本就是件緩不濟急的事情。因此，將所有部署放在「反獨」問題上，只要台灣不跨越紅線，干擾中共「和平穩定、全力奔小康」的總體目標，在「島內小打小鬧，就讓他們去吧！」（連雋偉，2007）

大陸方面的資深記者們則說得更明白，他們認為兩岸統一是水到渠成、自然發生的事情，一旦有外力強行扭轉，其結果必然是兩岸武力相向，便宜了美國人。見諸中國過去以來幾千年的歷史，天朝處理蕃屬國，從來沒有不用武力解決的，只是死的人多還是少罷了！」一位涉台的資深記者甚至指出（辛：A2）：

> 大陸老一輩的共產黨員，尤其是那些掌權的幹部都認為，處理兩個區域的衝突問題，真要不成就只能立足於「打」。你們台灣人難道沒看到嗎？像是大陸和印度、越南，甚至是蘇聯、美國，只要很狠打一仗，就可以保家靖邊至少達三、四十年之久。跟美國人打韓戰，韓國邊境問題基本上不囉唆；印度邊境、中越邊境、中蘇邊境都是如此。如果台灣繼續這樣下去，台海方面終須一戰。台灣方面，千萬不要低估大陸的決心。前些日子，幾個解放軍的高級文膽，過年時傳的簡訊傳的是什麼？七個字，「笑談渴飲台獨血」！這還不明白嗎？

如果從對台宣傳的角度來說，中共對台「反獨」，是要警告台獨與境內反對勢力不得妄動，同時也要藉機強化「愛國主義」所建構出來的「大一統」主權觀。中共方面深知，這些「反獨」宣傳主要是給自己人看的，除非透過媒體，否則無法傳送到台灣民眾手上。另一方面，中共對於「反獨」作法是要「敲山振虎」，主要是打給美國人看的（辛：A3）。

值得注意的是，大陸現在使用的技巧越來越好，而且對於「反獨」的宣傳正反為用，在「立足打，爭取談，不怕拖」的基調底下，中共對台的軍事宣傳除了先前「暴力語言」外，對於反制台獨傳遞給美國的「密碼語言」，也運用得更加得心應手。

　　一位台灣的兩岸新聞守門人即稱，這可以從 2007 年 3 月台灣宣布「四要一沒有」講起。當陳水扁提出後，誠如上述，仍在力求穩定下處理此節。但是，在美國參謀長軍事會議主席佩斯（Pace，Peter），這位美國軍方第一人訪問大陸時，中共軍方不僅安排他首度進入軍委會所在地的八一大樓密談一個半小時外，還特別安排佩斯前往瀋陽軍區參觀中共最新型主力戰機蘇愷-27 的生產。隨即又到南京軍區「觀摩演習」。除此之外，在佩斯訪中前兩天，中共南京軍區在 3 月 20 日關閉福州長樂國際機場 2 個小時進行空軍演習，造成當地航班大亂，據稱演習攻擊的「紅軍」鎖定目標，即為美軍售台的「紀德艦」。這些意在言外的「密碼語言」，在在都說明中共希望告訴美國對於「反獨」絕不手軟，毫不含糊（丁：A10）。

　　中共用「眼見為憑」方式告知美國軍方第一人，從宣傳效果而言，自然是不言可喻。但是，這些相關訊息在台灣並不容易取得，這也顯示中共深知對台「暴力語言」難以奏效，說多了不做反而被視為「紙老虎」，在「與其傷其十指，不如斷其一指」下，既然《反分裂國家法》已出，其他不能有效震懾台獨勢力的訊息就不必多發，免得強化台灣民眾的負面印象。事實證明，中共軍方的克制，也讓中共對台宣傳口徑較為一致。

　　熟稔兩岸的淡江大學大陸所教授張五岳則表示，中共目前對台灣的基調是「反獨」大於「促統」，在台灣獨立的問題上，表態絕不含糊，而且「高調而務實」，只要攸關統獨問題，事無大小，務求防微杜漸。例如「法理台獨」一事，即被中共涉台部門用來處理前台灣大學國家發展所教授、現任陸委會主委陳明通所提的「第二共和」。事實上，陳明通等人試擬草案只是學者嘗試性的作法，且只是學者的「講法」，並未

「形成政策」，更不用說「付諸實行」。但中共涉台部門認為，陳明通固然具學者身份，但因過去受到民進黨政府倚重，所謂「第二共和」草案，乃為「民進黨投石問路」的作法，所以反對分貝極高，這種關注程度與台灣媒體的「不感興趣」出現落差。也說明中共對於「反獨」是步步為營，要將主動權操之在手。雖說如此，曾任陸委會副主委的林中斌從美方得知，中共已經出現嘗試與民進黨政府打交道的風向球。林中斌說：

> 我們可以從中共國台辦副主任孫亞夫今年一月提出的話，也就是「解決台灣問題要靠經濟發展」，來看中共對台新的思維主軸[10]。美國人注意到一個現象，就是北京官員的調子比較軟、北京學者的調子比較硬。可能是中共官員已經得到結論，但學者方面還跟不太上來。這個轉變有跡可循，去年（2006 年）美國某個民間智庫安排一個民進黨高層，與北京一位長期處理對台事務的先生見面，聽說談話的內容還蠻理性的。兩人回國之後，中共就送了台灣一份大禮，讓台灣最大的捲款潛逃罪犯李漢陽，次日又遣返 25 個通緝犯回台，規模之大，打破以往所有紀錄。可惜，最近因為民進黨忙著總統初選，國民黨也忙著立委初選，讓兩岸這種可能接觸的角度暫緩。今年二月初，大陸方面傳來的新看法是，2008 年總統選舉，民進黨還有希望；國民黨則是一盤散沙，而且，馬英九即使當選總統，對北京而言不見得比現在更好。雖然說對國民黨的工作仍然重要，但是階段性的任務已經完成。現在大陸方面覺得，有必要擴大接觸民進黨，尤其是年輕的、將來有政治前途的人。

---

10 中共國台辦副主任孫亞夫於 2007 年 1 月 19 日在美國提到「解決台灣問題要靠經濟發展」（原文為「持續自身發展才是和平解決台灣問題關鍵」），代表中共對台新思維的主軸（林中斌，2007：168）。

　　由此可見，儘管中共聲稱「反獨」為其涉台要務，內部固然有人擔心與民進黨接觸，將為該政黨「加分」，不利於「祖國統一大業」；但仍有較為理性務實的人士，審慎處理與民進黨政府接觸事宜。畢竟，不管2008年總統選舉是否藍營獲勝，民進黨都是台灣內部一股不可或缺的政治力量。至於在「促統」部分，包括張五岳與學者董立文都認為，中共不僅掌握主動權，而且作法細膩。像是開放台灣水果進口一事，中共從開放15項、18項講到22項，連「兩三個水果開放這種芝麻綠豆大事，都大張旗鼓講得鉅細靡遺，實際上，這些水果佔台灣全年水果出口，連百分之一的數量都不到。」至於開放簽證、學歷認證等事，也講得「具體而細微」，意圖「形塑中共關心台灣民眾權益」，以爭取認同。但是，在政治上形塑「促統」，就產生正反互見的評價。張五岳指出：

> 對於台灣政情，像是2006年9月間的「倒扁」紅潮，中共涉台部門固然只有「高度關注」，不介入評述台灣政情。但外界真正在意的，這幾年來最重要的指標事件，其實是國民黨主席連戰等人陸續訪中。中共鎖定與在野政黨互動，關閉與民進黨政府的協商大門，其實這是一把兩刃刀。中共想要幫藍營加分，這不就是替綠營減分。遇到「肚子扁扁投阿扁」的民眾，其實效果剛好適得其反。這種形塑以行動認同「一個中國」的作法，剛開始聲勢極大，但長期看來，效果值得進一步商榷。

　　至於學者黃介正則認為，「反獨促統」對於台灣民眾來說，可能是一件「事不關己」的事情。不管中共怎麼樣喊，許多台灣民眾認為，「聽聽就好，反正我不搞台獨，你能拿我怎樣？」又或者是「聽聽就好，我們支持台灣獨立，干你中國什麼事？」許多台灣民眾對此節採取「聽聽就好」態度，自然不會太過當真，因此在台灣社會裡不容易聽到坪數「反獨促統」的評論，即便有，數量也很有限。因為對台灣民眾來說，這「實在不是一個重要的議題」，而且「沒有什麼感覺」。

四、寄希望於台灣人民方面

台海兩岸的駐地記者和新聞守門人，幾乎全數認同中共現階段對台宣傳的基調，是環繞在「寄希望於台灣人民」方針上。但是，這個宣傳效果卻受到正反不一的評價。贊成者認為，中共在水果、熊貓、台商融資、台生比照陸生就學等措施，有助於爭取台灣民心。尤其，包括連宋訪問大陸後，兩岸嚴峻情勢為之冰消，讓台灣民眾受到對岸直接而來的「安全威脅」緩解，在「利之所趨」的情況下當然有助於兩岸交流（楊釗，2006；連雋偉，2007）。

不過，反對者卻認為這種樂觀並不全面。原因在於「寄希望於台灣人民」方針執行過程中，受到穿梭期間的「特定人士」剝削，中共對台善意並無法直接傳遞到台灣民眾身上，無怪乎收效其微。這位台灣新聞守門人直指，中共採取「落地接待」方式招待來訪台商、學者專家等，其結果是讓大陸一些官員來台時，「大包小包的禮物拿不完」，過程中大小邀宴不斷，甚至還出現返回大陸前必須另用「專車載運」禮物，這到底便宜了誰？拿大陸對台商融資而言，提出需具有「擔保品」廠商才得以融資，問題是有需要的中小企業台商就是因為拿不到擔保品才需要向銀行借錢，這麼一來，只剩下與台辦關係良好、且頗有財力的台商才拿得到融資。說穿了，除非進入台辦與台商的「共犯結構」圈內，否則怎麼會有融資機會。

又以兩岸水果交流為例，先前還傳出前國民黨秘書長林豐正借用國共平台向國台辦經濟局施壓，希望爭取台灣水果銷往大陸的「獨家代理權」；凡此種種，都說明了中共「寄希望於台灣人民」方針，實際上成為「寄希望於既得利益者的台灣集團」方針，無怪乎成效有限。如果從中共對台宣傳角度進一步分析，中共台辦現在多寄附在省市政府底下，必須拿出宣傳績效才能得以存活。招商績效金額多寡關係台辦官員升遷，台辦為求個人生涯發展自然向「既得利益」的台商靠攏，至於其他

廣大台灣民眾則不在「升官發財」的助力之列，想要爭取還得煞費苦心，且經濟績效不彰，何苦自討麻煩。在這種制度下，也形成對台宣傳「只務上、不務下」、「只務虛、不務實」的情況（丁：A8）。

　　支持中共深化對台灣內部的工作，可以從兩岸往來的數據進行觀察。前陸委會副主委吳安家分析，從 1987 年迄今，台灣民眾進入大陸地區探親、觀光、經商、開會、訪問的總數累計已超過 4300 萬人，大陸民眾進入台灣地區則超過 171 萬人。因為經商需要留在大陸地區居留人士的台灣民眾多達 60 多萬；兩案間接的貿易總額高達 4000 多億美元；如果再加上台灣民眾到大陸旅遊的支出、老兵支持家屬的匯款、學生留學大陸的匯款，台灣資金流入大陸總數多達 1000 多億美元；甚至在台灣的大陸新娘總數可能超過 20 多萬（吳安家，2005：2）；雙方各項交流幅度與速度的持續擴大，中共認為大趨勢有助於兩案「統合」或「統一」，於是深化「寄希望於台灣人民」的方針。

　　對中共而言，兩岸呈現「兩岸猿聲啼不住，輕舟已過萬重山」發展態勢不可逆轉，只要能穩住台灣不溢出現有框架，時間是站在大陸一方。至於部分民進黨及台獨基本教義派人士的杯葛，仍無力阻擋中共因綜合國力提升後所形成的「經濟吸盤」，這讓中共更有餘裕處理台灣事務。另根據學者張五岳的說法，中共認為不管對台灣做了什麼，「民進黨政府都不會正面看待他們」。面對這種全面否定的困局，中共採取的方式是以「寄希望於台灣人民」為主，索性大開各種支票，不管這種支票是不是會兌現。一旦遭受檢證，則以民進黨政府杯葛使得大陸美意無法達成。與此同時，大陸國台辦面對台灣媒體的待遇，一般說來比起台灣陸委會來得友善。張五岳舉例，每次國台辦記者會時，台灣記者都會進行 SNG 連線，而且會發新聞。但是，陸委會的例行記者會卻乏人問津，線上記者發稿機會奇缺。軟的一手，以各種宣傳爭取台灣民心；硬的一手，讓民進黨政府孤立無援，讓中共逐漸形塑出對台輿論的「合圍之勢」。

不過,學者黃介正卻認為,中共「寄希望於台灣人民」方針收效不大,原因在於絕大多數的台灣民眾對此「沒有感覺」。儘管兩岸交流頻繁,但扣除到大陸觀光這類一次性的接觸,經常前往大陸者思維既定,惟人數有限;絕大多數的台灣民眾仍然對於大陸感到陌生。不管是中共對台釋出的水果零關稅、對台商融資、台生比照陸生的學費政策,受益者極為有限,一般民眾根本接觸不到。在「聽聽就算」的慣性下,台灣民眾對於實際挹注資源在自己身上的民進黨政府都頗有微詞,遑論「無法深刻感受到給了自己實質利益」的大陸當局,容或曾對台釋出一些好處或一部份便利,卻還是難以產生感覺。另一方面,台灣民眾對於大陸的「刻板印象」,原本就是一種長期積累下來的「集體記憶」,光釋放一些平時根本接觸不到的小恩小惠,是難以鬆動絕大多數台灣民眾對於大陸的「認知圖像」。

第三節　中共對台宣傳的量化效果

中共對台宣傳效果人言殊異。從面向言之,包括對於國際、大陸與台灣等地,都在其宣傳範圍之內。至於其宣傳對象,則針對各區域的輿論決策者、輿論組織者、各宣傳通路及一般閱聽眾,各有不同解讀。但不論如何,宣傳對象的主體仍應以台灣民眾為主,才不至淪為討論失焦。可惜此節,國內並未建立一套評估機制,致使量測困難。是以,本研究將採取次級資料研究法,針對中共對台宣傳的主要內容,即「一個中國」原則、「聯美制台」、「反獨促統」及「寄希望於台灣人民」等四個面向,以現有民調問卷資料作為基礎,試圖勾勒出台灣民眾對此四端的相關反應,從而評估其宣傳效果。

一、「一個中國」方面

（一）超過五成台灣民眾在「國家認同」問題上，選擇維持現狀，現
　　　階段選擇統一或獨立的台灣民眾者皆不足兩成，且超過七成以
　　　上民眾認為現在沒有統一或獨立的條件，與陸委會長期調查結
　　　果相仿。

　　中共對台政策主要乃環繞著「一個中國」原則，作為各項宣傳的主
軸。對於台灣民眾而言，環繞在此議題的態度主要有二，其一為台灣民
眾究竟願不願意認同「中華人民共和國」，並且選擇與其統一。或者是
拒絕臣屬「中華人民共和國」，選擇台灣獨立。又或者拒絕表態，選擇
維持現狀，以拖待變。質言之，對台灣民眾而言，「一個中國」議題涉
及統獨，乃為一個「國家認同」問題。

　　根據財團法人台灣智庫委託柏克市場研究顧問公司的民調[11]顯
示，支持儘快統一者為 1.3%；儘快獨立者為 4.1%；維持現狀以後再走
向統一者佔 11.2%；維持現狀以後再走向獨立者佔 12.7%；維持現狀，
看情形再決定獨立或統一者為 48.3%；完全無反應者佔 3.0%。在國策
研究院委託中華徵信社企業股份有限公司所做的問卷[12]也有極為相近
的結果，即支持儘快統一者為 2.4%；儘快獨立者為 4.3%；維持現狀以
後再走向統一者佔 10.7%；維持現狀以後再走向獨立者佔 12.9%；維持
現狀，看情形再決定獨立或統一者為 36.6%；永遠維持現狀者佔 24.3%；
不知道或沒意見者佔 8.7%。在政治大學選舉研究中心所做的問卷[13]也顯

---

[11]　財團法人台灣智庫委託柏克市場研究顧問有限公司所做的民調，調查時間為
　　　2006 年 1 月 3 日至 5 日，針對台省（含澎湖）年滿 20-69 歲的民眾進行調查，
　　　樣本數為 1067，抽樣誤差在 95%的信心水準下，誤差為±3%。

[12]　國策研究院委託中華徵信所企業顧問有限公司所做的民調，調查時間為 2006
　　　年 2 月 8 日至 10 日，針對台灣地區年滿 20-69 歲的民眾進行調查，樣本數
　　　為 1067，抽樣誤差在 95%的信心水準下，誤差為±3%。

[13]　國立政治大學選舉研究中心所做的民調，調查時間為 2006 年 11 月 3 日至 7
　　　日，針對台灣地區年滿 20 歲以上的民眾進行調查，樣本數為 1073，抽樣誤

示，支持儘快統一者為 1.3%；儘快獨立者為 8.7%；維持現狀以後再走向統一者佔 12.5%；維持現狀以後再走向獨立者佔 19.0%；維持現狀，看情形再決定獨立或統一者為 35.4%；永遠維持現狀者佔 14.4%；無反應者佔 8.6%。

　　類似問卷都顯示，台灣民眾對於「國家認同」問題的表態趨於模糊，將近一半左右的民眾選擇維持現狀。不管是現階段或是採取漸進式的統一或獨立，比例均不足兩成。經過交叉分析顯示，台灣民眾表明「國家認同」時，會受到來自中共因素干擾。假如中共允許台灣民眾自由選擇台灣前途，有 62.0%民眾選擇應該「台灣獨立」；如果中共方面不允許台灣民眾自由選擇台灣前途，則仍有 33.5%民眾不為所動，繼續堅持台灣獨立[14]。此外，台灣民眾認知到現行台灣並沒有立刻統一或獨立的條件，分佔 74%與 77%[15]，是以選擇維持現狀的台灣民眾居多，甚至超過半數，結果並不令人意外。

（二）有六成台灣民眾在「身份認同」問題上，清楚表明自己是「台灣人」，跟過去陷於「中國人」與「台灣人」混淆不清狀況大有不同。這也顯示，台灣民眾對於「一個中國」的認知圖像已經漸次模糊。

　　另一方面，台灣民眾面對中共的「一個中國」原則的問卷調查時，也反映出對於自己「身份認同」的傾向。根據財團法人海峽交流基金會委託山水民意研究股份有限公司於 2006 年 2 月間調查結果顯示[16]，台

差在 95%的信心水準下，誤差為±3%。
[14] 此為上述政治大學選舉研究中心民調數據。受訪者為回答中共允許台灣民眾自由選擇台灣前途，回答「應該獨立」、「由台灣居民自己決定」、「台灣本來就是獨立的」三個選項的 893 位受訪者進行調查，結果顯示這些受訪者對中共威脅不為所動者，仍佔有 54.1%，換算成全體民眾支持率則有 33.5%。
[15] 此為聯合報系民意調查中心所做的民調，調查時間為 2006 年 2 月 16 日至 17 日，針對台灣地區民眾進行調查，樣本數為 933，抽樣誤差在 95%的信心水準下，誤差為±5%。
[16] 財團法人海峽交流基金會委託山水民意研究股份有限公司所做的民調，調查

灣民眾認為自己是「台灣人」的比例高達 60.2%；認為自己是「中國人」則佔 17.3%；認為自己既是「台灣人」又是「中國人」的比例則佔 17.8%。稍後又於該年 11 月進行追蹤調查[17]，結果顯示台灣民眾認為自己是「台灣人」的比例佔 57.8%；認為自己是「中國人」則佔 15.8%；認為自己既是「台灣人」又是「中國人」的比例則佔 16.8%；認為自己是「華人」佔 0.3%；不知道或沒意見者佔 8.1%。至於政治大學選舉研究中心的另一項調查[18]，也呈現相仿結果，即台灣民眾認為自己是「台灣人」的比例為 60.1%；認為自己是「中國人」則佔 4.8%；認為自己既是「台灣人」又是「中國人」的比例則佔 33.4%。

　　相關問卷都顯示，台灣民眾認同自己是「台灣人」已經有六成之多。這個數據相較於 2000 年政黨輪替之前的歷次數據三成多，成長幅度驚人，也顯示台灣民眾對於自己的身份認知已經逐漸跳脫與「中國」混淆不清，並與「一個中國」原則漸行漸遠。這與中共聲稱在民進黨政府執政後，積極進行所謂「去中國化」政策，使得「一個中國」內涵遭到淘空。不管是「國族認同」方面的「中華人民共和國」，或是「身份」認同的「中國人」，都逐漸不受台灣民眾青睞。所謂台灣民眾對於「一個中國」的認知圖像，在政黨論替七年後已經迅速模糊。這也說明了中共對台宣傳主軸的「一個中國」原則，由量化數據觀之，其成效顯然是極不理想的。

二、「聯美制台」方面

　　所謂「聯美制台」政策，學界有不同看法。有人認為「聯美制台」，是聯合美國來壓制台灣；有人認為是「經美制台」，經過美方壓制台灣；

有人則認為是「藉美制台」，藉由美方壓制台灣，且主動權牢牢操之中共之手；也有人索性將中共運用「大國外交」政策，透過國際力量迫使台灣就範的作法，定位為「藉外制台」。這都說明了中共試圖以外交力量制約台灣生存空間，從而迫使台灣困守在中共片面圈定的政治框架裡。為求自主生存，台灣政府自然必須尋求外交突破，但這卻又與現行中共對台政策有所扞格。

（一）超過四成以上的台灣民眾認為，台灣國際空間之所以持續萎縮，關鍵在於中共的全面打壓。且有超過八成以上民眾認為台灣外交的壓力源來自大陸。

　　從財團法人台灣智庫委託山水民意研究股份有限公司的民意調查[19]數據顯示，台灣民眾認為「造成台灣國際生存空間持續萎縮」的最主要原因，在於「中國全面打壓」，佔 44.8%；台灣外交政策錯誤者佔 38.9%；國際社會歧視台灣者佔 8.3%；其他如不知道或無意見者佔 8.1%。類似民調多顯示台灣民眾多數感覺台灣國際地位已不如前，但不管是「中國全面打壓」，或者是「台灣外交政策錯誤」，不可諱言地，有超過八成的台灣民意認為，目前政府外交的壓力源主要來自中共，而且對台圍堵壓力與日俱增，足見中共所謂「藉外制台」確實奏效，同時此節也讓台灣民眾對中共產生負面觀感甚鉅。

（二）超過五成以上的台灣民眾認為，台灣為求國際空間，應優先改善與大陸間的關係。不過，如果中共打壓依舊，則有接近七成以上民眾認為，台灣仍應持續發展外交關係。

---

[19] 財團法人台灣智庫委託山水民意研究股份有限公司所做的民調，調查時間為 2006 年 8 月 10 日至 11 日，針對台灣地區 20 歲以上成年人進行調查，樣本數為 1072，抽樣誤差在 95%的信心水準下，誤差為±3%。

　　進一步言之，如果要改善外交關係，台灣民眾認為，必須要先改善與大陸間的關係。行政院大陸委員會委託政治大學選舉研究中心的民調[20]顯示，有 32.4%的台灣民眾認為，發展與大陸間的關係比拓展外交關係重要。另根據《天下雜誌》所做的民調[21]顯示，有 51.2%民眾認為，為求台灣和平與發展，台灣應該優先改善與大陸的關係。不過，如果發展外交關係會造成兩岸關係緊張，還是有 68.0%的民眾支持政府繼續發展外交關係。

（三）超過四成以上的台灣民眾認為，台灣進行重大兩岸關係決策時必
　　　須重視美國意見；一旦中共武力犯台，有超過一半以上的民眾認
　　　為，屆時美國將馳援台灣。顯示台灣民眾認為，現階段美國仍具
　　　有規範兩岸的力量。

　　不過，美國在兩岸之間的角色卻顯得十分微妙。儘管現階段中共所謂「聯美制台」逐漸產生效應，但台灣民眾認為政府處理兩岸重大政策時，仍必須正視美國方面的意見。以 2006 年政府宣布要「終止國統會及國統綱領的運作」一事論之，根據 TVBS 民調中心的民調結果[22]顯示，有 43%民眾認為進行該項動作之前，必須先考慮美國方面的意見。另根據年代電視台民調中心的資料[23]顯示，只要引起美國反對，有 39.9%台

---

[20]　此為行政院大陸委員會委託政治大學選舉研究中心所做的民調，調查時間為
　　　2006 年 3 月 31 日至 4 月 2 日，針對台灣地區 20 歲以上成年人進行調查，
　　　樣本數為 1088，抽樣誤差在 95%的信心水準下，誤差為±3%。
[21]　此為《天下雜誌》所做的民調，調查時間為 2006 年 5 月 5 日至 11 日，針對
　　　台灣地區 20 歲以上成年人進行調查，樣本數為 1007，抽樣誤差在 95%的信
　　　心水準下，誤差為±3%。
[22]　此為 TVBS 民調中心所做的民調，調查時間為 2006 年 2 月 22 日，針對台灣
　　　地區 20 歲以上成年人進行調查，樣本數為 1914，抽樣誤差在 95%的信心水
　　　準下，誤差為±3.5%。
[23]　此為年代電視台民調中心所做的民調，調查時間為 2006 年 2 月 22 日至 2 月
　　　23 日，針對台灣地區 20 歲以上成年人進行調查，樣本數為 818，抽樣誤差
　　　在 95%的信心水準下，誤差為±3%。

灣民眾認為「就不應該廢除」。至於即使美國反對仍應堅持者,則佔26.7%。雖然如此,台灣民眾仍認為美國是台灣得以拮抗中共最重要的盟邦,高達 52.7%的台灣民眾認為,一旦中共對台動武,美國方面將會出兵幫助台灣[24]。足見在台灣民眾心中,現階段美國在兩岸關係間仍具約束雙方的力量。

三、「反獨促統」方面

(一)將近五成的台灣民眾認為,中共軍事武力擴張已威脅到台灣,且超過七成民眾認為,中共在大陸沿海設置飛彈係對準台灣而來。儘管有六成四民眾認為現階段中共不至於犯台,但仍有一半民眾相信,只要台灣宣佈獨立,中共犯台絕不手軟。

學界與新聞守門人多認為,中共對台宣傳的重點應是「反獨」重於「促統」,原因中共現階段認知到「促統」無立即需要,但「反獨」卻有明顯的危機。是以中共不斷進行軍事力量擴張,同時也形塑台灣獨立一定武力犯台的印象,台灣民眾感受此節亦相當明顯。根據國策院委託中華徵信所企業股份有限公司所做的民調[25]顯示,有 48.8%民眾認為,中共軍事力量的擴張,已經對台灣和鄰近國家造成威脅。稍後,該單位的民調也顯示,有 57.2%民眾擔心中共武力犯台;同時,也有高達 70.4%民眾認為,中共在大陸沿海設置飛彈,主要是針對台灣而來。儘管有64.1%民眾認為,在目前的兩岸關係下,中共應不至於動用武力來威脅

---

[24] 此為財團法人台灣智庫委託決策調查有限公司所做的民調,調查時間為 2006 年 4 月 22 日至 24 日,針對台灣地區 20 歲以上成年人進行調查,樣本數為 1099,抽樣誤差在 95%的信心水準下,誤差為±3%。

[25] 此為國策院委託中華徵信所企業股份有限公司所做的民調,調查時間為 2006 年 2 月 8 日至 10 日,針對台灣地區 20-69 歲以上民眾進行調查,樣本數為 1067,抽樣誤差在 95%的信心水準下,誤差為±2.5%。

或侵犯台灣[26]；不過，47%民眾也認為，台灣一旦宣佈獨立，大陸將可能會攻打台灣[27]。

（二）儘管連宋訪中有效降低大陸對台敵意，卻有接近六成的台灣民眾並不贊成大陸只和在野黨接觸，卻不與政府公權力溝通。此外，超過一半的民眾認為台灣經濟逐漸向大陸傾斜，有超過六成以上的民眾認為台灣資金、技術外流大陸情況嚴重，是以有超過五成民眾認為，政府管制台資進入大陸應更趨嚴格。

在「促統」方面，自從 2005 年國民黨主席連戰、親民黨主席宋楚瑜等人接連訪問大陸，中共鎖定與台灣在野黨交流，並設置國共合作平台等，且拒絕與執政的民進黨接觸至為明顯。根據北京民意調查專家、零點研究諮詢集團總裁袁岳表示，在連戰、宋楚瑜訪問之前，大陸民眾有 17%認為中共遲早會對台灣動武，另有 13%民眾主張應該立即動手；但在連宋訪中之後，主張對台立即動武者立即下滑至 5%，足見其效益（中央社，2007）。儘管如此，台灣民眾卻對此節有完全不同的解讀。以財團法人海峽交流基金會委託山水民意研究公司所做的民調資料[28]顯示，有 59.9%的台灣民眾對於中共只和國親新等在野政黨接觸，卻拒絕和政府公權力溝通的作法並不贊同。

在兩岸經濟交流方面，根據行政院研究發展考核委員會所做的民調[29]顯示，有 53.9%的台灣民眾認為，自 2005 年以來台灣整體的經濟方

---

[26] 此為年代電視台民調中心所做的民調，調查時間為 2006 年 3 月 8 日至 9 日，針對台灣地區 20 歲以民眾進行調查，樣本數為 1021，抽樣誤差在 95%的信心水準下，誤差為±3%。

[27] 此為民進黨民調中心所做的民調，調查時間為 2006 年 3 月 2 日至 3 日，針對台灣地區 20 歲以上民眾進行調查，樣本數為 1101，抽樣誤差在 95%的信心水準下，誤差為±3%。

[28] 此為財團法人海峽交流基金會委託山水民意研究公司所做的民調，調查時間為 2006 年 11 月 26 日至 27 日，針對台灣地區 20 歲以上民眾進行調查，樣本數為 1073，抽樣誤差在 95%的信心水準下，誤差為±3%。

[29] 此為行政院研究發展考核委員會所做的民調，調查時間為 2006 年 3 月 1 日，

向越來越靠近中國，這些民眾裡的 47.3%認為，這將會對台灣經濟產生負面影響。另根據國策研究院委託決策調查有限公司所做的民調[30]顯示，有 62.4%的台灣民眾認為，兩岸發展經濟貿易後，台灣的資金、技術都被大陸吸走了。因此，有 54.6%的台灣民眾認為，政府對於台灣到大陸投資的限制應該更嚴格一些。

（三）有超過四分之三的台灣民眾認為，兩岸農業交流將影響將影響台灣農民生計。另有超過六成民眾認為，這將會降低台灣農業競爭力。不過，在開放大陸觀光客來台部分，卻有超過六成民眾感到歡迎，認為這會增加觀光收入。

在兩岸農業交流部分，雖說這是中共涉台部門認為對台的重要政績，但根據民進黨民調中心所做的民調[31]顯示，台灣民眾對此解讀卻完全相反。有 76%民眾認為，這將會影響台灣農民的生計；也有 60.6%的台灣民眾擔心，這會讓台灣的農業技術外流到大陸，影響台灣農業的競爭優勢。因此，有高達 86.4%民眾認為，兩岸的農業如果要正常地交流，應該要透過「政府與政府」間的協商談判，來保障台灣農民的權益。但針對大陸觀光客來台的政策部分，根據行政院大陸委員會委託政治大學選舉研究中心所做的民調[32]顯示，有 62.4%民眾認為會帶動經濟、增加觀光收入；有 34.2%民眾認為能緩和兩岸關係；更有 47.9%的民眾認為，

針對台灣地區 20 歲以上民眾進行調查，樣本數為 874，抽樣誤差在 95%的信心水準下，誤差為±2.5%。

[30] 此為國策研究院委託決策調查有限公司所做的民調，調查時間為 2006 年 3 月 31 日至 4 月 2 日，針對台灣地區 20 歲以上民眾進行調查，樣本數為 1088，抽樣誤差在 95%的信心水準下，誤差為±3%。

[31] 此為民進黨民調中心所做的民調，調查時間為 2006 年 10 月 3 日至 10 月 5 日，針對台灣地區 20 歲以上民眾進行調查，樣本數為 1018，抽樣誤差在 95%的信心水準下，誤差為±3%。

[32] 此為行政院大陸委員會委託政治大學選舉研究中心所做的民調，調查時間為 2006 年 12 月 15 日至 17 日，針對台灣地區 20 歲以上民眾進行調查，樣本數為 1073，抽樣誤差在 95%的信心水準下，誤差為±3%。

此舉將能促進兩岸人民瞭解；更有 58.5%民眾認為，這可以讓大陸人士
親身體驗台灣的民主自由。

四、「寄希望於台灣人民」方面

（一）超過七成的台灣民眾認為，兩岸交流有其重要性；惟以現有結構
　　　觀之，兩岸交流的節奏難有加快的可能性。

　　根據年代電視台民調中心所做的民調顯示，有 71.7%台灣民眾相
信[33]，台灣和大陸在各方面的交流，整體來講對台灣是重要的。另根據
行政院大陸委員會委託政治大學選舉研究中心於 2006 所做的三次追蹤
調查發現[34]，民眾對於兩岸交流的速度，認為太快者分別為 19.9%、
26.2%、19.6%；認為剛剛好者佔 30.6%、36.2%、35.6%；認為太慢者
佔 34.5%、25.1%、29.6%；不知道者佔 15.0%、12.5%、15.2%。認為剛
剛好者略多於兩岸交流太慢者，比例尚稱穩定。總體而言，台灣民眾要
求兩岸加速交流的力度，仍不如「剛剛好」與「兩岸交流過快者」，要
想改變現有兩岸交流節奏並不容易。

（二）接近六成的台灣民眾認為，大陸政府對台灣政府並不友善；只有
　　　不到五分之一的民眾認為是友善的；另超過四成民眾認為，大陸
　　　政府對台灣民眾並不友善，而不到四成民眾則認為大陸政府對台
　　　灣民眾友善，兩者比例相仿，但負面稍多。

　　中共聲稱「寄希望於台灣人民」方針乃其對台政策的「重中之重」，
不過，從量化數據觀之，台灣民眾對此節卻多所保留。以行政院大陸委

---

[33] 此為年代電視台民調中心所做的民調，調查時間為 2006 年 1 月 4 日至 1 月
　　5 日，針對台灣地區 20 歲以上民眾進行調查，樣本數為 910，抽樣誤差在
　　95%的信心水準下，誤差為±3.5%。
[34] 此為行政院大陸委員會委託政治大學選舉研究中心所做的民調，調查時間為
　　2006 年的 3 月 31 日至 4 月 2 日；9 月 15 日至 17 日；12 月 15 日至 17 日，
　　其餘資料如上所述。

員會委託政治大學民調調查中心分別在 2006 年 3 月、9 月、12 月所做的民調[35]顯示，分別有 58.1%、61.4%、59.5%的台灣民眾認為，大陸政府對台灣政府並不友善；遠勝於友善的 15.4%、17.6%、18.8%。至於在大陸政府對台灣民眾部分，則有 40.6%、42.4%、41.7%認為是「不友善」的，另有 36.6%、37.8%、37.1%的民眾則認為是友善的。顯示，台灣民眾解讀大陸政府對台灣政府與民眾的態度多趨於負面的，而且比例尚稱穩定。

第四節　小結

　　儘管中共聲稱對台宣傳效益卓著，但實際上卻多力有未逮，究其所以，乃面臨我政府及民間媒體單位的「反宣傳」所致。2000 年政黨輪替迄今，民進黨政府進行中共對台反宣傳的作法時，是在「國家安全」的高度下審視此節。台灣政府所認知的兩岸現況為，中共乃台灣國家安全最大的威脅來源，並研判中共除了持續以武力恫嚇台灣人民及威脅亞太區域和平穩定外；更在外交上企圖「挖光」我邦交國，孤立我國際生存空間。在經濟上，則鼓吹「中國市場論」，藉以吸納我高科技及各項產業加深赴大陸的投資。在政治及社會上，利用台灣社會多元化、媒體和言論自由氾濫，對我朝野及民眾施以分化統戰，並一再污名化「民主臺灣」的價值。

　　準此以降，台灣政府認定的中共對台宣傳威脅，主要在於積極藉由「法理爭奪、輿論較量、心理攻勢」等手段，企圖為對台政治、軍事、外交鬥爭開創有利的條件。中共在主權議題上，對台灣進行全方位的「法

---

[35] 此為行政院大陸委員會委託政治大學選舉研究中心所做的民調，調查時間為 2006 年的 3 月 31 日至 4 月 2 日；9 月 15 日至 17 日；12 月 15 日至 17 日，其餘資料如上所述。

理爭奪」，企圖在國際社會消滅中華民國在台灣存在的「事實存在」。在此基礎上，透過戰爭威嚇、外交封鎖等「硬」的手段，以及經濟、社會、文化交流乃至利誘等「軟」的手段，在國際上進行輿論宣傳，對台灣內部發動統戰攻勢，企圖達到分化我人心、削弱我戰鬥意志、不戰而屈我之目的。

　　關於此節，台灣官方與非官方皆有反制中共對台宣傳的舉措。2000年民進黨執掌政權之後，對於反制中共對台宣傳沿用舊制，主要是以得能直接接觸大陸閱聽眾的《中央廣播電台》、《漢聲廣播電台》、《復興廣播電台》為主，惟實際投入宣傳經費並不寬裕。在導正視聽或形塑大陸負面的「新聞框架」部分，民進黨政府主要是以公關方式操作，透過發言人表明政府立場，在陸委會或新聞局等單位的記者會裡，澄清政府立場或形塑新聞議題，提供媒體報導素材。這些單位私下與國內外各政府官員代表、學術智庫要角接觸頻繁，透過人際傳播也有效反制中共對台宣傳策略，澄清不少思想誤區。另，行政院長及相關部會官員多在立法院備詢，則是形塑大陸新聞框架的重點新聞來源。

　　在台灣非官方方面，針對中共對台宣傳的反制，主要集中在「半官方」單位的「廣電基金會」。自2000年政黨輪替後，該會扮演「媒體警察」角色，結合「廣告主協會」抽取傾中媒體廣告，具有一定成效；此外，基於台灣特定的歷史因素，部分標榜本土意識的媒體如《自由時報》、《三立電視台》、《民視電視台》，以及為數不少的地下電台等，多以負面「新聞框架」或意識型態解讀中共對台傳播的相關訊息，並提供反制的論述基礎。儘管這些論述不時流於仇中恨中的情緒，卻有效地阻絕了中共對台宣傳策略的輸入。

　　從台灣媒體的兩岸新聞守門人或這方面的意見領袖觀點出發，評價中共對台宣傳值化效果時，本研究針對「一個中國」原則、「聯美制台」、「反獨促統」、「寄希望於台灣人民」進行討論。透過深度訪談結果得知，在「一個中國」部分，已經形同具文，只有在兩岸重大關鍵時刻時，中

共領導人或涉台部門才會行禮如儀地，以「一個中國」做主權宣誓，其成效並不理想；在「聯美制台」部分實行成效評價頗高，原因在於台灣民眾相信，美國確實有能力維持「台灣不獨，大陸不武」的格局，從而兩岸一旦片面違反美國所型塑的框架，將會面臨美國方面的有效制台。準此以降，台灣民眾多願意接受美國規範，從而讓中共「聯美制台」發揮效用。

　　至於在「反獨促統」方面，台灣各界咸認為中共對台「反獨」大於「促統」，且「反獨」多於「促統」。在促統方面，中共固然在政治、經濟、社會各方面，對台灣積極進行各種促統作為，但正如同物理學上的「作用力」與「反作用力」一般，中共對台進行的「促統」宣傳，逐一被台灣的「反宣傳」解構，難以滲透其影響力；不過，在「反獨」部分，台灣一旦觸碰到中共片面認定的「台灣獨立」要件，就不容低估中共對台動武的意志。中共聲稱反對台獨，儘管如此，中共表面上反對民進黨檯面人物，但私底下仍透過途徑與民進黨接觸，足見其「反獨促統」手段靈活。在「寄希望於台灣人民」身上，普遍反應情況不佳，台灣新聞守門人與意見領袖的看法是，最主要是因為中共對台釋出利多，可能被「特定利益」人士從中剝削，也可能因為通路傳播上出了問題，以致總體收效不彰。

　　在中共對台宣傳效果方面，本研究採取次級資料研究法，透過2006年迄今的民調數據，進行相關解讀與分析，結果發現在「一個中國」方面，超過五成台灣民眾在「國家認同」問題上，選擇維持現狀，現階段選擇統一或獨立的台灣民眾者皆不足兩成，且超過七成以上民眾認為現在沒有統一或獨立的條件，與陸委會長期調查結果相仿；其次在「身份認同」方面，有六成台灣民眾在「身份認同」問題上，清楚表明自己是「台灣人」，跟過去陷於「中國人」與「台灣人」混淆不清狀況大有不同。這也顯示，台灣民眾對於「一個中國」的認知圖像已經漸次模糊。

在「聯美制台」方面，超過四成以上的台灣民眾認為，台灣國際空間之所以持續萎縮，關鍵在於中共的全面打壓。且有超過八成以上民眾認為台灣外交的壓力源來自大陸；超過五成以上的台灣民眾認為，台灣為求國際空間，應優先改善與大陸間的關係。不過，如果中共打壓依舊，則有接近七成以上民眾認為，台灣仍應持續發展外交關係。超過四成以上的台灣民眾認為，台灣進行重大兩岸關係決策時必須重視美國意見；一旦中共武力犯台，有超過一半以上的民眾認為，屆時美國將馳援台灣。顯示台灣民眾認為，現階段美國仍具有規範兩岸的力量。

在「反獨促統」方面，將近五成的台灣民眾認為，中共軍事武力擴張已威脅到台灣，且超過七成民眾認為，中共在大陸沿海設置飛彈係對準台灣而來。儘管有六成四民眾認為現階段中共不至於犯台，但仍有一半民眾相信，只要台灣宣佈獨立，中共犯台絕不手軟。此外，儘管連宋訪中有效降低大陸對台敵意，卻有接近六成的台灣民眾並不贊成大陸只和在野黨接觸，卻不與政府公權力溝通。此外，超過一半的民眾認為台灣經濟逐漸向大陸傾斜，有超過六成以上的民眾認為台灣資金、技術外流大陸情況嚴重，是以有超過五成民眾認為，政府管制台資進入大陸應更趨嚴格；超過四分之三的台灣民眾認為，兩岸農業交流將影響將影響台灣農民生計。另有超過六成民眾認為，這將會降低台灣農業競爭力。不過，在開放大陸觀光客來台部分，確有超過六成民眾感到歡迎，認為這會增加觀光收入。

在「寄希望於台灣人民」方面，超過七成的台灣民眾認為，兩岸交流有其重要性；惟以現有結構觀之，兩岸交流的節奏難有加快的可能性。接近六成的台灣民眾認為，大陸政府對台灣政府並不友善；只有不到五分之一的民眾認為是友善的；另超過四成民眾認為，大陸政府對台灣民眾並不友善，而不到四成民眾則認為大陸政府對台灣民眾友善，兩者比例相仿，但負面稍多。

第七章　結論

第一節　研究發現

　　台灣與中國大陸一衣帶水，兩者關係錯綜複雜。台灣認為自己是被中國動輒拋棄的「養女」，希望當家作主；但中國大陸卻將台灣問題視為民族自尊與國家戰略的一環，誓將台灣納歸於版圖。但中共在內外環境制約下，無法採取立即的或其他有效作為，僅能對台採取宣傳以遂行其意志。本研究重點在於觀察中共對台宣傳機制究竟是如何運作？並藉由傳播者、傳播內容、傳播通路與受眾、傳播效果逐一審視之，並發現以下觀點：

一、傳播者方面

　　中共對台宣傳就是一種「輿論調控」，這個輿論調控的主體有三，包括宣傳決策者、宣傳組織者及輿情蒐集者。本研究發現：

（一）在宣傳決策者部分，江澤民時期採「乾綱獨斷」；胡錦濤時期則重集體決策、分享權力，且中央書記處、中共中央辦公廳、胡錦濤辦公室等單位頗有「幕僚代決策」功能。

　　中共對台宣傳決策單位主要在中共中央對台工作領導小組。江澤民時期採「乾綱獨斷」的領導模式，意即透過該小組的辦事機構中台辦與上海系統，建立其決策網絡。至於胡錦濤時期則奉黨章為尊，透過集體決策、分享權力的模式，以「民主集中制」型塑出「硬的更硬、軟的更軟」的對台風格。由於中共中央對台工作小組並非固定開會決議事項，

因此真正拍板者仍為胡錦濤，惟胡錦濤辦公室與中央書記處、中共中央辦公廳在涉台問題具高度共識的前提下，頗具「幕僚代決策」的樞紐地位。

（二）在宣傳組織者部分，對內事項以國台辦為主，對外事項以國新辦
　　　為主；至於中宣部在其間則發揮理論建構、督導審查、意見諮詢
　　　等功能。遇有特殊重大事件時，中宣部亦會主導「中共對台宣傳
　　　小組」，統一各方意見進行運作。

　　在宣傳組織者方面，目前看來是以國務院台灣辦公室、國務院新聞辦公室與中共中央宣傳部為主。其中，對內事項為國台辦統籌協調、執行；對外事宜則由國新辦統籌；但在理論建構與督導審查、意見諮詢上，中宣部一直參與其內，近年來甚至成立「對台宣傳小組」參與運作。惟中共內部組織並非「線性領導」，且國台辦雖強調本身涉台權威地位，但實際上未必「協調」得動所有涉台單位。在對台宣傳業務以國台辦為主，但國新辦、中宣部各有職司，並無絕對的從屬關係。比較可以確定的是，類似像 95、96 年台海危機，對台宣傳主導權落入軍方的情況，迄目前為止不復再見。

（三）在輿情收集者部分，中共對台宣傳分別從黨政軍媒獲取相關決策
　　　資訊，並將其資訊彙總至中台辦（國台辦）。另中共中央辦公廳、
　　　中央書記處與胡錦濤辦公室亦能獨立獲取涉台情報資訊，以豐富
　　　其對台宣傳決策品質。

　　在輿情收集者部分，也就是中共對台「情報」的訊息來源，主要是以黨政軍媒四部分進行之。在共黨的部分，以統戰部門為主；在軍方部分，以總政、總參為主；在政府的部分，以國台辦、國家安全部、公安部為主；在媒體部分，則以新華社等單位為主，另香港衛視鳳凰台的新聞評論，也是涉台決策獲取信息的管道。基本上這些訊息多彙總至中共

中央對台工作小組的辦事機構，即中共中央對台辦公室之後，上呈或下送至各涉台部門。至於中共中央辦公廳、中央書記處、胡錦濤辦公室等單位，也可以獨立獲得涉台訊息，以豐富其對台宣傳決策的品質。

二、傳播內容方面

吾人若將中共對台宣傳切割成「聽其言，觀其行」與「聽你言，觀我行」階段，本研究發現這兩個階段差別在於中共以「戰略清晰」取代「戰略模糊」，強化對台宣傳的主動積極性，手握《反分裂國家法》，讓「以法制獨」發揮效果。

（一）中共對台宣傳存有清晰紅線，其外沿乃「聯美制台」佈局，中共與美國基於國家利益問題建構「防獨機制」；其內涵則是中共片面定義的「一個中國」原則。中共以「聯美制台」、「一個中國」這道雙重防線限定台灣生存空間，越線依法就打，未越線則禁錮之。

中共這條戰略清晰的紅線，其外沿乃為「聯美制台」佈局，中共與美國基於國家利益問題建構「防獨機制」；其內涵則為中共所片面定義的「一個中國」原則。中共根據這個雙重防線裁量台灣主體意識空間，一旦越線就會受到《反分裂國家法》第 8 條的制裁，採取「非和平手段」阻止台灣獨立。相反地，台灣若在這道雙重防線之內，中共則誘之以利，同樣地也會受到《反分裂國家法》第 5、6、7 條保障，調動綜合國力禁錮台灣。

（二）中共對台宣傳手法日趨細膩，已經從過去長篇累牘的論述，進步到可以讓受眾看得到、感覺得到的「視覺行銷」。

過去中共對台宣傳多習慣於長篇幅的文字論述，務求對台灣「動之以情」、「說之以理」。不過，進入到「聽你言，觀我行」階段，中共對

台宣傳手法特別強調「誘之以利」部分，開始進行「視覺行銷」手法，如透過「熊貓外交」柔軟《反分裂國家法》的剛硬線條；實施「台灣水果無關稅通關」、「台商融資 300 億人民幣」、「台生學費比照陸生」等，經由這種「看得見，聽得見，感覺得到」的「視覺行銷」手法，深化其對台灣民眾的說服力。

三、傳播通路與受眾方面

本研究透過深度訪談等方法，專訪台灣、大陸、國際媒體記者及守門人，分別勾勒各地區新聞編輯室內可能控制與新聞議題框架的型塑過程，結果發現以下觀點：

（一）中共對台宣傳媒體多必須透過台灣新聞守門人的選擇，才有機會接觸台灣閱聽眾。因其調性與台灣閱聽眾偏好明顯不同，故難收成效。惟中共熟稔「輿論調控」，在大陸內部仍足以凝聚對台共識。

中國大陸媒體對台宣傳的主要媒體包括平面媒體的《人民日報》、《新華社》；電子媒體的《中央人民廣播電台》與《中央電視台》等單位。除了《中央人民廣播電台》尚有機會直接接觸台灣閱聽眾外，其餘媒體多半必須透過台灣媒體新聞守門人的選擇，才得以在台灣重見天日。不過，據台灣新聞守門人稱，大陸對台傳播的基調不符合台灣閱聽眾的口味，對台宣傳效果不彰。但若就大陸內部的「輿論控制」言之，仍足以凝聚大陸各界對台共識。

（二）兩岸電視新聞台因在雙方未能有效規範法律管轄權問題，形成無政府狀態的衛星天空，彼此剽竊畫面情況嚴重，卻促成兩岸異常蓬勃的「軟性新聞」交流，此為兩岸電視台新聞室基於「趨吉避凶」發展出「趨向市場、避談政治」的操作所致。

在透過台灣媒體傳遞大陸對台宣傳訊息方面,台灣媒體面對市場競爭壓力及內部「去中國化」聲浪漸濃,對於雙方政治新聞議題感到厭煩,台灣新聞守門人遂逐步調整「把關」的偏好,往「好聽的」、「好看的」新聞著手,發展出一套以「軟調」為主的新聞,以迎合市場、避免政治問題的無謂干擾。另外,在兩岸官方並未互相承認各自主權的行使範圍,致使兩岸在衛星天空的秩序大亂,台灣與大陸媒體各自剽竊新聞畫面恣意為之,形成兩岸無政府狀態。兩岸媒體各自擷取「觀眾愛看」的畫面「重製」新聞。在台灣新聞守門人的「議題設定」下,多呈現俊男美女、大陸進步的正面圖像,且少見中共涉及民主、法治、人權等違反普世價值的畫面,從而有助於型塑中共正面新聞框架。

（三）國際新聞近來因其華語養成過程在大陸完成,使其對大陸好感度增加,從而出現的新聞視角,多呈現中國大陸正面有趣的新聞事件或議題,並多為台灣新聞閱聽人所採用。

根據資深新聞撰稿人穆易人表示,現駐在北京的國際媒體記者中有超過八成以上,在大陸從事新聞採訪工作時間不滿兩成,且其華語養成的學程多在中國大陸內地學習。儘管這些記者所報導的新聞事件未必與中共若合符節,但相較於其主要報導重點,涉及兩岸與台灣部分明顯偏低,難免參照中共官方所設定框架進行報導,對台灣形象影響甚鉅。

（四）中共對台宣傳決策者及組織者內部機制,存有極為嚴重的「團體盲思」,但因為戳破此節將影響共犯結構利益,因此多秘而不宣,並大肆宣揚中共對台宣傳績效卓著。

中共對台宣傳因通路問題難以傳遞至台灣內部,但大陸政府或媒體在其知情或不知情的情況下,一味宣揚其宣傳績效卓著,除了說明中共的「輿論調控」機制封閉昧於實情外,也說明了中共對台宣傳機制形成的「團體盲思」極為嚴重,一旦正視此節,不啻說明涉台部門與媒體坐

領資源但績效乏善可陳，為求這種利益均霑的共犯結構能從中獲益，預料一樁樁「象牙塔裡所編造的神話」，仍將繼續下去。

四、「反宣傳」與傳播效果方面

中共對台宣傳效果多元，為避免相關討論失之蕪雜，本研究將焦點鎖定在台灣閱聽眾的相關反應，特專訪台灣、大陸、國際媒體守門人及型塑輿論框架的意見領袖，結果發現以下觀點：

（一）中共對台宣傳之所以迭遭阻力，主要是因為來自台灣內部的反宣傳。除了台灣官方透過國家機器外，來自民間媒體對抗傾中、友中的力量，有效阻絕中共對台宣傳的相關訊息。

正如同物理學上的作用力與反作用力是伴隨而生，宣傳與「反宣傳」經常是同時存在。中共對台宣傳的同時，來自台灣的「反宣傳」也開始作用，且具有一定成效，包括透過國家機器力量阻斷或擾亂中共媒體對台傳播訊息，諸如在台停播 CCTV4、禁止《人民日報》、《新華社》記者來台駐點，以及透過新聞媒體「導正」台灣內部視聽，並利用《中央廣播電台》等單位予以反制。但真正發揮效果者，其實是來自民間媒體的「反宣傳」，諸如本土意識濃厚的《自由時報》、《民視電視台》、《三立電視台》以及為數不少的地下電台等單位，提供相關本土論述拮抗傾中、友中言論，配合半官方單位的廣電基金會協同廣告主協會以抽取廣告方式逼使媒體就範，有效阻止中共對台宣傳的相關滲透。

（二）中共對台宣傳相關內容，以「聯美制台」、「反獨促統」等策略較為有效，其餘則效果平平。主要原因是半數以上台灣民眾普遍認知中共對台灣政府具有敵意，也有超過四成民眾認為中共對台灣民眾具有敵意。在敵意瀰漫的前提下，不管中共如何對台宣傳示好，既定成見已深，自難扭轉形象。

　　本研究透過質化研究方法,針對先前設定的「一個中國」原則、「聯美制台」、「反獨促統」、「寄希望於台灣人民」四項宣傳內容進行評估,結果發現在「一個中國」部分,已經形同具文,只有在兩岸重大關鍵時刻時,中共領導人或涉台部門才會行禮如儀地,以「一個中國」做主權宣誓,其成效並不理想;在「聯美制台」部分實行成效評價頗高,原因在於台灣民眾相信,美國確實有能力維持「台灣不獨,大陸不武」的格局,從而兩岸一旦片面違反美國所型塑的框架,將會面臨美國方面的有效制台。至於在「反獨促統」方面,台灣各界咸認為中共對台「反獨」大於「促統」,且「反獨」多於「促統」。在「寄希望於台灣人民」身上,普遍反應情況不佳,台灣新聞守門人與意見領袖的看法是,最主要是因為中共對台釋出利多,可能被「特定利益」人士從中剝削,也可能因為通路傳播上出了問題,以致總體收效不彰。

　　在量化方法部分,其實更能說明此節。有六成以上民眾認為,中共對台灣政府並不友善,且有超過四成以上民眾認為,中共連對台灣民眾都不友善;另有超過七成以上民眾認為,中共在沿海設置飛彈是針對台灣而來,且有超過一半民眾認為,台灣一旦獨立,中共武力犯台絕不手軟。質言之,中共對台宣傳訊息,儘管有機會進入台灣內部社會,卻難以鬆動超過半數以上台灣民眾的負面「認知圖像」,無怪乎中共對台宣傳手段推陳出新,還是難以發揮成效。

第二節　研究建議

　　根據上述結論觀點,本研究建議從中共對台宣傳的傳播過程,也就是從傳播者、傳播內容、傳播通路與受眾及傳播效果等方面,整合出台灣因應之道。

一、傳播者方面

（一）建議政府把握「大國外交」與「以閩制台」兩大重點，注意北京、
　　廈門等涉台或涉美學者言論；另亦應建立涉台幕僚的「人物資料
　　檔」，長期追蹤調查，才能掌握其分析的可能動向。

　　過去台灣研究中共對台事務決策者多以菁英理論或派系理論作為
重點，卻少見對於中共中央辦公廳、中央書記處及胡錦濤辦公室的研
究。事實上，忽略中共對台「幕僚代決策」的特色，就難以掌握中共對
台運作思維脈絡，相關判斷自難周延。此外，從國台辦副主任葉克冬的
例子也可見到，胡錦濤將身旁幕僚推到涉台系統，也有「代主監軍」意
味。建議政府應該注意兩個面向，在學者專家系統方面，把握距離中南
海最近的學術單位，尤其是涉及中美台研究等「大國外交」的北京大學
國際關係學院等單位，另亦需注意中共「以閩制台」思維，注意廈門大
學台灣研究院等學者言論，以為因應。至於涉台部門的幕僚方面，則應
則成台灣情治部門詳見「人物資料檔」，長時期觀察其動態，以掌握可
能的涉台幕僚的分析方向。

（二）建議政府強化國台辦、國新辦等單位涉台業務經辦人員、部門副
　　手及秘書的相關研究。另亦應強化研究中宣部涉台運作的功能角
　　色扮演。

　　國內對於中共國台辦與國新辦的學術研究、接觸或是媒體報導分量
不少，但對於這些單位的實際運作與業務經辦人員的瞭解仍嫌不足。此
外，對於中宣部的瞭解，多止於組織介紹，對於中宣部涉台運作並無深
入研究，甚至多將中宣部打壓大陸內部的作為逕行援引至涉台作為，忽
略其統籌涉台重要事務功能。建議政府不妨提撥經費，針對中宣部實際
涉台運作進行研究，同時亦應強化國台辦第四局等單位業務經辦人員及
該部門副手、秘書的相關研究，以利勾勒中共對台宣傳脈絡原貌。

（三）中共對台宣傳的決策或實行的相關決策訊息，並非採取固定的官僚科層體制層層上報，而是採取非線性、靈活在輿情收集者部分，並是以開會方式總結意見後據以落實。建議政府應該多開放涉台學者專家及媒體記者來台機會，才不致在關鍵時刻對台誤判，反而傷害台灣。

　　中共對台進行輿情收集之後，多會循其內部管道進入宣傳決策者及組織者體系，以作為對台宣傳決策的參考或施行依據。值得注意的是，這種決策資訊的提供並非以固定線性的方式進行，而是採取非線性、多渠道方式靈活運用。儘管情報來源多元，但見諸中共進行對台宣傳的模式，除了靜態資訊研判外，遇有重要涉台事件時多以開會方式徵詢各界看法，包括學者專家與媒體記者意見，建议台灣政府應該廣開交流大門，不應動輒以防堵方式阻絕兩岸訊息流通，多讓可能參贊中共涉台宣傳決策者盡量來台，才能避免誤判。

二、傳播內容方面

（一）中共對台宣傳是以「聯美制台」、「一個中國」這道雙重防線限定台灣生存空間，並以《反分裂國家法》作為以法制獨的機制。為求解套，台灣必須凝聚內部共識，並適當運用衝撞策略，凸顯中共強加於人的荒謬。

　　中共現階段以「聯美制台」、「一個中國」原則雙重防線所包裹的《反分裂國家法》，配合上慣以藍綠民粹爭取選票的朝野政黨，在兩岸綜合國力日益懸殊之際，基於弱勢的台灣可以選用的策略，是在凝聚全民共識的前提下，「適度衝撞」中共對台作為，以爭取各界認同。這種「適度衝撞」包括歷年的台灣爭取加入世界衛生組織 WHO 觀察員、以台灣名義加入聯合國等作法。目的不在短期內進入這些組織單位，而在於慎

選時機凸顯台灣的國際處境因中共而步履維艱，並且型塑台灣基本人權橫遭中共打壓的無理蠻橫。

（二）面對中共對台宣傳手法日趨細膩，甚至進步到「視覺行銷」層面。建議台灣政府應統籌建立台灣的「國家形象」，盡量透過可茲運用的國際媒體，論述台灣目前處境。

　　中共挾綜合國力與廣告宣傳手法的精進，對台宣傳手法漸次採取「視覺行銷」等方式進行。面對這種能夠深入人心的作法，建議政府應該「不厭其煩」地透過論述，採取多渠道、多媒體方式，詳述其「口惠而實不至」的真相，才能克竟其功。除此之外，台灣應該仿照中共投入大筆經費，致力於台灣的「國家形象」在世界主流媒體地位的調查，並從中漸次彙整出一套可以行之有年的「國家形象」宣傳策略，才能真正確保認同台灣的閱聽眾不致流失。令人遺憾的是，台灣政府全年度涉及反制中共對台宣傳的費用，扣除固定人事管銷成本不過二、三億元新台幣，遠遜於中共投入的宣傳資源，值得有關單位注意。

三、傳播通路與受眾方面

（一）中共對台宣傳媒體多必須透過台灣新聞守門人的選擇，才有機會接觸台灣閱聽眾。建議台灣政府應該多與新聞守門人溝通，才有機會破解負面新聞框架，自然地導正視聽。

　　政府目前與台灣新聞媒體兩岸守門人接觸明顯不足。以新聞局、陸委會為例，多將平面媒體重點放置在主跑兩岸的記者身上，卻缺乏與直接深入大陸的第一線記者有較直接的交流。在電子媒體部分，也鮮少與設有大陸新聞中心的單位主管進行接觸，只與一些新近記者交流。在掌握對象失焦的前提下，自然進退失據，甚至出現陸委會記者會見稿率比國台辦記者會還低的窘狀。建議陸委會等單位應該積極與各媒體兩岸新

聞守門人定期接觸，說明政府面臨中共打壓實況，而非將這些媒體視為「泛藍媒體」或「中共同路人」，讓陸委會等單位負面、保守的形象繼續下去。

（二）兩岸電視新聞台彼此剽竊畫面情況嚴重，意外促成兩岸蓬勃的「軟性新聞」交流。事實上，這對於型塑台灣正面形象頗有助益，政府不妨靜待其變，不必強勢取締打壓。

　　兩岸在衛星天空的秩序大亂，台灣與大陸媒體各自剽竊新聞畫面恣意為之，形成兩岸無政府狀態。固然有助於中共對台型塑若干正面形象，但對照中共《中央電視台》及各省市電視台大量採用台灣衛星電視的有趣新聞，實則對台灣有利。建議政府對於此節可以略而不見，靜觀其變，因為驟然進行管制將弱化台灣新聞輸入大陸，對我方明顯不利。

（三）建議政府應該多爭取國際友人前來台灣學習華語，以搶佔國際事務論述的主導權。此舉亦將有利於在國際間型塑對台有利的正面議題框架。

　　台灣政府因為近年來力求「去中國化」，加上不重視華語教育，投入經費明顯短缺，以致於國際友人學習華語者多赴大陸，影響台灣甚鉅。建議政府要盡可能挹注國際人士來台學習華語的教育資源，並舉辦類似「中文托福」等認證考試，爭取國際人士來台學習華語，以收長期之效。

（四）台灣政府應該致力以新聞真相或數據反擊中共對台宣傳，避免其內部「團體盲思」繼續蔓延，爭取中共正視台灣真實民意，防止中共一廂情願地「誤判」台灣輿情。

　　中共對台宣傳機制形成的「團體盲思」極為嚴重，為免中共對台產生誤判，政府應該重新開放與中宣部平行的《人民日報》與重要喉舌《新華社》記者來台駐點。原因在於這兩個媒體涉台份量與其他單位不同，

在中共涉台內部具有舉足輕重的發言權。過去，政府囿於擔心輿情外洩，且因為現階段台灣並無有效制衡中共對台的相關舉措，於是以懲治大陸駐台媒體作為回應手段，卻引來諸多物議。事實上，對己信心展現在積極開放，且較具資歷的中共來台媒體記者在其內部多為鴿派，較能準確判讀台灣實情。一旦得以來台探訪台灣民瘼，將可以較為準確地傳達台灣輿情供其內部參考，避免雙方誤判。

四、「反宣傳」與傳播效果方面

（一）台灣傾向本土的民間媒體對中共「反宣傳」具有一定成效，惟部分媒體基於市場及意識型態考量，過度散佈仇中、恨中言論，無助於兩岸和解共生。建議台灣政府應摒棄爭取選票考量，透過國家傳播委員會 NCC 等單位取締非法地下電台，保障合法媒體言論空間，以免讓兩岸氛圍治絲益棼。

固然正本土意識濃厚的《自由時報》、《民視電視台》、《三立電視台》以及為數不少的地下電台等單位，提供相關本土論述拮抗傾中、友中言論，但部分地下電台動輒散佈仇中、恨中言論，卻無助於兩岸以理性方式解決雙方扞格。這種謠言式的散播，透過簡單化[1]（leveling）、尖銳化[2]（sharpenning）的思考，期許與散播者「同化[3]」（assimilation），最糟糕的是與偏見同化。事實上，簡單化、尖銳化與同化都不是獨自發生作用的，它們是一起發生作用的，而且反應一種單一的主觀化過程。只要刺

---

[1] 簡單化意味謠言散佈的時候，有越來越短、越具體、越容易把握及轉述的趨勢。

[2] 尖銳化就是在複雜的細節中做選擇性的理解、記憶和轉述。尖銳化實係簡單化的另一面，兩者相互依存。

[3] 簡單化和尖銳化都是選擇的過程，至於謠言中轉變、增加和曲解則次「同化」所引起的，這和聽信謠言的人的習慣、興趣和感情有關。基本上其型態有四，包括與主題同化、好的繼續、濃縮與期望同化四端。

激範圍對個人具有潛在重要性，而情況又不明朗，容易作不同的解釋，這時候便會產生一種主觀的重組過程，讓這種近乎「謠言」演變成像格言、諺語般容易記憶、容易轉述（朱立，1981：239-244）。放任這種撕裂繼續，對於兩岸關係的準確理解自無助益。建議台灣政府應重視合法媒體的言論立場，但對於非法媒體如地下電台者則應強力取締，以免誤導民眾視聽，反而造成兩岸無謂的對立。

（二）不管中共如何對台示好，台灣民眾在敵意氣氛極重的前提下定見已深，中共難有宣傳的施力空間。為避免兩岸持續內耗，傷及台灣根本。建議政府應慎重考慮接受「九二共識」，重啟兩岸制度化的溝通管道，以免兩岸皆受民粹把持，反而深化雙方對立。

　　目前，民進黨政府強行界定「一個中國」為「中華人民共和國」，欲以「國家認同」方式清晰處理兩岸問題，揚棄過去「一個中國」的「文化認同」模糊表態。一旦民進黨政府以「文化認同」偷渡「國家認同」方式繼續下去，台灣支持獨立者在短期內必高逾七成，明顯衝撞中共對台紅線，屆時「兩岸終須一戰」勢成定論。兩岸間敵意既深，中共對台宣傳自不易奏效。惟台灣與中共對比力量懸殊，雙方衝撞自然以台灣受害較深。兩岸問題的根本癥結在於長期難解主權問題，為求根本解套，宜循舊例透過海基會等單位進行制度化的溝通協商，且以兩岸於九二年取得協商基礎，也就是接受「九二共識」以化解兩岸僵局，才能根本解決兩岸敵意。否則，雙方民粹一旦失控，台灣受創將難以回天。

第三節　研究展望

　　研究中共對台宣傳是一個艱難的課題，要把握台灣社會的反應也要掌握台灣閱聽眾。社會關係複雜、變幻莫測；個人心理變化更是高深莫

測、難窺全豹。筆者從事兩岸新聞達十餘年，深知實務與學術圈認知落差之大，是以勉力為文，希望耙梳此節。事實上，中共對台宣傳存在有若干問題，亟待後繼者深入研究，包括：

一、中共對台宣傳決策的幕僚單位的功能及其運作模式？

誠如本研究所提，中共對台宣傳決策機制間的「幕僚代決策」的狀況普遍存在，但包括胡錦濤辦公室、中共中央辦公廳、中央書記處這些機構的業務如何分工？各由何職司處理涉台事務？一旦決策既定，這些幕僚又如何轉呈決策意見至各單位？平時有哪些學者專家與這些幕僚機構接觸？其意見是以何種方式呈送？都有待進一步深入研究。

二、中共對台宣傳決策組織單位的功能及其運作模式？

誠如本研究所提，中共對台宣傳組織機制是以國台辦、國新辦與中宣部為主要負責單位。國台辦主內部事務，國新辦主對外事務，中宣部則遇有重大事務時，啟動所謂「中共對台宣傳工作小組」進行統籌事宜。前二者運作外界多半知悉，惟中宣部是如何扮演其角色？目前台灣研究中宣部者，多半以說明組織結構為主，鮮少以實例詳述其運作。隨著兩岸資訊漸開，且中共內部組織運作日益透明化，後繼研究者應有機會釐清此節才是。

三、中共對台宣傳的國際媒體效果為何？

中共對台宣傳的主體固然是台灣閱聽眾，但仍不可偏廢國際媒體間的效果研究。目前，台灣缺乏大規模研究國際媒體對於涉台新聞研究，只能憑經驗或以感覺詮釋中共在國際媒體間對台事務的「宣傳攻勢」，容易流於自說自話的窘境。後續者不妨援引中共建構「國家形象」實例，

取得國際媒體對於涉台新聞的處理，並從中觀察中共對台宣傳的可能成效。

四、中共涉台單位與媒體間的運作流程為何？

中共涉台單位如國台辦者，一旦有了涉台決議之後，是如何將意見交由媒體執行。中共相關媒體執行力度究竟如何？筆者進行本研究時調查發現，外界咸認為中共涉台組織交辦意見，所有媒體即照單全收，但卻沒發現各媒體受限於「盈虧自負」的市場機制，往往出現上有政策、下有對策的操作手法。可惜，此節涉及中共各媒體新聞編輯室的內部作業，外界仍難窺其底蘊。

筆者始終認為，宣傳要能掌握人心在於事實真相的掌握。容或國家機器的政治力可以操縱一時，但隨著全球化、網路化興起，中共對台宣傳都必須面對市場化的檢證。根據本研究所論，中共對台宣傳這幾十年下來，都是一齣齣的「國王的新衣」戲碼，角色劇情一變再變，但台灣民眾卻與中共企圖型塑規範的框架漸行漸遠。在中共宣傳偏離台灣主流民意日盛之際，兩岸隨之誤判的機會自然提高。正所謂「仁者以大事小，智者以小事大」。長年以「象牙塔神話」麻醉自己及其從眾的中共當局，應該從這場迷夢中驚醒才是。

參考資料

一、中文資料

一知編（1955），《宣傳部怎樣工作》。山東：山東人民出版社。

丁望（2005），《胡錦濤與共青團接班群》。香港：當代名家出版社。

人民日報（1978a），〈中華人共共和國聲明〉。北京：《人民日報》，12月16日，版1。

人民日報（1978b），〈中國共產黨第十一屆中央委員會第三次全體會議公報〉。北京：《人民日報》，12月24日，版1。

人民日報（1979a），〈中華人民共和國全國人大常委會「告台灣同胞書」〉。北京：《人民日報》，1月1日，版1。

人民日報（1979b），〈關於停止炮擊大、小金門等島嶼的聲明〉。北京：《人民日報》，1月1日，版1。

人民日報（1979c），〈在東京記者招待會上闡述我內外政策〉。北京：《人民日報》，4月11日，版1。

人民日報（1981），〈關於台灣回歸祖國實施和平統一的方針政策〉。北京：《人民日報》，10月1日，版1。

人民日報（1995），〈中共對台宣傳工作會議在京閉幕認真貫徹江澤民重要講話進一步加強對台宣傳工作〉。北京：《人民日報》，2月20日，版1。

人民日報（2001），〈中共對台宣傳工作會議在京召開〉。北京：《人民日報》，5月25日，版1。

人民日報海外版（2005），〈重要共識得到落實國共兩黨基層交流熱絡展開〉。北京：《人民日報海外版》，8月31日，版4。

人民日報編輯部（1997），《人民日報版面備要》。北京：人民日報出版社。

人民出版社（1958），《農村宣傳工作經驗》。北京：人民出版社。

力軍（2004），〈北京對台「戰略新思維」迫在眉睫〉。香港：《廣角鏡》
　　第 379 期，頁 10-13。

上海辭書出版社（1989），《辭海》。上海：上海辭書出版社。

中央文獻研究室編（1997），《周恩來年譜 1949-1976（中）》。北京：中
　　央文獻出版社。

中央日報（1994），〈中共提出新時期對台宣傳原則〉。台北：《中央日報》，
　　12 月 5 日，版 7。

中央社（2007），〈袁岳：中國對台主張聲浪下降〉。台北：《中央社》。
　　轉引自《中華日報》，4 月 27 日，版 A8。

中央電視台對台節目編輯主編（2003），《海峽熱點》。北京：中國廣播
　　電視出版社。

中共中央對台辦公室、國務院台灣事務辦公室（1998），《中國台灣問
　　題》。北京：九洲圖書出版社。

中共遼寧省委宣傳部（1980），〈宣傳工作必須同人民群眾的切身利益相
　　結合〉。北京：《人民日報》，3 月 20 日，版 4。

中宣部幹部局（2001），《新時期宣傳思想工作》。北京：學習出版社。

中國大百科全書・新聞出版（1990），《中國大百科全書・新聞出版》。
　　北京：中國廣播出版社。

中華人民共和國法規彙編（1957），〈關於正確處理人民內部矛盾的問
　　題〉，《中華人民共和國法規彙編》。北京：法律出版社。

中華民國立法院（2003），《國家安全會議組織法》。台北：中華民國立
　　法院，6 月 25 日。

尹乃馨（1993），〈辜汪會談開場暗藏機鋒汪道涵特向郝柏村致意〉。台
　　北：《聯合報》，4 月 28 日，版 4。

支庭榮（2000），〈國家形象傳播──一個新課題的凸現〉。劉繼南主編
　　（2000），《國際傳播—現代的出現傳播論文集》。北京：北京廣播
　　學院出版社，頁 25-26。

文崇一（1972），〈從價值取向談中國國民性〉。李亦園、楊國樞編（1972）
　　《中國人的性格》。台北：中央研究院民族學研究所，頁 47-75。

方燦（1999），〈揭開「雙面間諜」真相吳道明何罪之有？莫須有！〉。台北：《展望》8月號，頁24-27。

方長平（2002），〈國家利益建構的國內層次研究〉。北京：《歐洲研究》第3期，頁18-26。

毛澤東（1977），〈駁「輿論一律」〉，《毛澤東選集》，第5卷。北京：人民出版社。

毛澤東（1983），〈對晉綏日報編輯人員的談話〉，《毛澤東新聞工作文選》。北京：新華出版社。

毛澤東（1991），〈井岡山的鬥爭〉，《毛澤東選集》第1卷。北京：人民出版社。

王元廷（1997），《文化大革命後中共新聞政策之研究》。台北：政治大學新聞研究所碩士論文。

王平宇（2003），〈謀台密件證明中國企圖影響我大選〉。台北：《自由時報》，12月27日，版A2。

王玉燕（2005），〈中共中央新設兩個對台工作小組〉。台北：《聯合報》，5月8日，版13。

王武錄等編（2006），《十四大以來「人民日報」版面研究》。北京：中國傳媒出版社。

王泓堅（2002），《中共「一個中國問題」與國際宣傳策略研究——以「人民日報」海外版在「特殊國與國關係」為例》。台北：政治作戰學校新聞研究所碩士論文。

王俊南（2005），〈共軍對我「法律戰」運用策略與推展作為之研析〉。台北：《國防雜誌》，第20卷第5期，頁27-38。

王紀平、王朋進、潘忠勇（2006），《如何贏得媒體宣傳》。廣州：南方日報出版社。

王崇德（1996），〈關於情報〉。北京：《情報資料工作》3月號，頁64-67。

王崑義等（2006），《反三佔系列之一——中共對台輿論戰》。台北：政戰學校軍事社會科學研究中心。

王章陵（1991），〈中共宣傳鼓動策略與形式的分析（下）〉。台北：《共黨問題研究》，第 17 卷第 4 期，頁 19-27。

王章陵（1991），〈中共宣傳鼓動策略與形式的分析（上）〉。台北：《共黨問題研究》，第 17 卷第 3 期，頁 1-10。

王嵩音（1993），《傳播研究里程碑》。台北：遠流出版社。

王毓莉（1999），〈中共傳播改革之研究〉。台北：《東亞季刊》第 30 卷第 1 期，頁 19-38。

王毓莉（2005），〈中國大陸駐點台灣記者新聞報導之研究──以《新華社》與《人民日報》為例〉。台北：《遠景基金會季刊》第 6 卷第 1 期，頁 1-49。

王綽中（1999），〈汪道涵有關「一個中國」八十六字新解〉。台北：《中國時報》，4 月 20 日，版 14。

王銘義（1993），《不確定的海峽》。台北：時報文化出版企業有限公司。

王銘義（2005a），《對話與對抗—台灣與中國的政治較量》。台北：天下遠見出版股份有限公司。

王銘義（2005b），〈王滬寧、孫亞夫對台核心文膽〉。台北：《中國時報》，5 月 13 日，版 A6。

北京廣播學院新聞系寫作教研組編（1978），《廣播宣傳與語言運用》天津：天津廣播出版社。

平可夫（1996），《外向型的中國軍隊──中共對外的諜報、用兵能力與軍事交流》。台北：時報文化。

甘險峰（2004），《中國對外新聞傳播史》。福建：福建人民出版社。

田軍（2004），〈政府傳播概念探析〉。北京：《學習與探索》，第 2 期，頁 33-36。

申慧媛（2005），〈民眾接觸媒體電視第一報紙居次〉。台北：《自由時報》，6 月 16 日，版 A5。

仲文（2005），〈胡錦濤對台手腕高超〉。香港：《廣角鏡》第 392 期，頁 22-25。

任金州等編（2003），《電視外宣策略與案例分析》。北京：中國廣播電視出版社。

共黨問題研究中心（1989），《中共「一國兩制」的理論與實際》。台北：共黨問題研究中心。

共黨問題研究叢書編輯委員會編（1994），〈關於當前台灣情況和對台宣傳工作的意見〉，《中共對台工作研析與文件彙編》。台北：法務部調查局。

列寧（1959），〈從何著手？〉。北京：《人民出版社》，頁1-10。

成美、童兵（1988），《新聞理論教程》。北京：中國人民大學出版社。

朱立（1981），〈謠言的基本心理〉，《傳播拼盤》。台北：時報有限公司，頁237-244。

朱立（1988），〈中共的傳播與社會發展──一個歷史的與宏觀的評估〉。香港：《潮流月刊》，第11期，頁45-48。

朱丹妮（1986），《中共國際宣傳組織及策略之研究》。台北：政治作戰學校新聞研究所碩士論文。

朱文泉、陳泰一（1999），《信息作戰》。北京：軍事誼文出版社。

朱南燕（2006），《論反「台獨」鬥爭中的輿論戰》。南京：南京師範大學新聞與傳播學院碩士論文。

朱浤源（1999），《撰寫博碩士論文：實戰手冊》。台北：中華科技整合研究會。

江澤民（1990），《中國新聞年鑑》。北京：中國新聞年鑑社。

江澤民（1993），〈宣傳思想戰線是我們黨的一條極其重要的戰線〉。北京：《人民日報》，1月15日，版1。

江澤民（1995），〈為促進祖國統一大業而繼續奮鬥〉。北京：《人民日報》，1月31日，版1。

江澤民（1995），《中國新聞年鑑》。北京：中國新聞年鑑社。

江澤民（1996），《從正確的輿論引導人──學習江澤民主席視察人民日報社的重要講話》。北京：人民日報出版社。

江澤民（1997），《中國新聞年鑑》。北京：中國新聞年鑑社。

江澤民（2002），《中國新聞年鑑》。北京：中國新聞年鑑社。

行政院大陸委員會（1999），《李登輝總統「特殊國與國關係」中華民國政策說明文件》。台北：行政院大陸委員會。

何舟、陳懷林（1998），《中國傳媒新論》。香港：太平洋世紀出版社。

何英（2005），《美國形象與中國形象》。上海：復旦大學出版社。

何英（2005），《美國媒體與中國形象》。廣州：南方日報出版社。

何川（1994），《中共新聞制度剖析》。台北：正中書局。

何振盛、杜嘉芬譯，Roy , Denny（2004），《台灣政治史（Taiwan:A Political History）》。台北：台灣商務印書館。

何清漣（2006），《霧鎖中國：中國大陸控制媒體策略大揭密》。台北：黎明文化事業公司。

何新（1995），〈解讀新華社就江澤民談話的修正版〉。台北：《中國時報》，1995 年 10 月 20 日，版 2。

余正山（2002），《武裝衝突法》。北京：國防大學出版社。盛紅生等（2003），《武力的邊界──21 世紀前期武裝衝突中的國際法》。北京：時事出版社。

余成浩（2005），《「國台辦」兩岸關係言說之語藝分析—以圖門論辯理論為研究取徑》。台北：政治作戰學校新聞研究所碩士論文。

余成浩（2005），《「國台辦」兩岸關係言說之語藝分析—以圖門論辯理論為研究途徑》。台北：政治作戰學校新聞研究所碩士論文。

余家宏、寧樹藩、徐培汀、譚啟泰編（1984），《新聞學簡明詞典》。浙江：浙江人民出版社。

吳安家（1996），《兩岸關係的回顧與前瞻》。台北：永業出版社。

吳安家（2005），〈「更寄希望於台灣人民」的策略〉。台北：《展望與探索》第 3 卷第 2 期，頁 1-4。

吳奇為（1991），〈中共傳播理論的定位、發展及運作〉，《巨變下的中蘇共》。台北：曉園出版社。

吳家恆、方祖芳譯，Joseph S. Nye, Jr（2006），《柔性國力（Soft Power）》。台北：遠流出版社。

吳國光（2004），〈中國政府宣傳的精緻化〉。香港：《前哨》，12 月號，頁 44-47。

呂亞力（1991），《政治學方法論》。台北：三民書局。

呂芳上（1974），〈中國國民黨改組前後的宣傳刊物〉。台北：《國立台灣師範大學歷史學報》，第二期，頁 413-435。

呂芳上（1979），〈中華革命黨的討袁宣傳〉。台北：《中華學報》，第 1 期，頁 173-196。

李成（2003），《對外宣傳媒介戰略》。武漢：武漢大學新聞研究所碩士論文。

李一鳴（1997），《宣傳工作手冊》。北京：紅旗出版社。

李亦楠（2004），〈為我軍未來軍事鬥爭提供可靠的法理基礎──政治工作「法律戰」淺析〉。北京：《軍隊政工理論研究》，第 5 卷第 3 期，頁 80-83。

李希光、周慶安編（2004），《軟力量與全球傳播》。北京：清華大學出版社。

李希光、孫靜維編（2002），《全球新傳播──來自清華園的思想交鋒》。廣州：南方日報出版社。

李希光、趙心樹（2002），《媒體的力量》。廣州：南方日報出版社。

李卓鈞（1998），〈對台報導與對內報導〉。北京：《新聞大學》夏季號，頁 66-68, 48。

李季光（2002），〈三芝會議研擬國家發展戰略〉。台北：《自由時報》，9 月 8 日，版 1。

李炎巨、陳開國（1986），《宣傳工作概論》。湖南；湖南人民出版社。

李金銓（2005），《大眾傳播理論》。台北：三民書局。

李美華（2003），〈台灣電視媒體國際新聞之內容分析與產製研究〉。台北：《傳播文化》第 10 期，頁 1-30。

李茂政摘譯（1969），〈宣傳的長成〉。台北：《新聞學研究》，第 4 集，頁 418-476。

李英明（2002），《重構兩岸與世界圖象》。台北：生智出版社。

李家泉（2005），〈當前台海形勢和中央對台政策新思維探討〉。香港：《中國評論》，8月號，頁3-6。

李書璇（2005），〈中國以台制台統戰七路並進〉。《台灣日報》，4月11日，第2版。

李壽源（1999），《國際關係與中國外交──大眾傳播的獨特風景線》。北京：北京廣播學院出版社。

李憲生（1997），《宣傳實踐中的理性思考》。北京：人民出版社。

李鐘建（1993），《中國大陸大眾傳播事業之研究》。台北：中國文化大學新聞研究所碩士論文。

杜聖聰（1996a），《辜汪會談之研究》。台北：中國文化大學中國大陸研究所碩士論文。

杜聖聰（1996b），〈中共正秘密草擬台灣基本法〉。台北：《新新聞週刊》第500期，頁31-32。

杜聖聰（1998），〈柯林頓丟出震撼彈對台提出「三不」政策〉。《環球電視》新聞【手稿】，6月30日。

杜聖聰（2000），〈張銘清：跨黨派小組建議不三不四〉。台北：《勁報》，12月1日，版4。

杜聖聰（2005），〈前李登輝時期的大陸政策──以「心理治療性政治」概念分析之〉，《政治學學報》第4期。台北：國立台灣師範大學政治學研究所，頁21-52。

杜聖聰（2005），〈從注射論到視覺行銷〉。台北：《自由時報》，7月30日，版12。

杜聖聰（2007），〈中共對台情報作為初探〉，《政治學學報》第7期。台北：台灣師範大學政治學研究所，頁1-17。

杜聖聰、張裕亮等（2007），《新聞採訪與寫作》。台北：三民書局。

杜筱越（2004），〈兩岸進入全新觀察期-中國拋棄幻覺全面抗台獨〉。台北：《新新聞周報》，第929期，2004年12月23日，頁54-58。

杜筱越（2004a），〈胡錦濤對台決策幕僚大曝光──調子拉越高老胡越激賞〉。《新新聞週報》第917期，頁48-50。

杜筱越（2004b），〈透視胡錦濤對台決策的新風格──禮數周到寸步不讓〉。台北：《新新聞週報》第 918 期，頁 66-68。

杜筱越（2005a），〈台灣政府如何因應反分裂法陸委會擔心「心防」鬆懈〉。台北：《新新聞週報》第 940 期，頁 20。

杜筱越（2005b），〈「連胡會」讓國台辦鹹魚翻身「狼」的獵人終於找對獵物〉。台北：《新新聞週報》第 947 期，頁 50-53。

杜筱越（2005c），〈陸委會暫緩兩岸新聞交流將成新聞學經典教材〉。北京：《人民日報》，版 10。

杜輝源（2003），《人民日報對「一個中國」議題報導分析》。台北：政治作戰學校新聞研究所碩士論文。

沙葉新（2003a），〈毛氏宣傳體制四大特性〉。香港：《開放雜誌》，8 月號，頁 83-89。

沙葉新（2003b），〈毛澤東四大宣傳理論體制〉。香港：《開放雜誌》，9 月號，頁 89-91。

沈承剛（1996），《政策學》。北京：北京經濟學院出版社。

汪聰（2002），〈順應變化因勢利導──關於台灣社會變化及對台宣傳策略的思考〉。北京：《電視專論》，頁 22-24。

汪莉絹（2005），〈大陸啟動輿論戰宣傳「包機直航」〉。台北：《聯合報》，1 月 15 日，版 13。

肖‧阿‧納索拉什維里（1984），《宣傳心理學》。北京：新華出版社。

辛繼霖譯（1973），《輿論與宣傳》。台北：黎明文化事業公司。

阮銘、張怡菁（2006），《歷史的錯誤──台美中關係探源》。台北：玉山社。

周恃天譯（1975），《說服伎倆─從宣傳到洗腦》。台北：黎明書局。

周振林主編（1988），《實用宣傳學》。黑龍江：黑龍江人民出版社。

周莉音（1985），《國際關係中國際傳播之角色》。台北：黎明文化事業公司。

宗海仁（2002），《第四代》。香港：明鏡出版社。

岳浩天（2004），〈中共開始調整「寄望美國」政策〉。台北：《財訊》9
　　月號，頁 188-191。

於慧堅（2005），〈三百億人民幣，供台商貸款〉。台北：《中國時報》，9
　　月 8 日，版 A13。

易蘇民（1966），《宣傳戰原理與運用》。台北：蘇民出版社。

明報（2005），〈中共對台情報部門曝光〉。香港：《明報》，7 月 1 日，
　　版 3。

林中堅（2004），〈北京對台政策趨強硬今次「狼來了」不可誤判〉。香
　　港：《前哨》7 月號，頁 38-42。

林之達（1988），《宣傳科學研究概要》。四川：四川社會科學院出版社。

林利民（2003），〈對 21 世紀中國國家安全戰略的若干思考〉。刊載於楚
　　樹龍、耿秦主編（2003），《世界、美國和中國─新世紀國際關係和
　　國際戰略理論探索》。北京：清華大學出版社。

林佳龍（2004），〈中國的國家戰略與對外戰略〉。見林佳龍編（2004），
　　《未來中國─退化的極權主義》。台北：台灣智庫，頁 209-262。

林東泰（2002），《大眾傳播理論》。台北：師大書苑。

林秉賢（1985），《社會心理學》。北京：群眾出版社。

林則宏（2006），〈反分裂法週年陳明通：中共統戰宣傳我一路挨打〉。
　　台北：《經濟日報》。3 月 6 日，版 A6。

林昭武、狄英（2000），〈春帆樓一紙辛酸五十年〉。北京：《台聲》，第
　　7 期，頁 36-38。

林淑玲、陳文和（2007），〈CNN、美聯社竟如此報導敗類選總統呂秀蓮
　　抗議〉。台北：《中國時報》，3 月 7 日，版 A1。

林維國（2003），《網路議題設定─網路新聞議題設定功能的初探性研
　　究》。台北：九十二年度行政院國家科學委員會專題研究計畫。

林翰等譯，Caporaso , J. A，（1995），《政治經濟學理論》。台北：風雲
　　論壇。

林寶慶（2003），〈台灣的守護天使為什麼變了？〉。台北：《聯合報》，
　　12 月 12 日，版 A13。

林克（2004），〈「胡七點」宣示對台底線與讓步空間〉。台北：《商業週刊》826 期，頁 26。

武軍倉（1999），〈試論我軍對台宣傳的效果評價〉。西安：《西安政治學院學報》，第 12 卷第 3 期，頁 25-29。

武軍倉、梁宏山（2000），〈新形勢下增強軍隊對台宣傳效果的幾點思考〉。西安：《西安政治學院學報》，第 13 卷第 6 期，頁 27-30。

邵培仁、何揚鳴、張健康編（2002），《20 世紀中國新聞學與傳播學：宣傳學與輿論學卷》。上海：復旦大學出版社。

邵培仁等（1995），《新聞傳播學》。江蘇：江蘇人民出版社。

邱榮舉（2002），《學術論文寫作研究》。台北：翰蘆圖書出版有限公司。

奕父（1985），〈淺論中共的「傳播理論」-兼論「西方傳播理論」輸入的情況〉。台北：行政院大陸委員會內部資料，頁 63-73。

姜德琪（2005），〈美國對台政策的趨向與中國的應對策略〉，《現代台灣研究》12 月號。福州：福建社會科學院現代台灣研究所，頁 40-43，52。

思今、侯寶成（2004），〈輿論戰：信息化戰爭的──大奇觀〉，《政工導刊》。西安：解放軍西安政治學院，第 5 期，頁 4-6。

政戰學校軍事社會科學研究中心編輯群（2006），《反三戰系列之三—中共對臺法律戰》。台北：政戰學校軍事社會科學研究中心。

柳金財（2001），〈中共對台和、戰兩手策略之發展運用與分析〉。台北：《中華戰略季刊》夏季號，頁 173-224。

洪鎌德（1997），《社會學說與政治理論-當代尖端思想之介紹》。台北：揚智文化事業公司。

看中國（2006），〈特務機構林立間諜無孔不入中共各大情報部門大曝光〉。香港：《前哨》，1 月號，頁 21-27。

胡璉（1977），〈泛述古寧頭之戰〉。台北：《傳記文學》第 186 期、187 期。http://www.boxun.com/hero/xsj1/299_5.shtml

胡耀邦（1990），〈關於黨的新聞工作〉，《新聞工作文獻選編》。北京：新華出版社。

范錦明（2002），〈十六大與中國經濟發展〉。《手稿》。轉引自林佳龍編
　　（2004），《未來中國─退化的極權主義》。台北：台灣智庫，頁 64。

陌上桑（2004），〈中國情報活動現況〉。高雄：《民眾日報》，10 月 6 日，
　　版 5。

韋氏大學辭典編輯群（1996），《韋氏大學詞典》第 10 版。北京：世界
　　圖書出版公司。

唐曼珍、王宇（1991）《一九九〇台灣事典》。天津：南開大學出版社。

夏立平（2002），〈美國國會與中美安全關係──以台灣問題為例的分
　　析〉，《現代國際關係》第 3 期。北京：中國國際關係學院，頁 42-47。

孫有中（2002），〈國家形象的內涵與功能〉。北京：《國際論壇》，頁 13-23。

孫敏華、許如亨（2001），《軍事心理學》。台北：心理出版社。

孫揚明（2004），〈宣什麼「事後才擦粉」每次都這樣〉。台北：《聯合報》，
　　1 月 10 日，版 3。

孫揚明（2005），〈中美「共管台海」的新試探〉。台北：《聯合報》，9
　　月 16 日，版 15。

孫維惠（1998），〈略論對台宣傳工作中的幾個問題〉。南京：《南京政治
　　學院學報》，第 3 期，頁 97-99。

師永剛（2004），《解密鳳凰──鳳凰衛視時事開講影響力》。北京：作
　　家出版社。

徐淑敏（2005），《敏感性與脆弱性──互賴理論下的兩岸關係》。台北：
　　時英出版社。

徐博東（2005），〈大陸調整對台政策後的主動和扁當局的困境〉。北京：
　　《台聲》7 月號，頁 10-11。

時殷弘（2005），〈中國大陸對台新策略評析〉。香港：《中國評論》2 月
　　號，頁 42-45。

朗文英漢雙解活用詞典編輯群（1993），《朗文英漢雙解活用詞典》。台
　　北：朗文出版社。

殷曉容譯，E・M・羅傑斯，（2001），《傳播學史──一種傳記的方法》。
　　上海：上海文藝出版社。

海峽（2003），〈運用現代廣播的創新成果—提升對台宣導的整體效應〉。
　　北京：《中國廣播電視學刊》，第 1 期，頁 55-57。

海峽交流基金會（2001），《辜汪會談與辜汪會晤》。台北：海峽交流基
　　金會。

祝基瀅（1995），《政治傳播學》。台北：三民書局。

袁訓忠、張成富（2002），《現代高技術戰爭政治工作》。北京：國防大
　　學出版社。

袁頌西（2003），《當代政治研究：方法與理論探微》。台北：時英出版社。

袁方、王漢生（1997），《社會研究方法教程》。北京：北京大學出版社。

馬中、溫金權、周志哲、丁鳳儀（1998），《兵不血刃的戰爭》。北京：
　　軍事科學出版社。

馬克思（1985），《馬克思恩格斯論新聞》。北京：新華出版社。

馬克思恩格斯（1958），《馬克思恩格斯全集》中文版第 4 卷。北京：人
　　民出版社。

馬克思恩格斯（1971），《馬克思恩格斯全集》中文版第 20 卷。北京：
　　人民出版社。

馬克思恩格斯（1972），《馬克思恩格斯全集》中文版第 34 卷。北京：
　　人民出版社。

馬振坤等（2006），《反三戰系列之二—中共對臺心理戰》。台北：政戰
　　學校軍事社會科學研究中心。

高素蘭（2004），〈中共對台政策的歷史演變〉。台北：《國史館學術集刊》
　　第 4 期，頁 189-228。

國民黨中央委員會第四組編印（1969），《宣傳工作手冊》。台北：國民
　　黨中央委員會第四組編印。

國家安全會議（2006），《2006 國家安全報告》。台北：國家安全會議，
　　5 月 20 日。

常戰海、楊繼成（2004），〈輿論戰的本質和功能是什麼？〉。北京：《解
　　放軍報》，8 月 5 日，版 6。

康彰榮（2002），〈上半年大陸城鎮失業率三‧八%〉。《工商時報》，9
月 12 日，版 4。

張昆（2005），《國家形象傳播》。上海：復旦大學出版社。

張浩（1941），《中共黨的策略路線》。中共中央調查統計局。

張國、林善浪編（2001），《中國發展問題報告》。北京：中國社會科學
出版社。

張山新、潘建剛（2004），〈法律戰：鬥力鬥智又鬥法〉。西安：《政工導
刊》，第 212 期，頁 7-9。

張五岳、蔡成聖（2003），〈中共對台政策的量化與質化檢視〉。台北：《立
法院院聞》第 31 卷第 10 期，頁 15-35。

張巨岩（2004），《權力的聲音：美國的媒體與戰爭》。北京：三聯書店。

張玉法（1974），〈同盟會時期的革命宣傳〉。台北：《國立台灣師範大學
歷史學報》，第二期，頁 42-66。

張旭成（2001），〈規劃資訊戰略　強化國家安全〉。《自由時報》，3 月
19 日，版 13 版。

張志和（1963），《宣傳學》。台北：三民書局。

張宗智（2004），〈美不為扁定義的台灣現狀背書〉。台北：《聯合報》，4
月 23 日，版 A2。

張炳升（2002），〈為黨為人民熱情謳歌——記十六大代表、新華社高級
記者端木來娣〉。北京：《光明日報》，11 月 5 日，版 8。

張振華等編（2003），《中國廣播電視概要》。北京：北京廣播學院出版社。

張桂珍等，（2006），《中國對外傳播》。北京：中國傳媒大學出版社。

張祥山（2006），〈國家安全意涵的持續與轉變〉。台北：《展望與探索》
第 4 卷第 11 期，頁 27-43。

張聖岱（2003），〈鮑溫晚宴閉門會談台灣問題〉。台北：《聯合報》，12
月 10 日，版 A2。

張裕亮（2003），〈大陸黨報從業員依附行為的轉變—以人民日報為例〉。
台北：《中國大陸研究》第 46 卷第 6 期，頁 109-136。

張裕亮（2006），《變遷中的大陸報業圖像：大陸報業報導內容變革——以中共對台報導為例》。台北：晶典文化出版公司。

張榮恭（1975），《中共「九大」後對海外華人之統戰工作》。台北：政治大學東亞研究所碩士論文。

張篤行、張力行（1987），《社會宣傳學》。上海：上海社會科學院出版社，頁3。

張頻、尹選榮（2002），〈讓「規定動作」更完美讓「自選動作」更漂亮〉。廣西：《河池師專學報》第22卷第1期，頁102-104。

曹宇帆（2005），《中共對台宣傳與台灣媒體報導——「反分裂國家法」之傳播研究》。台北：台灣藝術大學應用媒體藝術研究所碩士論文。

曹開明（2000），〈江澤民對台政策與兩岸關係發表言論之語藝分析——1989年至1999年為分析範圍〉。台北：《共黨問題研究》第26卷第1期，頁80-89。

曹福田（1994），《宣傳學集論》。成都：成都出版社。

曹福田（1994），《宣傳學集論》。成都；成都出版社。

梁繼紅（2002），〈關於對台灣廣播首次抽樣調查的思考〉。刊載於韓長江編（2004），《業精於思——中央人民廣播電台對台灣廣播50週年論文集》。

盛沛林、王林、劉亞（2005），《輿論戰100例》。北京：解放軍出版社。

莊慧良（1998），〈台高層成中共情報目標〉。香港：《明報》，7月22日，第A16版。

許志嘉（1993），《「一國兩制」架構下中共對台政策之研究》。台北：政治大學東亞研究所碩士論文。

許志嘉（2000），《中共外交決策模式研究》。台北：水牛出版社。

許志嘉（2007），〈兩岸新聞交流的意義與困境〉。台中：靜宜大學主辦的《兩岸學術交流研討會》發表論文，頁38-50。

許勝泰（2001），《中共對台統一戰略之研究——以薄富爾的行動戰略理論分析》。台北：淡江大學國際事務與戰略研究所碩士論文。

許禎元（1999），《兩岸政治傳播與議題報導取向分析》。台北：華泰書局。

許薌君（2003），《劃時代的聲音鮮為人知的中央廣播電台》。台北：央廣叢書。

連雋偉（2000），〈對台動武「三如果」錢其琛明白解釋〉。台北：《勁報》，版 4。

郭可（2003），《當代對外傳播》。上海：復旦大學出版社。

郭立民編（1992），《中共對台政策資料選輯（1949-1991）上冊》。台北：永業出版社。

郭俊良（1980），《編輯部的守門行為：一個「組織」觀點的個案研究》。台北：國立政治大學新聞學研究所碩士論文。

郭偉峰主編（2006），《胡錦濤與兩岸關係新思維》。香港：中國評論學術出版社。

郭瑞華（2004），〈中共對台宣傳的變遷與持續〉。桃園：中央警察大學公共安全學系暨研究所主辦之《兩岸關係與國家安全學術研討會》。2004 年 12 月 3 日，頁 88-100。

郭震遠（2005），〈中共第四代領導的對台工作綱領—胡錦濤對台講話解讀〉。香港：《中國評論》，4 月號，頁 21-25。

郭鐘琪、廖為健（2001），〈解析政府傳播渠道〉。北京：《公關世界》，第 5 期，頁 45-48。

陳浚（1954），《工會報紙的經濟宣傳》。北京：工人出版社。

陳一新（2004），〈錢尼訪中牽引三編關係〉。台北：《中國時報》，4 月 18 日，版 A15。

陳一新（2007），《危機潛伏—從平衡到失衡，布希政府第一任期的兩岸政策》。台北：博揚文化。

陳力丹（1999），《輿論學—輿論導向研究》。北京：中國廣播電視出版社。

陳力丹（2003），《馬克思主義新聞思想概論》。上海：復旦大學出版社。

陳永成（2004），〈中共如何對台「入島、入戶、入心」北京有份你的機密資料〉。台北：《新新聞週報》第 923 期，頁 58-59。

陳式譯，Adolf Hitler（1988)，《我的奮鬥（Mein Kampf)》。台北：文國書局。

陳芸芸（1999），《議題設定理論第二層次探析—以臺北市公娼存廢議題為例》。台北：政治大學新聞研究所碩士論文。

陳津萍（2005），〈從二次波灣戰爭探討共軍「輿論戰」之發展與影響〉。台北：《國防雜誌》，第 20 卷第 2 期，頁 52-64。

陳富清（2003），《江澤民輿論導向思想研究》。北京：新華出版社。

陳愛華（2004），〈中國大陸政府文宣管理機構〉。行政院新聞局編印（2004），《中國大陸大眾傳播事業及其管理概況》。台北：行政院新聞局，頁 13-32。

陳毓鈞（2005），《我們是誰？台灣是什麼？》。台北：智庫文化。

陳毓鈞（2006），《胡錦濤時代的中美臺動向：維持現狀，遏止台獨》。台北：海峽學術出版社。

陳福成（2000），《國家安全與戰略關係》。台北：時英出版社。

陳諤（1961），〈宣傳定義之研究及過程分析〉。台北：《報學》，第 2 卷第 8 期，頁 56-77。

章曉明（2004），《後江澤民時代的中國新政幕僚》。香港：共和聯動圖書公司。

傅昌波（2004），《新聞輿論監督論—概念、依據和規範》。北京：人民日報出版社。

喬福駿（2005），《國軍危機傳播策略研究—面對中共輿論戰之作為》。台北：政治作戰學校新聞研究所碩士論文。

堯風（2001），〈迎接中國電視體制的偉大變革〉。北京：《現代傳播》第 108 期，頁 2-6。

彭芸（1986）。《國際傳播與科技》。台北：三民書局。

彭偉步（2005），《信息時代政府形象傳播》。北京：社會科學文獻出版社。

彭懷恩（2002），《政治傳播與溝通》。台北：風雲論壇。

彭芸（1990），《政治傳播：理論與實務》。台北：巨流出版社。

景杉（1991），《中國共產黨大辭典》。北京：中國廣播出版社。

湯光鴻（2004），〈論國家形象〉。北京：《國際問題研究》，頁 16-17。

程之行（1978），〈輿論與宣傳〉。台北：《報學》，第 3 卷第 10 期，頁 66-87。

程曼麗（2004），〈政府傳播機理初探〉，北京：《北京大學學報》，第 2 期，頁 21-28。

童兵（1994），《主體與喉舌──共和國新聞傳播軌跡審視》。鄭州：河南人民出版社。

童兵（2004），〈台灣媒體的大陸新聞及其報導隊伍〉，《童兵自選集──新聞科學：觀察與思考》。上海：復旦大學出版社，頁 434-440。

童振源（2004），〈中國的經濟發展戰略：轉型與挑戰〉。見林佳龍編（2004），《未來中國──退化的極權主義》。台北：台灣智庫，頁 31-73。

楊波編（2005），《中央人民廣播電台簡史》。北京：中國廣播電視出版社。

楊渡（1992），〈中共對台新聞發佈的研究〉。大陸事務暨政策研究基金會主編（1992），《新聞媒體與兩岸交流》。台北：學生書局，頁 17-35。

楊力宇（1983），〈鄧小平和平統一的最新構想〉。香港：《七十年代》第 163 期，頁 17-19。

楊力宇（2003），〈布溫峰會和美中台關係〉。香港：《動向》第 220 期，頁 62-66。

楊士仁（2005），〈中資介入台灣媒體日本也關切〉。台北：《Taiwan News 財經週刊》第 209 期，10 月 28 日，頁 51-53。

楊中美（2002），《中共新領袖──胡錦濤》。台北：時報文化。

楊偉芬（2000），《滲透與互動──廣播電視與國際關係》。北京：北京廣播學院出版社。

楊開煌（1991），〈大陸政體下的媒體角色之變遷──解釋典範之探討〉。台北：《東亞季刊》第 23 卷第 2 期，頁 20-38。

楊開煌（2005），《出手胡政權對台政策初探》。台北：海峽學術出版社。

楊憲村、徐博東（2002），《世紀交鋒──民進黨如何與共產黨打交道？》。台北：時報文化。

葉怡君（2005），〈中國對台政策與沿革〉。見趙建民編（2005），《大陸研究與兩岸關係》。台北：晶典文化事業出版社，頁 347-366。

葛來儀（2004），〈美中聯手防止台海戰爭〉。台北：《蘋果日報》，4 月 18 日，版 A18。

董立文（2004），〈從權力繼承看中共政治發展的非制度化〉。見林佳龍編（2004），《未來中國—退化的極權主義》。台北：台灣智庫，頁 129-163。

董更生（2003），〈三番兩次警告扁布希是急了〉。台北：《聯合報》，12 月 10 日，版 A3。

虞義輝（1999），〈現階段中共對台統戰策略之回顧與評析〉。台北：《共黨問題研究》第 25 卷第 5 期，頁 5-18。

農業出版社（1958），《農業宣傳工作經驗彙編》。北京：農業出版社。

運新宇等編（2004），《軍隊思想政治建設二十四講》。北京：國防大學出版社。

鄒錫明（1998），《中共中央機構沿革實錄》。北京：中國檔案出版社。

廖永亮（2003），《輿論調控學》。北京：新聞出版社。

熊樹忠（1977），《中共策略及其作法之研究》。台北：正中書局。

管文虎編（1999），《國家形象論》。成都：電子科技大學出版社。

趙莉（2003），《中西對外宣傳比較》。武漢：武漢大學新聞研究所碩士論文。

趙可金（2005），〈台灣當局在美國的游說活動與中美關係摩擦〉。孫哲編（2005），《美國國會與台灣問題》。上海：復旦大學出版社，頁 269-287。

趙建民（1988），〈中共對台政策：戰略、意圖與作法〉。台北：《中國大陸研究》第 30 卷第 5 期，頁 1-13。

銘　報（2005），〈新生最愛看大陸新聞的報紙〉。台北：《銘報》，11 月 4 日，版 3。

劉台平（2004），《島計畫—2008 中共發動對台割喉戰》。台北：時英出版社。

劉幼琍（1994），〈傳播科技對兩岸新聞傳播之影響〉。台北：台灣大學新聞研究所主辦的《兩岸情勢與新聞傳播研討會》發表之論文。

劉建明（1990），《當代輿論學》。陝西：陝西人民出版社。

劉建明（2006），《新聞發佈概論》。北京：清華大學出版社。

劉國昌（2005），〈堅持黨報性質努力突出海味〉。見劉洪潮編（2005），
　　《怎樣做對外宣傳報導》。北京：中國傳媒大學出版社，頁 240-255。

劉添財、張瀛之、劉瑞祺、許志強（2005），〈熊貓如來台三園搶著養〉。
　　台北：《中國時報》，5 月 4 日，版 A5。

劉蔚華、陳遠主編（1991），《方法大辭典》。山東：山東人民出版社。

劉繼南、何輝編（2006），《中國形象：中國國家形象的國際傳播現狀與
　　對策》。北京：中國傳媒大學出版社。

劉繼南、何輝等（2006），《鏡像中國：世界主流媒體中的中國形象》。
　　北京：中國傳媒大學出版社。

劉繼南、周續華、段鵬（2002），《國際傳播與國家形象對外宣傳——國際
　　關係的新視角》。北京：北京廣播學院出版社。

劉屏（2004），〈不同官員對台說重話美政府事先協調好的〉。台北：《中
　　國時報》，4 月 24 日，版 A2。

劉康（2002），〈全球化、媒體、意識型態的關係——兼論美國媒體近年來
　　的中國報導〉。刊載於尹鴻、李彬編（2002），《全球化與大眾傳媒——
　　衝突·融合·互動》。北京：清華大學出版社，頁 333-350。

廣播電視簡明辭典編輯委員會編（1989），《廣播電視簡明辭典》。北京：
　　中國廣播電視出版社。

潘向光（1995），〈廣告傳播中的人際傳播〉。杭州：《杭州大學學報》第
　　25 卷第 2 期，頁 1-10。

潘明宏譯，Frankfort-Nachmais , Chava & Nachmais , David（1999），《社
　　會科學研究方法（上）》。台北：韋伯文化出版社。

蔡瑋（2000），《中共的涉台決策與兩岸關係發展》。台北：風雲論壇。

蔡政文、林嘉誠（1989），《台海兩岸政治關係》。台北：國家政策研究
　　資料中心。

蔡美瑛（1995），〈議題設定理論之發展：從領域遷徙、理論延展到理論
　　整合〉。台北：《新聞學研究》，第 50 期，頁 97-124。

蔡幗芬（2000），《國際傳播與對外宣傳》。北京：北京廣播學院出版社。

鄭國智（2002），《中共對台統戰策略之研究：公元 2000-2002 年》。台北：中國文化大學中國大陸研究所碩士論文。

鄭漢良（2006），〈中國媒體幫倒扁加油〉。台北：《新新聞周報》第 1019 期，頁 56-58。

鄧小平（1993），《鄧小平文選》第 3 卷。北京：人民出版社。

鄧小平（1994），《鄧小平文選》第 2 卷。北京：人民出版社。

魯競（1994），〈中共黨的宣傳工作系統（宣傳部系統）狀況分析〉。台北：《中共研究》，第 28 卷第 11 期，頁 17-28。

曉沖編（2002），《十六大卡位戰》。香港：夏菲爾出版有限公司。

蕭行易（1995），〈「江八點」解讀 軟中帶硬方針依舊對臺政策未脫「三不」〉。台北：《中央日報》，2 月 5 日，版 4。

蕭政勤（1998），《朱內閣治國新路線》。香港：太平洋世紀出版社。

蕭偉強（2006），〈從國際駐台記者檢視新聞馴化的概念與想像〉。發表於《國立政治大學第十四屆廣告暨公共關係國際學術與實務研討會》，10 月 13、14 日，頁 1-20。

蕭衡倩（2001），〈宋楚瑜：李登輝擔心我當總統〉。台北：《聯合晚報》，5 月 12 日，版 3。

賴祥蔚（2002），〈中國大陸廣播影視集團政策的政治經濟分析〉。北京：《廣播與電視》第 18 期，頁 115-139。

閻淮（1991），《中共政治結構與民主化論綱》。台北：行政院大陸委員會。

閻晉中（2003），《軍事情報學》。北京：時事出版社。

戴國煇、王作榮口述，夏珍記錄整理（2001），《愛憎李登輝—戴國煇與王作榮對話錄》。台北：天下文化出版社。

聯合報（1998），〈中共對台宣傳決採「穩中求進」〉。台北：《聯合報》，6 月 22 日，版 13。

聯合報（2000），〈朱鎔基記者會現場問答〉。台北：《聯合報》，3 月 16 日，版 3。

聯合報系採訪團（2002），〈錢其琛：推動三通無關下屆總統大選〉。台北：《聯合報》，10 月 17 日，版 4。

謝麗娟（2005），〈台灣大選期間之中共對台政策：2004 年總統大選個案分析〉。《展望與探索》第 3 卷第 5 期，頁 62-69。

鍾沛璋（2003），〈政治文明與新聞立法〉，《同舟共進》。廣州：廣東政協，頁 21-23。

鍾清正（2004），〈中共制訂對台三條緊急方針〉。香港：《開放》5 月號，頁 16-17。

韓長江（2002），〈對台灣廣播系統優化的思考〉。北京：《中國廣播》第 8 期，頁 1-5。

韓長江、陳國雄編（2004），《業精於思：中央人民廣播電台對台灣 50 週年論文集》。北京：中國國際廣播出版社。

韓喜凱編（1986），《宣傳工作手冊》。山東：山東人民出版社。

叢文勝（2004），〈現代戰爭中「法律戰」概念辨析〉。北京：《法制時報》，9 月 26 日，版 2。

簡明大不列顛百科全書編輯群（1987），《簡明大不列顛百科全書》中文版第 8 卷。台北：丹青出版社。

顏志榮（2004），〈胡錦濤的對台政策：靈活或限制〉。桃園：中央警察大學公共安全學系暨研究所主辦之《兩岸關係與國家安全學術研討會》發表論文，頁 101-116。

顏建發（2003），〈胡溫體制權力結構與領導風格之研析〉。台北：遠景基金會主辦之《2003 年中國大陸總體形勢回顧與前瞻》學術研討會論文集，頁 26-32。

魏承思（2005），《兩岸密使 50 年》。香港：陽光環球出版香港有限公司。

魏紹徵（1957），《宣傳技術之研究》。台北：國民黨中央委員會第四組編印。

羅嘉薇、周德惠、仇佩芬（2002），〈錢其琛：談三通可不涉一中〉。台北：《聯合報》，7 月 6 日，版 1。

蘇永耀（2005），〈迫於威脅凸顯中國手段殘酷〉。台北：《自由時報》，3月 27 日，版 2。

蘇昌平（2004），〈認真準備打積極爭取和—北京對台新方針〉。香港：《鏡報月刊》12 月號，頁 84-84。

二、英文資料

Bass, A.Z.(1969). " Refining the gatekeeper concept ". *Joumalism Quarterly* , 46, pp.69-67.

Bottelier, P(2001) . " China's Domestic Debts: Will They Interfere with Financial Sector Liberalization and WTO Commitments? Issucs and Strategies ", discussion paper for Wilton Park Conference # 654 on *Economic and Enterprise Reform in China: the Challenges for Govemment and Business* , November 5-8, pp. 8-9.

Carey, J. （1988） . Media Myth , and Narratives : *Television and the Press* . Newbury Park, CA : Sage.

Chen, Melody.(2004). " USWelcomes Contructive Messege". *Taipei Times* . October 11, p.1.

Cohen, B.C.(1963). *The Press and Foreign Policy* . N.J: Princeton University Press.

Combs, J.E., & Nimmo, D.(1993).*The New Propaganda : The Dictatorship of Palaver in Contemporary Polotics* . New York : Longman.

Crouse , Timothy (1972).*The Boys on the the Bus.* New York : Ballantine.

Dao, James & Schmmit , Eric (2002) . " Pentagon Readies Efforts to Sway Sentiment Abroad ". *New York Times* . February 19, p.1.

DeVito, J. A. （1986）.*The Communication Handbook: A Dictionary* . New York: Harper & Row.

Doob, L.W.(1994) . *Public Opinion and Propaganda* . New York: Henry Holt.

Dougherty , James E., Pfaltzgraff , Robert L., Jr(1981) . *Contending Theories of Intenational Relations* , 2nd. edn . New York: Harper& Row, Publishers.

Easton, D.(1971).*The Political System* . New York:Alfred A. Knopf.

Ellul, J(1965) . *Propaganda:the Formation of Men's Attitude* . Knopf, New York.

Gieber, W. (1994). " News Is What a Newspaper Makes it " , in L. Dexter & D.M. White (Eds.) *People Society & Mass Communication* . New York : The Free Press.

Gilboy , G & Heginbotham , E（2001）. " China's Coming Transformation", *Foreign Afairs* , July / August, p. 340.

Goffman , E.(1974). *Frame analysis* . Boston: Northeastern University Press.

Habermas, J. (1997). *A Berlin Republic : Writings on Germany* . tr. by S.Rendall . Lincoln : University of Nebraska Press.

Herman , E.S. & Chomsky , N. (1988). *Manufacturing consent* . New York : Pantheon Books.

Howkins , J.(1982). *Mass Communication of China* . New York : Longman.

Issak , Alan C.(1985). *Scope and Methods of Political Science* . 4th edition. Homewood, IL: The Dorsey Press.

Johnston , Alastair Lain(1996). "Cultural Realism and Strategy in Maoist China" , in Pcter J. Katzenstrin, Peter J. ed., *The Culture of National Securiy* . N.Y.: Columbia University Press, pp.216-270.

Jowett , G.S.& O'Donnell , V.(1999) . *Propaganda and Persuasion* . Thousand Oaks, C.A.:Sage Publications.

Lasswell , H. D. (1951). " Political and Psychological Warfare ". In D. Lerner (Ed.), *Propaganda in War and Crisis* . New York: George W. Stewart , pp. 261-277.

Lasswell , H.D. (1927). *Propaganda Technique in the World War* . New York: Knopf.

Laswell , H.D. （1934）. *World Politics and Personal Insecurity.* Chicago.

Lee , A. M., & Lee, E.B. (1939). *The Fine art of Propaganda* . San Francisco: International Society for General Semantics.

Lewin K. (1947). " Frontiers in Group Dynamics. II Channels of Group Life: Social Planning and Action Research ". *Human Relations* , 1, pp.143-153.

Lin , Chong-Pin (2002) , " Beijing's Angle Tactics on Taiwan", Oct.2002, the revised edition of the paper presentedat the.Conference on *Political of Economic Reforms of Mainland China in a Changing global Socieiy* , Sponsored by the College of Socjal Science , National Taiwan University, Taipei, Apr. 25-27.

Liu , Y & Huang ,Y & Yang , X (2001). " China Must Make Efforts to Prevent Polarization in Income Distribution" (in Chinese) , *Beijing Xinhua Hong Kong Service* , March 10, in FBIS-CHI-2001-0310.

McCombs , M.E & Evatt , D.(1995). " Issue and attributes: Exploring a new dimension in agenda-setting". Manuscript prepares for *Communication Sociedad* , a publication of the University of Navarra in Pamplona , Spain, pp.12-27.

Nimmo , Dan. (1976). "Political Communication Theory and Research : An Overview" , in Ruben, B.(ed.) *Communication Yearbook* , Vol.I, p.417-456.

Noelle-Neumann , E. & Mathes , R. (1987). " The 'event as event' and the 'events news' : The significance of 'consonance' for media effects research. *European Journal of Communication* , 2 , pp.391-414.

Onuf , Nicholas Greenwood (1989) . *World of Our Making : Rules and Rule in Social Theory and International Relations* . South Carolina : University of South Carolina Press.

Pratkanis , A. , & Turner , M.E.(1996). " Persuasion and Democracy : Strategies for Increasing Deliberative Participation and Enacting Social Change " . *Journal of Social Issues* , 52 , pp.187-205.

Rampal , K.R. (1995). The Collection and flow of world news . In John C. Merrill (ed.), *Global Journalism : Survey of International Communication* . White Plains, NY:Longman, pp.18-36.

Rosenau , James , N (1995). " Governance in the Twenty-first Century ", *Global Governance* , 1, pp.13-18.

Rudner , R.S. (1966). *Philosophy of Social Science* . Englewood.

Shoemaker , P. J. (1991). *Gatekeeping* . New York : Sage.

Sproul , J.M (1994) . *Channel of Propaganda* . Bloomington, IN:Edinfo.

Taipei Times . (2004). " China Blasts US for Supporting Taiwan ". *Taipei Times* . July 10, p1.

The Asian Pacific Post . (2003) . " There are 3500 Chinese spy company in American and Canada " . *The Asian Pacific Post* , Aug 8 , p.3 .

The China Post (2004) . " U.S. Wants President to Reiterate '5 Noes, ' ". *The China Post* , May 1, p20.

Tian , H.M. (1989). *The Great Transition : Political and Social Change in the Republic of China* . Standford, Calif : Hoover Institution Press .

Voice of American (2003) . " Regularity and Cumulative Regularity Computed variables for VOA in any Language " . *Report created 17-Feb-03 (China Data)* . D.C.: VOA Press.

Wasby , Senphen L.(1970) . *Political Science: The Discipline and Its Dimention* . New York : Charles Scribner's Sons.

White , D. M. (1950). " The gate keeper: 'A case study in the selection of news ". *Journalism Quarterly* , 27, pp.383-390.

Whithey , Frederick C. (1977) . *Mass Media and Mass Communication in Society* . Dubuque: Win C. Brownn Company Publishers .

World Bank（2001）. " China " , *World Bank* . isssued on September 27.

Zhao , Quansheng (1996) . *Interpreting Chinese Foreign Policy: The Micro-Macro Linkage Approach* . Oxford University Press. Oxford & New York, pp.7-35.

三、網路資料

AC 尼爾森公司（2007），〈尼爾森調查：2006 年台灣廣告量市場萎縮 2.5%〉。台北：《AC 尼爾森公司》，1 月 24 日。http://www.acnielsen. com.tw/site/news20070124.htm

Bureau of Human Rights, Democracy and Labor（美國人權、民主和勞動 事務局）（2003），《國際宗教自由報告中國部分（International Religious Freedom Report - China）》。http://usinfo.org/mgck/usinfo. state.gov/regional/ea/mgck/archive03/rfrchina03.htm

丁關根（1993），《關於宣傳思想工作的基本思路》。丁關根於 6 月 25 日在《南京宣傳工作會議》的談話摘要。http://www.ycu.jx.cn/sz/ swhweb/zywx/1993/GWX930625.htm

人民網（2003），〈胡錦濤會見台資企業協會會長強調反對分裂〉。北京： 《新華網》，12 月 25 日。http://big5.xinhuanet.com/gate/big5/news. xinhuanet.com/newscenter/2003-12/25/content_1248336.htm

人民網（2004），〈中共中央關於加強黨的執政能力建設的決定〉。北京： 《人民網》，9 月 26 日。http://www.people.com.cn/GB/shizheng/ 1026/2809350.html

人民網（2005），〈「人民日報」簡介〉。北京：《人民網》，6 月 10 日。 http://opinion.people.com.cn/BIG5/8213/49160/3459958.html

中央電視台（2005），〈「海峽兩岸」欄目的創辦與收視分析〉。北京：《中 央電視台》，2 月 3 日。http://big5.cctv.com/tvguide/tvcomment/ special/C11876/20050203/102583_3.shtml

中央電視台（2007），〈CCTV 簡介〉。北京：《中央電視台》。 http://www.cctv.com/profile/intro.html

中共中央台灣辦公室、中共國務院台灣辦公室（2000），〈台灣地區選舉產生新的領導人聲明〉。北京：《中國共產黨新聞》。http://cpc.people.com.cn/BIG5/64162/64164/4416173.html

中共中央宣傳部（1994），《中央宣傳部 1994 年宣傳思想工作要點》。http://cpc.people.com.cn/BIG5/64162/64164/4416161.html

中共中央對台辦公室、國務院台灣事務辦公室（2004），〈中台辦、國台辦授權就當前兩岸關係發表聲明〉。http://www.gwytb.gov.cn/zywg/zywg0.asp?zywg_m_id=105

中共統戰部（2002），〈兩岸和平統一。更寄望於台灣人民〉。中共統戰部網頁，12 月 18 日。http://www.zytzb.org.cn/zytzbwz/hkmatai/chanshu/80200212180220.htm

中國國家統計局（2007），〈國民經濟核算〉。http://210.72.32.6/cgi-bin/bigate.cgi/b/g/g/http@www.stats.gov.cn/tjsj/ndsj/

中華人民共和國國務院台灣事務辦公室、國務院新聞辦公室（1993），《台灣問題與中國的統一》，8 月 31 日。http://www.gwytb.gov.cn:82/bps/bps_zgty.htm

中華民國總統府（2000a），〈台灣站起來：迎接向上提升的新時代〉。台北：《中華民國總統府網頁》。http://www.president.gov.tw/php-bin/prez/showspeak.php4?issueDate=&issueYY=89&issueMM=5&issueDD=20&title=&content=&_section=4&_pieceLen=50&_orderBy=issueDate%2Crid&_desc=1&_recNo=0

中華民國總統府（2000b），〈跨黨派小組：三個認知四個建議〉。台北：《中華民國總統府網頁》。http://www.president.gov.tw/2_special/point/point-34.html

中華民國總統府（2001），〈總統發表九十年元旦祝詞〉。台北：《中華民國總統府網頁》。http://www.president.gov.tw/php-bin/prez/showspeak.php4?issueDate=&issueYY=90&issueMM=1&issueDD=1&title=&content=&_section=4&_pieceLen=50&_orderBy=issueDate%2Crid&_desc=1&_recNo=1

中新網（2004），〈聲振半個世紀，功澤兩岸同胞—中央人民廣播電台對台廣播 50 週年紀念會隆重舉行〉。北京：《中新網》，8 月 12 日。http://211.89.225.4:82/gate/big5/www.nihaotw.com/news/news_content.asp?id=62843

中新網（2005），〈國共兩黨基層交流台中與廈門達成「六點共識」〉。北京：《中新網》，8 月 26 日。http://big5.china.com.cn/chinese/TCC/haixia/951572.htm

方旭（2006），〈防網軍入侵國防部首度執行資訊防護動員〉。《中央社》，7 月 14 日。http://www.mnd.gov.tw/modnews/mininews/matter.aspx?PublicID=3794

王林、王貴濱（2004），〈輿論戰與心理戰辨析〉。http://www.pladaily.com.cn/item/saloon/lunyuan/237.asp

王建民（2006），〈台灣香蕉冷與熱〉。北京：《人民網》，11 月 15 日。http://tw.people.com.cn/BIG5/14811/14871/5040794.html

史先振（2006），〈東京玫瑰凋亡，二戰迷團帶進墳墓〉，9 月 29 日。北京：《新華網》。http://big5.xinhuanet.com/gate/big5/news.xinhuanet.com/mrdx/2006-09/29/content_5154493.htm

石容（2000），〈中國歡迎美參院通過 PNTR〉。英國：《BBC 中文網》，9 月 20 日。http://news.bbc.co.uk/hi/chinese/news/newsid_933000/9332422.stm

央視國際網絡（2007），〈對台宣傳〉。北京：《央視國際網絡》，3 月 19 日。http://www.cctv.com/profile/special/C18020/20070319/103063.shtml

朱金平（2004），〈我軍媒體如何打好未來高技術戰爭中的輿論戰〉。http://www.pladaliy.com.cn/item/xwycc/200405/txt/21.htm

江華（2004），〈催生國家統一法的人〉。廣州：《南方人物週刊》，7 月 12 日。http://www.nanfangdaily.com.cn/rwzk/20040616/sz/200407120023.asp

行政院大陸委員會（2000a），《海峽兩岸關係紀要》，7 月號。http://www.mac.gov.tw/big5/mlpolicy/cschrono/8907.htm#023

行政院大陸委員會（2000b），《海峽兩岸關係紀要》，8 月號。
　　http://www.mac.gov.tw/big5/mlpolicy/cschrono/8908.htm#007

行政院大陸委員會（2000c），《海峽兩岸關係紀要》，11 月號。
　　http://www.mac.gov.tw/big5/mlpolicy/cschrono/8911.htm#028

余繼軍、海鷹（2005），〈台灣名嘴廈門打工都想當廈門人了〉。北京：《華
　　夏經緯網》，2 月 2 日。http://big5.huaxia.com/gd/jldt/2005/
　　00286246.html

李一鳴（2003），〈中南海事件的陰謀〉，《大紀元時報》，9 月 5 日。
　　http://www.epochtimes.com/b5/3/9/5/n370529.htm

李希光、陸婭楠（2004），〈環球時報的議程設置〉。北京：《人民網》，
　　11 月 10 日。http://www.people.com.cn/BIG5/14677/21963/22063/
　　2978344.html

李英明（2002），〈兩岸經貿新形勢之研究〉，《國政研究報告》內政（研）
　　091-020 號。台北：財團法人國家政策研究基金會，2 月 27 日。
　　http://www.npf.org.tw/PUBLICATION/IA/091/IA-R-091-020.htm

李登輝（1995），〈李總統為開展兩岸關係所提六項具體建議〉。
　　http://www.mac.gov.tw/big5/rpir/1_5.htm

李筱峰（未出版），《台灣民主運動百年史》。http://www.jimlee.idv.tw

孟西安（2001），〈陝西「兵馬俑─秦文化特展」赴台引起轟動〉。北京：
　　《人民網》。http://new.sina.com.cn/c1/2001-09-21/363008.html

看中國（2002），《中國駐南斯拉夫使館被炸真相》。美國《看中國》，1
　　月 9 日。http://secretchina.com/news/pub/view.php?aid=9869

財團法人台灣促進和平文教基金會（2005），〈連胡會、宋胡會共識比
　　較〉，6 月 9 日。http://www.peace.org.tw/crossstrait/importance/
　　o20050609_03.htm

展江、田青（2003），〈「世界大戰中的宣傳技巧」與「宣傳世紀」〉。北
　　京：《人民網》。http://www.people.com.cn/BIG5/14677/22100/41466/
　　41467/3028298.html

徐宗懋（2005），〈冷戰時期台灣對大陸的空飄與廣播〉。北京：《新浪網》，4 月 18 日。http://book.sina.com.cn/longbook/his/oldphoto40/ 5.shtml

冒　韙（2005），〈珠海拱北海關稱台灣零關稅水果可走「綠色通道」〉。北京：《中國網》，8 月 5 日。http://big5.china.com.cn/chinese/TCC/haixai/933827.html

國家統一委員會（1992），〈關於「一個中國」的涵義〉。台北：國家統一委員會第八次會議通過，8 月 1 日。http://www.mac.gov.tw/big5/rpir/2nda_4.htm

國務院台灣辦公室（2007a），〈內設機構〉。http://www.gwytb.gov.cn/tbjs/nsjg.htm

國務院台灣辦公室（2007b），〈主要職責〉。http://www.gwytb.gov.cn/tbjs/zyzz.htm

國務院新聞辦公室（2000），《一個中國原則與台灣問題》。http://www.gov.cn/zwgk/2005-05/26/content_1164.htm

國務院新聞辦公室（2007），〈政府白皮書〉。http://www.scio.gov.cn/zfbps

張昆（2004），〈對外宣傳的辯證思維〉。http://academic.mediachina.net/1w_view.jsp?id=175

張勇（2005），〈大陸 8 月 1 日起正式對 15 種台灣水果實施進口零關稅〉。北京：《華夏經緯網》，7 月 28 日。http://www.huaxia.com/xw/dl/2005/00347414.html

張蕙燕（1999），〈中共駐南斯拉夫大使館遭北約聯軍飛彈擊中造成四人傷亡〉。台北：《中央社》，5 月 9 日。http://washeng.net/HuaShan/RECS/hmzhu/b5current/7916.shtml

曹宇帆（2006），〈水果銷中週年調查採訪（兩岸交手篇）統戰 VS.市場法則水果銷中跌跌撞撞〉。台北：《中央社》，6 月 30 日。http://www.epochtimes.com/b5/6/6/30/n1369336p.htm

曹長青（1992），〈語言暴力：集權統治的威懾力量—大陸報紙角色分析之四〉。紐約：《中國之春》，1 月號，頁 43-48。http://caochangqing.com/big5/newsdisp.php?News_ID=530

陳靜、蕭燕（2004），〈美明確表示不支持台公投〉。香港：《鳳凰網》，2
　　月 12 日。http://www.phoenixtv.com/home/news/world/200402/12/
　　196053.htm

陳水扁（2004），〈總統參加總統府府前舉辦的「中華民國各界慶祝九十
　　三年國慶大會」並致詞〉。台北：《中華民國總統府網頁》。
　　http://www.president.gov.tw/php-bin/prez/showspeak.php4?issueDate=
　　&issueYY=93&issueMM=10&issueDD=10&title=&content=&_section
　　=4&_pieceLen=50&_orderBy=issueDate%2Crid&_desc=1&_recNo=0

陳水扁（2007），〈陳總統接受德國「德通社」專訪〉。台北：《中華民國
　　總統府網頁》。http://www.mac.gov.tw/index.htm

陳斌華、李凱、陳鍵興（2006），〈胡錦濤會見連戰和參加兩岸經貿論壇
　　的台灣人士〉。北京：《新華網》，4 月 16 日。http://www.gwytb.
　　gov.cn/zyjh/zyjh0.asp?zyjh_m_id=1233

陳增芝（2003），〈中國潛艦沈沒江澤民唁電表示哀悼〉。台北：《東森電
　　子報》，5 月 3 日。http://www.ettoday.com/2003/05/03/334-1448932.
　　htm

博訊新聞網（2000），〈無孔不入的中共對台情報系統〉。紐約：《博訊新
　　聞網》 http://www.renminbao.com/rmb/articles/2000/12/29/8886.
　　html

華夏經緯網（2005），〈國台辦重申與民進黨打交道含新意〉，北京：《華
　　夏經緯網》，4 月 18 日。http://big5.huaxia.com/la/mtcz/2005/
　　00309611.html

曾嘉（2002），〈國台辦主任陳雲林會見台灣大學生訪問團〉。北京：《中
　　國台灣網》，4 月 3 日。http://big5.chinataiwan.org/web/webportal/
　　W5269136/Uadmin/A177888.html

新華社（2002），〈黨的中央組織〉，《中國共產黨章程》。
　　http://www.china.com.cn/chinese/zhuanti/234234.htm

新華社（2004），〈溫家寶總理會見中外記者〉。北京：《新華社》，3 月 14 日。http://big5.xinhuanet.com/gate/big5/www.xinhuanet.com/zhibo /20040314c/zhibo.htm

新華網（2004），〈中共政治局集體學習胡錦濤強調依法治國執政〉。北京：《新華網》，4 月 27 日。http://new3.xinhuanet.com/newscenter/ 2004-04/27/content_1443427.htm

新華網（2006），〈外國通訊社在中國境內發佈新聞信息管理辦法〉。北京：《新華網》，9 月 10 日。http://news.xinhuanet.com/politics/ 2006-09/10/content_5072443.htm

新華網（2007），〈新華社簡介〉。北京：《新華網》。http://www3.xinhuanet. com/xhsjj/pic1.htm

楊釗（2006），〈鐵桿台獨可以談？台盟：非與台灣官方溝通的第二條管道〉。台北：《東森電子報》，3 月 6 日。http://www.ettoday.com/ 2006/03/06/162-1912827.htm

楊舒媚（2001），〈兩岸高層互動了〉。台北：《大紀元時報》，4 月 9 日。 http://www.epochtimes.com/b5/1/4/9/n74711.htm

溫家寶（2007），〈溫家寶總理會見中外記者〉。北京：《新華網》，3 月 16 日。 http://www3.xinhuanet.com/zhibo/20070316b/wz.htm

路鵬程（2006），〈台灣媒體中的大陸圖像—台灣主流報紙大陸新聞報導的內容分析〉。武漢：中國新聞研究中心。 http://www.cddc.net/shownews.asp?newsid=11062

鳳凰網（2007），〈公司簡介〉。香港：《鳳凰網》。http://www.phoenixtv.com/ company.html

劉亞洲（2004），〈金門戰役檢討〉。《中國報導週刊》，4 月 20 日。 http://www.weachina.com/html/02084.htm

潘錫堂（2006），〈海峽兩岸經濟區的意涵與功能〉。香港：《中國評論新聞》，12 月 1 日。http://www.chinareviewnews.com/doc/1002/6/0/2/ 100260215.html?coluid=32&kindid=502&docid=100260215

蔡婷玉（2002），〈江八點／第四代領導人胡錦濤定調：民進黨不等於台獨〉。《東森電子報》1 月 24 日。http://www.ettoday.com/2002/01/24/703-1254598.htm

錢其琛（2002），〈堅持和平統一、一國兩制基本方針，努力推動兩岸關係發展〉。北京：《國務院台灣辦公室》網頁。http://www. gwytb. gov.cn/zyjh/zyjh0.asp?zyjh_m_id=421

閻淮（1991），《中共政治結構與民主化論綱》。台北：行政院大陸委員會。

American Foreign Policy Council (2004)." China Reform Monitor No.566 ", Nov.I 1, 2W1. *Amcrican Foreign Policy Council* , Washington, DC.http://www.afpc.org

CNN (2004), January 30. http://www.state.gov/s/d/rm/28615.htm

Kelly , James A. (2004) . Assistant Secretary of State for East Asian and Pacific Affairs, Overview of U.S Policy Toward Taiwan , Testimony at a Hearing on Taiwan, House International Relations Committee in Washington Dc on April 21.

http://www.state.gov/p/eap/rls/m|2004/31649htm

Lawrence , Susan. (2004). " Bush to Chen : Don't Risk It ". *Far Eastern Economic Review* , May 20.

http://www.feer.com/articles/2004/0405_20/p028china.html

Pan , Philip P. (2004)," China Rebukes Taiwan's Leader on New Plans for Referendum ", *The Washington Post* , January 20 , A13.http:// www. washingtonpost.com/wp-dyn/articles/A30021-2004jan19.html

Powell , Colin l. (2004).Press Briefing in Beijing, China, State Secretary in China World Hotel, Beijing, China on October 25.

http://www.state.gov/secretary/nn/37360.htm

Schweid , Barry. (2004). " Bush-Rice Gould Put State Department Front and Center " , The China Post , November 18.

http://www. hinapost.com.tw/backissue/detail/asp?ID=54586&GRP=

國家圖書館出版品預行編目

兩岸真相密碼：中共對台宣傳的政策、作為與
途徑 / 杜聖聰著. --一版. --臺北市：
秀威資訊科技, 2008.08
　面；　　公分. -- (社會科學類；AF0085)
參考書目：面
ISBN 978-986-221-056-7 (平裝)

1. 中共對台政策　2. 宣傳　3. 兩岸關係

574.1　　　　　　　　　　　　97014717

社會科學類　AF0085

兩岸真相密碼
──中共對台宣傳的政策、作為與途徑

作　　者 / 杜聖聰
發 行 人 / 宋政坤
執行編輯 / 賴敬暉
圖文排版 / 黃莉珊
封面設計 / 莊芯媚
數位轉譯 / 徐真玉　沈裕閔
圖書銷售 / 林怡君
法律顧問 / 毛國樑　律師
出版發行 / 秀威資訊科技股份有限公司
　　　　　　台北市內湖區瑞光路 583 巷 25 號 1 樓
　　　　　　電話：02-2657-9211　　傳真：02-2657-9106
　　　　　　E-mail：service@showwe.com.tw

2008 年 8 月 BOD 一版
定價：410 元

讀者回函卡

感謝您購買本書，為提升服務品質，請填妥以下資料，將讀者回函卡直接寄
回或傳真本公司，收到您的寶貴意見後，我們會收藏記錄及檢討，謝謝！
如您需要了解本公司最新出版書目、購書優惠或企劃活動，歡迎您上網查詢
或下載相關資料：http:// www.showwe.com.tw

您購買的書名：＿＿＿＿＿＿＿＿＿＿＿＿＿＿＿＿＿＿＿＿＿＿

出生日期：＿＿＿＿＿年＿＿＿＿＿月＿＿＿＿＿日

學歷：□高中 (含) 以下　　□大專　　□研究所 (含) 以上

職業：□製造業　□金融業　□資訊業　□軍警　□傳播業　□自由業
　　　□服務業　□公務員　□教職　　□學生　□家管　　□其它＿＿＿

購書地點：□網路書店　□實體書店　□書展　□郵購　□贈閱　□其他

您從何得知本書的消息？

　□網路書店　□實體書店　□網路搜尋　□電子報　□書訊　□雜誌
　□傳播媒體　□親友推薦　□網站推薦　□部落格　□其他＿＿＿＿＿

您對本書的評價：(請填代號　1.非常滿意　2.滿意　3.尚可　4.再改進)

　封面設計＿＿＿　版面編排＿＿＿　內容＿＿＿　文／譯筆＿＿＿　價格＿＿＿

讀完書後您覺得：

　□很有收穫　□有收穫　□收穫不多　□沒收穫

對我們的建議：＿＿＿＿＿＿＿＿＿＿＿＿＿＿＿＿＿＿＿＿＿＿

＿＿＿＿＿＿＿＿＿＿＿＿＿＿＿＿＿＿＿＿＿＿＿＿＿＿＿＿＿＿

＿＿＿＿＿＿＿＿＿＿＿＿＿＿＿＿＿＿＿＿＿＿＿＿＿＿＿＿＿＿

＿＿＿＿＿＿＿＿＿＿＿＿＿＿＿＿＿＿＿＿＿＿＿＿＿＿＿＿＿＿

11466
台北市內湖區瑞光路 76 巷 65 號 1 樓

秀威資訊科技股份有限公司　　　收

BOD 數位出版事業部

....

（請沿線對折寄回，謝謝！）

姓　　名：＿＿＿＿＿＿＿＿＿　年齡：＿＿＿＿　性別：□女　□男

郵遞區號：□□□□□

地　　址：＿＿＿＿＿＿＿＿＿＿＿＿＿＿＿＿＿＿＿＿＿＿

聯絡電話：(日)＿＿＿＿＿＿＿＿＿　(夜)＿＿＿＿＿＿＿＿＿

E-mail：＿＿＿＿＿＿＿＿＿＿＿＿＿＿＿＿＿＿＿＿＿＿